法学专业课程思政教学案例研究

FAXUE ZHUANYE KECHENG
SIZHENG JIAOXUE ANLI YANJIU

主　编◎叶晓彬　安　静　胡选洪
副主编◎周良勇　李　辉　吕彩霞
　　　　刘树国　张　雷　张娜娜
　　　　武雪萍

 中国政法大学出版社

2023·北京

图书在版编目（ＣＩＰ）数据

法学专业课程思政教学案例研究/叶晓彬, 安静, 胡选洪主编. —北京：中国政法大学出版社, 2023.3

ISBN 978-7-5764-0880-5

Ⅰ.①法⋯　Ⅱ.①叶⋯　②安⋯　③胡⋯　Ⅲ.①思想政治教育－教案(教育)－研究－高等学校　Ⅳ.①G641

中国国家版本馆CIP数据核字(2023)第051204号

出　版　者　　中国政法大学出版社

地　　　址　　北京市海淀区西土城路25号

邮寄地址　　北京100088信箱8034分箱　邮编100088

网　　　址　　http://www.cuplpress.com (网络实名：中国政法大学出版社)

电　　　话　　010-58908586(编辑部) 58908334(邮购部)

编辑邮箱　　zhengfadch@126.com

承　　　印　　固安华明印业有限公司

开　　　本　　720mm×960mm　　1/16

印　　　张　　25.75

字　　　数　　430千字

版　　　次　　2023年3月第1版

印　　　次　　2023年3月第1次印刷

定　　　价　　99.00元

序 言

2019 年 8 月，中共中央办公厅、国务院办公厅印发《关于深化新时代学校思想政治理论课改革创新的若干意见》，明确提出要全面推进高校课程思政建设。2020 年 5 月，教育部印发《高等学校课程思政建设指导纲要》，全面部署课程思政建设。2021 年 4 月，习近平总书记在清华大学考察时，针对课程思政作了重要指示：教师要成为大先生，做学生为学、为事、为人的示范，成为促进学生全面发展的人。课程思政建设已成为全国高校落实立德树人根本任务，实现为党育人、为国育才的重要抓手，各高校开始全员、全过程、全方位开展课程思政建设。

四川民族学院法学院法学专业课程思政建设始终围绕"一条主线五大重点"开展，将课程思政融入各门专业课之中。一条主线是：坚定学生理想信念、爱党、爱国、爱社会主义、爱人民、爱集体；五大重点是：习近平新时代中国特色社会主义思想、社会主义核心价值观、中华优秀传统文化、宪法法治、法律职业伦理道德。通过一条主线五大重点的融入，力求使法学专业课程思政建设达到德法兼修的人才培养目标。

法学是利益平衡的艺术。无论是立法、执法还是司法，其背后都是各方利益的平衡保护，法学问题往往没有标准答案，唯有价值引领，才能明辨是非；唯有思政引领，才能德法兼修。通过法学专业课程思政建设，更好促进法科生在特色法学教育中践行社会主义核心价值观和坚定"四个自信"。

法学乃正义之学。推进法学教育的过程是法学概念体系、话语体系、学科体系和教材体系逐步完善的过程。对于法科生专业知识的培养，主要是培养概念界定、逻辑推理、价值判断和责任分配等法治思维方式。只有形成独特的法治思维，才能更有效地自主学习，也才能在纷繁复杂的法治实践中游刃有余。法学是应用性和实践性很强的学科，法律作为一种社会规范，也必然需要随着社会形势的变化，不断对其进行立改废释。在我国全面依法治国的新时代，证据思维、规范思维、权利思维、程序思维、利益思维等法治思维和法治观念的培养，不仅是法学教育的目标，也是法学课程思政育人的基本着力点。法治观念和法治思维的培养是一个需要不断训练和完善的长期过程，需要法学的专业教育与思政教育相互融合，协同一致共同发力。

法学教育与思政教育存在着天然而紧密的联系。法学教育需要有意识地基于中国国情、中国问题进行探索，积极回应诸如社会热点问题和生活中的疑难案件。因此，法学课程教学必须与现实生活紧密结合，将中国法治化进程中面临的社会热点问题和疑难案件融入课程教学，才能在日常教学中具有更强的吸引力和感染力，并培养学生思考和解决实际问题的能力。同时，在教学过程中，只有激励学生积极表达、深度对话并加强思想引领，才能将法学的专业知识消化吸收和转化应用，从而达到明辨是非和德法兼修的育人效果。

为此，四川民族学院法学院组织相关人员编写本书，希望通过将典型法学案例和社会热点问题融入法学专业课程思政教学之中，重构法学课程教学，形成核心的法学课程都融入思政元素，串联成为"法学+思政"的课程教学模式。同时，也期冀本书可以为法学教育新的思维模式和新的育人模式的进一步探索提供参考，更好实现法学教育和思政教育协同育人之目标，培养出更多为我国治国理政服务，堪当民族复兴大任的时代新人。

本书编写明细如下：

第一章　编写人：张娜娜

第二章　编写人：李辉

第三章　编写人：叶晓彬、武雪萍、郭丽、董祖霞、杜晋川、杨婷

第四章　编写人：胡选洪

第五章　编写人：安静

第六章　编写人：刘树国

第七章　编写人：武雪萍、杨婷

第八章　编写人：张雷

第九章　编写人：吕彩霞

第十章　编写人：郭丽

第十一章　编写人：吕彩霞

第十二章　编写人：安静

第十三章　编写人：董祖霞、杜晋川

第十四章　编写人：周良勇

本书基金项目：2019 年度"省级一流本科专业建设项目"四川民族学院法学专业；2020 年四川省高校"省级课程思政示范专业项目"四川民族学院法学（藏汉双语）专业；国家民委教改项目《以"习近平法治思想"为中心的法学专业课程思政教学设计研究》；2020 年四川省高校省级和校级"课程思政"示范教学团队（刑事法学教学团队）；2022 年度四川省教育厅第三批高等学校"省级课程思政示范课程"《民法总论》；2019 年四川省高校省级和校级"课程思政"示范课程《刑法分论》。

目 录 >>>
CONTENTS

第一章

宪法学课程思政教学事例研究[1]

第一节　宪法学与课程思政

一、宪法学课程思政建设的必要性

（一）开展宪法学课程思政建设是宪法学课程的内在要求

宪法是各种政治力量对比关系的集中体现，世界各国不同历史时期的宪法集中体现了统治阶级的意志和利益，反映了当时各个阶级在国家中的地位。中华人民共和国成立之后，中国共产党领导中国人民制定了新中国第一部社会主义类型的宪法，这部宪法是全体中国人民共同意志的体现。随着社会的变迁，中国的宪法亦在逐渐发展和完善，并充分展现了中国特色。从新中国宪法的制定到发展完善，我们始终坚持立足国情，放眼国际，形成解决中国问题的具有中国特色的宪制制度，其中无不蕴含着深厚的历史逻辑和理论逻辑。这就需要宪法学课程结合中国实际讲好中国故事，引导学生掌握马克思主义宪法学的基本原理和基本方法，掌握中国特色社会主义宪法学基本原理。同时，宪法规定了一个国家最根本的问题，包括国家性质、政权组织形式、国家结构形式、国家机关的组织与职权、公民的基本权利与义务等内容，这些均蕴含着丰富的思政元素。作为法学专业的基础性课程，宪法学课程思政的建设能够为法学其他课程的学习打下扎实的宪法理论基础和规范基础，引

---

〔1〕　张娜娜，甘肃酒泉人，四川民族学院法学院讲师，法学硕士，主要讲授"宪法学""公证与律师制度"。

导学生坚定中国特色社会主义道路自信、理论自信、制度自信和文化自信，培养学生树立宪法意识，增强法治观念，逐步形成科学的法律思维和较强的实践能力。

（二）开展宪法学课程思政建设是贯彻落实"三全育人"理念的必然要求

2016 年，在全国高校思想政治工作会议上习近平总书记指出："要坚持把立德树人作为中心环节，把思想政治工作贯穿教育教学全过程，实现全程育人、全方位育人，努力开创我国高等教育事业发展新局面。"〔1〕2017 年中共中央、国务院印发《关于加强和改进新形势下高校思想政治工作的意见》，进一步明确指出，"坚持全员全过程全方位育人"。"三全育人"要求发挥全体教职员工的育人作用，把立德树人贯穿高校教育教学、学生成长成才的全过程，实现育人无处不在。专业教师不应将自己置身事外，专业课程也不应与思想政治教育割裂开来，必须充分发挥专业教师的育人主体作用，将知识传授、能力培养与价值塑造融为一体，促使专业知识教育与思想政治教育有机结合、专业课程和思政课程同向同行。开展宪法学课程思政建设可以促使宪法学与其他法学专业课程、宪法学与思政课程形成良性互动，这也关系着法学专业课程思政体系的完备性，影响着法学一体化思政育人体系构建，决定着法学专业的育人质量。

（三）开展宪法学课程思政建设是培养德法兼修社会主义法治人才的时代要求

2017 年 5 月，习近平总书记到中国政法大学考察时强调："全面推进依法治国是一项长期而重大的历史任务，要坚持中国特色社会主义法治道路，坚持以马克思主义法学思想和中国特色社会主义法治理论为指导，立德树人，德法兼修，培养大批高素质法治人才。"〔2〕2018 年，教育部、中央政法委联合制定《关于坚持德法兼修实施卓越法治人才教育培养计划 2.0 的意见》，其中明确了"厚德育，铸就法治人才之魂"的改革任务。德法兼修是对社会主义法治人才的时代要求，然而，实践中高校法学教育往往出现"重理论知识灌输，轻实践能力培养"，"重专业知识传授，轻思想价值引领"的现象。新时代社会主义法治人才的培养，首先应是学生良好道德品质的培养、崇高理

---

〔1〕 吴晶、胡浩："习近平在全国高校思想政治工作会议上强调：把思想政治工作贯穿教育教学全过程 开创我国高等教育事业发展新局面"，载 http://www.xinhuanet.com/politics/2016-12/08/c_1120082577.htm，访问日期：2022 年 3 月 27 日。

〔2〕 "习近平在中国政法大学考察"，载 http://www.xinhuanet.com/politics/2017-05/03/c_1120913310.htm，访问日期：2022 年 3 月 27 日。

想信念的树立和正确价值观的塑造。国无德不兴，人无德不立。忽视"德"育培养出的学生或者法律职业道德不足，或者法律信仰缺失，或者法律人格不健全，均不能肩负起社会主义建设者和接班人的神圣使命。高校法学教育只有在做好"德"育的基础上，兼顾法学专业知识和实践能力的培养，才能真正履行好为党育人、为国育才的职责使命。具有鲜明政治性的宪法学更应积极开展课程思政建设，充分发挥课堂育人的主渠道作用，为全面推进法治中国建设、实现中华民族伟大复兴培养德法兼修的社会主义法治人才。

二、宪法学课程思政事例教学设计思路阐述

（一）围绕"一个中心"，重构课程思政教学体系

"一个中心"即立德树人。紧紧围绕立德树人，明确宪法学课程思政建设的目标任务，结合学情特点，着力重构宪法学课程思政教学体系，不断提升人才培养的针对性和实效性。宪法学课程思政建设的目标，既包括课程教学的总体目标，又包括各教学单元的具体目标。在确定具体目标时，可将宪法学课程的内容重构为宪法基本原理、国家基本制度、公民基本权利与义务、国家机构和宪法实施五大教学单元，确定每个教学单元的具体教学目标，并依据具体教学目标凝练各章节的思政元素。选取典型事例，纳入课程思政教学体系。根据教学目标、教学内容，科学合理地设置相应的教学环节、教学形式，实现专业知识与思政价值引领的有机融合。

（二）把握"两个维度"，完善课程思政事例教学内容

"两个维度"即显性专业教育与隐性思政教育。把握显性专业教育与隐性思政教育两个维度，充分发挥宪法学课程育人的作用，将思政内容巧妙地融入宪法学专业教育中，通过专业教育蕴含的思政内容对学生的思想、情感、信念、行为和价值观等起到潜移默化的影响。在宪法学课程思政建设中既要避免宪法学课程忽略专业教育被彻底"思政化"，也要避免思政内容的生搬硬套。这就需要进一步优化课程教学设计，深入挖掘提炼宪法学专业知识体系中所蕴含的思想价值和精神内涵，广泛搜集、择优选取历史、实践等各个领域的事例，促进宪法学专业内容与思政内容的灵活转换和自然衔接。

（三）坚持"三个结合"，促进课程思政教学目标实现

"三个结合"即教师引导与学生参与相结合，线上与线下相结合，课内与课外相结合。突出以学生为中心的教学模式改革，宪法学课程教学中积极采用启

发式、讨论式、事例教学等教学方法，努力激发学生的学习主动性，鼓励学生独立思考，促进学生个性发展。注重现代信息技术与教育教学的融合，充分运用对分易、学习通、中国大学慕课等线上教学平台，引导学生在学习中主动运用现代信息技术，利用信息化手段打破传统教与学的壁垒，实现课内与课外，教师与学生之间的高度互动、密切协同，促进课程思政教学目标的实现。

（四）落实"四个计划"，助力课程思政提质增效

以提升宪法学课程思政建设成效为主线，实施宪法学课程思政教师能力提升和教学团队培育计划、宪法学课程思政实践育人基地建设计划、宪法学课程思政教学研究计划、宪法学课程思政事例教学系列主题活动开展计划。通过线上学习、线下培训、外出交流等，切实提高宪法学教师的育人意识，强化课程思政建设的能力，努力培育和打造专业化教学团队，为宪法学课程思政建设提供强有力的师资和团队保证。依托校内外资源，建设特色鲜明的宪法学课程思政育人基地，为宪法学课程思政事例教学提供广阔的平台支持。以教研促教改，以教改促教学，逐步形成成熟的宪法学课程思政教学研究成果，为宪法学课程思政建设提供良好的理论基础。有序开展宪法学课程思政事例优秀教学设计评选活动、宪法学课程思政事例教学优质课堂展示活动等，为宪法学课程思政事例教学改进提供有益借鉴。

（五）强化评价育人导向，着力提升人才培养质量

积极完善宪法学课程考核评价机制，将思想政治素养、道德品质纳入学生平时和期末的课程考核中。平时成绩考核中充分考量学生参与宪法事例分析、讨论并形成的报告成果等情况；期末考核采用较为灵活的考核方式，将宪法事例分析作为考核内容之一，综合考核学生运用宪法理论和宪法知识独立分析问题、解决问题的能力。根据学生考核情况适时调整教学内容、教学方式，逐步提高宪法学课程思政事例教学质量。

第二节　宪法学课程思政事例研究

一、宪法的制定

（一）典型事例

1. 事例介绍

中华人民共和国成立前夕，召开全国人民代表大会制定宪法的时机并不

成熟，中国共产党邀请各民主党派、人民团体、人民解放军、各地区、各民族以及国外华侨等各方面代表组成中国人民政治协商会议，制定并通过了起临时宪法作用的《中国人民政治协商会议共同纲领》。

经过几年发展，国家政治、经济、文化等各方面的情况发生了巨大变化，1952 年，中共中央决定着手准备召开全国人民代表大会制定宪法。1953 年初，以毛泽东为主席的中华人民共和国宪法起草委员会成立，负责宪法的起草工作。1954 年 3 月，《中华人民共和国宪法草案（初稿）》正式形成，毛泽东同志代表中国共产党中央委员会向宪法起草委员会提交了宪法草案初稿。自 3 月 23 日至 6 月 11 日，宪法起草委员会先后多次召开会议对草案逐条逐句地进行研究和讨论。同时，政协全国委员会、各大行政区、各省市的领导机关和各民主党派、各人民团体的地方组织纷纷开展宪法草案初稿讨论，参加讨论的各方面人士共 8000 余人，提出意见 5900 多条。同年 6 月 14 日，中央人民政府委员会第三十次会议通过了《中华人民共和国宪法草案》，并决定向全国公布宪法草案，交付全国人民讨论。随着宪法草案全文的公布，一场有关宪法的全民大讨论以最快的速度在全国范围内展开。为了做好这次讨论，各地普遍成立了宪法草案讨论委员会，培养报告员和辅导学习讨论的骨干分子，有组织地进行宪法草案的讨论和宣传工作。从 1954 年 6 月 16 日至 9 月 11 日，宪法草案的全民讨论持续了近 3 个月，全国各界共有 1.5 亿多人参加，许多地区听报告和参加讨论的人数都达到了当地成年人口的 70% 以上，有些城市和个别的专区达到了 90% 以上，全国人民共提出 1 180 420 条修改和补充意见。[1]宪法起草委员会办公室编辑组对这些意见进行分组和整理，并编辑了《全民讨论意见汇编》共 16 册。[2]

宪法草案全民讨论正值我国发生严重的洪涝灾害，很多地方积涝成灾，道路被毁，交通受阻。为了能将各地民众的意见及时、安全地送到北京，各地用一层层的油纸将载有意见的纸张打包捆好装上飞机，用飞机运送到北京。最终所有的意见均被安全送达，宪法起草委员会根据这些意见对宪法草案进一步作了修改和完善。1954 年 9 月 20 日，第一届全国人民代表大会第一次会议全票通过《中华人民共和国宪法》，中华人民共和国第一部宪法正式诞生。

2. 涉案问题

制宪权主体是谁？制宪权主体与制宪机关是否等同？宪法制定程序是怎

---

〔1〕　"宪法草案的全民讨论结束"，载《人民日报》1954 年 9 月 11 日。

〔2〕　许崇德：《中华人民共和国宪法史》（上卷），福建人民出版社 2005 年版，第 148 页。

样的？

3. 事例研析

制宪权，又称宪法制定权，即创制宪法的权力。历史上，曾出现过不同的制宪权主体，如君主、少数团体等。但是随着现代民主政治的发展，人民主权原则逐渐成为世界各国宪法的普遍原则。在人民主权原则下，制宪权属于人民。新中国成立之后，建立了人民民主的国家政权和重要的人民民主制度，中国人民真正实现了当家作主，并于1954年第一次通过制宪机关行使制宪权制定了体现自己意志的宪法（即"五四宪法"）。这也是迄今为止中国人民唯一一次运用制宪权制定宪法，此后的"七五宪法""七八宪法""八二宪法"都是全国人民代表大会依法行使修宪权的产物。

人民作为制宪权主体，并不意味着全体人民都直接参与制宪过程，具体行使制宪权。为了使制宪权能够具体实现，各国通常根据制宪的需要，成立一个专门的制宪机关，如制宪会议、制宪议会、国民会议等。制宪机关代表人民行使制宪权，负责宪法的起草或制定。因此，享有制宪权不等于具体行使制宪权，制宪机关也区别于制宪权主体。目前，学界关于中华人民共和国宪法的制宪机关众说纷纭，有学者认为中华人民共和国宪法的制宪机关是第一届全国人民代表大会第一次全体会议，也有学者认为是一个复合型的主体，其中包括宪法起草委员会、宪法起草小组、第一届全国人民代表大会第一次全体会议等。

宪法的制定程序较普通法律的制定程序更为严格，虽然世界各国宪法的制定程序不尽一致，但通常包括设立制宪机关、提出宪法草案、通过宪法草案、公布等程序。我国"五四宪法"的制定过程具体为：中华人民共和国宪法起草委员会成立、中共中央成立宪法起草小组起草、中共中央宪法起草小组提出宪法草案初稿、中共中央政治局讨论并初步通过、中共中央向宪法起草委员会提出宪法草案初稿、宪法起草委员会审议和讨论通过、中央人民政府委员会通过并交全国人民讨论、第一届全国人民代表大会第一次全体会议通过《中华人民共和国宪法》、公布宪法。

（二）本事例课程思政元素分析

1. 制度规范

"五四宪法"是我国历史上第一部社会主义类型的宪法，是全体中国人民共同意志的凝结。人民民主原则作为它的指导思想之一始终贯穿于立宪活动始终，并通过国家根本法的形式加以制度化、法律化。这一原则也被"八二宪法”所继承并得以丰富和发展。“五四宪法”和现行《宪法》第 2 条均明确规定，“中华人民共和国的一切权力属于人民”，同时宪法确立了人民实现权力的各种形式和具体制度保障，例如规定了人民行使权力的机关是全国人民代表大会和地方各级人民代表大会，规定了人民民主原则赖以实现的社会主义经济制度等。毋庸置疑，“五四宪法”的制定是人民民主原则在宪制实践活动中的具体体现，通过典型事例可以让法科生客观了解中华人民共和国宪法的制定过程，明白民主政治的实质，深入理解和掌握制宪权理论及其在中国的发展和实践。

2. 价值引领

通过制宪权理论及其发展和实践的学习，可以清晰地知道，西方资本主义国家所倡导的人民主权原则与我国的人民主权原则有着本质的区别，正如德国学者哈贝马斯尖锐地指出：“资本主义民主只是在形式上保障每一个公民拥有平等的机会使用他们的权利，而这种权利最后带来的结果，是一切人都拥有‘在桥梁下睡觉’的平等的权利。”基于此，我国宪法的制定是真正凝聚着民主法治精神、“因地制宜”的智慧结晶。通过事例及知识点的讲解促使法科生深刻体认新中国宪法制定历程所体现出的中国宪制道路之价值，牢固树立国家一切权力属于人民的理念，增强法科生对国家、宪法的认同感，坚定中国特色社会主义道路自信、理论自信、制度自信和文化自信，增强社会主义民主法治意识，树立真正的民主观。

同时，进一步增强法科生的宪法意识、公民意识和国家意识，树立主人翁意识，增强关心国家社会事务、积极参与国家政治生活的热情。在实践中弘扬宪法精神，贯彻实施宪法，践行以人民为中心的法治理念。培养法科生形成良好的宪法意识和法律素质，指导工作和实践，切实维护人民群众的根本利益，更好地推进我国人权事业的发展。

二、中国共产党领导的多党合作和政治协商制度

（一）典型事例

1. 事例介绍

新冠肺炎疫情是百年来全球发生的最严重的传染病大流行，是新中国成立以来我国遭遇的传播速度最快、感染范围最广、防控难度最大的重大突发公共卫生事件。

病毒突袭而至，疫情来势汹汹，人民生命安全和身体健康面临严重威胁。

我们坚持人民至上、生命至上，以坚定果敢的勇气和坚忍不拔的决心，同时间赛跑、与病魔较量，迅速打赢疫情防控的人民战争、总体战、阻击战，用 1 个多月的时间初步遏制疫情蔓延势头，用 2 个月左右的时间将本土每日新增病例控制在个位数，用 3 个月左右的时间取得武汉保卫战、湖北保卫战的决定性成果，进而又接连打了几场局部地区聚集性疫情歼灭战，夺取了全国抗疫斗争重大战略成果。在此基础上，我们统筹推进疫情防控和经济社会发展工作，抓紧恢复生产生活秩序，取得显著成效。中国的抗疫斗争，充分展现了中国精神、中国力量、中国担当。

——面对突如其来的严重疫情，党中央统揽全局、果断决策，以非常之举应对非常之事。党中央坚持把人民生命安全和身体健康放在第一位，第一时间实施集中统一领导，中央政治局常委会、中央政治局召开 21 次会议研究决策，领导组织党政军民学、东西南北中大会战，提出坚定信心、同舟共济、科学防治、精准施策的总要求，明确坚决遏制疫情蔓延势头、坚决打赢疫情防控阻击战的总目标，周密部署武汉保卫战、湖北保卫战，因时因势制定重大战略策略。我们成立中央应对疫情工作领导小组，派出中央指导组，建立国务院联防联控机制。我们提出早发现、早报告、早隔离、早治疗的防控要求，确定集中患者、集中专家、集中资源、集中救治的救治要求，把提高收治率和治愈率、降低感染率和病亡率作为突出任务来抓。我们全力以赴救治患者，不遗漏一个感染者，不放弃每一位病患者，坚持中西医结合，费用全部由国家承担，最大限度提高了治愈率、降低了病亡率。我们注重科研攻关和临床救治、防控实践相协同，第一时间研发出核酸检测试剂盒，加快有效药物筛选和疫苗研发，充分发挥科技对疫情防控的支撑作用。我们迅速建立全国疫情信息发布机制，实事求是、公开透明发布疫情信息。我们时刻挂念海外中国公民的安危，千方百计保障我国公民健康安全和工作生活，向留学生等群体发放"健康包"，协助确有困难的中国公民有序回国。我们及时将全国总体防控策略调整为"外防输入、内防反弹"，推动防控工作由应急性超常规防控向常态化防控转变，健全及时发现、快速处置、精准管控、有效救治的常态化防控机制。各级党委和政府、各部门各单位各方面闻令而动，全国农村、社区、企业、医疗卫生机构、科研机构、学校、军营各就各位。在党中央的坚强领导下，全国迅速形成统一指挥、全面部署、立体防控的战略布局，有效遏制了疫情大面积蔓延，有力改变了病毒传播的危险进程，最大限度保护了人民生命安全和身体健康！

——面对突如其来的严重疫情，中国人民风雨同舟、众志成城，构筑起疫情防控的坚固防线。武汉和湖北是疫情防控阻击战的主战场，武汉胜则湖北胜、湖北胜则全国胜。一方有难，八方支援。我们举全国之力实施规模空前的生命大救援，用10多天时间先后建成火神山医院和雷神山医院、大规模改建16座方舱医院、迅速开辟600多个集中隔离点，19个省区市对口帮扶除武汉以外的16个市州，最优秀的人员、最急需的资源、最先进的设备千里驰援，在最短时间内实现了医疗资源和物资供应从紧缺向动态平衡的跨越式提升。各行各业扛起责任，国有企业、公立医院勇挑重担，460多万个基层党组织冲锋陷阵，400多万名社区工作者在全国65万个城乡社区日夜值守，各类民营企业、民办医院、慈善机构、养老院、福利院等积极出力，广大党员、干部带头拼搏，人民解放军指战员、武警部队官兵、公安民警奋勇当先，广大科研人员奋力攻关，数百万快递员冒疫奔忙，180万名环卫工人起早贪黑，新闻工作者深入一线，千千万万志愿者和普通人默默奉献……〔1〕

2. 涉案问题

简述中国共产党领导的显著优势。

3. 事例研析

中国特色社会主义最本质的特征是中国共产党领导，中国特色社会主义制度的最大优势是中国共产党领导。新冠肺炎疫情防控的实践充分彰显了中国共产党领导的显著优势。

总揽全局、协调各方的领导制度优势。党政军民学，东西南北中，党是领导一切的。中国共产党的领导地位不是"自封"的，而是在中国革命、建设、改革的实践中形成并不断巩固的，是历史的选择、人民的选择。中华人民共和国成立以来，中国大地发生了翻天覆地的变化，中国人民取得了举世瞩目的成就，正是因为始终坚持中国共产党的集中统一领导。面对无数艰难险阻，应对各种风险挑战，中国共产党始终不畏艰险、攻坚克难，充分展现出强大的领导力、号召力、凝聚力和战斗力。新冠肺炎疫情发生后，以习近平同志为核心的党中央高度重视、迅速行动，习近平总书记亲自指挥、亲自

〔1〕 习近平："在全国抗击新冠肺炎疫情表彰大会上的讲话"，载 https://www.12371.cn/2020/09/08/ARTI1599557266374496.shtml，访问日期：2022年5月20日。

部署，统揽全局、果断决策，为中国人民抗击疫情坚定了信心、凝聚了力量、指明了方向。在中国共产党领导下，全国迅速形成统一指挥、全面部署、立体防控的战略布局，全国上下贯彻"坚定信心、同舟共济、科学防治、精准施策"总要求，有效遏制了疫情大面积蔓延，有力改变了病毒传播的危险进程，最大限度保护了人民生命安全和身体健康。

坚持以人民为中心的执政理念优势。人民的利益始终是中国共产党一切工作的根本出发点和落脚点。中国共产党从成立之日起，就坚持把为中国人民谋幸福、为中华民族谋复兴作为初心使命。中国人民从过去吃不饱、穿不暖的"一穷二白"到如今人民丰衣足食、安居乐业，是中国共产党为中国人民的根本利益而不懈努力、艰辛奋斗的结果。党的十八大以来，以习近平同志为核心的党中央进一步全面持续地推进以人民为中心的发展思想，坚持人民主体地位，坚持立党为公、执政为民，践行全心全意为人民服务的根本宗旨，把党的群众路线贯彻到治国理政全部过程之中，把人民对美好生活的向往作为奋斗目标。新冠肺炎疫情发生以来，党中央始终坚持以人民为中心，将人民至上、生命至上的价值追求贯穿疫情防控始终，把提高收治率和治愈率、降低感染率和病亡率作为突出任务来抓，全力以赴救治患者，及时调动全国资源和力量，加快有效药物筛选和疫苗研发、迅速建立全国疫情信息发布机制、积极协助确有困难的中国公民有序回国……切实维护和保障了我国公民的健康安全和工作生活。历史和实践也充分证明，没有人民的广泛支持和参与，任何"战斗"都难以取得成功。在疫情防控工作中，中国共产党始终坚持群众路线，广泛动员、凝聚力量，形成了全民响应、全民参与的战役强大合力。

牢固凝聚各级党组织和广大党员的组织优势。历经百年，中国共产党逐步形成了包括党的中央组织、地方组织、基层组织在内的严密的组织体系。新冠肺炎疫情发生以来，党中央统一指挥、统一协调、统一调度，充分展现了党中央权威和集中统一领导；地方党组织积极响应、因地制宜、精准施策，充分发挥了中坚作用；基层党组织紧急动员、有力组织、守土尽责，筑牢了基层战斗堡垒；广大党员、干部冲锋在前、带头拼搏。正是在严密的组织体系下，全国上下一盘棋，全国人民一条心，疫情防控才取得了阶段性重要成果。

（二）本事例课程思政元素分析

1. 制度规范

中华人民共和国成立前夕，中国共产党提出召开新的政治协商会议、成立民主联合政府的号召，各民主党派、无党派民主人士热烈响应。1949 年 9 月，由各民主党派、人民团体、人民解放军、各地区、各民族以及国外华侨等各方面代表组成的中国人民政治协商会议在北京召开，这标志着中国共产党领导的多党合作和政治协商制度的正式确立。

1954 年《宪法》[1]明确规定："我国人民在建立中华人民共和国的伟大斗争中已经结成以中国共产党为领导的各民主阶级、各民主党派、各人民团体的广泛的人民民主统一战线。"随后 1956 年，在社会主义改造基本完成后，中国共产党提出了"长期共存、互相监督"的八字方针。这一阶段中国共产党领导的多党合作和政治协商制度得到了进一步巩固和发展。1982 年，中国共产党第十二次全国代表大会上在"长期共存、互相监督"的基础上，又明确提出"肝胆相照、荣辱与共"，这标志着中国共产党与各民主党派关系的"十六字"方针正式确立。1989 年，中共中央《关于坚持和完善中国共产党领导的多党合作和政治协商制度的意见》发布实施，为新时期我国政党制度的发展提供了理论依据和实施准则，促使多党合作和政治协商逐步走向制度化和规范化。1993 年，现行《宪法》进行第二次部分修改时明确写入"中国共产党领导的多党合作和政治协商制度将长期存在和发展"。2018 年对《宪法》进行修改时，明确在第 1 条第 2 款加入了"中国共产党领导是中国特色社会主义最本质的特征"，强化了中国共产党领导地位的权威性，为中国共产党领导的多党合作和政治协商制度的发展提供了坚实的根本法保障。

我国现行《宪法》主要在序言部分和第一章对政党制度相关内容进行了明确规定，这些规定涉及：通过阐述中国共产党领导人民取得新民主主义革命的胜利和社会主义事业的成就，肯定中国共产党的历史作用和领导地位；明确了中国共产党在未来的国家根本任务实现过程中的领导定位；充分肯定了中国共产党对爱国统一战线与多党合作和政治协商制度的长期领导；明确规定中国共产党和各民主党派都必须在宪法和法律的范围内活动；从中国特色社会主义本质属性的高度确定中国共产党在国家中的领导地位。

中国特色社会主义有很多特点和特征，具体反映在道路、理论、制度、

---

〔1〕《宪法》，即《中华人民共和国宪法》。为表述方便，本书中涉及我国法律文件直接使用简称，省去"中华人民共和国"字样，全书统一，后不赘述。

文化各个方面，体现在"五位一体"总体布局、"四个全面"战略布局等各个领域。在这些特点和特征中，党的领导是最重要最本质的特征，其他特点和特征都是由党的领导所决定的，都是在党的领导下形成发展、发挥作用、彰显优势的。中国共产党领导是中国特色社会主义最本质的特征，在于党的领导直接关系着中国特色社会主义的性质、方向和命运。党的领导这个最本质特征，体现在我们党是统领中国特色社会主义各领域各方面的最高政治领导力量。党的领导这个最本质特征，体现在党的领导是中国特色社会主义制度的最大优势。党的领导这个最本质特征，还体现在党的领导是实现社会主义现代化和民族复兴的最根本保证。中国共产党领导是中国特色社会主义最本质的特征，这一重大论断已经写入党章、载入宪法，体现了全党的意志和国家的意志，反映了最广大人民根本利益。[1]

我国是工人阶级领导的、以工农联盟为基础的人民民主专政的社会主义国家，中国共产党领导是中国特色社会主义最本质的特征。中国共产党是执政党，居于国家政权的领导地位；各民主党派是参政党，其接受中国共产党的领导，与中国共产党长期合作，参与国家政权。目前，我国有八个民主党派，分别是中国国民党革命委员会、中国民主同盟、中国民主建国会、中国民主促进会、中国农工民主党、中国致公党、九三学社、台湾民主自治同盟。中国共产党同各民主党派既亲密合作又互相监督，在建设中国特色社会主义事业的伟大进程中，中国共产党与各民主党派将长期共存、互相监督、肝胆相照、荣辱与共，共同致力于建设富强民主文明和谐美丽的社会主义现代化强国，实现中华民族的伟大复兴。

2. 价值引领

帮助法科生全面认识我国新型政党制度的基本内容，明确中国新型政党制度的鲜明特色和显著优势以及中国共产党领导的显著优势，理解中国共产党领导和执政地位的确立是历史和人民的选择，深刻领会中国共产党领导是中国特色社会主义最本质的特征。增强法科生对党的创新理论的政治认同、思想认同、情感认同，坚定中国特色社会主义道路自信、理论自信、制度自信、文化自信，坚决拥护中国共产党的领导，坚定永远跟党走的信念，坚持

---

〔1〕 中共中央宣传部编：《习近平新时代中国特色社会主义思想学习问答》，学习出版社、人民出版社2021年版，第425~429页。

爱党、爱国、爱社会主义高度统一。

三、公民的基本权利

（一）典型事例

1. 事例介绍

2020 年 11 月 23 日，湖北省宜昌市一名老人冒雨用现金交医保被拒引发关注。宜昌市医保局工作人员告诉老人"不收现金，要么告诉亲戚，要么你自己在手机上支付"。此事被报道后，"老人是否被科技边缘化"的问题引发热议。智能科技时代，我们习以为常的科技生活和数字福利，却往往是老人这一群体面临的难以逾越的"数字鸿沟"。2020 年 11 月 24 日，国务院办公厅印发《关于切实解决老年人运用智能技术困难的实施方案》，就进一步推动解决老年人在运用智能技术方面遇到的困难，践行以人民为中心的发展思想，坚持传统服务方式与智能化服务创新并行，为老年人提供更周全、更贴心、更直接的便利化服务作出部署。[1]

2. 涉案问题

宜昌市医保局工作人员的做法是否侵害了老人的宪法权利？

3. 事例研析

随着现代科学技术的发展，人民的生活越来越便利，但随之而来的是人的主体性逐渐被削弱、人的自由和尊严受到一定的威胁和挑战。

事例中，宜昌市医保局工作人员拒收现金的行为不仅违反了《人民币管理条例》不得拒收人民币之规定，也违反了宪法规定，侵害了老人的宪法权利。我国现行《宪法》第 33 条第 2 款规定，"中华人民共和国公民在法律面前一律平等"，第 33 条第 3 款明确规定，"国家尊重和保障人权"。由于社会财富收入差距、教育资源分配不均等问题，人们拥有科技产品、获取信息资源和技术知识的差距越来越大。除此之外，老年人往往在年龄、学习能力、适应能力等方面处于劣势，这就造成了他们在接近、使用新信息技术的机会与能力上的不平等进一步加剧。技术鸿沟、数字鸿沟不仅仅凸显了对老年人等弱势群体的平等权保护问题，还反映了老年人等弱势群体其他人权的保护问题，如老年人的物质帮助权、人格尊严等。

---

[1] 来源：明德公法微信公众号。

现行《宪法》第 27 条第 2 款规定："一切国家机关和国家工作人员必须……接受人民的监督，努力为人民服务。"国家机关和国家工作人员应当始终秉持着为人民服务的根本宗旨，事例中宜昌市医保局工作人员的做法很显然没有践行为人民服务的宗旨，违反了宪法之规定，背离了宪法之精神。同时，我国《宪法》第 45 条第 1 款规定："中华人民共和国公民在年老、疾病或者丧失劳动能力的情况下，有从国家和社会获得物质帮助的权利。……"在现代科学技术迅猛发展的今天，国家应当为老年人等弱势群体提供必要的帮助和支持，充分保障老年人等弱势群体的权利，促使老年人与其他公民一样享有平等的接近、使用信息技术的机会与能力。

根据第七次全国人口普查数据显示，我国 60 岁及以上人口已达 2.64 亿人，占总人口的 18.7%，[1]但根据中国互联网络信息中心（CNNIC）发布的第 49 次《中国互联网络发展状况统计报告》显示，截至 2021 年 12 月，我国 60 岁及以上老年网民规模为 1.19 亿，互联网普及率仅达到 43.2%。老年群体与其他年龄群体共享信息化发展成果，能独立完成出示健康码/行程卡、购买生活用品和查找信息等网络活动的老年网民比例分别为 69.7%、52.1% 和 46.2%。[2]宜昌市老人用现金交医保被拒绝并不是个案，被智能科技边缘化的群体也并不仅仅只有老年人，还有很多其他弱势群体。老年人等弱势群体被智能科技边缘化的现象，不禁让我们反思人和现代科学技术的关系。现代科学技术应当是服务于人的，人始终是现代科学技术发展的目的，而不是手段，不能因为现代科学技术的发展而削弱人的主体性、牺牲人的自由和权利。同时，我们还需要思考，如何通过法治来消解现代科学技术带来的威胁和侵害，让国家尊重和保障人权的理念得以真正落实，让宪法的功能和价值得以充分发挥。

（二）本事例课程思政元素分析

1. 制度规范

公民基本权利是我国宪法的重要内容，我国宪法一方面通过列举的方式对公民的平等权、政治权利和自由、宗教信仰自由、人格尊严等基本权利进

---

[1]《第七次全国人口普查公报》（第五号），载 http://www.stats.gov.cn/tjsj/tjgb/rkpcgb/qgrk-pcgb/202106/t20210628_1818824.html，访问日期：2022 年 4 月 10 日。

[2]《中国互联网络发展状况统计报告》，载 http://www.cnnic.net.cn/hlwfzyj/hlwxzbg/hlwtjbg/202202/t20220225_71727.htm，访问日期：2022 年 4 月 7 日访问。

行了明确规定，另一方面通过国家尊重和保障人权条款对宪法里未规定的权利加以保护。通过事例分析，让法科生熟悉宪法上规定的公民基本权利，理解平等权、物质帮助权、人格尊严等基本权利的内涵，掌握国家尊重和保障人权条款的规范意涵和精神要旨，明确国家机关及其工作人员在人权保障中的职责，深刻领悟宪法的功能和价值所在。同时，增强法科生的权利意识，强化法科生的宪法意识，培养法科生的法治思维。

2. 价值引领

引导法科生了解现代科学科技发展对人们生活产生的影响，正确认识现代科学技术与人的关系，深化法科生对人权、公民基本权利的认识，增强法科生的公民主体意识、公民权利意识、公民社会责任意识，坚定全心全意为人民服务的宗旨意识，牢固树立宪法法律至上、法律面前人人平等、权利本位、权力制约等法治理念，强化宪法观念，维护宪法权威，贯彻宪法精神。

同时，引导法科生继承和弘扬"尊老、敬老、爱老、助老"的中华民族传统美德，积极参与社会公共事务和公益事业，主动关爱、帮助老年人等社会弱势群体，自觉践行社会主义核心价值观；引导法科生依法行使权利，尊重他人的合法权利，在今后的生活、工作中能够始终秉持全心全意为人民服务的宗旨，切实把体现人民利益、反映人民愿望、维护人民权益、增进人民福祉落实到履职尽责的全过程，推动宪法的全面贯彻落实。

四、国家机构：监察委员会

（一）典型事例

1. 事例介绍

2016 年 11 月，中共中央办公厅印发《关于在北京市、山西省、浙江省开展国家监察体制改革试点方案》，部署在北京等三省市设立各级监察委员会。2016 年 12 月 25 日，根据党中央的方案，为在全国推进国家监察体制改革探索积累经验，第十二届全国人民代表大会常务委员会第二十五次会议通过了《关于在北京市、山西省、浙江省开展国家监察体制改革试点工作的决定》。根据该决定，在北京市、山西省、浙江省及所辖县、市、市辖区设立监察委员会，行使监察职权。将试点地区人民政府的监察厅（局）、预防腐败局及人民检察院查处贪污贿赂、失职渎职以及预防职务犯罪等部门的相关职能整合至监察委员会。试点地区监察委员会按照管理权限，对本地区所有行使公权力的公职人员依法实施监察；履行监督、调查、处置职责，监督检查公职人员依法履职、秉公用权、廉洁从政以及道德操守情况，调查涉嫌贪污贿赂、滥用职权、玩忽职守、权力寻租、利益输送、徇私舞弊以及浪费国家资财等职务违法和职务犯罪行为并作出处置决定，对涉嫌职务犯罪的，移送检察机关依法提起公诉。监察委员会履行职权时，可以采取谈话、讯问、询问、查询、冻结、调取、查封、扣押、搜查、勘验检查、鉴定、留置等措施。

2017 年 11 月 4 日，在认真总结国家监察体制改革试点工作经验的基础上，第十二届全国人民代表大会常务委员会第三十次会议通过了《关于在全国各地推开国家监察体制改革试点工作的决定》。2018 年 3 月 11 日，第十三届全国人民代表大会第一次会议通过了《宪法修正案》，将"监察委员会"列为第三章第七节写入宪法，正式确立了监察委员会作为国家机关的宪法地位。同年 3 月 20 日《监察法》公布实施。

2. 涉案问题

国家监察体制改革的意义。

3. 事例研析

权力不受监督制约，就容易被滥用，滋生腐败。党的十八大以来，我们党更加注重从源头上防治腐败，从源头上解决了一些部门和领域的腐败问题、不断取得反腐败新成效。但是，长期以来我们的反腐败体制机制一定程度上存在着监察覆盖面过窄、反腐败力量分散、纪法衔接不畅等突出问题。监察委员会的设立整合了以往政府监察机关、预防腐败局及人民检察院查处贪污贿赂、失职渎职以及预防职务犯罪等部门的职能，监察委员会有权对所有行使公权力的公职人员依法实施监察，实现了对所有行使公权力的公职人员监察全覆盖。此次国家监察体制的改革有利于加强党对反腐败工作的集中统一领导，整合反腐败资源力量，构建集中统一、权威高效的国家监察体系，有利于健全国家法治体系和监督体系，推进党和国家治理体系和治理能力现代化，更有利于实现全面从严治党和全面依法治国的战略目标。

（二）本事例课程思政元素分析

1. 制度规范

监察委员会的设立，使得国家监察权作为一项独立的权力而存在，改变了过去监察权作为行政权的一部分由行政机关行使的局面。这也表明长久以来人民代表大会制度之下"一府两院"的体制变成了人民代表大会制度之下

"一府一委两院"的体制。根据我国现行《宪法》的规定，中国设立国家监察委员会和地方各级监察委员会。国家监察委员会对全国人民代表大会和全国人民代表大会常务委员会负责。地方各级监察委员会对产生它的国家权力机关和上一级监察委员会负责。作为独立行使监察权的监察委员会，不代表可以不受任何约束和监督。监察委员会在党的集中统一领导和监督下开展工作，要在本级人大及其常委会监督下开展工作，下级监察机关要接受上级监察机关的领导和监督，地方各级监察机关要接受国家监察委员会的领导和监督。此外，监察机关还依法接受民主监督、社会监督、舆论监督等。通过我国国家监察体制改革的事例，让法科生了解我国监察体制改革的情况，熟悉我国现行监察制度规范，掌握国家监察委员会与其他国家机关之间的关系及监察委员会的性质、地位、组成、职责、监察范围、监察权限等基础知识，深刻认识我国国家监察体制改革的意义。

2. 价值引领

培养法科生法治意识，增强法科生法治观念，提高法科生自律能力，促使法科生形成良好的法治思维。引导法科生坚定理想信念，牢记初心使命，自觉践行社会主义核心价值观，始终坚持党的事业至上、人民利益至上、宪法法律至上，牢固树立权由法定、权依法使等法治理念，用习近平新时代中国特色社会主义思想武装头脑、指导实践。

同时，引导法科生理论联系实践，了解现实问题，关心国家大事，关注社会发展，积极行使自己的民主权利，参与到国家权力的监督之中，推动法治国家、法治政府、法治社会一体建设。

五、国家标志：国歌

（一）典型事例

1. 事例介绍

杨某莉是一名网红主播，2018 年 10 月 7 日晚，杨某莉在其住宅内直播时，篡改国歌曲谱，以嬉皮笑脸的方式表现国歌内容，并将国歌作为自己所谓"网络音乐会"的"开幕曲"。随后网民对此进行了举报，上海市公安局静安分局经调查核实后，以杨某莉违反《国歌法》第 15 条规定为由，依法对杨某莉处以行政拘留 5 日。

2. 涉案问题

简述我国国歌的发展历程，并思考我国现行法律对国歌的奏唱有何规定？

3. 事例研析

国歌是代表国家的歌曲，它能够激发人民的爱国情怀，增强一国的凝聚力。我国历史上第一首官方法定国歌是 1911 年清政府确定的《巩金瓯》。《巩金瓯》由严复作词，溥侗谱曲（曲谱实际来自康熙时期的皇室音乐），郭曾炘修订。随着清政府的倒台，20 世纪上半叶，中国历史上又先后出现了《五族共和歌》《中华雄立宇宙间》《卿云歌》等许多官方或非官方的国歌。

中华人民共和国成立前，在 1949 年 9 月 27 日的中国人民政治协商会议第一届全体会议上，《义勇军进行曲》被确定为代国歌。《义勇军进行曲》最早是 1935 年上映的电影《风云儿女》的主题曲，歌曲由田汉作词，聂耳作曲。《义勇军进行曲》以其高昂激越、铿锵有力的旋律和鼓舞人心的歌词，表达了中国人民对帝国主义侵略的强烈愤恨和反抗精神，体现了伟大的中华民族在外侮面前勇敢、坚强、团结一心共赴国难的英雄气概。[1] 在 2004 年 3 月 14 日之前，国歌一直未被写入我国宪法，直到 2004 年对我国现行宪法进行第四次修改，国歌才正式被写入宪法。现行《宪法》第四章"国旗、国歌、国徽、首都"第 141 条第 2 款明确规定："中华人民共和国国歌是《义勇军进行曲》。"

为了维护国歌的尊严，规范国歌的奏唱、播放和使用，增强公民的国家观念，弘扬爱国主义精神，培育和践行社会主义核心价值观，2017 年 9 月 1 日第十二届全国人民代表大会常务委员会第二十九次会议通过了《国歌法》，该法于 2017 年 10 月 1 日正式实施。《国歌法》对国歌的奏唱场合、奏唱礼仪、宣传教育、违法使用、奏唱国歌行为的制裁等作了明确规定。

《国歌法》第 4 条规定，在下列场合，应当奏唱国歌：①全国人民代表大会会议和地方各级人民代表大会会议的开幕、闭幕；中国人民政治协商会议全国委员会会议和地方各级委员会会议的开幕、闭幕。②各政党、各人民团体的各级代表大会等。③宪法宣誓仪式。④升国旗仪式。⑤各级机关举行或者组织的重大庆典、表彰、纪念仪式等。⑥国家公祭仪式。⑦重大外交活动。⑧重大体育赛事。⑨其他应当奏唱国歌的场合。

---

[1] 杨帆："《义勇军进行曲》壮美旋律托起民族之魂"，载《重庆时报》2008 年 7 月 25 日。

中华人民共和国国歌是中华人民共和国的象征和标志。一切公民和组织都应当尊重国歌，维护国歌的尊严。奏唱国歌时，在场人员应当肃立，举止庄重，不得有不尊重国歌的行为。《国歌法》明确禁止将国歌用于或者变相用于商标、商业广告、公共场所的背景音乐，亦禁止在私人丧事活动等不适宜的场合使用国歌。其第 15 条还规定：“在公共场合，故意篡改国歌歌词、曲谱，以歪曲、贬损方式奏唱国歌，或者以其他方式侮辱国歌的，由公安机关处以警告或者十五日以下拘留；构成犯罪的，依法追究刑事责任。”在该事例中，杨某莉在直播时篡改国歌曲谱、戏唱国歌的行为正是违反了上述规定，是对国歌的不尊重和亵渎。

（二）本事例课程思政元素分析

1. 制度规范

国歌与国旗、国徽、首都是我国宪法确定的国家重要象征和标志，代表着我国的国家主权、独立和尊严。虽然我国在 2004 年正式将国歌写入宪法，但关于国歌的具体法律规定一直处于空白。2017 年《国歌法》的颁布实施使得国歌奏唱场合、奏唱方式、侮辱国歌的法律后果等问题有了具体的法律依据，对于树立宪法权威、弘扬爱国精神意义重大。2017 年 11 月 4 日，《刑法修正案（十）》颁布实施，其中增加了侮辱国歌罪，进一步完善了国歌立法体例。通过杨某莉侮辱国歌案，让法科生了解我国宪法法律对国歌的规定，掌握现行立法对国歌奏唱、播放和使用的要求，正确理解《宪法》《国歌法》所蕴含的价值理念，明确公民基本权利的边界。培育法科生的规则意识，使法科生能够具备熟练地运用规则分析真实事例、解决现实问题的能力。

2. 价值引领

提高法科生对国歌的准确认识，树立法科生尊重和爱护国歌的意识，激发法科生的爱国热情，增强法科生的国家认同感和归属感，厚植法科生爱国主义情怀，弘扬爱国主义精神。同时，增强法科生的国家主权观念，促使法科生牢固树立中华民族共同体意识，提升法科生维护国家利益的自觉性。使法科生能够在实践中以宪法法律为行为准则，做到规范奏唱、播放和使用国歌，自觉爱护国歌、尊重国歌，维护国歌尊严，维护国家利益和国家庄严形象，自觉践行社会主义核心价值观。

第二章

法理学课程思政教学案例研究[1]

第一节　法理学与课程思政

一、法理学课程思政建设的必要性

2016年12月7日，在全国高校思想政治工作会议上习近平总书记首次指出，"各门课都要守好一段渠、种好责任田，使各类课程与思想政治理论课同向同行，形成协同效应"。集中体现了推进课程思政建设需要把握的重要关系和直面的现实难题，其蕴含的基本精神、核心要义、实践要求成为推进课程思政建设进入新时代、开创新局面、站上新起点、迈向新征程、书写新篇章，落实立德树人根本任务融入思想政治教育、文化知识教育、社会实践教育全方位各环节，贯穿基础教育、职业教育、高等教育全过程各领域，坚持显性教育和隐性教育相统一，挖掘其他课程和教学方式中思想政治教育资源，实现全员全程全方位育人的根本遵循、理论指引和行动指南。更是践行寓价值观引导于知识传授和能力培养之中，帮助学生塑造正确的世界观、人生观、价值观，融价值塑造、知识传授和能力培养于一体，实现人才培养目标的应有之义、必备内容和价值归宿。

法理学在法学体系的设置、构成、划分和位阶关系中居于基础与核心地位，是以"法理"为核心范畴和研究对象形塑而成的科学活动及智识成果的

---

〔1〕　李辉，甘肃会宁人，四川民族学院法学院教师，法学硕士，主要讲授"法理学""习近平法治思想概论"。

总称，更是整个法学体系赖以存在的"黏合剂"，蕴含着清晰的概念体系、有力的话语体系、厚重的理论体系、丰富的知识体系和严谨的逻辑体系，概念上系统完备、话语上自成一体、理论上抽象复杂、知识上宏阔精湛、逻辑上有机衔接，其独特作用和特殊地位抑或学科意义表征为法理学是法学的一般理论、基础理论、方法论和意识形态。一如英国法学家哈里斯诙谐幽默地称法理学为"装满各种各样有关法的一般思辨的大口袋"。[1]是故，课程思政融入法理学具有显著的优越性、便捷的切入点和完美的契合度。析言之，其必要性如下：

第一，是落实全面依法治国，建设社会主义法治国家、法治政府和法治社会的必然选择。法治是法理学课程学习抑或开展研究的核心概念和重要选题，其重点在于保证权力的规范行使和正当运行，借由凸显人权保障追求公平正义根本价值之重申，拥护党领导人民治国理政的基本方略，体现全面建设社会主义现代化国家的客观要求。何为法治？对"法治"这一术语的基础范畴展开分析，其基本语义和核心意义主要呈现在四个维度：法律之治、良法善治、和谐秩序、文明表征。什么是法律之治？法律是准绳。用法律的准绳去衡量、规范、引导社会生活，这就是法治。[2]何为良法善治？法律之治是法治的表现形式，法治的实质内涵在于"法理之治"，形式法治与实质法治的有效结合就是"良法善治"。[3]何为和谐秩序？无论将法治作为一种基本方略还是办事原则，最终都是一种秩序的表现。它不是一种单纯的法律秩序，而是一种高于抑或优于法律秩序的存在形态——"法治秩序"。何为文明表征？"法治是人类政治文明的重要成果，是现代社会治理的基本手段。"[4]法治文明含括政治文明，从"五位一体"总体布局审视，法治文明不仅是经济建设、政治建设、文化建设、社会建设、生态文明建设的制度表征，而且是保障物质、精神、社会、生态文明协同发展，持续发力的必要条件，缺乏法治文明，人类所创造的所有文明犹如"彩云易散琉璃脆"而难以持久。凡此

〔1〕 周永坤：《法理学——全球视野》（第4版），法律出版社2016年版，第29页。

〔2〕 中共中央文献研究室编：《习近平关于全面依法治国论述摘编》，中央文献出版社2015年版，第8~9页。

〔3〕 张文显："习近平法治思想的理论体系"，载《法制与社会发展》2021年第1期，第8页。

〔4〕 习近平："坚持合作创新法治共赢　携手开展全球安全治理——在国际刑警组织第八十六届全体大会开幕上的主旨演讲"，载《人民日报》2017年9月27日。

归总，上述关涉法治语义和意义的基本表述正是法理学课程思政建设的有益入口。

第二，是践行社会主义核心价值观，厘辨国家富强、民主、文明与和谐；社会自由、平等、公正与法治；个人爱国、敬业、诚信与友善和社会主义法的价值体系内在含义及相互关系的应然面向。如何把社会主义核心价值观融入课程教学与科学研究的各方面，转化为每个人自觉的情感认同与行为习惯，培养担当民族复兴大任时代新人，塑造德智体美全面发展的社会主义合格建设者和可靠接班人，是高等学校落实"立德树人"根本任务，突出"铸魂育人"核心目的，体现国家教育意志、理念和方针的根本要求。在文化形态多元化与价值观念多样化的发展势态下，社会主义核心价值观正是塑造当代大学生形成健康、积极、科学理念，实现自身成长与自我发展的科学方法论。在法理学的授课过程中，不管是以"人民为中心""以公平正义为生命线""以全人类共同价值为依归"的社会主义法治核心价值，还是法与秩序、法与自由、法与效率、法与正义、法与安全、法与平等、法与公平、法与人权的价值铺陈，都很好地契合了以社会主义核心价值观为基础和依据的社会主义法的价值体系所蕴含的智识结晶、科学内涵、根本性质、核心要义和实践要求。社会主义法的价值体系是社会主义法律制度的内在精神表征，在整个社会主义法律制度中处于支配地位。当代中国法的价值是社会主义核心价值体系在法律领域的集中体现，其中每一项核心价值都与法律的制定和实现具有直接或者间接的关系。[1]何谓价值？何谓价值体系？什么是秩序、自由、效率、安全、平等、公平、正义、人权？法与自由、公平和正义等要素之间有何关系？其既是法理学课程学习的重要章节和核心知识，也是深化对社会主义核心价值观系统认知与深刻理解的有效途径和延展维度。是故，理应成为推动法理学课程思政建设接地气、润无声，更好回应理论困境与照拂现实需求的面向点和突破口，进而凝聚学科发展共识、厚植思政理论底蕴。一如习近平总书记所言："人类社会发展的历史表明，对一个民族、一个国家来说，最持久、最深层的力量是全社会共同认可的核心价值观。"[2]"核心价值观，

---

〔1〕《法理学》编写组编：《法理学》（第 2 版），人民出版社、高等教育出版社 2020 年版，第 86 页。

〔2〕《习近平谈治国理政》（第 1 卷），外文出版社 2018 年版，第 168 页。

其实就是一种德，既是个人的德，也是一种大德，就是国家的德、社会的德。国无德不兴，人无德不立。"[1] "如果没有共同的核心价值观，一个民族、一个国家就会魂无定所、行无依归。"[2]

第三，是开展习近平法治思想概论教育，引领学生坚持"两个确立"、做到"两个维护"、增强"四个意识"、坚定"四个自信"的题中之义。习近平法治思想的生成背景、形成逻辑、鲜明特色、理论体系无不蕴含着丰富的思政元素，其围绕实践、理论和历史逻辑展开的有力论述，不仅是我们深入理解和全面把握法治与社会、法治与经济和科技、法治与生态、法治与人治、法治与德治、法治与法制、法治与治理相互关系的有益参考，而且是助力我们深挖中国特色社会主义法理学历史文化基础、掌握中国特色社会主义法的产生、本质和作用，增强政治认同、思想认同、理论认同、情感认同的重要向度。此外，其紧扣党领导法治的政治定力、以人民为中心的根本立场、奉法强国的坚定信念、求真务实的实践理性、统筹全局的系统观念、精准练达的辩证方法、尊法据理的法治思维、守正创新的理论品格[3]而凝练呈现的鲜明特色，皆为融入法理学课程思政教学的重要内容。

二、法理学课程思政案例教学设计思路阐述

爱德华·柯克大法官曾言："法律是一门艺术，在一个人能够获得对它的认识之前，需要长期的学习和实践"[4]，法律是实践理性的结晶和表达，实践是法学创新发展的源头与活水，实践性是法学的鲜明特征。法理学作为研究法律、法律现象和发展规律最普遍、最基本、最一般、最抽象的理论分析，实则含括法学院新生在内的不少人，直觉的典型表征为其晦涩难懂的基本理论很难与法律实践形成相互形塑和双向对流的良好局面，一如波斯纳所言，法理学所涉及的问题、所使用的视角，大部分与法律事务者的日常关心相距

---

〔1〕习近平：《青年要自觉践行社会主义核心价值观——在北京大学师生座谈会上的讲话（2014年5月4日）》，人民出版社2014年版，第4页。

〔2〕习近平：《在文艺工作座谈会上的讲话（2014年10月15日）》，人民出版社2015年版，第22页。

〔3〕《习近平法治思想概论》编写组编：《习近平法治思想概论》，高等教育出版社2021年版，第9页。

〔4〕[美] P. 诺内特、P. 塞尔兹尼克：《转变中的法律与社会：迈向回应型法》，张志铭译，中国政法大学出版社2004年版，第69页。

甚远。[1]从认识论视角加以考量，之所以出现法理学与法律实务间的虚假对立、形式差距、误解隔阂，究其缘由在于理论法学与应用法学划分的结果使然。直面社会纠纷、舆论热点、疑难案件，真正的法理学显然不是我们感性认识中坐而论道式的空谈，相反，应当成为提醒法律人反思论证漏洞和问题瑕疵，进而阐明事理、释明法理、讲明情理以拓展抑或补强原有分析与证立不足的有力武器。进言之，法律人不需要化身正义的激情和抢夺媒体头条的任性冲动，需要的是换位思考、由此及彼、由浅入深、删繁就简、抽茧剥丝分析和解决问题的实践能力。

实践中，很多典型案例蕴含的问题在其背后多余我们形式上的直观感受，由是，如何在案例教学中夯实专业基础知识的同时，秉持理念引导、凸显价值关切，借由精准方法选择和拓宽视野范围以坚定学生理想信念、厚植学生爱国情怀、丰盈学生人文精神、培养学生责任担当，而非以往存在的观念教条式灌输，才是法理学课程思政设计值得特别着墨的核心与枢机。为此，法理学课程思政案例设计以实现如下三大目标抑或指导作用为基本思路展开：

（一）知识目的（概念先行）

从哲学上讲，概念是认识事物而形成的思维形式，是认识之网上的扭结。[2]举凡法、法律、法律概念、法律原则、法律规则、法的渊源、法的效力、法的分类、法律体系、法律关系、法律行为、法律责任、法律方法、权利、义务无不都是法理学特别的着力点与授课的核心域。法律"如果要发挥其功能，尤其是获得法的安定性和解决方法的统一性。法必须具备明确的概念"。[3]如果"没有限定严格的专门概念，我们便不能清楚地和理性地思考法律问题"。[4]反观法理学的课程教学与科学研究，一般而言，通常都借由对每一个知识点概念内涵与外延以及原理的具体阐述而展开。唯有借助法律概念，才能进行科学化表达，形成法律文件；唯有借助法律概念，才能进行理性化思考，作出司法裁判；唯有借助法律概念，才能进行规范化适用，培养法治意识。众多的案例研究都关涉基本法律术语或法律概念的理解与适用，

---

〔1〕［美］波斯纳：《法理学问题》，苏力译，中国政法大学出版社 1994 年版，序言。

〔2〕周永坤：《法理学——全球视野》（第 4 版），法律出版社 2016 年版，第 172 页。

〔3〕［德］伯恩·魏德士：《法理学》，丁小春、吴越译，法律出版社 2003 年版，第 283 页。

〔4〕［美］E. 博登海默：《法理学：法律哲学与法律方法》，邓正来译，中国政法大学出版社 2017 年版，第 504 页。

准确地界定概念所蕴藏的不同语义和适用语境，才能精准把握其与相关概念的基本关系，提高法律的专业化与明确性程度。"用逻辑包裹激情，用论证替代想象，用理性击碎直观"〔1〕，以法律概念讲解为突破口，力求使学生对法理学的概念集成、基本框架、理论争鸣形成整体认知，精准把握与深度理解法理学所蕴藏的法律原则、基本原理、内在机理、普遍公理、深邃政理、厚重法理、宏阔学理、核心价值、事理条理、论证理据、形式条件。

（二）能力要求（法律思维）

于部门法而言，法理学不仅可以为各个部门法提供理论根据和法律实践指导，而且更重要的是有助于训练和培养学生的法律思维。学习中，我们可以经常听到"像法律人那样思考"的响亮口号。可问题是法律人究竟怎样思考？法律人的思考和其他人有何区别？在案件裁判和案例教学中，其典型的体现抑或表征就是一整套凝结智慧的法学方法论（法律方法论）。简练的法律条文与纷杂的社会万象之间有着巨大鸿沟，任何一个法条都不仅仅像条文的字面含义那么简单，而是在其背后隐着深邃的法的精神，〔2〕是故，在法理学课程思政案例教学设计中次第让学生掌握典型"三段论"推理的法律适用过程，充分理解法律条文背后的法理与逻辑，依凭确定的案件事实，寻找妥帖的法律规范，是提升学生法律思维的重要途径和有益路径。尽管在职业考试环境的影响和氛围熏陶下，一些学生很难静下心来熟读法理学，但是在实用主义面前，仍然存在愿意沉浸书海与经典法理学同行的同学。或然，一如魏德士所言："今天的法学教育被司法考试牵着鼻子走，它所培养出来的与其说是独立思考的并且具有判断能力的法学家，毋宁说是熟练运用法律的法律技术匠。"〔3〕甚或是王涌所谓的："许多法科学生不读哲学，不读历史，不读文学，所学仅限于法学一隅，触及不到法学的灵魂，最后成长为一张麻将牌——'三条'：知识仅是法条，思维就像线条，意志软弱面条。"〔4〕实则，其不正是我们需要直面的现实和克服的困境吗？以课程思政案例讲解为切入点，力图使学生对兼具宽阔知识视野、厚重理论品质、强大思维力量的法理学达致一个全面、系统、辩证、批判的理解与把握，进而培养、锤炼、锻造、优化

---

〔1〕 雷磊主编：《法理学：案例研究指导》，中国政法大学出版社 2020 年版，前言。

〔2〕 刘艳红：《法律人的谋生与谋道》，北京大学出版社 2021 年版，第 258 页。

〔3〕 ［德］伯恩·魏德士：《法理学》，丁小春、吴越译，法律出版社 2003 年版，第 20 页。

〔4〕 桑磊主编：《法学第一课》，中国政法大学出版社 2020 年版，第 15 页。

学生释疑析难、条分缕别、字推句解之技能，让理论在析困境之因、求纾解之道的征途上更好地回应现实、照拂实践。

(三) 情感目标 (价值引领)

如果把法律比作我们的情人，唯有凭靠持久而孤绝的激情，才能向她求爱；唯有竭力施展人最近似于神的一切能力，方可赢得她的芳心。那些半途而废且未陷情网之人，要么是因为他们未被容许一睹她的绝世姿容，要么是因为他们无心于如此伟大的奋斗。[1]如果要打一个比方来形容法理学和部门法关系的话，整个法学体系就好比一串美丽的珍珠项链，各个部门法像一颗颗珍珠，法理学就是串起珍珠的线。没有这根线，珍珠始终是零散的个体，唯有出现这根线，零散的珍珠才有可能成为美丽的珍珠项链。[2]以法理学课程思政案例讲解为契机，行远自迩、踔厉奋发，在言谈情境中引导学生深刻领会法理学所蕴含的理性智识凝结、辩证法治思维、宏阔知识视野，不断提高学习自觉、展延阅读维度、深化理论思辨，进而在学与思的互动中树立法律权威、厚植法治信仰；在知与行的实践中笃定初心使命、感受核心精义，争当新时代中国特色社会主义法治思想的坚定信仰者和忠实拥趸者，争做新时代中国特色社会主义法治建设的合格建设者和可靠接班人，坚定道路自信、理论自信、制度自信、文化自信。

第二节　法理学课程思政案例研究

一、法律原则

(一) 典型案例

1. 案例介绍

2015 年 2 月 22 日晚 8 时 30 分许，被告人李某军驾驶汽车时与行人曹某英发生碰撞，造成曹某英当场死亡。李某军深知自己行为造成了恶劣的社会影响，遂于案发后主动投案，如实供述了犯罪事实。同年 3 月 19 日早上 5 时许，被告人蔡某 (吸毒人员) 从李某军处购买冰毒 285.4 克。蔡某欲将该毒品运往景德镇，便将其悉数藏匿于汽车扶手箱内，但驾车途经万年休息区时，

---

〔1〕　[美] 霍姆斯：《法学论文集》，姚远译，商务印书馆 2020 年版，第 25 页。
〔2〕　桑磊主编：《法学第一课》，中国政法大学出版社 2020 年版，第 72~73 页。

被早已布控的民警当场抓获。蔡某归案之后，揭发了李某军涉嫌交通肇事犯罪的事实（即前述李某军已投案自首的事实）。2016年6月1日，蔡某因琐事与看守所在押人员彭某明打架互殴导致其达轻伤一级。经调解，蔡某与彭某明就民事赔偿达成调解协议，且已履行到位。[1]

2. 判决结果

依据《刑法》第347条、第133条，判处被告人李某军犯贩卖毒品罪、交通肇事罪，数罪并罚决定执行有期徒刑15年，并处没收财产人民币10万元；依据第234条、第347条，判处原审被告人蔡某犯故意伤害罪、运输毒品罪，数罪并罚决定执行有期徒刑14年，并处没收财产人民币8万元。

3. 涉案问题

法律原则之间的适用与价值冲突问题。

4. 案例研析

本案中，被告人李某军因涉嫌交通肇事罪而向公安机关自首，主观认错悔罪态度良好，且经过公安机关侦查其所供述内容属实，故被告人李某军交通肇事案属"侦查终结"，而后李某军在取保候审阶段又从事毒品贩卖活动，公诉机关由此提起公诉；原审被告人蔡某在运输毒品案归案后作出告发被告人李某军涉嫌交通肇事的行为时，公安机关已掌握李某军的主要犯罪事实，蔡某检举行为发生在既有事实之后，不应认定为立功表现。但在审判阶段，初审法院对蔡某进行定罪时误认为其具有立功表现，未进行补充核实便纳入了量刑范围，致使对蔡某的量刑有失公正。后李某军与蔡某以不服一审判决为由提出上诉，上诉法院重新审查了李某军的犯罪事实，认为一审法院对于李某军的案件事实定性错误；针对蔡某的立功表现，上诉法院根据最高人民法院《关于处理自首和立功若干具体问题的意见》中对于立功制度认定的相关标准，最终判定蔡某不具有立功表现，进而撤销了初审判决，并将该案发还重审。

重审法院基于犯罪事实，判处李某军贩卖毒品罪与交通肇事罪数罪并罚，且经过公安机关补充侦查，发现被告人李某军属于累犯，应当对其所犯的贩卖毒品罪从重处罚，不得假释、不得适用缓刑，而在其所犯交通肇事罪中因李某军有自首情节和获得被害人书面谅解，可对其从轻或减轻处罚；蔡某明知毒品属于国家明令禁止的流通物，仍使用交通工具非法运输大量毒品，严

---

[1]　本案例根据江西省吉安市中级人民法院［2018］赣08刑再9号刑事判决书改编整理而成。

重侵害了国家对毒品的管理制度和人民生命健康权的法益，具有极大的社会危害性，且不具备违法阻却事由，已然构成了运输毒品罪。蔡某在羁押期间与被害人彭某明发生打架斗殴，致其轻伤一级，构成故意伤害罪，但因其认罪悔罪态度良好，与彭某明已达成赔偿协议，故适当减轻其法律责任并对其酌情减轻处罚，数罪并罚，最终决定执行有期徒刑 15 年，并处没收财产人民币 10 万元。判决生效执行期间蔡某多次提出申诉，江西省吉安市中级人民法院决定再审该案。

再审法院认为重审阶段蔡某在看守所进行羁押，与他人打架斗殴致人轻伤，犯故意伤害罪，事实清楚，然而检察机关通过调查未发现蔡某运输毒品新的犯罪事实，在公诉环节也仅对其涉嫌故意伤害罪进行了补充起诉，对其运输毒品罪却未进行任何补充起诉。根据《刑事诉讼法》第 237 条第 1 款："第二审人民法院审理被告人或者他的法定代理人、辩护人、近亲属上诉的案件，不得加重被告人的刑罚。第二审人民法院发回原审人民法院重新审判的案件，除有新的犯罪事实，人民检察院补充起诉的以外，原审人民法院也不得加重被告人的刑罚。"本案中蔡某在重审过程中并没有同时满足上诉不加刑原则中"新的犯罪事实"和"人民检察院补充起诉"两个必要条件，因而重审量刑违反了"上诉不加刑"原则。本案的再审法院在调适罪刑法定原则和上诉不加刑原则之间的冲突时，选择优先适用程序性原则，故"原审被告人蔡某犯运输毒品罪，判处有期徒刑 14 年，并处没收财产人民币 8 万元"。

诚如哈特所言，当某一案件的特殊事实导致适用原有规则不公正时，法律原则可作为断案依据。[1]综合本案事实来看，由于在一审法院中认定了蔡某的立功事实并对其从轻减轻处罚，对于李某军的法律事实认定错误而进行宣判，二审法院在审理过程中认定蔡某并无相关的"立功"表现，其所犯运输毒品罪与故意伤害罪事实清楚，证据充分，故根据罪刑法定原则判处符合法定刑的有期徒刑 15 年的刑罚。再审过后，法院最终限制了对于蔡某的刑罚，判处有期徒刑 14 年，并处没收财产人民币 8 万元的低于法定刑的刑罚，某种程度而言彰显了上诉不加刑原则的规范蕴含。那么，在司法实践过程中我们应当怎样处理这两种原则之间的冲突呢？需从以下方面进行分析：

首先，从原则内容考量。罪刑法定原则的基本内容可精简概括陈述为

---

〔1〕 张文显主编：《法理学》（第 5 版），高等教育出版社 2018 年版，第 120 页。

"法无明文规定不为罪，法无明文规定不处罚"，它一方面表现为只有法律对某一行为被明文规定为犯罪的才必须对其依照法律规定定罪量刑；另一方面表现为凡是法律没有明文规定某种行为是犯罪的就不能进行定罪量刑。而上诉不加刑原则是刑事诉讼法中较为特殊的原则之一，根据规定二审法院发回重审的案件只有同时满足"存在新的犯罪事实"和"人民检察院补充起诉"两个必要条件才符合该原则的核心要求，其主要目的在于保障被告人的辩护权利，使与被告人相关的法定代理人、辩护人及近亲属可充分发挥主观能动性，积极行使宪法及相关法律赋予公民的辩护权，为被告人争取最大的利益。不宁唯是，上诉不加刑原则在刑事案件审判过程中亦起到至关重要的作用。诚然，上、下级人民法院之间所存在的审判业务关系是一种审判监督的关系，上级法院需要对下级法院的判决进行监督，很大程度上保证了原则内容合理运用。本案中，两种原则所含括的基本内容是不同的，形式上，因为"法律原则往往互相交叉，要在相互冲突的原则中协调，需通过衡量不同原则在具体情况下的相对分量重要性的强弱来选择接受某一原则的指导"。[1]然而，它们在实质上其实并无激烈冲突，只是针对具体实践，优先考虑何原则会更有利于保障案件当事人的利益最大化，这才是原则存在的真正意义所在。

其次，从原则适用省思。法律原则在司法中并不能直接适用，只有在法律规则没有时，或者法律规则的适用导致了不正义时，或者法律规则发生了竞合而需要选择时，法律原则才会出场。[2]换言之，我们亦可将法律原则的适用条件抑或出场情境归纳为"穷尽规则""个案正义""更强理由"三个面向，而在本案中表现最为明显的应当是更强理由。蔡某运输毒品一案中，初审法院在量刑认定错误的前提下根据罪刑法定原则判处蔡某的刑期低于我国对于毒品犯罪的普遍法定刑，而在再审中，中级人民法院的最终判决依然维持了初审法院对于蔡某的自由刑与财产刑。既然初审时事实属于认定不清，那为何在再审判决中会维持原判？原因在前文已经提及，蔡某所涉嫌的运输毒品罪未有新的犯罪事实以及检察院的补充起诉，因此再审法院根据上诉不加刑原则默许了初审法院对于蔡某在初审中所参考的"立功"表现，这并非

---

〔1〕 沈轶琳："浅谈法律规则与法律原则之间的关系"，载《成人教育》2009 年第 11 期，第 75~76 页。

〔2〕 周安平：《常识法理学》，北京大学出版社 2021 年版，第 131 页。

一种法律原则适用的错误，而是处理法律原则冲突的最佳方案——依据法律原则在实务审判中对于被告人及社会所产生的价值和影响进行适用。罪刑法定原则在司法实践过程中，普遍充当了一种"规则"角色。因为在一些刑事案件中法院对于被告人的判决将罪刑法定原则特别引入了判决文书之内，从某种意义而言，它成为可以直接判断一名犯罪嫌疑人此罪与彼罪、出罪与入罪的标准。在这些案件中，当某些原则在适用中可以判断出现了违背正义的情况时，法律原则必定要为另一种没有违背正义的规则进行充分的理由说明。罪刑法定原则在本案的实际进程中并没有出现强烈异变，只是判断它与上诉不加刑原则之间能否取舍时，法院认为它的严格适用不利于保障蔡某的合理诉权，因此再审法院便优先适用上诉不加刑原则保护蔡某权益。

最后，从适用影响审视。现代社会中各种刑事案件层出不穷，对于案件的审判，我国各级法院始终将公民平等与合理辩护作为具体工作的重要原则。这些原则对于我国法治社会建设大有裨益。目前我国法治建设虽然已有卓越成就，全民普法任务也在如火如荼地进行，但是仍旧会出现部分被告人被动接受判决，抑或其法定代理人、近亲属、辩护人盲目接受判决的不理智现象发生，如此不利于体现审判工作原则，容易形成法官自由裁量权的过度运用，以至于提高冤假错案出现的概率。在本案的原则冲突中适用上诉不加刑原则，既能够引发社会良性舆论，引导各类刑事案件的被告人及其代理人、近亲属、辩护人积极行使以辩护权为核心的诉讼权利，使其敢于上诉，努力争取被告人的最大利益诉求，也保护了被告人作为公民而应当拥有的宪法和法律所赋予的人身权利。同时，将上诉不加刑原则和被告人自身利益置于重要位置，可以有效地巩固办案人员的责任意识，也可以倒逼上级法院对基层法院的审判活动进行严格监督，更大程度上"努力让人民群众在每一个司法案件中都能感受到公平正义"[1]，促进审判工作更加合法、有序、高效。

生活中会存在诸如此类的各种案件，它们或许简单直白，或许复杂难懂，然而所有案件都将会大白于天下，公正的判决终将驱散人间的黑暗，使一切代表真善美的光明普照大地。

---

〔1〕 习近平："努力让人民群众在每一个司法案件中都能感受到公平正义"，载习近平：《论坚持全面依法治国》，中央文献出版社 2020 年版，第 17 页。

（二）本案例课程思政元素分析

1. 制度规范

（1）罪刑法定原则

罪刑法定是刑法的基本原则之一，我国《刑法》第3条明确规定："法律明文规定为犯罪行为的，依照法律定罪处刑；法律没有明文规定为犯罪行为的，不得定罪处刑。"其内涵亦可简要概括为"法无明文规定不为罪，法无明文规定不处罚"，这一原则主要是为了对司法机关的自由裁量作出科学合理的限制，保证司法的公正性。质言之，判断某个行为是否犯罪、构成何罪、犯罪人承担何种责任、应处何种刑罚，不能仅由相关司法机关进行自由裁量，而只有在行为实行前已有法律将其明文规定为犯罪，方能进行刑事责任的追究；假设该行为危害社会却无法可依，也不能将其入罪处罚。我国所实行的是相对罪刑法定原则，它的基本内容为：其一，允许在有利于行为人的条件下适用无罪类推与严格限制的扩大解释；其二，唯有必要或不得已用之为前提才允许习惯法作为刑法间接渊源；其三，除作为禁止刑法溯及既往之外允许采用从旧兼从轻原则；其四，允许采用相对不定期刑进行裁量。以上内容表现出了罪刑法定原则的实质公正性，为持续性开展司法改革创造了条件。

罪刑法定原则的适用是贯彻"依法治国"方略的重要体现，严格按照罪刑法定原则进行司法活动，可有效防止冤假错案的产生，维护社会主义法治社会环境清朗，落实社会主义核心价值观之社会公正要求。只有营造公平正义蔚然成风的社会环境，才能使人民群众利益得到保证，以此提高人民群众的幸福感，促进社会的长治久安。

（2）上诉不加刑原则

上诉不加刑原则是刑事诉讼法的原则之一，是刑事审判中维护被告人合法权利的一种法律依据，更是尊重和保障人权的具体体现，即第二审人民法院审理仅存在被告一方所提出的上诉案件，不得以任何理由加重被告人的刑罚。我国《刑事诉讼法》第237条第1款规定："第二审人民法院审理被告人或者他的法定代理人、辩护人、近亲属上诉的案件，不得加重被告人的刑罚。第二审人民法院发回原审人民法院重新审判的案件，除有新的犯罪事实，人民检察院补充起诉的以外，原审人民法院也不得加重被告人的刑罚。"该原则的存在和适用保护了被告人的最大利益，保护了以辩护权为核心的诉讼权利，有利于强化上级法院对于下级法院审判工作的监督，提高司法机关的工作效率和水平，打造素质过硬的"司法铁军"。上诉不加刑原则的设置不仅体现了我国对于人权的重视与保护，而且在司法实践中屡建奇功，对防止许多有碍人权保障与发展事件的产生发挥了重要作用。

兹就上诉不加刑中的"不加刑"而言，其主要内容涵盖以下六个维度：其一，同刑不加量；其二，刑罚执行方式不变；其三，主刑不增附加刑；其四，不改判重刑；其五，不加重数罪并罚案件宣告刑；其六，不加重共同犯罪未上诉与未被抗诉的被告人刑罚。被告人作为过错方，他们会因自身的过错行为承担许多压力，在司法审判活动中本就处于劣势地位，如此，就会导致被告人在面对审判时极易诱发自卑情绪和恐惧心理，甚或将这种负面表达带给法定代理人、辩护人和近亲属，致使其因此怯于为被告人追求合理的、最大化的人身利益而上诉，这就意味着司法审判会朝着"权威笃信化"方向发展，即审判全过程仅由法官及相关审判人员进行裁断，被告人被动盲目接受判决结果的一种错误思维。事物的发展壮大需要在反复冲突而又不断消融中持续积累经验，司法改革的进程亦需在有益探索与逐步完善中及时总结、敢于创新、接续发力，缺少被告人上诉的司法活动犹如一艘航行于汪洋大海之中的帆船，表面风平浪静实则暗礁丛生，十分不利于司法本身的成长与进步。同时，若被告人的诉权不能得到保障，从某种意义而言，无疑是对被告人人权的蔑视和践踏，极大程度上损害了人权保障事业。

2. 价值引领

（1）司法公正

第一，从价值表现层面审视，司法公正是法治建设过程中至关重要的价值之一。习近平总书记指出，公平是法治的生命线。公平正义是我们党追求的一个非常崇高的价值，全心全意为人民服务的宗旨决定了我们必须追求公平正义，保护人民权益、伸张正义。全面依法治国，必须紧紧围绕保障和促进社会公平正义来进行。[1]司法的最高目标是追求正义，这个正义是作为公平、公道的正义，是个案中的正义，这样的正义唯有在形式中才有可能达致。[2]职是之故，司法正义是形式化的，它是依据法律的正义；司法正义是高度程

---

〔1〕 习近平："在省部级主要领导干部学习贯彻党的十八届四中全会精神全面推进依法治国专题研讨班上的讲话"，载中共中央文献研究室编：《习近平关于全面依法治国论述摘编》，中央文献出版社2015年版，第38页。

〔2〕 周永坤：《法理学——全球视野》（第4版），法律出版社2016年版，序第1页。

序化的，它是程序内的正义；司法正义是高度职业化的，它是建立在职业法官判决权威之上的正义。[1]何谓公正？质言之，"公者，心之平也；正者，理之得也"。[2]公正，即公平正义之意，它是为了实现人民福祉而存在的一种最高价值。

第二，从引入缘由层面考量，司法公正是解决司法权力恣意行使与人民安全感之矛盾的有利根据。我国社会主义法治核心价值之一便在于以公平正义为生命线。为什么要将其纳入核心价值范畴？其实原因很简单。司法，是国家产生后制定的"法"的派生物，是一种维护国家安全和社会稳定的重要途径，它具体指国家司法机关依据法定职权和法定程序，具体应用法律处理案件的专门活动。人民法院和人民检察院共同组成了国家司法机关，它们拥有的强大公权力足以影响民众行为，也正因为司法权力的滥用极易引发普通民众的不安情绪，会造成广泛的社会恐慌，由是，我国将维护公平正义作为"降温剂"与司法权力相互融合，使公平正义的理念始终贯穿于司法本身，以此限制司法权力的行使。

第三，从效果作用层面浅述，司法公正是社会不断优质运行与规范发展的强力保障。司法公正作为守卫公平正义的必然要求和践行公平正义的生动映照，是一个循序渐进的过程，并非能够一蹴而就。伴随中国特色社会主义法治建设进程的持续推进，是否公正早已成为衡量抑或评判司法活动的标准之一，由于社会主义核心价值观的推行与实施，公正终将带来一股正气新风助推社会以创建更加良好的司法环境。只有充分发挥公正对于司法的塑造和引领作用，才能够加快社会主义法治建设工作的进程，真正贯彻落实"依法治国"的伟大战略，进而使法治之光真正照耀在中华大地的每一个角落。

（2）人权保障

首先，从历史价值层面回溯，人权保障的价值实则在世界各国的发展历史上都有所体现。例如，我国自古以来便重视人权，无论是古代的"民本"思想，还是近现代的"以人为本"都是如此，虽然在特定的历史背景下它们的思想内涵不尽相同，但二者都反映出了国家对于人民的莫大重视。如今关

---

〔1〕　周永坤：《法理学——全球视野》（第4版），法律出版社2016年版，序第2页。
〔2〕　张文显主编：《法理学》（第5版），高等教育出版社2018年版，第336页。

于人权的学界通说曾经也同样活跃于历史舞台之上，其主要观点认为，人权对于人的价值主要体现在以下三个方面：其一，人权是人的利益的度量分界；其二，人权是人关于公共权力评价的道德标准；其三，人权是人与人和谐相处的共同尺度。人权的价值就在于它可以将彼此所需利益以一种权利的形式外化出来为人们所重视，可以促进公共权力的柔和化以此安定民心，可以创造稳定有序的和谐社会。

其次，从社会实践层面探寻，人权保障对我国现代法治建设是一种积极的促进与深入。习近平法治思想中明确提到了"坚持以依法保障人民权益为根本目的"，就是要将人民的共同利益作为法治国家建设道路上的重大课题予以重视。其中"以人民为中心"也是现代中国特色社会主义法治价值体系的重要基石。人权与人民密不可分，它代表了人民群众的切身权利，具有高度凝练的价值蕴意。我国是人民民主专政的社会主义国家，本质是人民当家作主，注定要将人民的权益置于至高无上的地位，无疑，这也是为何我国一直重视人权建设的原因之一。

最后，从建设成就层面归总，人权保障在我国人权思想建设工作中已成基本体系，亦取得了伟大成就。我国在长期的实践与探索过程中，业已基本完成建立并逐步完善由马克思主义人权观中国化、现实化和当代化转化发展而来的中国特色社会主义人权思想工作。其主要内容抑或显著特征体现在：其一，人权道路独特性；其二，人权主体复合性；其三，人权内容广泛性；其四，人权重心现实性；其五，人权基点人民性；其六，人权享有普遍性；其七，人权保障有效性；其八，人权发展包容性。[1]以上维度全面覆盖了当今中国在人权发展方面的所有亮点。相信在不久的将来，我国人权建设事业之硕果会成为一张靓丽的国家名片展现在世界面前，而在世界惊叹之余，一条巨龙已傲然腾空俯瞰世界！

二、法与正义

（一）经典案例

1. 案例介绍

2002 年，陆某被查出患有慢粒性白血病，需要长期服用抗癌药品。我国

---

〔1〕 张文显主编：《法理学》（第 5 版），高等教育出版社 2018 年版，第 348~349 页。

国内对症治疗白血病的正规抗癌药品"格列卫"系列系瑞士进口，每盒需人民币 23 500 元，陆某曾服用该药品。为了方便同病患者之间进行交流，相互传递寻医问药信息，通过增加购买同一药品的人数以降低药品价格，陆某从 2004 年 4 月开始建立了白血病患者病友网络 QQ 群。

2004 年 9 月，陆某通过他人从日本购买由印度生产的同类药品，价格每盒约为人民币 4000 元，服用效果与瑞士进口的"格列卫"相同。之后，陆某使用药品说明书中提供的联系方式，直接联系到了印度抗癌药物的经销商印度赛诺公司，并开始直接从印度赛诺公司购买抗癌药物。陆某自己服用一段时间后，觉得印度同类药物疗效好、价格便宜，遂通过网络 QQ 群等方式向病友推荐。因而，网络 QQ 群的病友也加入向印度赛诺公司购买该药品的行列。陆某及病友通过西联汇款等国际汇款方式向印度赛诺公司支付购药款。

在此过程中，陆某还利用其擅长英文的优势免费为白血病等癌症患者翻译与印度赛诺公司往来的电子邮件等资料。随着病友间的宣传，从印度赛诺公司购买该抗癌药品的国内白血病患者逐渐增多，药品价格逐渐降低，直至每盒为人民币 200 余元。

但是由于跨国支付程序繁琐复杂，操作难度大，求药患者向印度赛诺公司提出在中国开设账户以便于付款的要求。2013 年 3 月，经印度赛诺公司与最早在该公司购药的陆某商谈，决定由陆某在中国国内设立银行账户，代收患者的购药款，并定期将购药款转账到印度赛诺公司所指定的户名为张某霞的中国国内银行账户，在陆某统计好各病友具体购药数量并告知印度赛诺公司后，再由印度赛诺公司直接将药品邮寄给患者。印度赛诺公司承诺对提供账号的患者免费供应药品，陆某在先后使用云南籍病友罗某某和杨某某的银行卡账号一段时间后，由于罗某某听说银行卡交易额太大有可能被怀疑洗钱，遂不愿再提供使用。2003 年 8 月陆某通过淘宝网以 500 元的价格购买了三张用他人信息开设的银行借记卡，在使用过程中，由于另外两张银行卡不能使用，仅使用一张账户名为夏某某的借记卡，向印度赛诺公司转账。

根据在卷证据，被查证属实的共有 21 名白血病等癌症患者通过陆某先后提供并管理的罗某某、杨某某、夏某某三个银行账户向印度赛诺公司购买了价值约 120 000 元的 10 余种抗癌药品。陆某为病友提供的帮助全是无偿的。对其所购买的 10 余种抗癌药品，包括以下三种名为"VEENAT100""IMATINIB400""IMATINIB100"的药品经益阳市食品药品监督管理局出具的相关鉴定意见显示，系未经我国批准进口的药品。[1]

2. 审查结果

检察院认为陆某虽然违反了《药品管理法》的相关规定，但是不符合《刑法》第 141 条第 1 款[2]之规定，依据《刑事诉讼法》第 16 条之所列情形第 1 项[3]和第 177 条第 1 款[4]的规定决定对陆某不起诉。

3. 涉案问题

陆某案是否构成《刑法》第 141 条规定的生产、销售、提供假药罪，及国家药品管理秩序与社会公共价值之衡量。

4. 案例研析

党的十八届四中全会提出："努力让人民群众在每一个司法案件中感受到公平正义。"在司法过程中，法律的适用和实施都能够彰显法条背后的立法精神和目的，亦能够迎合群众对正义的需求，更蕴含着群众对情与理融合最为普世的追求。实则，公平正义最直接的体现却在立法层面，每一个公民都能在法条之间听见正义的回响，感受到法律的温度。

2018 年《我不是药神》[5]在国内热映，不仅取得了高额票房，也与观众内心的情感相呼应，让人们以一种崭新的视角重新审视法律与人情之间的融合。值得我们思考的是法与正义之间发生冲突的时候，我们应当如何将二者融合？司法机关应当以一种什么样的方式来调节二者的关系？《我不是药神》的原型就是"陆某案"，司法机关在司法过程中既兼顾了法律的底线，又回应了社会对这种特殊情况的价值需求。"法"一直都不是僵化的条文和空谈的文字，而是正义的外化，是理性的体现。检方抛弃原有的入罪观，在过程中符合程序正义，在结果上又契合实质正义，回应群众呼声适用法律，感受时代正义解释法律，这并不损害法律的权威性，反而体现了以人民为中心的根本立场和求真务实的实践理性。

---

[1] 根据湖南省沅江市人民检察院不起诉决定书（沅检公刑不诉［2015］1 号）整理。

[2] 《刑法》第 141 条第 1 款："生产、销售假药的，处三年以下有期徒刑或者拘役，并处罚金；对人体健康造成严重危害或者有其他严重情节的，处三年以上十年以下有期徒刑，并处罚金；致人死亡或者有其他特别严重情节的，处十年以上有期徒刑、无期徒刑或者死刑，并处罚金或者没收财产。"

[3] 《刑事诉讼法》第 16 条第 1 项："情节显著轻微、危害不大，不认为是犯罪的。"

[4] 《刑事诉讼法》第 177 条第 1 款："犯罪嫌疑人没有犯罪事实，或者有本法第十六条规定的情形之一的，人民检察院应当作出不起诉决定。"

[5] 电影《我不是药神》由文牧野导演，徐峥等主演，于 2018 年 7 月在我国公映。

　　"陆某案"形式上涉及《刑法》第 141 条规定的生产、销售、提供假药罪，销售假药的行为涉及侵犯国家药品管理秩序以及国家税收和专利秩序等领域的法益。囿于篇幅，笔者仅从出罪角度对其进行研析陈说，生产、销售假、提供药罪是指自然人或者单位故意生产销售假药的行为，而"陆某案"的争议就映射在如何解释法律？对于刑法所规定的假药到底是什么？销售又应当如何解释？这些是值得商榷的议题。

　　从法律的解释爬梳。其一，对假药的认定。何谓假药？《刑法修正案（十一）》颁布之前《刑法》对于假药的认定直接来源于《药品管理法》对于假药的规定。《药品管理法》（2015 年）规定，将实质性假药和拟制性假药统称为假药，实质性假药是指对人体有危害的药品，拟制性假药指未经国家批准生产、进口的药品。药品的认定应当与认定毒品、危害性化学物质等有绝对危害的物质相区别，不能仅就该药品未取得国家相关部门的批准认定为假药，也并不能通过相关部门未批准就认定其有危害性。该案涉及的药品从使用效果来看对于人体并未造成危害，从实质上来讲也就不应当完全认定为假药。2019 年 12 月 1 日施行的《药品管理法》（2019 年）则直接取消了未经批准而进口的合格药品属于假药的相关规定，检方虽未对假药作出解释，但从其结果来看作出不起诉决定无异于体现了司法温度与个案正义。其二，对销售的认定。何谓销售？根据《汉语大辞典》的释义：销售是一种卖出行为，即卖家用自己的物或者服务与买家进行交易并从中获利的行为。从主观方面来讲，生产销售假药罪的主观表现为故意，一般以盈利为目的，而陆某的"转接"行为实质上是一种面向特定群体的无偿"代购"活动，其目的是治病救人，既没有产生牟利的主观目的也没有实施现实行为，不符合刑法意义上的销售。

　　从立法的精神考究。根据《刑法》的相关规定，对于犯罪的认定，其不仅需要符合相应的事实、性质、情节、后果等要素，而且还需要形式与实质的统一，形式上虽然符合犯罪的构成要件，但是实质上未达到《刑法》所要求的社会危害性，也不能作为入罪的依据。负刑事责任的主要依据是要求主客观相统一，缺少其中任一要素，同样不具有可罚性。《刑法》第 141 条设置该罪名的目的是保护社会每一个公民的合法权益，亦是彰显尊重个人生命价值的现实表征。只有当一个人或者团体的合法权益因此受到损害时，刑法才会发挥作用，一如法谚"刑法是善良人的大宪章，也是犯罪人的大宪章"。[1]刑法的目的不仅是惩罚犯罪，还要保证每一个人得到公正的审判，使善良的人无须受到刑法的非难。陆某主观上没有牟取利益和危害社会的目的，客观上也没有产生实际的损害事实，反而为那些确诊为绝症却无力医治的患者找到一丝生机，自己无偿代购，实则是一种承担社会责任的具体表现，对于这种情况刑法不应当也不会对其进行惩治，才属于刑法秉持的理性和善良，才属于刑法个案中的正义。个案正义关系到刑法的权威性，关系到人民的福祉，体现了一个国家的司法适用水平，也体现了一个社会的文明程度和共有的价值标准，刑法应当先保障在个案中的谨慎入罪，[2]去考虑案件的实质性和现实性，才符合立法价值和立法精神，顺应社会要求，保障社会福利体制。

（二）本案例课程思政元素分析

1. 制度规范

从"陆某案"所蕴藏的法理视角考量，陆某从形式上符合销售假药罪的基本构成要件。虽然《刑法修正案（八）》在立法上扩大了对于销售假药罪的认定，但立足该案的基本事实，应当对其犯罪作区别性处理：①无偿"代购"不属于刑法意义上的销售；②对于人体无不良反应的拟制性"假药"不认定为实质性的假药。

陆某作为癌症患者，面对高额医药费的现实困境，选择违法购买未经国家认定的低价仿制药，实则，这是任一公民在综合衡量下都会作出的选择，我们不能要求公民在生命健康和相关社会秩序中作出选择放弃生命而维护社会秩序的决定。显然，检察院的不起诉决定避免了这种"要命的选择"，回应了社会大众对正义的呼声，符合社会大众对普遍正义的认知和理解。在法律的规定下，用法律解释的技术使其达到出罪的标准，也确保了程序上的公正。2019 年修订的《药品管理法》和 2020 年《刑法修正案（十一）》的出台，基于法律原则和公理对销售假药罪作出了重新审视和判定标准，既体现了法

---

〔1〕 ［日］木村龟二：《刑法总论》（增补版），有斐阁 1978 年，第 239 页，转引自黎宏："一句以讹传讹的刑法名言：'刑法既是善良公民的大宪章，又是犯罪人的大宪章'"，载《人民法院报》2020 年 8 月 7 日。

〔2〕 焦阳编著：《刑法分则中的法理研析——以名案为视角》，中国政法大学出版社 2021 年版，第 111 页。

律所维护的形式正义又折射了法律所追求的实质正义，有效解决了相关的社会问题，促进了法律体系的完善和进步。

围绕"陆某案"，当在司法实践中面临着法律规范与公众价值取向冲突的困境时，阐释法律与正义之间的内在精神，从正义为法律所追求的终极价值角度理解法律规范在司法活动中的具体适用与公众价值取向在处理具体案件中的适用标准，厘清相互关系，明晰二者范围。

2. 价值引领

何谓正义？正义即公平、公正，从不同的角度抑或专业的领域来看，正义不仅仅是一个单纯的概念，还是一个社会所向往的普世追求。正义有着一张普洛透斯似的脸，变幻无常、随时可呈不同形状并具有极不相同的面貌。[1]正义一直存在于社会的每个角落，我们一直倡导正义，一直崇尚正义却一直无法对其下一个具体且精准的定义。关于正义的定义，根据柏拉图在《理想国》中对于正义的经典论述综合来看，"正义就是人们各司其职，各守其序，各得其所"，西塞罗对此也有相似的观点认为正义就是"使每个人获得其应得的东西的人类精神取向"[2]；亚里士多德认为，"公平意味着给予人们以应得的东西"[3]，即正义象征着一种对等的回报；比利时法学家佩雷尔曼说，"正义概念意味着某种平等的思想"[4]，即一种形式上的平等；英国哲学家、法学家金斯堡认为："正义观念的核心是消除任意性，特别是消除任意权，因此合法性的发展就具有极大的重要性。"[5]这种意义上的正义通常就是法学家所谓的"法律正义"，即正义是指法治或合法性、是一种公正的体制。根据不同的角度抑或标准，正义可分为社会正义、法律正义、形式正义、实质正义等。析言之，个人正义是社会正义的微观表现，社会正义是个人正义的宏观展示，法律正义是实现个人正义和社会正义的基本保障，形式正义和实质正义则是贯穿于实现最终价值的全过程。

---

〔1〕　[美] E. 博登海默：《法理学：法律哲学与法律方法》，邓正来译，中国政法大学出版社2017年版，第265页。

〔2〕　[美] E. 博登海默：《法理学：法律哲学与法律方法》，邓正来译，中国政法大学出版社2017年版，第280页。

〔3〕　转引自 [美] 迈克尔·桑德尔：《公正：该如何是好？》，朱慧玲译，中信出版社2011年版，第213页。

〔4〕　沈宗灵："佩雷尔曼的'新修辞学'法律思想"，载《法学研究》1983年第5期，第77页。

〔5〕　张文显主编：《法理学》（第5版），高等教育出版社2018年版，第337页。

第一，塑造学生以正义为本的重大是非观。正义是一种高度抽象的概念，从历史的发展长河来看，人们一直没有放弃去探讨什么是正义？判断正义的标准或原则是什么？究竟在何种情况下才能称之为正义？这是一个复杂且深远的话题。正义在不同的时代，或然具体内涵因时而变，其基本内容保持不变，都是为了人民福祉和良好秩序而存在。作为衡量文明社会的价值标准和行为底线，若正义对于违法犯罪都未作出否定性评价，这个社会的文明也将不复存在。正义作为衡量人们行事的价值标准，在生活中一直扮演着规范行为的角色，它不仅是一种原则更是原则中的准则，也是法律所追求的终极价值。

在西方，关于正义最早的思想表述出现在古希腊的《荷马史诗》中，其作为一种超自然的秩序即宇宙秩序而出现，认为神就是一种正义。随着古希腊社会生产力的发展，思想家们逐渐将研究的重心从神的领域转向了人类社会，开始探讨社会中人与人之间的关系，正义观念便由此开始产生。在后来的雅典城邦政治中，公民用自己内心的正义感投票来判断善恶是非，正义就演变成一种定分止争的基本裁判标准。在古代中国，正义一词最早的概念出自《荀子》："不学问，无正义，以富利为隆，是俗人者也。"中国传统的正义观最为核心的范畴便是"义"，也即是一种道德，一种思想、言语、行为上的善，其范围贯穿于古代社会的始终，在《唐律疏议·名例》中提到"依义制律"，印证了"义"成为中国传统法律的法理依据和判定标准。

在现实生活中，评判是否符合正义的要求，则需综合事件发生的起因、经过、结果以及多方面因素加以审视，不可妄断而言。清楚认识正义的基本内涵并深入理解其内在价值，是当代法学专业学生必不可少的基本素养之一，也是衡量重大问题的理论来源和判断支撑。

第二，培养学生以人民为本的核心价值观。于当代中国而言，党和国家领导人强调要"以人为本"，坚持社会主义法治道路，建设社会主义法治体系，坚持在法治轨道上推进国家治理体系和治理能力现代化。现代法治正义应当建立在尊重和保障人权之上，紧紧地环绕在人民的周围。现代意义上的法律不是凭空产生的，而是基于人民生活的基本情况，再通过继承与发展中国传统法律思想，糅合国外先进的法律理念而产生的。现代意义上的正义是建立在平等之上的，亦即法律面前人人平等，在其之下又包括三个方面：权利主体平等、享有的权利平等、权利保护和权利救济平等。权利主体的平等是指权利主体之间不受性别、年龄、资本等外在因素的影响，法律地位一律平等。享有的权利平等是指公民都享有法律赋予的同等权利，任何个人或者组织都无法将其权利剥夺。权利保护和权利救济平等是指任何人的合法权益受到损害，都应当获得平等的法律保护和救济。正义和平等的价值理念不仅在生活中一以贯之，也是社会主义核心价值观在法律上的表现，对于现在的法科生也就是将来的法律人而言，应当心怀理性，秉持着一颗正义之心去深入司法实践，践行法治理念，培育"惟愿公平如大水滚滚，使公义如江河滔滔"的法治情怀，让公平正义在社会的每个角落绽放。

习近平总书记在十九大报告中指出，要"培育和践行社会主义核心价值观"，"要以培养担当民族复兴大任的时代新人为着力点，强化教育引导、实践养成、制度保障，发挥社会主义核心价值观对国民教育、精神文明创建、精神文化产品创作生产传播的引领作用，把社会主义核心价值观融入社会发展各方面，转化为人们的情感认同和行为习惯"。本课程致力于将社会主义核心价值观融入思政教育，坚持以马克思主义法学思想和中国特色社会主义法治理论为指导，落实"立德树人"的根本任务，借由引导学生深入社会实践、关注现实问题，培育学生经世济民、诚信服务、德法兼修的职业素养，为新时代法治社会输送优秀的法律人才。自由、平等、公正、法治属于社会主义核心价值观社会层面的价值取向，体现了中国特色社会主义的价值追求，同样也是当代法学教育融贯的核心理念。公平正义作为调适价值冲突的标尺，是法治的核心要义，通过法律的形式对自由、平等、和谐的社会环境加以保障，对维护社会稳定和安全具有重大的积极意义。

三、法律责任

（一）典型案例

1. 案例介绍

江某，1992年3月25日生，系江某莲的独生女儿，生前系日本法政大学留学生，2016年11月3日在日本东京遇害。2015年间，江某在就读日本语言学校时与刘某曦相识。2016年4月，刘某曦在日本大东文化大学读书期间，与同在该校学习的中国留学生陈某峰相识并确定恋爱关系。2016年6月，刘某曦搬入陈某峰租住的公寓一同居住。2016年7月起，刘某曦与陈某峰多次因琐事发生争执，陈某峰曾在夜间将刘某曦赶出住所，刘某曦向江某求助，江某让刘某曦在其租住的公寓内暂住。后刘某曦与陈某峰和好并回到陈某峰的住所同住。2016年8月25日晚至次日凌晨，刘某曦与陈某峰再次发生激烈争执，刘某曦提出分手，陈某峰拒绝并以自杀相威胁，还拿走刘某曦的手机，意图进行控制。期间刘某曦再次向江某求助，江某同意她到自己的住所同住。在此期间，陈某峰两次对刘某曦进行跟踪纠缠并寻求复合，均遭到拒绝。

2016年11月2日15时许，陈某峰找到刘某曦与江某同住的公寓，上门进行纠缠滋扰。刘某曦未打开房门，通过微信向已外出的江某求助。江某提议报警，刘某曦以合住公寓违反当地法律、不想把事情闹大为由加以劝阻，并请求江某回来帮助解围。刘某曦到达打工的餐馆后，为摆脱陈某峰的纠缠，请一名同事充当男友，再次向陈某峰坚决表示拒绝复合，陈某峰愤而离开，随后又向刘某曦发送多条纠缠信息，并两次声称"我会不顾一切"。期间，刘某曦未将陈某峰纠缠恐吓的相关情况告知江某。

2016年11月2日19时许，陈某峰返回住处，随身携带一把长约9.3厘米的水果刀，准备了用于替换的衣服，并到附近超市购买了一瓶威士忌酒，随后赶到江某租住的公寓楼内，在二楼与三楼的楼梯转角处饮酒并等候。当日23时许，江某联系刘某曦询问陈某峰是否仍在跟踪。刘某曦回复称，没看见陈某峰，但感觉害怕，要求江某在附近的地铁站出口等候并陪她一起返回公寓。11月3日零时许，二人在地铁站出口汇合并一同步行返回公寓，二人前后进入公寓二楼过道，事先埋伏在楼上的陈某峰携刀冲至二楼，与走在后面的江某相遇并发生争执。走在前面的刘某曦打开房门，先行入室并将门锁闭。陈某峰在门外，手持水果刀捅刺江某颈部10余刀，随后逃离现场。刘某曦在屋内两次拨打报警电话。第一次报警录音记录显示，刘某曦向门外喊"把门锁了，你（注：指陈某峰）不要闹了"，随后录音中出现了女性（注：指江某）的惨叫声，刘某曦向警方称"姐姐（注：指江某）倒下了快点"。第二次报警录音记录显示，刘某曦向警方称"姐姐危险"不久警方到达现场处置，之后救护车到场将江某送往医院救治。江某因左颈总动脉损伤失血过多，经抢救无效死亡。[1]

---

　　〔1〕　本案例根据山东省青岛市城阳区人民法院民事判决书［2019］鲁2014民初9592号整理而成。

2. 判决结果

法院依照《民法通则》（当时有效）第 5 条、第 98 条，《侵权责任法》（当时有效）第 6 条，最高人民法院《关于适用〈中华人民共和国民法典〉时间效力的若干规定》第 1 条，最高人民法院《关于审理人身损害赔偿案件适用法律若干问题的解释》（2020 年 12 月 23 日修正）第 1 条、第 7 条、第 9 条、第 14 条、第 15 条，最高人民法院《关于确定民事侵权精神损害赔偿责任若干问题的解释》（2020 年 12 月 23 日修正）第 1 条、第 5 条，《民事诉讼法》第 64 条、第 259 条，最高人民法院《关于适用〈中华人民共和国民事诉讼法〉的解释》第 90 条规定，判决如下：（1）被告刘某曦于本判决生效之日起 10 日内赔偿原告江某莲各项经济损失 496 000 元；（2）被告刘某曦于本判决生效之日起 10 日内赔偿原告江某莲精神损害抚慰金 200 000 元；（3）驳回原告江某莲的其他诉讼请求。如果未按本判决指定的期间履行给付金钱义务，应当依照《民事诉讼法》第 260 条之规定，加倍支付迟延履行期间的债务利息。案件受理费23 365元，由被告刘某曦全部负担。

3. 涉案问题

法律责任的认定与承担问题。

4. 案例研析

在本案中，焦点问题主要有两个：其一，刘某曦有无救助江某的法定义务；其二，刘某曦应当承担何种法律责任。

兹就第一个焦点省思，刘某曦是否有救助江某的法定义务，首先需要明确法律规定的救助义务有哪些。法定救助义务主要有以下五种类型：特殊职业的法定救助义务、合同附随的救助义务、法定安全保障义务、先行行为的救助义务、特殊身份关系人的救助义务。[1]法院认为刘某曦与江某形成了一定的救助关系，基于诚实信用原则与权利和义务相统一原则，刘某曦作为危险的引入者和被救助者，负有对江某的注意义务和安全保障义务，但其并未充分尽到注意义务和安全保障义务，具有明显过错，应当承担法律责任。而杨立新教授认为，刘某曦将江某带入危险境地，这一行为的作为义务并非安

---

[1] 参见《执业医师法》第 24 条；《人民警察法》第 21 条；《人民武装警察法》第 18 条；《消防法》第 5、44 条；《消费者权益保护法》第 18 条第 2 款；最高人民法院《关于审理人身损害赔偿案件适用法律若干问题的解释》第 6 条。

全保障义务，而应是危险发生时的救助义务，这两种义务虽然都是刘某曦实施前一个行为产生的义务，但是性质不同，刘某曦违反不作为救助义务的侵权行为是一般侵权行为，而非违反安全保障义务的特殊侵权行为。[1]针对以上两种不同的论述观点抑或铺陈进路，笔者认为，后者的观点更为合理。本案中，将刘某曦需承担的义务认定为先前行为引发的救助义务，更能减少争议，更加符合法律和实际，使得判决更加具有说服力。

对于第二个焦点而言，案件事实表明，陈某峰主观上有杀人的故意，他的行为与江某死亡的结果有直接的因果关系，严重地侵害了江某的生命权法益，陈某峰自然应该承担杀害江某的刑事责任。无论如何，刘某曦并未实施杀害江某的行为，也没有其他任何协助行为，不应对江某的死亡承担刑事责任，否则就是对于责任公正原则的违背。从案件事实审视，刘某曦在求助江某的同时又引入了抽象性危险，理论上存在致使江某处于危险境地的可能性，由是，其负有对江某的救助义务，而其在危急时刻不作为，并未尽到相关义务，进而引发了应当负有的第二性义务。本质上，刘某曦应该承担相应的法律责任。对于刘某曦应承担的法律责任，可以紧扣以下两个思路进行分析：从侵权责任的角度考量，陈某峰直接侵害了江某的生命权，应当承担侵害江某生命权的主要责任。事实上，刘某曦并不存在直接实施侵害江某生命权的现实行为，其行为也不符合紧急避险的构成要件，在危险发生时却没有及时阻止和消除，亦没有履行先前行为所引发的救助义务，符合应当作为而不作为的形式表征，具有一定的过错，应该承担补充责任。从请求权的视角反思，根据《民法典》第183条之规定："因保护他人民事权益使自己受到损害的，由侵权人承担民事责任，受益人可以给予适当补偿。没有侵权人、侵权人逃逸或者无力承担民事责任，受害人请求补偿的，受益人应当给予适当补偿。"江某为了保护刘某曦的权益在她面临危险时给予了一定的帮助，江某的权益在这个危险发生的过程中遭受了重大的损害，而刘某曦在其中获益，如果江某莲主张受益人补偿请求权，作为受益人刘某曦应当承担补偿责任。[2]

---

[1] 杨立新："江某索赔案的侵权法规则适用"，载 https://k. sina. cn/article_7517400647_1c0126e4705902d83v. Html? from=news，访问日期：2022年4月14日。

[2] 谢鸿飞："江秋莲诉刘某曦生命权纠纷案的关键侵权法理"，载《中国社会科学报》2022年3月2日。

（二）本案例课程思政元素分析

1. 制度规范

本案涉及《民法通则》（当时有效）第 5 条〔1〕、第 98 条〔2〕以及《侵权责任法》（当时有效）第 6 条〔3〕之规定。本案中，在面临现实危险时，江某为保护刘某曦的权益导致自身受到损害，从责任认定来看，由于刘某曦的先行行为导致了该危险的发生，刘某曦应当负有在危险发生时救助江某的义务却不作为，造成危害结果的扩大，应当承担相应的法律责任。

习近平总书记指出："深化司法责任制综合配套改革，加强司法制约监督，健全社会公平正义法治保障制度，努力让人民群众在每一个司法案件中感受到公平正义。"〔4〕司法裁判应以事实为依据，以法律为准绳，努力让人民群众在每一个司法案件中感受到公平正义。这不仅是司法工作坚持以人民为中心的首要目标，而且是社会主义法治建设的核心要求之一。法律责任的认定和承担是法治建设必不可少的环节，关乎法律的公平和正义，在法治建设中发挥着重要的作用。由是，法律责任的认定和承担需要准确查明事实，正确适用法律，而后还要严格地落实责任。其中，特别要注意以下三个面向：

第一，司法机关准确认定法律责任。法律责任错综复杂、纷繁多样，而每一个案件又不尽相同、各有特点，是故，认定法律责任务必要做到真实准确。首先，需要在形式上判断行为人是否符合法律责任的构成要件，即要鉴别行为人有无责任能力；主观上是否有过错；有无作为或不作为；是否造成了损害结果；行为和损害结果、行为人的心理活动和外在行为之间是否存在因果关系。其次，必须从实质上判断行为人是否违反法定或约定的义务，进而引发了必须承担具有直接强制性的特定义务。若行为人没有在实质上负有

---

〔1〕《民法通则》第 5 条："公民、法人的合法的民事权益受法律保护，任何组织和个人不得侵犯。"现为《民法典》第 3 条："民事主体的人身权利、财产权利以及其他合法权益受法律保护，任何组织或者个人不得侵犯。"

〔2〕《民法通则》第 98 条："公民享有生命健康权。"现为《民法典》第 110 条第 1 款："自然人享有生命权、身体权、健康权、姓名权、肖像权、名誉权、荣誉权、隐私权、婚姻自主权等权利。"

〔3〕《侵权责任法》第 6 条："行为人因过错侵害他人民事权益，应当承担侵权责任。根据法律规定推定行为人有过错，行为人不能证明自己没有过错的，应当承担侵权责任。"现为《民法典》第 1165 条："行为人因过错侵害他人民事权益造成损害的，应当承担侵权责任。依照法律规定推定行为人有过错，其不能证明自己没有过错的，应当承担侵权责任。"

〔4〕刘峥："以习近平法治思想为指引　全力推进司法体制改革系统集成协同效应"，载《人民法院报》2021 年 1 月 21 日。

法律责任，则绝不能从形式上就认定行为人需要承担法律责任。最后，基于形式和实质上的判断结果，区分法律责任的种类，并按照法律责任的归责原则，认定行为人需负的法律责任。

第二，鼓励行为人自觉承担法律责任。法律的目的之一在于预防违法犯罪行为，保护公民的合法权益。行为人接受和承担法律责任有助于达到法律预防违法犯罪行为的目的，若行为人能自觉地接受和承担法律责任，法律或然能在最大程度上发挥作用。自觉承担法律责任不仅仅是指行为人意识到自己的行为要承担相应的法律责任，从而自行向司法机关或权利受损人履行应负的法律责任，还应包括司法机关判定行为人应负法律责任后，行为人自行地承担抑或接受相应的法律责任。鼓励行为人自觉承担法律责任，一方面需要立法机关明确法律责任、司法机关准确认定法律责任，努力做到公正判决；另一方面亦需加大普法宣传和教育力度，增强每个公民的法治意识。当然，不是每一个人都会自觉地承担法律责任，因此，在准确认定法律责任过后，需要严格执行法律责任。

第三，执行机关严格执行法律责任。习近平总书记指出："制度制定很重要，制度执行更重要。"法律责任的执行也是如此，司法机关在准确认定法律责任的基础上，要严格执行法律责任，使得法律责任落到实处。法律责任的执行需要依法进行，执行的方式也有所区别，需要根据行为人承担法律责任的不同类型进行选择。在严格执行法律规定，落实行为人的法律责任的同时，还要切实地执行法律责任的减轻和免除措施。法律责任的减轻和免除是在法律责任存在的前提下，违法者因具备了法律规定的某些条件，其责任可以被部分或全部地免除的情形。法律责任的减轻和免除可以分为主客观两个层面，可以有效实现法律的宽严相济，缓解社会矛盾，维护社会和谐稳定，法律的目的从来不是惩罚，惩罚只是法律的手段。司法实践中，要客观地分析行为人的违法行为，充分考量有无可减轻或免除法律责任的情形，实现法、理、情的统一。

2. 价值引领

第一，引导学生明辨法律道德关系，培养见义勇为之精神。习近平总书记指出："法律是成文的道德，道德是内心的法律。法律和道德都具有规范社会行为、调节社会关系、维护社会秩序的作用，在国家治理中都有其地位和功能。法安天下，德润人心。法律有效实施有赖于道德支持，道德践行也离不开法律约束。法治和德治不可分离、不可偏废，国家治理需要法律和道德协同发力。"〔1〕生活中，当我们遇到有人面临生命危险，急需救助，但是加以救助却存在极大可能亦会让我们也身处险境时，我们还有没有足够的勇气迈出那一步呢？若不亲身经历，或然多数人都会轻易给出肯定的答案，但要真的遇到这种情况我们可能很难跨越那条知道和做到之间的鸿沟。一如罗翔所言："如若命运之手将我们推向特殊的时刻，愿我们能有我们期待中那般勇敢。"〔2〕

　　第二，引导学生回应社会热点难题，提高知识转化之技能。本案关涉法律和道德的相互关系，在法律上讨论这个问题就涉及"好撒玛利亚人法"和"坏撒玛利亚人法"的艰难选择，法治领域，不同国家的存在立场不同，但普遍秉持的是"好撒玛利亚人法"的立场。在笔者看来，法律不应强制人们去做在个人自由范围之内没有期待可能性的事情，法律虽不应该强迫人们行善，但应鼓励人们行善，为行善者撑腰。析言之，法律不应创设强制每个公民在遇到其他公民遭遇危险时必须救助的义务，但对于在此类情况中积极救助他人的行为也应予以肯定，不轻易对其非故意而使被救人造成的伤害加以惩罚。法律无力制止道德滑坡，但却该为此做出自己的努力——法律应守住道德的底线。在"罗小猫猫子事件"中，网名为"罗小猫猫子"的主播在一场直播中意欲喝农药自杀，直播间的部分网友不加以劝阻，反而怂恿其自杀，在她自杀后，她的骨灰又被掉包用于"配阴婚"。〔3〕这不得不让人们思考在人性的阴暗面、道德的失守处，法律究竟还能做些什么？法律在某些时候确实无能为力，但在牵涉到人性的阴暗、道德的滑坡侵害公众的情感、法治的要求时，法律必须发挥道德底线守门员的作用，对破坏法治建设和违背道德认知的行为坚决予以回击，在全社会树立正确的法律观和价值观，引导社会风气向上、向善发展。

　　第三，引导学生理性看待司法裁判，展延法律思维之内涵。司法裁判在做到充分尊重客观事实、严格准确适用法律、公平公正进行审判的基础上，还应更好地传承中华传统美德，弘扬社会主义核心价值观。在很多案件中，有当事人出于好意，帮助他人从海外代购药品却被以销售假药罪论处；还有

---

〔1〕　习近平："坚持依法治国与以德治国相结合"，载习近平：《论坚持全面依法治国》，中央文献出版社 2020 年版，第 165 页。

〔2〕　罗翔：《圆圈正义——作为自由前提的信念》，中国法制出版社 2019 年版，第 42 页。

〔3〕　"女主播骨灰被'配阴婚'，'鬼媒人'真是胆肥了"，载 https://society. huanqiu. com/article/45j0Ab918cj，访问日期：2022 年 4 月 15 日。

当事人为了补贴家用，摆设射击摊进行经营来维持生活却被以涉嫌非法持有枪支定罪处罚；更有甚者，有人为了保护自己或是他人的法益，不顾自身安危与不法分子搏斗却被以故意伤害判处刑罚。如果我们仔细分析案件事实，站在当事人立场上来考虑问题，难道这些行为应当定性为违法犯罪吗？事实恰恰相反，扶危济困、乐善好施是中华传统美德，公正平等是社会主义核心价值观的要求，这些行为非但没有违反法律规则，而且还合乎我们的核心价值追求，若司法机关真的成为冷冰冰的机器，只会僵化地适用法律条文执行法条命令，或然发生的悲剧将会越来越多，法律亦会丧失应有的温度，公平正义将遭受到沉重的打击。

法治建设的道路注定不会平坦，在法治建设过程中也难免会遇到层出不穷的困难，出现纷繁复杂的问题，但这绝对不是反对法、抨击社会的理由，正因为前路并不平坦，走到终点才让我们心潮澎湃。辩证唯物主义告诉我们，事物的前途是光明的，道路是曲折的。人世间没有一帆风顺的事业，历史总是在跌宕起伏甚至曲折中前进。[1] 我们坚信，在以习近平同志为核心的党中央坚强领导下，在习近平新时代中国特色社会主义思想的引领下，中国的法治建设必会行稳致远，前景光明，当我们渴求公平时正义能够得到伸张，当我们身处黑暗时法律能够照亮前方。今早雾霾蔽日，但不要害怕，太阳依旧在云端。[2]

---

〔1〕 中共中央宣传部理论局编：《新中国发展面对面》，学习出版社、人民出版社 2019 年版，第 5 页。

〔2〕 罗翔：《圆圈正义——作为自由前提的信念》，中国法制出版社 2019 年版，第 7 页。

第三章

民法学课程思政教学案例研究

第一节　民法学与课程思政[1]

一、民法学课程思政建设的必要性

习近平总书记提出："各门课程都要守好一段渠、种好责任田，使各类课程与思想政治理论课同向同行，形成协同效应。"[2]为此强调了协调处理专业课与思政课的关系，即要求高校教师要在专业课的教学中做好"立德树人"的育人工作。课程思政作为一种思维方式，体现在专业课程教学上就是要把人的思想政治培养作为课程教学的目标放在首位，并与专业发展教育相结合。

民法是活法，是社会生活的"百科全书"，更是"权利宣言"。民法学课程是法学专业本科教学中的主干核心课程。民法学的授课内容是对社会主义核心价值观的传播、对中国特色社会主义"四个自信"的践行。对人格权的尊重，对弱势群体的关注，对财产权的保护都体现了国家对人民的关怀，对最广大人民根本利益的重视，因此，在课程思政中具有典型性和高度契合性，

---

〔1〕　叶晓彬，四川邛崃人，四川民族学院法学院教授，主要讲授"民法学"课程。该部分为四川省第三批省级课程思政示范课程项目《民法总论》成果、四川民族学院 2020 年度校级课程思政示范课程项目《民法总论》（基金号：Szkcsfkc202001）成果。

〔2〕　"习近平在全国高校思想政治工作会议上强调　把思想政治工作贯穿教育教学全过程　开创我国高等教育事业发展新局面"，载 https://news. 12371. cn/2016/12/08/ARTI1481194922295483. shtml，访问日期：2022 年 3 月 27 日。

具体来讲其必要性如下：

第一，关心人民群众的合法权益是民法学课程的宗旨。《民法典》将公民的人格权独立成编、增加保理合同及物业服务合同、增加居住权制度、增加数据信息侵权保护、增加遗嘱监护保护弱势群体等内容都充分体现了民法对最广大人民群众根本利益的维护和重视。民法是充分关心人、爱护人、保障人尊严的法。民法的这一宗旨与习近平法治思想中"以人民为中心"的理念和目标是一致的。

第二，贯彻社会主义核心价值观是本课程中民法的基本原则。将社会主义核心价值观融入国民教育各个方面，才会形成更为广泛的社会价值认同，因此应该充分发挥民法的德育教育功能。民法是我国市场经济的基本法，《民法典》"总则编"规定我国民法的基本原则为"平等、自愿、公平、诚实信用、公序良俗和绿色原则"，其效力贯穿于民法的立法、执法、司法、守法各环节。这一内容不仅大力弘扬了我国的社会主义核心价值观，同时也是社会主义核心价值观在民法基本原则上的表现和深化，进一步提升了社会主义核心价值观在民法领域的辐射面和调整范围。

第三，民法学各项具体制度，旨在践行"道路自信、理论自信、制度自信、文化自信"。民法的具体制度不是对国外理论、学说、制度的照抄，而是根据我国的基本国情，以解决我国特有的问题为核心设计的制度。如，民法中对乡规民约、习惯等的认可，就是吸收了我国传统道德规则、优秀传统文化、善良风俗习惯的内容；民法中的物权制度既体现了要依据市场经济的基本规律探索土地等资源进入市场、实行资源的优化配置，也体现了对公有制的维护。这些都证明了民法的各项具体制度，是在践行"道路自信、理论自信、制度自信、文化自信"。

综上，通过学习《民法学》课程理论，使学生系统掌握重要的民法条文、司法解释以及相关的最高人民法院指导性案例，对习近平新时代中国特色社会主义思想以及社会主义核心价值观有深入领会。通过价值引导，帮助学生在了解和掌握我国民法学知识的同时，理解制度背后的道德意义、中国精神和社会主义法治理念等，从而实现立德树人，教育培养出有理想、有担当、有精神、有道德、有专业水平，也有职业伦理的"德法兼修"的优秀法律人的目标。

二、民法学课程思政案例教学设计思路阐述

在法学教育中，案例教学法是实现法学理论和司法实践结合的有效媒介，对训练学生的法律思维，培养其法律应用能力具有重要作用。为此，民法学课程思政案例教学应围绕"知识目标、能力目标、价值目标"而设计，应将蕴含于《民法典》法律条文背后的立法精神、价值元素充分融入，通过优化的育人教学设计，将专业教育与思政育人有机结合于案例中，寓社会主义核心价值观的精髓要义于案例中，寻求学生们的情感认同，并转化为行为习惯。以"润物细无声"的方式实现对学生的人格塑造，培育其独立的权利意识和社会公益心，使之成为能够担当民族复兴大任的时代新法律人，具体教学设计思路如下：

（一）精选典型司法案例和社会新闻热点

以案例与知识点的紧密贴合性和以对案例的分析带动知识点的推进为导向，所选取的案例大多为经过加工处理，突出纠纷矛盾焦点问题，能与民法学知识点相对照的真实司法案例。具体来讲：一是选用的案例既可以是与民法学某一知识点对应，也可以具有一定的综合性即包括涵盖某个章节主要知识点的案例，也包括跨章节知识点的案例。二是选取的案例还可能是争议较大、真实发生的新闻热点事件；三是选取的案例还可以是最高人民法院公报发布的指导案例。总之，选取的案例焦点问题的解决均能有效培养学生的法律综合应用能力。

（二）深入挖掘案例中蕴含的思政元素，凸显价值引领

课程思政不是将思政课硬搬到专业课，而应该是润物细无声的自然渗入、融合。信息社会背景下的大学生知识面广，思维敏捷，教育的目的不仅是入耳，更重要的是入脑入心并践行。为此，在案例教学设计时需要深入探索"知识传授与价值引领相结合"的有效方式，在内容上要深度挖掘案例背后所蕴含的人文精神和价值理念，突出育人功能，凸显价值引领，真正体现"知识传授、能力提升和价值引领"。通过对案例的研习，找准思政教育在民法案例教学中的融入点，将社会主义核心价值观有效植入案例教学，获得学生的情感认同、价值认同，从而实现课程思政教育的目的。

（三） 以现代信息技术为依托，探索形式多样、线上线下、课内课外的思政案例教学模式

在民法学课程思政案例教学中除了传统的课堂引导外，必须充分借助互联网技术和媒体平台资源，如中国裁判文书网、无讼 App、法律检索库、慕课平台、企查查 App、民商法律网、北大法宝等，引导学生带着问题，在网络咨询中寻求答案，该过程既能拓宽学生的思维，提升学生在网络信息爆炸时代的信息甄别判断能力，同时利用现代科学技术平台将这些资源在民法课堂中融合，通过信息媒介、课堂案例讨论、辩论、课前预习、课后作业等，将学习时间从课堂延伸到课前和课后，把价值观的培育和塑造融入整个教学环节，学思结合、知行合一，将思政教育贯穿于教学全过程。

第二节　民法学总则编课程思政案例研究[1]

一、诚实信用原则

（一） 典型案例

1. 案例介绍

2010 年 12 月 28 日，李某（甲方）与黄某（乙方）达成将李某面积近 200 平米的农村祖建房屋卖给黄某，双方签订了《绝卖房契》一份，其中第 5 条约定：此房产权纯属甲方祖遗，有继承权和出售权，如有来历不明或亲族后代寻机争执、混闹，均由甲方负全部责任，并需赔偿乙方损失金 30 万元，此系买卖两愿，各不反悔，恐后无凭，立此为证。黄某于 2010 年 12 月 28 日随即搬入居住使用至今，并对房屋进行了装修。2021 年 4 月，该房屋因被征拆而价值大增，于是 2021 年 2 月 5 日，李某以该房屋买卖违反法律规定为由诉至法院，请求依法确认黄某于 2010 年 12 月 28 日签订的绝卖房契（房产转让合同）无效，并将房产返还给原告。[2]

2. 判决结果

法院依照《民法典》第 7 条、第 215 条之规定，判决驳回原告李某的诉

---

〔1〕 叶晓彬，四川邛崃人，四川民族学院法学院法学教授，主要讲授"民法学"课程。该部分为四川省第三批省级课程思政示范课程项目《民法总论》成果、四川民族学院 2020 年度校级课程思政示范课程项目《民法总论》（基金号：Szkcsfkc202001）成果。
〔2〕 本案例根据福建省龙岩市新罗区人民法院民事判决书［2016］闽 0802 民初 57 号整理而成。

讼请求。

3. 涉案问题

非本村村民可否购买集体土地上的房屋？

4. 案例研析

一审法院经审理认为，当事人之间订立有关设立、变更、转让和消灭不动产物权的合同，除法律另有规定或者合同另有约定外，自合同成立时生效；未办理物权登记的，不影响合同效力。原告李某与被告黄某于 2010 年 12 月 28 日签订了《绝卖房契》，从《绝卖房契》内容可以看出，双方对买卖房屋进行了充分协商，并达成一致意见，系双方真实意思表示，是双方自愿协商达成，且双方已经履行完毕，被告入住讼争房屋 10 余年，对讼争房屋也已经进行部分装修、整改。综上，原审判决认为，法律禁止权利人买卖或者转让宅基地使用权，但是并不禁止权利人出卖、出租宅基地上的房屋，本案双方当事人签订的《绝卖房契》系双方自愿签订，意思表示真实，应认定合法有效，被告在讼争房屋已长期、稳定地占有、使用，应维护当事人现有生活状态的稳定、和谐，原告主张《绝卖房契》无效的行为违背了民法倡导的诚实信用原则，据此，对原告要求确认《绝卖房契》无效的诉讼请求不予支持，依法予以驳回。依照《民法典》第 7 条、第 215 条之规定，判决驳回原告李某的诉讼请求。

诚实信用原则要求民事主体在进行民事活动时，以善意的方式行使权利、履行义务，在进行民事活动时遵循基本的交易道德。这也就意味着，司法机关在判断民事主体是否遵循了诚实信用原则时，需要参考的一个重要标准即为"善意"。本案中，原告在自愿与被告签订并履行房屋买卖合同 10 余年后，因征拆房屋价值上涨而以房屋买卖合同违反法律、法规的强制性规定为由主张无效，可见其实施该行为的目的只是获取更大的利益，而这一行为将会对被告的利益造成损害，这无疑不符合从事民事活动的"善意"标准，因而也就违背了诚实信用原则，自然不应在法律上获得支持。

（二）本案例课程思政元素分析

1. 制度规范

所谓诚信原则，是指民事主体在从事民事活动、行使民事权利和民事义务时，应本着善意诚实的态度，即讲究信誉、恪守信用、意思表示、行为合法、不规避法律和曲解合同条款等。我国《民法典》第 7 条规定："民事主体从事民事活动，应当遵循诚信原则，秉持诚实，恪守承诺。"

诚实信用原则具有四项功能：其一，指导当事人行使权利、履行义务的功能。凡一切民事主体从事民事活动，行使权利履行义务时，均应遵守诚实信用原则。其二，补充功能。进一步形成法律关系（尤其是债的关系）的主给付义务的内容创设与给付有关联的从义务或附随义务，建立以避免他方当事人的权益不受侵害的先合同义务。其三，解释、评价和补充法律行为的功能。当合同条款没有约定或约定不明时，当事人应当依照诚信原则理解并履行义务，而一旦发生纠纷，就要由人民法院或仲裁机关依据诚实信用原则解释合同，合理地确定当事人的权利义务关系。

诚实信用原则的适用，应当遵循以下原则：当法律有具体规定时，应优先适用该具体规定，而不能适用诚信原则；法律虽无具体规定，如能够以类推适用等漏洞补充方法予以补充，亦不得适用诚信原则；只在以类推适用等漏洞补充方法仍不能解决时，才能适用诚信原则；虽无法律具体规定而有判例的情形，如适用诚信原则与适用判例，可得出同一结论，则应适用判例而不适用诚信原则；如适用诚信原则与适用判例得出相反的结论，则应适用诚信原则而不适用判例。

2. 价值引领

诚信作为商业关系中一种最基本的道德标准和规范要素，从一开始就不仅是一种主观理念、商业规则，而是一种法律规范和法律原则，被称为"帝王规则"。诚信原则起源于古罗马裁判官采用的一项司法原则，即在审理民事纠纷时考虑当事人的主观状态和社会所要求的公平正义。近代资本主义国家的民法最初将其作为债务履行的原则，后来逐渐扩展适用于债权行使乃至一切民事权利的行使和民事义务的履行。在垄断资本主义时期，该原则对于缓和资本主义社会的各种矛盾起到了一定的作用，对于制裁欺诈行为者、保护善意行为人，反对垄断、保护正当竞争，反对私权滥用、保护公共权益，均有一定意义。在我国，诚实信用原则和公平原则一样，也是社会主义核心价值观在法律上的反映。为此，作为现在的法律学子和未来的法律人，无论在生活、工作中都要践行诚信。以此，让学生根植"人无信、则不立"的情怀。

市场经济是法治经济，也是信用经济。民事活动要顺利进行，要求参与民事活动的主体必须讲诚实、守信用。诚信问题亘古而弥新，伴随社会的发展变化和新型经济模式、新兴业态的发展，对个人信用、企业信用的监管与保护日益重要。《关于培育和践行社会主义核心价值观的意见》将24字核心价值观分成三个层面：富强、民主、文明、和谐是国家层面的价值目标，自由、平等、公正、法治是社会层面的价值取向，爱国、敬业、诚信、友善是公民个人层面的价值准则。我国《民法典》第7条规定："民事主体从事民事活动，应当遵循诚信原则，秉持诚实，恪守承诺。"这就将诚信从道德规范上升到法律规范，将传统道德义务固定为法律义务，将内在自律约束转化为外在强制约束。实践中，个人征信系统和企业信用信息公示系统的建立，为市场经济活动提供了法律保障，也为司法判决和案件执行提供了支持。黑名单制度等限制了失信人的融资渠道、高消费行为，为加强社会诚信建设、构建诚信营商环境、强化打击市场失信行为提供了积极措施和有效手段。这些都使得诚信原则的运用具有了实际操作性。

二、公序良俗原则

（一）典型案例

1. 案例介绍

原告付甲前妻尚某即原告付乙的母亲于1976年去世，其坟墓位于巩义市孝北村广陵路东。2014年清明节原告回家祭祀时，发现尚某坟墓所在位置被被告王某建起四层住宅楼。原告在诉讼过程中提交康某、付丙两份证人证言，证明被告将其住宅建在尚某的坟上，且被告在建造住房前后未通知原告，巩义市孝北村网格信息联系人付丁在该两份证人证言上签名并注明情况属实，巩义市孝义街道办事处孝北村民委员会在该两份证人证言上加盖公章并注明情况属实。原告付甲于2009年在其前妻坟上修建了一道1米高、2米长的砖墙用于防止他人向坟上倾倒垃圾，原告付甲称其前妻坟墓墓底最深处距地面约1.6米。被告在诉讼中称其住房是按照巩义市孝北村委指定的地址进行建造并向村委缴纳了3300元费用，于2011年8月左右建造的四层住宅，该住宅占地面积为129平方米，在地基上共打了30多根八九米深的桩子。另查明，被告建造住房并未办理相关规划审批许可手续，亦未取得集体土地建设用地使用证，被告及相邻居民住宅楼周边的空地上存有其他几处坟墓。[1]

---

〔1〕　本案例根据河南省巩义市人民法院民事判决书［2014］巩民初字第1658号整理而成。

2. 判决结果

依照《民法典》第 8 条、第 1183 条，最高人民法院《关于确定民事侵权精神损害赔偿责任若干问题的解释》第 1 条之规定，判决被告赔偿原告精神损害抚慰金 4 万元。

3. 涉案问题

被告将其住房建造在尚某的坟墓上是否违反了公序良俗？

4. 案例研析

坟墓是人们追忆、祭祀已逝亲属的特定场所，对后人存在着重大的精神寄托，被告在建房时应当充分注意，采取合理措施，避免对他人坟墓造成损坏，而被告将其住房建造在尚某的坟墓上，有悖社会公德、有违公序良俗，使作为死者亲属的原告遭受了感情创伤和精神痛苦，结合被告的主观过错、坟墓的损害程度、当地的经济发展水平，酌定被告赔偿付甲、付乙精神损害抚慰金 4 万元为宜。因被告在该块土地进行地基建设建起四层住宅，且原告在诉讼中未提供充分证据证明被告建房之前的尚某坟墓原状的具体情况，故原审法院对原告要求被告将尚某的坟墓恢复原状的诉讼请求，不予支持。

司法实践中，在判断一个行为是否违反了公序良俗时，需要依靠法官的自由裁量，主要是对特定案件所涉及的道德和利益是否能够达到公共秩序和善良风俗的程度作出判断，特别是在某种违反公序良俗的行为尚未被法律明确规定时，只有在论证了某种道德和利益构成了公共秩序和善良风俗时，才能以特定行为违反了前述道德或损害了前述利益为由，对该行为在法律上给予否定性评价。本案中，法院即通过阐明坟墓所蕴含的重大精神寄托，论证了其所涉及的道德已经构成了社会全体成员所普遍认可、遵循的道德准则，并在完成前述论证的基础上，否定了被告在坟墓上建造房屋的行为，为司法实践中运用公序良俗原则裁判案件提供了指引。

（二）本案例课程思政元素分析

1. 制度规范

公序良俗即公共秩序与善良风俗的简称，公共秩序是指政治、经济、文化等领域的基本秩序，善良风俗是指基于社会主流道德观念的习俗。该原则是现代民法的一项重要法律概念。在现代市场经济社会中，有维护国家社会一般利益以及一般道德观念的重要功能，因而被称为现代民法至高无上的基本原则。由于民事活动复杂多样，立法时不可能预见一切损害社会公益和道德秩序的行为并作出详尽的禁止性规定，故法律设立了公序良俗原则，以弥补民法禁止性规定之不足。

在《民法典》之前，我国法律并未明确采用公序良俗的概念。《民法通则》（已失效）第7条规定："民事活动应当尊重社会公德，不得损害社会公共利益，扰乱社会经济秩序。"《合同法》（已失效）第7条规定："当事人订立、履行合同，应当遵守法律、行政法规，尊重社会公德，不得扰乱社会经济秩序，损害社会公共利益。"2014年11月，在全国人民代表大会常务委员会通过的《关于〈中华人民共和国民法通则〉第九十九条第一款、〈中华人民共和国婚姻法〉第二十二条的解释》（已失效）中，首次出现了"公序良俗"这一表述。该解释规定："公民依法享有姓名权。公民行使姓名权，还应当尊重社会公德，不得损害社会公共利益。公民原则上应当随父姓或者母姓。有下列情形之一的，可以在父姓和母姓之外选取姓氏：（一）选取其他直系长辈血亲的姓氏；（二）因由法定扶养人以外的人抚养而选取抚养人姓氏；（三）有不违反公序良俗的其他正当理由。少数民族公民的姓氏可以从本民族的文化传统和风俗习惯。"《民法典》总则编共有四处使用了公序良俗：（1）第8条规定从事民事活动，不得违反公序良俗原则；（2）第10条对于法源的规定，适用习惯不得违背公序良俗；（3）第143条民事法律行为的有效要件之一为不得违背公序良俗；（4）第153条第2款，违背公序良俗的民事法律行为无效。

2. 价值引领

我国民法所规定的公序良俗原则，不仅适用于财产关系，也适用于人身关系。它是社会主义核心价值观的体现，与《民法典》第1条所确立的"弘扬社会主义核心价值观"的目的是一致的，对于维护社会伦理，维护社会秩序，都具有重要意义。公共秩序和善良风俗是法治国家与法治社会建设的重要内容，也是衡量社会主义法治与德治建设水准的重要标志。倡导、培育和维护公序良俗，谴责、制裁、摒除各类缺德行为或丑恶现象，是法律人肩负的重要职责。诚实守信是人类社会普遍崇尚的基本价值，诚实信用原则被公认为民商事活动的根本原则，诚信、友善，是社会主义核心价值观的基本内容，也是公序良俗的基本要求。

习近平总书记指出："核心价值观，承载着一个民族、一个国家的精神追求，体现着一个社会评判是非曲直的价值标准。"[1]法律人在培育和践行社会主义核心价值观方面肩负着重要使命，发挥着规范、指引、评价、引领社会价值的特殊作用。因此，法律人不仅引导人们遵法、守法，还应引导社会遵守善德善行，在执法、司法中正确运用社会主义核心价值观释法说理，充分发挥法治在国家治理、社会治理中的规则引领和价值导向作用。把培育和践行社会主义核心价值观与推进平安中国、法治中国建设紧密结合起来，与法律为民理念紧密结合起来。

三、侵害英雄烈士等人格利益的民事责任

（一）典型案例

1. 案例介绍

2013 年 9 月 9 日，洪某某在财经网发表《小学课本"狼牙山五壮士"有多处不实》一文，对"狼牙山五壮士"事迹中的细节提出疑问。2015 年 8 月 17 日，"狼牙山五壮士"两名幸存者的后人葛某某和宋某某分别向北京市西城区人民法院提起诉讼，要求被告洪某某立即停止侵犯行为并公开道歉。[2]

2. 涉案问题

洪某某是否侵犯了英雄烈士名誉权、荣誉权？

3. 裁判结果

根据当时的《侵权责任法》《民法通则》及最高人民法院的司法解释（现《民法典》第 185 条）判决：（1）被告洪某某立即停止侵害葛振林、宋学义名誉、荣誉的行为；（2）被告洪某某在判决生效后三日内公开发布赔礼道歉公告，向原告葛某某、宋某某赔礼道歉，消除影响。该公告须连续刊登 5 日，公告刊登媒体及内容需经法院审核，逾期不执行，法院将在相关媒体上刊登判决书的主要内容，所需费用由被告洪某某承担。

4. 案例研析

关于洪某某是否构成侵权的问题。首先，被告洪某某不仅侵害了葛振林、宋学义的个人名誉，而且侵害了相应的公共利益。葛振林、宋学义于 1941 年

---

〔1〕 习近平："青年要自觉践行社会主义核心价值观——习近平在北京大学师生座谈会上的讲话"，载 https://news.12371.cn/2014/05/05/ARTI1399236440433514.shtml，访问日期：2022 年 3 月 27 日。

〔2〕 本案例根据 2015 年北京市西城区人民法院民事判决书［2015］西民初字 2784 第 1 号整理而成。

9月25日发生于狼牙山上的一次战役中英勇抗敌并负伤。1941年10月18日，时任晋察冀军区司令员兼政治委员的聂荣臻签发训令，对宁死不屈、光荣殉国的马宝玉、胡德林、胡福才三位烈士及跳崖负伤的葛振林、宋学义两位同志予以表彰，并号召全体指战员学习。之后，几十年中，"狼牙山五壮士"这一称号在全军、全国人民中广泛传播，获得了普遍的公众认同，成为全军、全国人民学习的榜样和楷模。这些英雄人物及其精神，是中华民族共同记忆的一部分，是中华民族精神的内核之一，是社会主义核心价值观的重要内容。而民族的共同记忆、民族精神以及社会主义核心价值观，应当被视为社会公共利益。其次，被告洪某某发表的两篇文章对"狼牙山五壮士"在抗日战争中所表现的英勇抗敌的事迹和精神这一主要事实，自始至终未作出评价，而是以考证"在何处跳崖""跳崖是怎么跳的""敌我双方战斗伤亡"以及"'五壮士'是否拔了群众的萝卜"等细节为主要线索，通过援引不同时期的材料、相关当事者不同时期的言论甚至迫害宋学义的言论为主要证据，全然不顾基本历史事实。在无充分证据的情况下，文章多处作出似是而非的推测、质疑乃至评价。文章虽然未使用侮辱性的语言，但被告采取的行为方式却是，通过强调与主要事实无关或者关联不大的细节，引导读者对"狼牙山五壮士"这一英雄人物群体及其事迹产生怀疑，从而否定主要史实的真实性，进而降低他们的英勇形象和精神价值。因此，被告的行为是一种侵害他人名誉、荣誉的加害行为。案涉文章经由互联网传播，产生了较大的影响，伤害了原告的个人感情，在一定范围和程度上伤害了社会公众的民族和历史情感，同时也损害了社会公共利益。

关于被告洪某某的主观过错问题。被告作为生活在中国的一位公民，对"狼牙山五壮士"的历史事件所蕴含的精神价值，应当具有一般公民所拥有的认知。对"狼牙山五壮士"及其所体现的民族精神和民族感情，应当具有通常成年人所具有的体悟。尤其是作为具有一定研究能力和能够熟练使用互联网工具的人，更应当认识到案涉文章的发表及其传播将会损害到"狼牙山五壮士"的名誉及荣誉，也会对其近亲属造成感情和精神上的伤害，也会损害到社会公共利益。在此情形下，被告有能力控制文章所可能产生的损害后果而未控制，仍以既有的状态发表，在主观上显然具有过错。

综上，洪某某的行为侵害了英雄烈士的名誉权、荣誉权。

(二) 本案例课程思政元素分析

1. 制度规范

在全国人大审议《民法总则 (草案)》的过程中, 有代表提出现实生活中一些人利用歪曲事实, 诽谤、侮辱等方式诋毁、抹黑英烈的名誉、荣誉等, 损害社会公共利益, 社会影响很恶劣, 应当予以规范。立法机关经研究后认为, 英雄和烈士是一个国家和民族精神的体现, 是引领社会风尚的标杆, 故加强对英烈姓名、名誉、荣誉等的法律保护, 对于引领社会尊崇英烈, 惩恶扬善的社会风气, 弘扬社会主义核心价值观意义重大, 因此, 2017 年《民法总则》第 185 条专门对侵犯英雄烈士姓名、肖像、名誉、荣誉权进行了保护规定, 2018 年出台的《英雄烈士保护法》第 22 条第 2 款规定: "英雄烈士的姓名、肖像、名誉、荣誉受法律保护。任何组织和个人不得在公共场所、互联网或者利用广播电视、电影、出版物等, 以侮辱、诽谤或者其他方式侵害英雄烈士的姓名、肖像、名誉、荣誉。任何组织和个人不得将英雄烈士的姓名、肖像用于或者变相用于商标、商业广告, 损害英雄烈士的名誉、荣誉。" 2021 年实施的《民法典》沿用了这一规定, 其 185 条规定: "侵害英雄烈士等的姓名、肖像、名誉、荣誉, 损害社会公共利益的, 应当承担民事责任。"

2. 价值引领

在现实生活中, 一些人歪曲事实, 诽谤抹黑、恶意诋毁、侮辱英雄烈士的名誉、荣誉等, 损害了社会公共利益。加强对英烈姓名、名誉、荣誉等的法律保护, 对于促进社会尊崇英烈, 扬善抑恶, 弘扬社会主义核心价值观意义重大。习近平总书记指出: "实现我们的目标, 需要英雄, 需要英雄精神。我们要铭记一切为中华民族和中国人民作出贡献的英雄们, 崇尚英雄, 捍卫英雄, 学习英雄, 关爱英雄, ⋯⋯"[1]英雄烈士的事迹和精神是中华民族共同的历史记忆和宝贵的精神财富, 是中国共产党领导中国各族人民近百年来不懈奋斗伟大历程、可歌可泣英雄史诗的缩影和代表, 是实现中华民族伟大复兴的强大精神动力。英雄烈士抛头颅、洒热血, 在革命和建设时期都作出了重要贡献, 实践中侮辱、诽谤英雄烈士的情形, 不仅会伤害其遗属的感情, 也是对社会公共利益的损害。作为当代大学生, 更要崇尚英雄, 捍卫英雄,

---

〔1〕 习近平: "在颁发 '中国人民抗日战争胜利 70 周年' 纪念章仪式上的讲话", 载 https://news. 12371. cn/2015/09/02/ARTI1441189551714976. shtml, 访问日期: 2022 年 3 月 27 日。

学习英雄，弘扬英雄精神。

第三节　民法学物权编课程思政案例研究[1]

一、物权法定原则

（一）典型案例

1. 案例介绍

2021 年 1 月 5 日，于某与广西某公司签订了《住宅物业使用权赠与合同书》，内容为于某通过抽奖抽中涉案房屋 20 年使用权，于某不具有该房屋的产权和处置权，不得以任何形式转让该房屋的使用权。2021 年 1 月 9 日，于某与高某签订《转让协议书》，约定将该房屋以 8 万元价格转让给高某。2021 年 5 月 16 日为涉案房屋实际交房日期，当日广西某公司在原《住宅物业使用权赠与合同书》上盖章，合同书底部手写有同意于某转让涉案房屋使用权给高某的内容。后高某办理了涉案房屋的收房、电网更名等手续，并占有涉案房屋至今。

后，某一审法院因执行民事判决，查封包括涉案房屋在内的被执行人名下财产。案外人高某提出异议，执行法院以现有证据尚未能确认高某对涉案房屋享有 20 年使用权为由驳回其异议，高某遂向一审法院提起案外人执行异议之诉。[2]

2. 争议焦点

高某对涉案房屋是否享有足以排除人民法院强制执行的民事权益？

3. 判决结果

（1）《民法典》第 116 条[3]规定，房屋使用权并非法律规定的用益物权，因此，当事人关于请求人民法院确认其对涉案房屋在一定期限内享有使用权的主张，有违物权法定原则，人民法院不予支持。

（2）承租人对租赁物享有使用、收益的权利。一般认为，租赁是所有权

---

〔1〕　郭丽，四川九龙人，四川民族学院法学院讲师，法律硕士，主要讲授"民法学"。该部分为四川省第三批省级课程思政示范课程项目《民法总论》成果、四川民族学院 2020 年度校级课程思政示范课程项目《民法总论》（基金号：Szkcsfkc202001）成果、四川民族学院 2021—2022 年度校级一流本科课程《民法分论》成果。

〔2〕　来源于网络案例整理。

〔3〕　《民法典》第 116 条规定："物权的种类和内容，由法律规定。"

人在一定期限内将租赁物使用权转移给承租人的行为，租赁不产生所有权转移的法律效果，故案外人可以其对租赁物享有租赁权为由，在租赁期内阻止向受让人移交占有租赁物。

4. 案例研析

物权法定原则是现代物权法中的一项基本原则，是指物权的种类和内容应由法律规定，当事人不得任意创设与法律的规定所不同的物权或者改变既有物权的内容。

高某主张其对涉案房屋所享有的民事权益为用益物权，应举证证明。用益物权中并没有规定有房屋使用权这种用益物权或相关内容，因此，高某有关对涉案房屋享有使用权，该使用权属于用益物权的理由不能成立。

案外人提起执行异议之诉的目的在于排除对特定执行标的的强制执行。承租人对租赁物享有使用、收益的权利。一般认为，租赁是所有权人在一定期限内将租赁物使用权转移给承租人的行为，租赁不产生所有权转移的法律效果，故案外人可以其对租赁物享有租赁权为由，在租赁期内阻止向受让人移交占有租赁物。高某并未提供证据证明本案存在执行法院向受让人移交占有被查封不动产的情形；高某虽主张其系涉案房屋的实际承租人，却未能提供充分、有效的证据证明执行法院的查封措施，妨碍、侵害或者影响到其所称的基于租赁合同而享有的权利（或权益）。

因此，高某有关对涉案房屋享有使用权、该使用权属于用益物权的理由不能成立，法院对此诉讼请求不予支持。

（二）本案例课程思政元素分析

1. 制度规范

物权是一种绝对权与支配权，其效力及于所有人，须得到每一个人的尊重。物权法定主要包括两个方面的内容：

（1）物权种类法定。所谓物权种类法定，是指哪些权利属于物权，哪些不属于物权，要由物权法和其他法律规定。物权法定原则中的"法"仅指"法律"，而该"法律"应做狭义解释，仅限于全国人民代表大会及其常务委员会指定的规范性法律文件，不包括行政法规、地方性法规或者司法解释，更不包括部门规章和地方政府规章。之所以如此，是因为物权种类和内容的问题属于民事基本制度，依据我国《立法法》第11条第8项，对民事基本制度的规定是全国人民代表大会及其常务委员会的专属立法权限。

（2）内容法定。物权的内容必须要由法律规定，当事人不得创设与法定物权内容不符的物权，也不得基于其合意自由决定物权的内容，强调的是当事人不得作出与物权法关于物权内容的强行性规定不符的约定。如果人们可以任意创设新型的物权，或者改变现有物权的内容以及公示方法，则不仅第三人无法了解并尊重这些物权，也会给第三人造成难以预测的损害。

"法律创设物权性权利，就是要使其权利人适于发生变更"，"法律必须自始告诉取得人，他取得的是什么"。[1]物权法定是大陆法系各国物权法所普遍承认的基本原则。物权的种类和内容既已法定而且已予以公示，交易当事人对其通过交易欲设定或取得的物权则无须反复调查即知其内容，这样，有助于建立交易信用，减少财产关系中的信息成本，使交易在一个完全开放的物权体制下高效率地进行。同时，由于物权内容明确，就易于确定权利转移中的风险值，降低交易的缔约成本，从而最终确保交易便捷与安全。

通过本案例研习，让法科生理解物权法定原则，树立法治理念，提高运用法治思维解决实际问题的能力。

2. 价值引领

"有恒产者有恒心！"正是物权法的这种对财产的确认（归属）关系、支配（利用）关系和保护关系的规范作用，人们对自己的财产才能建立起信心，才具有一种安全感，才能内在地迸发出创造财产、争取自己财富最大化的冲动与激情！而每一位社会成员财富的增长，也就是整个社会财富的增长，每一位社会成员财富的最大化之时，也就是整个社会财富的最大化之时！因此，物权法首要的作用就是确认财富、保护财富和创造财富！它对于准确地界定物权、定分止争、确立物权设立和变动规则、建立物权的秩序都具有十分重要的意义。

通过本案例蕴含的价值分析，对法科生进行法治、诚信等观念灌输，树立公正、法治、诚信等社会主义核心价值观。

二、物权变动原则

（一）典型案例

1. 案例介绍

大德公司因与新华天公司于 2021 年 2 月 18 日签订《合作协议》，约定双

---

〔1〕　［德］鲍尔、施蒂尔纳：《德国物权法》（上册），张双根译，法律出版社 2004 年版，第 8 页。

方联合开发建设"巴斯小镇"项目。大德公司总计出资 1.24 亿余元，双方为了明确整个项目的内部归属，对项目进行了内部划分，即 A3 至 A9、C7、C9 栋房屋归大德公司所有，其余归新华天公司所有。案涉项目的房屋虽然封顶，但未达到竣工状态，未办理登记。大德公司认为，其虽未亲自盖房子，但参与了建设的管理工作。新华天公司每次要求付款都向大德公司提出申请，大德公司根据施工进度进行审核和查验后支付。大德公司与新华天公司双方签订的《合作协议》《补充协议》为物权协议，依据《民法典》第 231 条[1]规定，有权主张因合法建造原始取得案涉房屋的所有权。[2]

2. 争议焦点

大德公司能否因合法建造原始取得案涉房屋的所有权？

3. 判决结果

法院认为，《民法典》第 231 条规定主张因合法建造原始取得案涉房屋的所有权，必须有合法的建设手续，且建成房屋；本案中，大德公司虽取得了不动产项目的建设用地规划许可证，但未取得建设工程规划许可证、建筑工程施工许可证及商品房预售许可证；案涉房产虽已封顶，但没有进行竣工验收，房屋所有权亦未登记在大德公司名下。大德公司主张其依据《民法典》第 231 条规定取得案涉房屋的物权不能成立。

4. 案例研析

房地产开发商如对尚未办理不动产登记手续的商品房主张物权，须满足下列条件：（1）始终严格遵循"合法建造"这一前提；（2）取得包括《建设用地规划许可证》《建设工程规划许可证》《建筑工程施工许可证》在内的全部合法建设手续，以及《商品房预售许可证》；（3）建成房屋，并及时完成竣工验收；（4）在条件具备时，应及时将不动产权登记在开发商名下。

案涉房屋全部建设资金均系大德公司投入，并与他人共同开发建设，故依法享有对案涉房屋的物权（非登记即产生法律效力的所有权），以及取回权（物权请求权）。因合法建造取得物权，必须有合法的建设手续，并且建成房屋；案涉不动产项目虽取得了建设用地规划许可证，但未取得建设工程规划

---

[1]《民法典》第 231 条："因合法建造、拆除房屋等事实行为设立或者消灭物权的，自事实行为成就时发生效力。"

[2] 来源于网络案例整理。

许可证、建筑工程施工许可证及商品房预售许可证；案涉房产虽已封顶，但没有进行竣工验收；房屋所有权亦未登记在大德公司名下，因此，大德公司的诉讼请求并不符合法律规定，不能取得案涉房屋的物权。

（二）本案例课程思政元素分析

1. 制度规范

物权变动，是指物权的设立、变更和终止，包括所有权的取得、变更、终止等。依照民法原理，物权变动的原因有事实行为和法律行为。事实行为主要包括添附、继承、法定期限届满以及建造、加工等。法律行为主要有买卖、赠与等。由于物权是一种对世权，具有排他性和优先力。物权的变动涉及范围大，直接关系财产的归属利用，关乎权利人的保护和市场交易安全，因此物权变动应遵循公示原则，须以法定的公示方式才能产生效力。依照我国《民法典》第209条〔1〕及第231条〔2〕规定，不动产物权的变动以登记生效为原则，事实行为成就生效为例外。

2. 价值引领

我国是社会主义国家，处于社会主义初级阶段，实行改革开放和社会主义市场经济，我们要强调保护私人权利，维护个人利益，充分发挥广大人民群众生产和创造的积极性，但同时也应当强调，权利不能滥用，取得或者行使物权要遵守法律，尊重社会公德，不能损害公共利益和他人的合法权益。

物权变动涉及一国财产的流通，关乎一国的交易秩序，因此，物权变动必须采用法定方式。所以，物权的取得必须是一种适法行为，只有符合法律规定的行为才能产生取得物权的效果。

通过本案例研习，引导法科生理解物权的变动要遵循法定原则，树立法治理念，明白取得物权要遵守法律，尊重社会公德。

---

〔1〕《民法典》第209条第1款："不动产物权的设立、变更、转让和消灭，经依法登记，发生效力；未经登记，不发生效力，但法律另有规定的除外。"

〔2〕《民法典》第231条："因合法建造、拆除房屋等事实行为设立或者消灭物权的，自事实行为成就时发生效力。"

三、物权的保护制度

（一）典型案例

1. 案例介绍

何某玮通过其祖父何某新的遗赠和祖母杜某妹的赠与取得某房屋所有权。后何某玮的父母离婚，何某玮由其母亲伍某抚养。何某玮及其法定代理人伍某向人民法院起诉，请求判令杜某妹腾空交还其赠与的房屋，并支付租金损失。[1]

2. 争议焦点

何某玮及其法定代理人伍某是否有权要求杜某妹腾空交还其赠与的房屋，并支付租金损失？

3. 判决结果

何某玮要求杜某妹腾退房屋，缺乏法律依据，不应予以支持，法院判决驳回何某玮的全部诉讼请求。

4. 案例研习

人民法院认为，何某玮受遗赠、赠与取得房屋产权时年仅4岁，根据生活常理，何某新、杜某妹将二人的家庭重要资产全部赠给何某玮显然是基于双方存在祖孙关系。何某玮虽享有案涉房屋所有权，但杜某妹在该房屋内居住是基于双方存在赠与关系、祖孙关系以及长期共同生活的客观事实，如以所有权人享有的物权请求权而剥夺六旬老人的居住权益，显然有违人之常情和社会伦理，故杜某妹的居住行为不属于无权占有的侵权行为。

（二）本案例课程思政元素分析

1. 制度规范

物权请求权是基于物权而产生的，旨在排除对物权现实的或潜在的妨害，从而回复物权圆满支配状态的请求权。传统民法中的物权请求权有三类：所有物返还请求权、排除妨害请求权与预防妨害请求权。在我国，自《民法通则》开始，立法机关就没有严格区分原权利与侵害原权利产生的请求权，也没有区分各类不同性质的请求权，而是将侵害民事权利产生的法律后果统称为"民事责任"。《民法典》虽然明确区分了作为债权的损害赔偿请求权和作为绝对权保护请求权的物权请求权、人格权请求权，但依然将这些因为原权

---

〔1〕 来源于网络案例整理。

利被侵害而产生的请求权作为民事责任的承担方式。在《民法典》第 179 条第 1 款[1]规定的 11 种承担民事责任的方式中,性质上属于绝对权保护请求权的有停止侵害、返还财产、排除妨碍、消除危险,这四类请求权在物权编中也被称为物权请求权。行使物权请求权的主体必须是物权人,本案中,虽然何某玮取得了系争房屋的所有权,为合法的物权权利人,但是,该房的取得源于血缘关系的房屋赠与所得,虽然双方没有明确约定赠与人有继续居住的权利,基于人民群众朴素的价值观和善良风俗考虑,在杜某妹年逾 60 岁且已丧偶的情况下,何某玮取得房屋所有权后不足 1 年即要求杜某妹迁出房屋,明显有违社会伦理和家庭道德。

2. 价值引领

"百善孝为先,孝为德之本。"长辈对晚辈的疼爱,晚辈对长辈的关爱是人类最原始、最基本的自然情感,也是中华民族源远流长的传统美德。祖母在将房屋赠与孙子之后,是否仍有权在该房屋继续居住,需要衡量的不仅是法律的尺度,还包括伦理的限度和情理的温度。本案判决充分考虑孙子的房屋权属来源、居住使用状况以及当事人之间的特定身份关系等因素,作出合情、合法、合理的裁判,弘扬了和谐、友善、法治的社会主义核心价值观,体现了法律对人善良本性的尊重和保护,彰显了尊老敬老的中华民族传统优秀文化,更表达了司法为民的"温度",对维护家庭和睦与社会稳定具有促进作用。

四、业主的建筑物区分所有权制度

(一) 典型案例

1. 案例介绍

郑某系武汉市武昌区中北路白玫瑰花苑 X 栋 X 单元 A 室的业主。2021 年 12 月,郑某与联通武汉分公司未经小区内相关业主的同意,擅自将光纤传输机柜、电源柜、蓄电池等设备安置在 A 室,将 A 室建成通信机房,该机房 24 小时运转,无人值班,存在安全隐患,相关业主及白玫瑰花苑物业管理处曾多次对其进行劝阻,其均未予理会。现张某诉至法院要求判令郑某、联通武

---

[1]《民法典》第 179 条第 1 款:"承担民事责任的方式主要有:(一) 停止侵害;(二) 排除妨碍;(三) 消除危险;(四) 返还财产;(五) 恢复原状;(六) 修理、重作、更换;(七) 继续履行;(八) 赔偿损失;(九) 支付违约金;(十) 消除影响、恢复名誉;(十一) 赔礼道歉。"

汉分公司拆除位于武汉市武昌区中北路白玫瑰花苑 X 栋 X 单元 A 室的光纤传输设备，恢复房屋住宅用途，并承担本案诉讼费用。[1]

2. 争议焦点

联通武汉分公司将住宅改变为经营性用房，是否应当经过有利害关系的业主同意？

3. 判决结果

法院经过审理判决：郑某、联通武汉分公司于本判决生效后 60 日内拆除位于武汉市武昌区中北路白玫瑰花苑 X 栋 X 单元 A 室房屋的光纤传输设备，恢复房屋住宅用途。

4. 案例研习

依照《民法典》第 279 条[2]之规定，业主将住宅改变为经营性用房，其行为的合法性需要同时满足两个条件：（1）遵守法律、法规以及管理规约；（2）应当经有利害关系的业主同意。依照最高人民法院《关于审理建筑物区分所有权纠纷案件具体应用法律若干问题的解释》第 10 条第 1 款[3]和第 16 条第 1 款[4]之规定，联通武汉分公司作为讼争房屋的承租人将住宅改变为经营性用房，应承担与业主相同的法定义务，故也应当经过有利害关系的业主同意。

（二）本案例课程思政元素分析

1. 制度规范

建筑物区分所有权是随着现代城市的兴起以及建筑的发展而产生的一种较为特殊的不动产所有权形态。业主的建筑物区分所有权包括：业主对建筑物内的住宅、经营性用房等专有部分享有所有权，对专有部分以外的共有部分享有共有和共同管理的权利。业主对专有部分的使用即使没有给其他区分所有权人造成噪音、污水、异味等影响，只要房屋的用途发生改变，由专供个人、家庭日常生活居住使用改变为用于商业、工业、旅游、办公等经营性

---

[1] 来源于网络案例整理。

[2] 《民法典》第 279 条："业主不得违反法律、法规以及管理规约，将住宅改变为经营性用房。业主将住宅改变为经营性用房的，除遵守法律、法规以及管理规约外，应当经有利害关系的业主同意。"

[3] 《关于审理建筑物区分所有权纠纷案件具体应用法律若干问题的解释》第 10 条第 1 款："业主将住宅改变为经营性用房，未按照民法典第二百七十九条的规定经有利害关系的业主一致同意，有利害关系的业主请求排除妨害、消除危险、恢复原状或者赔偿损失的，人民法院应予支持。"

[4] 《关于审理建筑物区分所有权纠纷案件具体应用法律若干问题的解释》第 16 条第 1 款："建筑物区分所有权纠纷涉及专有部分的承租人、借用人等物业使用人的，参照本解释处理。"

活动，即可认定该行为影响了业主的安宁生活，属于将住宅改变为经营性用房，应依照《民法典》第 279 条关于业主改变住宅用途的规定处理。这一规定彰显了《民法典》为业主和社区自治提供法律保障的目的，在业主自由行使权利的同时，实现了对他人利益和社区公共秩序的公正维护。

2. 价值引领

崇德修睦、包容互让是构建和谐邻里关系的重要条件。人们生活的距离越近，越需要包容和体谅。城市化让建筑物区分所有权成为房屋所有权的常见形式。在多户同住一栋楼的情况下，无论是使用专有部分还是管理共有部分，都需要考虑其他业主的利益，按照法律规定的方式和程序进行。

近年来，一些城市居民楼的住户深受"民宅商用"之苦：五花八门的公司、店铺进入居民楼，有的商户把住宅的门改成窗，或者把窗改成门，威胁居民的安全。有的居民楼顾客熙熙攘攘，废弃物随处丢放，噪声污染严重，对市容和社会治安造成负面影响。通过本案例研习，让法科生理解个人在行使物权和实现个人利益时，必然要遵循"爱国、敬业、诚信、友善"的核心价值要求，才能实现国家、社会和个人的长远发展，实现人和自然的和谐统一。

五、相邻关系制度

（一）典型案例

1. 案例介绍

周某与郑某是同村邻居关系，周某居西，郑某居东。该村几户村民协商在村内一街道上建设房屋，郑某首先从街道最东头开始建造 4 间瓦房，然后由周某的父亲在其西边为周某建造房屋，其他村民按顺序向西建造。按照本村建房的习惯，最东头的一家拥有东山墙和西山墙，其他住户只有西山墙无东山墙，在建房过程中，周某的父亲与郑某商量在郑某家的西山墙内建造一烟道由周某使用，郑某表示同意，并使用自己的原料为周某建造一烟道，烟囱系由周某父亲自行购买安装。后周某父亲在其东屋修一火炕，一直使用这一烟道。后来，郑某将该房屋以 3000 元的价格卖给了冯某。随后，冯某也在其西屋内修一铺火炕，开始使用该烟道，并要求周某停止使用该烟道，周某拒绝，双方因此产生纠纷。随后，冯某诉至法院，要求周某停止使用该烟道。[1]

---

[1]　来源于网络案例整理。

2. 争议焦点

冯某能否要求周某停止使用烟道？

3. 判决结果

法院经审理认为，周某的父亲与郑某对烟道的协商行为，意思表示真实，且不违反法律或社会公共利益，符合当地风俗习惯，周某有权使用该烟道、烟囱，冯某应当为周某使用烟道提供方便，对冯某要求周某停止使用烟道的请求不予支持，故判决驳回了冯某的诉讼请求。

4. 案例研习

根据《民法典》第 288 条[1]及第 289 条[2]规定，案例中两家共用山墙，按照当地风俗，共用的山墙归属东邻，但经协商后在山墙内修筑烟道供西邻使用也符合常理，属于相邻各方应当互相给予的方便。周某一家使用该烟道多年，冯某购买房屋后应当尊重历史形成的客观现状，继续为周某使用烟道提供方便，而不应要求周某停止使用。

（二）本案例课程思政元素分析

1. 制度规范

相邻关系，是指相邻的不动产上的权利人在对不动产进行占有、使用、收益或处分时，相互给予对方便利或对一方权利加以限制而对他方权利予以延伸，由此形成的权利义务关系。相邻关系不是一种独立的物权类型，而是法律基于私益协调而对不动产物权作出的某种限制。根据相邻关系的规定，对不动产所有权的行使加以限制，这种限制来自两个方面：一是不动产权利人不能在他的不动产内胡作非为，从而影响邻人对其不动产的正常使用及安宁；二是不动产权利人要为邻人对其不动产的使用提供一定的便利，即容忍邻人在合理范围内使用自己的不动产，如为邻人提供通行、引水、排水等便利。

2. 价值引领

俗话说"远亲不如近邻"，在我们的日常生活中，许多事情确实需要邻居的帮助，与邻居打交道的次数往往比亲戚还多，邻里关系和睦，互相帮助，生活能够得到许多便利。

---

［1］《民法典》第 288 条："不动产的相邻权利人应当按照有利生产、方便生活、团结互助、公平合理的原则，正确处理相邻关系。"

［2］《民法典》第 289 条："法律、法规对处理相邻关系有规定的，依照其规定；法律、法规没有规定的，可以按照当地习惯。"

《民法典》规定的处理相邻关系的原则，不仅是法院在对相邻关系纠纷案件进行裁判时应当遵循的基本原则，也是相邻各方处理相邻关系的基本行为准则。特别是其中的团结互助原则，强调在处理相邻关系纠纷时，要坚持睦邻友善，互利共赢，相互替对方着想，为相邻权利人提供力所能及的帮助和便利，反对损人利己；相邻各方发生纠纷时要保持忍让和克制，尽量通过友好协商解决和化解矛盾。相邻关系原则的规定更体现了"自由、平等、友善"社会主义核心价值观。

六、居住权制度

（一）典型案例

1. 案例介绍

王某与其母王某一、其父王某二签订《房产赠与合同》，约定将王某二名下诉争房产赠与王某，合同附加义务为王某保障父母在受赠房屋中享有永久居住权，如果以后此房产出售或者拆迁，保证为父母提供不低于上述居住条件的良好住房。合同经过公证已生效。

现王某二已去世，王某起诉其母王某一要求确认赠与合同有效并办理受赠房屋过户，庭审中王某一同意王某的诉讼请求，但要求王某保证其永久居住权。[1]

2. 争议焦点

王某一能否依据《房产赠与合同》向王某主张永久居住权？

3. 判决结果

法院判决：诉争房屋归王某所有，王某一在诉争房屋中享有居住权，王某应协助王某一办理居住权登记。

4. 案例研习

王某与其父母签订的《房产赠与合同》系各方当事人的真实意思表示，且经过公证，依法有效，各方当事人均应依约履行，王某一应依约协助王某办理房屋过户手续。

《房产赠与合同》中将王某一在涉案房屋中永久居住作为附加义务，根据《民法典》关于居住权的相关规定，上述附加义务包括了居住权合同应具备的相应内容，《房产赠与合同》中关于赠与人永久居住的承诺可以通过居住权登

---

〔1〕　来源于天津市高级人民法院发布：家事审判典型案例之居住权。

记来实现。

本案中，判决受赠与人办理受赠房屋过户的同时办理居住权登记，有利于解决老年人赡养、家庭生活中涉及的住房养老问题，保障老有所居，切实维护老年人的合法权益。

（二）本案例课程思政元素分析

1. 制度规范

《民法典》第 366 条至第 371 条设定了居住权制度，自此居住权成为独立的用益物权，居住权无偿设立且无期限限制，经登记公示的居住权具有对抗任何第三人的法律效力。

所谓居住权，是指自然人依据合同或者遗嘱而取得的，对他人的住宅进行占有、使用，以满足生活居住需要的一种用益物权。居住权的设立有两种方式：（1）通过订立居住权合同来设立居住权。依据《民法典》第 367 条[1]，设立居住权，当事人应当采用书面形式订立居住权合同。对于通过居住权合同设立的居住权，当事人应当共同向登记机构申请居住权登记，居住权自登记时设立（《民法典》第 368 条）。（2）通过遗嘱方式设立居住权，即住宅的所有权人通过遗嘱，在自己死后为他人设立居住权。以遗嘱方式设立的居住权，只有遗嘱人死亡后，该遗嘱才生效。故此，在遗嘱人死亡后，因遗嘱而将要取得居住权的自然人，应当持遗嘱单向不动产登记机构申请居住权登记，居住权也是自登记时设立。

根据《民法典》第 368 条[2]的规定，居住权的设立是无偿的，但是当事人另有约定的除外。之所以以无偿设立为原则，主要是考虑居住权的设立一般在家庭成员之间，基于亲情关系，具有身份属性，故此原则上是无偿的。但是，为了更好地满足生活居住的需要，也不能一律规定为无偿，还是应当尊重当事人的意思自治。

根据《民法典》第 369 条[3]规定，居住权不得转让，也不能继承。此

---

[1]《民法典》第 367 条："设立居住权，当事人应当采用书面形式订立居住权合同。居住权合同一般包括下列条款：（一）当事人的姓名或者名称和住所；（二）住宅的位置；（三）居住的条件和要求；（四）居住权期限；（五）解决争议的方法。"

[2]《民法典》第 368 条："居住权无偿设立，但是当事人另有约定的除外。设立居住权的，应当向登记机构申请居住权登记。居住权自登记时设立。"

[3]《民法典》第 369 条："居住权不得转让、继承。设立居住权的住宅不得出租，但是当事人另有约定的除外。"

外，设立居住权的住宅也不得出租，除非当事人另有约定。这实际上就强调了居住权的人身属性以及目的属性，即专属于居住权人，而且只是满足其居住生活的需要，而不能用来牟利或转让给他人，居住期限届满或居住权人死亡的，居住权就归于消灭，不能继承。

2. 价值引领

居住权是我国《民法典》编纂时新增加的一类用益物权。立法者规定居住权的主要目的在于：党的十九大报告提出，要加快建立多主体供给、多渠道保障、租购并举的住房制度，让全体人民住有所居。为了落实党中央的要求，认可和保护民事主体对住房保障的灵活安排，满足特定人群的居住需要，故此，《民法典》专门规定了居住权。通过确立居住权，可以满足权利人稳定生活居住需要，也有助于为公租房和老年人以房养老提供法律保障。

房屋赠与在父母子女之间较为常见，但作为赠房一方的父母难免有赠与房屋后无房可住的担忧。即使在赠与合同中约定父母享有"永久居住权""保障赠与人居住"等条款，也难以对子女一方形成有效的约束，因为该约定并不能对抗第三人，一旦子女将房屋再次出售，父母一方的居住权将无法保障。

民法典确立的居住权制度拓展了房屋的社会保障属性，凸显了房屋价值利用多元化功能，有效解决了以长期居住作为赡养、抚养方式的法律保障问题，为实现"住有所居""老有所居"提供了重要法律支撑。

第四节　民法学合同编课程思政案例研究[1]

一、缔约过失责任

（一）典型案例

1. 案例介绍

施某、曹某是位于杭州市上城区×××涉案房屋的原产权人。两人在互联网上发布涉案房屋的出售信息。曹某与杭州××房地产代理有限公司签订了关于

〔1〕董祖霞，四川泸定人，四川民族学院法学院讲师，法学硕士，主要讲授"商法""经济法"。该部分为四川省第三批省级课程思政示范课程项目《民法总论》成果、四川民族学院2020年度校级课程思政示范课程项目《民法总论》（基金号：Szkcsfkc202001）成果。四川民族学院2021—2022年度校级一流本科课程《民法分论》成果。

委托出售案涉房屋的协议，并在杭州市二手房交易监管服务平台办理了存量委托申请登记。陈某、叶某欲购买位于杭州市上城区九堡客运中心附近的二手房，遂与链家公司、我爱我家公司等多家中介机构联系咨询房源信息。我爱我家公司向陈某提供了涉案房屋的房源信息，后其员工带陈某现场查看了涉案房屋。后，我爱我家公司安排施某、曹某、陈某、叶某商议涉案房屋买卖事宜，四人就房屋的销售价格达成一致，但最终因陈某、叶某一方与我爱我家公司在中介费数额问题上未能协商一致，当晚未签署房屋买卖合同。次日，陈某、叶某（买受方）、曹某、施某（出售方）与杭州名仕房地产代理有限公司（居间方）签订房屋转让居间协议，在杭州房产管理局自助签约平台就涉案房屋签订房屋买卖合同。我爱我家公司认为陈某、叶某、曹某、施某的"跳单"行为侵害了自己利益，遂将四人诉至法院，要求四人基于缔约过失责任承担损失赔偿。[1]

2. 判决结果

法院经审理后，判决原告主张的缔约过失责任不能成立，叶某、陈某于从判决生效之日起 10 日内支付杭州我爱我家房地产经纪有限公司必要费用 2000 元。

3. 涉案问题

陈某、叶某、曹某、施某"跳过"我爱我家公司的行为是否违反了先合同义务？

4. 案例研析

缔约过失责任是当事人在订立合同过程中，违反依据诚信原则产生的协助、通知、照顾、保护、忠实、保密等先合同义务，而向因此受到损失的对方当事人承担的一种民事责任。该责任不同于合同生效后产生的违约责任。根据《民法典》第 500 条、第 501 条的规定，违反先合同义务的情形有恶意磋商、欺诈、违反保密义务，以及其他有违诚信原则的行为等。本案中，原告我爱我家公司承认被告曹某、施某与其就涉案房屋的出售并无独家代理关系，被告曹某、施某亦通过其他中介机构、互联网平台发布涉案房源信息，被告陈某、叶某了解涉案房源信息的渠道也是包括原告在内的多家中介机构，

---

[1] 本案例根据 2019 年浙江省杭州市萧山区（市）人民法院民事判决书［2021］浙 0109 民初 16735 号整理而成。

可见，四被告能够通过其他公众可以获知的正当途径获得涉案房源可能的交易信息，四被告据此在不同中介公司提供的服务之间进行比较、选择，没有泄露或不当使用其知悉的应当保密的信息，不违反诚信原则。被告叶某、陈某与原告因中介服务费价格问题未达成一致，但从四被告最终达成涉案房屋买卖合同这一事实看，四被告的出售和购买涉案房屋的意愿是真实存在的，其与原告的接触过程均不存在恶意磋商或欺诈行为。综上，原告主张的缔约过失责任不能成立。针对原告主张的四被告因中介费的原因私自跳过原告，利用原告提供的信息自行交易，即四被告存在"跳单"行为的问题，法院认为，如前所述，四被告达成交易，是通过其他公众可以获知的正当途径获得的案涉房源交易信息，而非依靠原告提供的信息、机会等条件，不构成绕开中介人的"跳单"行为。但原告毕竟为被告陈某、叶某提供了房屋带看、价格磋商、草拟购房意向合同等服务，由此会产生必要的费用支出，对此可以要求获得其服务的被告陈某、叶某支付。结合原告付出的有别于其他中介人的服务内容，法院酌情确定被告陈某、叶某向原告支付相关必要费用2000元。原告对被告施某、曹某的主张无事实和法律依据，法院不予支持。综上，原告诉讼请求中合理的部分，于法有据，予以支持。

案中的跳单亦称为"跳中介"，一般指买受人或出卖人已经与中介签署了预售确认书、委托求购协议或出卖协议等书面协议，中介已经按照协议履行了提供独家资源信息并促使买卖双方见面洽谈等促进交易的义务，而买卖一方或双方为了规避或减少按照协议约定履行向中介交付中介费的义务，跳过中介私自签订买卖合同的行为。不是所有"跳"过中介人的行为都构成"跳单"。根据《民法典》第965条规定[1]，买房"跳单"行为的构成有三：其一，委托人接受了中介人的服务。委托人接受了中介人提供的服务即双方签订了书面协议，或在没有书面协议的情况下，介绍委托人与房屋所有权人见面、带看房、协助双方协商等。其二，利用中介提供的交易机会或者媒介服务促成缔约。中介人提供的中介服务与委托人最终与第三人签订合同，之间存在因果关系。其三，绕开中介直接订立合同。委托人在接受了中介人提供的服务后，"跳"开中介人，直接与第三人签订合同，或者通过其他中介人与第

---

[1]　《民法典》第965条："委托人在接受中介的服务后，利用中介人提供的交易机会或者媒介服务，绕开中介人直接订立合同的，应当向中介人支付报酬。"

三人签订合同。因此，并非所有跳过中介与卖方订立合同的行为都是违约的，衡量买方是否"跳单"违约的关键，是看买方是否利用了该中介公司提供的交易信息、机会等条件。本案中，原告我爱我家公司与被告曹某、施某与其就案涉房屋的出售并无独家代理关系。四被告能够通过其他公众可以获知的正当途径获得涉案房源可能的交易信息，房屋买卖合同成立。因此，四被告并没有利用案中我爱我家公司的发布的涉房源信息，双方不成立合同关系，故不构成违约，不需要支付违约金。

（二）本案例课程思政元素分析

1. 制度规范

设立缔约过失责任制度，目的在于保护处于缔约过程中的当事人的合理的信赖利益。在缔约阶段，当事人已由原来的一般关系进入特殊的信赖关系。基于该信赖关系，双方当事人都为成立乃至履行合同做了程度不同的准备工作，建立了比普通社会成员之间更为密切的联系，因而任何一方都容易给对方造成损害。为了使当事人都更加审慎地缔约，法律对他们课加较高的注意要求，要求当事人相互之间承担协助、互相照顾、互通情况、保护对方等义务。缔约过失责任制度的出现主要是基于合同法和侵权责任法功能上的欠缺，因为仅靠它不能周到地保护缔约人。

2. 价值引领

缔约过失责任制度是法律对合理的信赖利益进行保护。缔约过失责任制度的基础在于诚实信用原则，这一原则同时也是法律对信赖利益进行保护的基础。该制度的设立不仅完善了交易规则，而且有助于维护诚实信用原则。通过案例分析使法科生认识到，民法之所以将诚实信用原则作为基本原则是为了填补法律的漏洞和合同的漏洞。若不将"诚信"这一重要价值贯穿于民法，公平正义也将难以实现。引导法科生重视契约精神，做到诚实守信，遵法守纪，追求平等、公平和正义。

二、违约责任

（一）典型案例

1. 案例介绍

2017年9月18日，庞某运向银赞公司南京分公司申请分36期租赁车辆。2017年9月25日，银赞公司南京分公司购买涉案车辆。2017年9月25日，银赞公司（甲方）与庞某运（乙方）签订《车辆租赁合同》，约定由甲方根据乙方要求出资购买涉案车辆并且出租给乙方，车辆总价为 282 500 元，租赁期自 2017 年 9 月 25 日至 2020 年 10 月 24 日止，每月租金 10 725 元。乙方未按期支付租金的，甲方可以要求乙方支付全部租金，也可以解除合同，收回租赁车辆，但甲方选择解除本租赁合同的，甲方仍有权要求乙方支付甲方收回租赁车辆之前的全部租金和本合同约定的违约金、滞纳金。乙方足额支付租赁车辆所有租金费用和因本租赁事项产生的全部相关费用之后，租赁车辆的所有权归乙方，双方应配合办理过户手续，过户费用由乙方承担。乙方应在签订本合同当日向甲方支付车辆总价值的 10% 作为保证金，如乙方在租赁期间没有违约，也没有违章违规行为或有违章违规行为但及时处理完毕的，则在租赁期限届满后 30 个工作日内向乙方无息退还，如乙方违约或违章违规的，则甲方有权没收；乙方未按本合同约定支付租金的，按照当月租金 100% 的标准向甲方支付违约金；涉案车辆所有权登记在银赞公司南京分公司名下。银赞公司南京分公司将车辆及行驶证等资料交付给庞某运。

2019 年 3 月 21 日开始乙方出现逾期支付租金，已支付 17 期租金共计 182 325 元。2020 年 6 月 15 日，甲方支付涉案车辆维修费 45 896 元后取回车辆。2020 年 7 月，甲方出售涉案车辆，卖得 98 000 元。甲方支付车辆违章处理款合计 9510 元。2020 年 7 月 8 日，广州银赞汽车租赁服务有限公司就庞某运的违约行为向法院提起诉讼。请求法院解除合同，判令被告向原告支付租金 155 155 元，判令被告承担原告因案外人处取回车辆支付的 45 896 元。[1]

2. 判决结果

人民法院审理后，依照《合同法》（当时有效，下同）第 94 条第 3 项、第 97 条，《民法典》第 566 条第 2 款，《民事诉讼法》第 170 条第 1 款第 2 项规定，作出如下判决：(1) 确认原告与被告签订的《车辆租赁合同》于 2020 年 7 月 29 日解除。(2) 被告向原告支付租金 155 155 元。(3) 被告向原告支付 45 896 元车辆维修费。但原告出售本案租赁车辆所得款 98 000 元应当用于抵扣本判决第 2 项中的应付租金，由被告在履行第 2 项判决内容时予以抵销。

---

[1]　本案例根据 2021 年广东省广州市中级人民法院民事判决书［2021］粤 01 民终 12166 号整理而成。

3. 涉案问题

庞某运逾期支付租金的行为是否构成违约，银赞公司是否可以基于此行为解除合同和要求庞某运承担赔偿损失？合同解除后，银赞公司能否主张庞某运承担违约责任？

4. 案例研析

关于本案的法律适用。最高人民法院《关于适用〈中华人民共和国民法典〉时间效力的若干规定》第 1 条第 2 款规定："民法典施行前的法律事实引起的民事纠纷案件，适用当时的法律、司法解释的规定，但是法律、司法解释另有规定的除外。"本案涉及的法律事实发生于 2017 年至 2020 年期间，依上述司法解释规定，应当适用当时有效的法律、司法解释规定，故本案应当依《合同法》确定银赞公司是否享有合同解除权。

关于解除合同的处理。庞某运没有依约支付从 18 期开始的租金，不履行主要合同义务，已构成重大违约，依《合同法》第 94 条 [1] 的规定，银赞公司可以行使解除权。再依《合同法》第 97 条 [2] 的规定，合同解除后，银赞公司有权要求赔偿损失，故其可以再依双方合同的约定计算损失，即从庞某运逾期支付租金当期（2019 年 3 月 21 日）起至车辆收回（2020 年 6 月 15 日）前的租金共计 155 155 元。

但是，违约一方损失赔偿之负担应当遵循损失填补原则。根据我国《合同法》第 113 条第 1 款 [3] 规定，银赞公司主张损失赔偿金额不能超过合同正常履行后可以获得的收益。根据双方合同约定，《车辆租赁合同》约定乙方选定购买的车辆总价值为 282 500 元，庞某运应付租金分 36 期归还，每期租金为 10 725 元，如果合同正常履行完毕，银赞公司可获得的总金额为 386 100 元。因此，银赞公司主张的车辆收回前所得租金与违约造成的损失赔偿金额

---

〔1〕《合同法》第 94 条："有下列情形之一的，当事人可以解除合同：（一）因不可抗力致使不能实现合同目的；（二）在履行期限届满之前，当事人一方明确表示或者以自己的行为表明不履行主要债务；（三）当事人一方迟延履行主要债务，经催告后在合理期限内仍未履行；（四）当事人一方迟延履行债务或者有其他违约行为致使不能实现合同目的；（五）法律规定的其他情形。"

〔2〕《合同法》第 97 条："合同解除后，尚未履行的，终止履行；已经履行的，根据履行情况和合同性质，当事人可以要求恢复原状、采取其他补救措施，并有权要求赔偿损失。"

〔3〕《合同法》第 113 条："当事人一方不履行合同义务或者履行合同义务不符合约定，给对方造成损失的，损失赔偿额应当相当于因违约所造成的损失，包括合同履行后可以获得的利益，但不得超过违反合同一方订立合同时预见到或者应当预见到的因违反合同可能造成的损失。"

之和不得超过该金额上限。

本案租赁合同之解除，是因庞某运不履行合同主要义务而使银赞公司得以行使法定解除权。合同解除后，银赞公司可以要求对方赔偿解除合同造成的租金损失。但是，银赞公司诉讼请求的部分款项包含违约责任（车辆维修款项和保证金没收），对于合同解除权人是否可以一并主张违约责任，在《合同法》当中并没有规定，但是，2021 年 1 月 1 日起施行的《民法典》第 566条第 2 款规定："合同因违约解除的，解除权人可以请求违约方承担违约责任，但是当事人另有约定的除外。"最高人民法院《关于适用〈中华人民共和国民法典〉时间效力的若干规定》第 3 条规定："民法典施行前的法律事实引起的民事纠纷案件，当时的法律、司法解释没有规定而民法典有规定的，可以适用民法典的规定……"据此，本案对银赞公司诉讼请求包含的违约责任款项可以一并处理。

在合同解除后，银赞公司的损失赔偿金额及应调整的违约责任金额构成如下：（1）现银赞公司承认庞某运已支付前 17 期的租金 182 325 元，银赞公司于 2020 年 6 月 15 日取回车辆，并于 2020 年 7 月 8 日起诉主张解除合同，其计得从逾期支付租金至收回车辆之日止，剩余未付租金为 155 155 元。以上共计租金金额为 337 480 元。（2）银赞公司收回车辆后，对车辆进行维修支付 45 896 元，该费用为车辆在庞某运使用期间毁损修复费用，应由庞某运负担。（3）庞某运在订立合同时按车辆总价值 10% 支付了一笔保证金 28 250元，依合同约定，在违约时由甲方银赞公司没收，以承担违约责任，故银赞公司主张该笔保证金不予返还，符合合同约定。（4）但是，银赞公司提前收回车辆后，另行出售获购车款 98 000 元。依合同原来之约定，在甲方收齐全部租金款项后，车辆所有权转移给乙方的，现银赞公司提前收回车辆，并出售获利。依公平原则及损失填补原则，该购车款应当用于填补银赞公司租金损失，即用于抵扣庞某运应付租金。

（二）本案例课程思政元素分析

1. 制度规范

严守合同是《民法典》的基础价值。依法成立的合同，对当事人各方均具有严格的法律约束力。通过设置违约责任规则，明确合同各方违约后应承担的法律责任，为切实解决现实中存在的合同纠纷提供了裁判依据并有利于督促各方当事人严守合同。否则，商业市场中的交易主体就会因交易失败，自己将要承担事前难以预料的巨大风险而不敢进行交易。合同的全面履行，合同的目的得以实现，当事人因此获得利益，而违反合同义务势必阻碍合同目的的实现，对此需要法律的救济，违约责任即是合同的救济方式。违约责任是指当事人不履行合同义务或者履行合同义务不符合约定时所承担的法律后果。关于赔偿范围《民法典》贯穿的完全赔偿原则，赔偿额应当相当于因违约所造成的损失，包括合同履行后可以获得的利益，但不得超过违约一方订立合同时预见到或者应当预见到的因违约可能造成的损失。也就是说，通过赔偿损失，使受害人处于如同合同已经履行的状态。违约责任制度虽然是在合同目的无法正常实现的情况下的补救，但其对促进合同目的实现和督促当事人履行义务具有重要意义。

2. 价值引领

违约责任体现了有约必守，违约有责的原则。合同担保、保全等制度是从正面确保合同的履行，违约责任制度是从反面来实现这一功能的。当事人应当依据合同全面、适当地履行自己所负担的义务。依据合同全面而诚实地履约是公民基本的法律素养。通过案例分析使法科生了解违约责任制度，树立依法承担责任的观念。引导法科生认同社会主义信用体系建设，自觉践行社会主义核心价值观，秉持契约精神，推动全社会形成守约践诺的法治风尚。

第五节　民法学人格权编课程思政案例研究[1]

一、肖像权及肖像使用行为

（一）典型案例

1. 案例介绍

原告周某驰因与被告中建荣真无锡建材科技有限公司（以下简称"中建公司"）发生肖像权、姓名权纠纷，向上海市第一中级人民法院提起诉讼。原告周某驰诉称：2017 年 1 月，原告周某驰根据影迷反映，被告中建公司在其官

─────────────

〔1〕 杜晋川，四川乡城人，四川民族学院法学院助教，法学硕士，主要讲授"债权法"。该部分为四川省第三批省级课程思政示范课程项目《民法总论》成果、四川民族学院 2020 年度校级课程思政示范课程项目《民法总论》（基金号：Szkcsfkc202001）成果、四川民族学院 2021—2022 年度校级一流本科课程《民法分论》成果。

网上最醒目位置发布"城市森林携手'星爷'一起见证生态墙板真功夫"的宣传广告。该宣传广告与"整屋快装，省心、省工、省时、省力，7 天毛坯变豪宅"，以及"大中华区品牌招商，一城仅限一家代理，全国火热开抢中"这两个分别针对消费者及代理商的宣传广告滚动显示。同时，原告又发现被告在"创业邦"网站也发布了"城市森林集成墙饰携手喜剧之王周某驰一起见证生态墙板真功夫"的宣传广告，并在原告的照片旁注明"华语喜剧演员、导演、编剧、监制、制片人、出品人代表作：《功夫》"。原告在 2017 年 1 月 13 日向被告发出了律师函，要求被告停止侵害、恢复名誉、消除影响、赔礼道歉。2017 年 9 月，原告朋友在虹桥火车站发现了《旅伴》杂志（2017 年第 2 期，总第 243 期）。该期的广告页上发布了"城市森林，全生态整屋快装，把森林搬回家"的宣传广告，在该广告最醒目位置展示"《功夫》主演周某驰携手城市森林环保产业"及"代表作：《功夫》《长江七号》《大话西游》《少林足球》《美人鱼》等，周某驰是华语影坛标志性人物之一，从他无厘头的喜剧表演方式中，观众往往能感受到喜剧背后揭示的一些深刻道理。其导演的《美人鱼》将环保话题推向大众视野，这也与城市森林'生态环保'的初衷不谋而合。"被告在官网、创业邦网站以及在《旅伴》杂志发布的宣传广告，均使用了原告的肖像，用于招揽生意，侵犯了原告的肖像权。综上所述，被告以营利为目的，未经原告同意利用其姓名及肖像做广告，侵犯了原告的姓名权和肖像权。

被告中建公司辩称：认可原告周某驰主张的事实并表示，公司确实未经原告同意利用其肖像做广告，但被告不确认对周某驰姓名权构成侵犯，由法院依法审查该事实。被告已经停止在官网使用原告肖像，同意在官网就原告的肖像权侵权发表致歉声明，持续时间由法院依法审查。原告主张的赔偿损失金额过高，一般情况下，法院在 50 万元范围内决定赔偿数额，希望法院依法审查原告主张的损失赔偿。[1]

2. 判决结果

（1）被告中建公司应于本判决生效之日起 10 日内赔偿原告周某驰人民币 580 000 元（其中包括合理费用支出人民币 80 000 元）。

（2）被告中建公司应于本判决生效之日起 10 日内在其官网和《旅伴》杂志上分别刊发一则致歉声明，持续时间为 30 天（刊登版面和内容须经法院核

─────────────

〔1〕　案件来源：上海市第一中级人民法院〔2017〕沪 01 民初 1211 号。

准），如逾期不履行或履行不符合本判决要求的，法院将在全国公开发行的刊物上登载本判决的主要内容，有关费用由被告中建公司负担。

（3）驳回原告周某驰的其他诉讼请求。

3. 涉案问题

被告中建公司的行为是否对原告周某驰肖像权、姓名权构成侵权；如果构成侵权，被告应当承担何种侵权责任。

4. 案例研析

被告中建公司的行为是否构成侵权？

首先，肖像权是自然人对自己的肖像依法享有利益并排斥他人侵害的权利，是自然人人格权的重要组成部分。《民法典》第 110 条规定，公民享有肖像权，未经本人同意，不得以营利为目的擅自使用公民的肖像。最高人民法院《关于贯彻执行〈中华人民共和国民法通则〉若干问题的意见（试行）》（已失效）第 139 条规定，以营利为目的，未经公民同意利用其肖像做广告、商标、装饰橱窗等，应当认定为侵犯公民肖像权的行为。原告周某驰享有的肖像权受法律保护，非经周某驰本人允许，任何人不得以营利为目的使用其肖像。被告分别在其官方网站、创业邦网站、《旅伴》杂志上使用原告周某驰的肖像，该行为构成了对原告肖像权的侵犯。其次，《民法通则》（已失效）第 99 条规定，公民享有姓名权，有权决定、使用和依照规定改变自己的姓名，禁止他人干涉、盗用、假冒。最高人民法院《关于贯彻执行〈中华人民共和国民法通则〉若干问题的意见（试行）》（已失效）第 141 条规定，盗用、假冒他人姓名、名称造成损害的，应当认定为侵犯姓名权、名称权的行为。姓名权的客体包括全名，以及其他能够与特定自然人建立对应关系的主体识别符号，例如笔名、艺名、雅号等。被告在涉案广告上盗用原告姓名和艺名的行为构成了对原告姓名权的侵犯。最后，被告未能举证证明获得原告肖像权或姓名权的使用许可，其以营利为目的，在网站、杂志的宣传广告上使用原告的肖像和姓名（艺名），且突出显示，构成对原告肖像权和姓名权的侵犯。

（二）本案例课程思政元素分析

1. 制度规范

肖像权是自然人对自己的肖像制作、使用、公开或者许可他人使用，以及对肖像所体现的精神利益和财产利益为内容所享有的具体人格权。

《民法典》第 1018 条规定自然人享有肖像权，有权依法制作、使用、公开或者许可他人使用自己的肖像。

肖像是通过影像、雕塑、绘画等方式在一定载体上所反映的特定自然人可以被识别的外部形象。

《民法典》第 1019 条规定任何组织或者个人不得以丑化、污损，或者利用信息技术手段伪造等方式侵害他人的肖像权。未经肖像权人同意，不得制作、使用、公开肖像权人的肖像，但是法律另有规定的除外。

未经肖像权人同意，肖像作品权利人不得以发表、复制、发行、出租、展览等方式使用或者公开肖像权人的肖像。

2. 价值引领

通过讲授肖像权及肖像使用行为的合理边界引导法科生理解无边界的自由不是自由。结合案例阐释无边界的自由不是自由，民事主体基于自由意志从事民事活动不能突破法律与公序良俗的边界，引导法科生在生活，尤其是在法律工作当中，要以身作则，恪守职业伦理，行使权利无悖法律与公序良俗，并积极引导全社会形成遵法守德、无害他人的自由观。

注重培养当代大学生逻辑推理、价值判断和责任分配的思维方式，形成独特的法治思维，才能在纷繁复杂的法治实践中解决法律纠纷，经济法学教育与思政教育完美结合后，可以更好地培养法科生的证据思维、规范思维、权利思维、程序思维、利益思维等，既达到法学教育的目标，又达到课程思政育人的目标。

二、个人信息保护

（一）典型案例

1. 案例介绍

2020 年 4 月，田某用手机号码在 58 同城注册账号，并绑定其 163 邮箱。后田某在 58 同城发布虚假兼职信息，有兼职意向的求职者向田某的 163 邮箱投递个人简历（内容包含姓名、电话号码、年龄、性别、地区等信息）。2020 年 5 月至 6 月，田某明知案外人购买个人简历系用于非法用途，仍在收到求职者个人简历后，以每条 0.2 元至 1.8 元不等的价格，多次向案外人出售两万余条。案外人以微信、支付宝转账方式向田某支付 9512.7 元。

常州市人民检察院在履行职务中发现田某非法收集、买卖自然人的个人信息，可能造成不特定多数人的个人信息泄露，侵害众多个人的权益，依法向常州市中级人民法院提起民事公益诉讼。[1]

2. 判决结果

常州市中级人民法院经审理认为，自然人的个人信息受法律保护，任何组织、个人不得侵害自然人的个人信息权益。任何组织或者个人需要获取他人个人信息的，应当依法取得并确保信息安全，不得非法收集、使用、加工、传输他人个人信息，不得非法买卖、提供或者公开他人个人信息。本案中，被告人田某非法收集、买卖自然人的个人信息，使不特定自然人的个人信息安全处于潜在的风险，对不特定多数自然人的精神造成损害，亦使社会公共利益受损。遂于2021年11月1日作出一审判决，判决被告田某在国家级新闻媒体上向社会公众进行书面道歉，并赔偿损失9512.7元。

3. 涉案问题

被告人田某非法收集、买卖自然人的个人信息是属于侵害不特定的多数人的隐私权还是个人信息权？

4. 案例研析

近年来，随着信息化与经济社会持续深度融合，网络已成为生产生活的新空间、经济发展的新引擎、交流合作的新纽带，与此同时，也滋生了为谋取经济利益，随意收集、违法获取、过度使用、非法买卖个人信息的现象。《个人信息保护法》的颁行是我国个人信息保护立法领域的里程碑，本案系《个人信息保护法》正式实施后，江苏省宣判的首例个人信息保护民事公益诉讼。常州中院以审理该案为契机，会同市检察院、市委网信办联合签署了《关于在检察公益诉讼中加强协作配合依法保护个人信息安全的意见》，建立公益诉讼案件线索移送、交流会商和研判机制、信息共享机制、赔偿资金专项管理等机制，充分发挥法院审判职能、检察院法律监督职能、网信办行政监管职能，合力建立长效机制，织密个人信息保护网，筑牢司法保护屏障。

（二）本案例课程思政元素分析

1. 制度规范

个人信息权是指信息主体对自己的个人信息所享有的进行支配并排除他人非法利用的权利，它是一种积极的人格权。个人信息权主要包括如下内容：信息控制权、信息利用权、信息知情权、信息收益权、信息完整权、安全维

---

[1] 江苏省常州市中级人民法院发布的2021年度十大典型案例之二。

护请求权。个人信息保护应遵循如下原则：合法性原则、目的正当原则、必要性原则、知情同意原则、信息安全原则。

《民法典》第 1034 条规定自然人的个人信息受法律保护。

个人信息是以电子或者其他方式记录的能够单独或者与其他信息结合识别特定自然人的各种信息，包括自然人的姓名、出生日期、身份证件号码、生物识别信息、住址、电话号码、电子邮箱、健康信息、行踪信息等。

个人信息中的私密信息，适用有关隐私权的规定；没有规定的，适用有关个人信息保护的规定。

《个人信息保护法》第 2 条规定，自然人的个人信息受法律保护，任何组织、个人不得侵害自然人的个人信息权益。

2. 价值引领

通过讲授个人信息保护引导法科生遵守与维护网络空间的法律秩序，结合材料阐释网络不是法外之地，网络空间法律秩序需要从法律与道德两方面进行维护。引导法科生培养明辨是非、理性思考的能力，保持对法律的敬畏之心，自觉遵守并维护网络空间的法律秩序。同时，引导法科生理解我国以人民为中心的发展思想，阐释个人信息权作为人格权的重要意义，引导法科生以身作则，以更高的道德要求要求自己，形成遵法守德，无害他人的自由观。

三、生命权

（一）典型案例

1. 案例介绍

2020 年 6 月 13 日下午，67 岁的谷某在南通市崇川区辉田日用品超市（以下简称"辉田超市"）购物时，口袋里放了两只鸡蛋未结账便欲离开，因被超市员工发现并拦下询问，谷某便返回超市内。但在将两只鸡蛋悄悄放回超市置物柜后，谷某却突然倒地。超市员工立即拨打 110 报警，亦有群众对谷某进行心肺复苏。救护人员及时赶到超市进行急救，并将谷某送至南通市中医院抢救。谷某后因抢救无效于当天死亡，死亡原因推断为心肌梗死。谷某某、杜某系谷某亲属，提起诉讼要求辉田超市对谷某的死亡后果承担50% 赔偿责任，共计 381 742 元。[1]

---

〔1〕　江苏省高级人民法院发布的 2021 年度十大典型案例之五：谷某某等人诉辉田超市生命权纠纷案。

2. 判决结果

南通市崇川区人民法院于 2020 年 12 月 8 日作出〔2020〕苏 0602 民初 3758 号民事判决，驳回了原告谷某某、杜某的诉讼请求。谷某某、杜某不服，提起上诉。

南通市中级人民法院二审认为，辉田超市作为谷某不当行为的直接利益方，其员工的劝阻方式和内容均在合理限度之内，不具有违法性，应认定为合法的自助行为。谷某倒地具有突发性，超市员工难以对其身体状况进行判断，且已经及时处理并施救，超市尽到了安全保障义务。据此，南通市中级人民法院于 2021 年 3 月 25 日作出〔2021〕苏 06 民终 189 号民事判决：驳回上诉，维持原判。

3. 涉案问题

辉田超市作为谷某某不当行为的直接利益方，其与谷某的死亡之间是否存在因果关系？

4. 案例研析

司法实践中，受害者遭受人身伤害甚至丧失生命等严重后果的，即使相对方没有违法行为，部分裁判也会从照顾弱者、缓和矛盾的角度出发，酌定相对方补偿受害者，但这类裁判在效果上往往存在较大争议。

本案旗帜鲜明地宣示，公平责任不应成为"和稀泥"的法律依据，任何人都不能将自身应承担的风险转嫁他人，不是所有损害都应由他人来赔偿填补，损害发生如果不具有法定原因，不能要求他人承担侵权赔偿责任。本案从平衡权益保护和行为自由的角度，重申了杜绝结果责任主义的价值导向，符合民法典有关公平责任的规定精神。

本案二审庭审经中央电视台等 40 余家媒体、平台直播，1300 万网友在线观看，得到广大媒体和社会公众的广泛关注。人民法院通过本案裁判，大力弘扬社会主义核心价值观，引导公众采取合法、适度的方式维护自身权益，引领了诚信、友善、文明的社会风尚。

（二）本案例课程思政元素分析

1. 制度规范

生命权是以自然人的生命安全利益为内容的人格权，生命权是最高的法益，它具有优先于其他人格权的效力。生命权包括以下内容：生命享有权、生命维护权以及有限支配生命利益的权利。

《宪法》第 33 条第 3 款规定国家尊重和保障人权。而人权的内容首先包含就生命权在内。

《民法典》第 1002 条规定自然人享有生命权。自然人的生命安全和生命尊严受法律保护。任何组织或者个人不得侵害他人的生命权。

2. 价值引领

通过讲授生命权引导法科生珍爱生命，珍惜周围的人和事，加强法科生的理想信念教育，深入开展社会主义核心价值观和社会主义法治理念教育。引导法科生扎根中国大地了解国情民情，在创新创业中增长智慧才干，在艰苦奋斗中锤炼意志品质，在亿万人民为实现中国梦而进行的伟大奋斗中实现人生价值。在实现人生价值的过程中确保做到忠于党、忠于国家、忠于人民、忠于法律。中国梦是国家的梦、民族的梦，也是包括广大青年在内的每个中国人的梦。"得其大者可以兼其小。"只有把人生理想融入国家和民族的大事中，才能最终成就一番事业。

第六节　民法学婚姻家庭与继承编课程思政案例研究[1]

一、离婚经济补偿

（一）典型案例

1. 案情介绍

梁某乐、李某芳于 2017 年通过相亲认识，经自由恋爱后于同年 11 月登记结婚，并于 2018 年 10 月生育女儿小欣。双方婚后因生活琐事经常发生矛盾，李某芳于 2021 年 4 月带女儿回到其母亲家中居住，双方开始分居。梁某乐认为夫妻双方感情已经破裂，遂诉至法院，请求判决双方离婚，女儿归梁某乐抚养。在审理过程中，李某芳表示同意离婚，请求法院判决女儿由其抚养，并提出因怀孕和照顾年幼的孩子，其婚后一直没有工作，要求梁某乐向

---

〔1〕　杨婷，四川达州人，四川民族学院法学院助理实验师，法律硕士，主要讲授"教育法学"。该部分为四川省第三批省级课程思政示范课程项目《民法总论》成果、四川民族学院 2020 年度校级课程思政示范课程项目《民法总论》（基金号：Szkcsfkc202001）成果、四川民族学院 2021—2022 年度校级一流本科课程《民法分论》成果。

其支付家务补偿款 2 万元。[1]

2. 判决结果

法院判决准予双方离婚；女儿由李某芳直接抚养，梁某乐每月支付抚养费 1000 元，享有探望权；梁某乐一次性支付给李某芳家务补偿款 1 万元。

3. 涉案问题

夫妻一方因负担家庭较多义务，离婚时是否有权请求经济补偿。

4. 案例研析

梁某乐和李某芳经自愿登记结婚并生育女儿，有一定的夫妻感情，但在婚姻关系存续期间，未能相互包容、缺乏理性沟通，导致夫妻感情逐渐变淡。特别是发生争吵后，双方不能正确处理夫妻矛盾，导致分居至今，双方均同意离婚。经法院调解，双方感情确已破裂，没有和好的可能。依照《民法典》第 1088 条[2]关于家务劳动补偿制度的规定，李某芳在结婚前与母亲一起经营餐饮店，婚后因怀孕和抚育子女负担较多家庭义务未再继续工作而无经济收入，离婚时梁某乐应当给予适当经济补偿。结合双方婚姻关系存续的时间、已分居的时间及梁某乐的收入情况等因素，酌定经济补偿金额。

（二）本案例课程思政元素分析

1. 制度规范

离婚经济补偿在《民法典》第 1088 条的规定是遵循权利和义务对等的原则作出的。只有一方为婚姻共同体尽了较多义务，如抚育子女、照料老年人、协助另一方工作的情况下才可以向对方请求补偿。夫妻离婚时，一方承担较多家庭义务的，要求另一方给予经济补偿，应当由离婚的夫妻自行协商确定，这种协商可以在协议离婚时确定，也可以在诉讼离婚中确定。如果在协议离婚时双方达成了一致，则可以向婚姻登记部门提交。在诉讼离婚中，双方对离婚补偿达成一致意见，交由法院以调解书或者判决书的形式予以确认。如果双方达不成协议，人民法院则依据《民法典》第 1088 条的规定进行判决确定。

《民法典》打破了原《婚姻法》有关适用家务劳动补偿制度需满足夫妻

---

[1] 案例来源于广东省高级人民法院发布的八个贯彻实施民法典典型案例之八：梁某乐与李某芳离婚纠纷案。

[2]《民法典》第 1088 条："夫妻一方因抚育子女、照料老年人、协助另一方工作等负担较多义务的，离婚时有权向另一方请求补偿，另一方应当给予补偿。具体办法由双方协议；协议不成的，由人民法院判决。"

分别财产制的前提条件，从立法上确认了家务劳动的独立价值，为照顾家庭付出较多家务劳动的一方在离婚时请求家务补偿扫除了法律障碍。

2. 价值引领

"尊老爱幼、妻贤夫安"一直是中华民族的传统家庭美德，是流淌在中国人血脉中的，是家庭文明建设的宝贵精神财富。在传统中国式家庭中，由于女性长期承担着生育、赡养等家庭任务，需要做好"贤内助"工作，更有甚者需要牺牲个人生活和工作来协助男性的工作。因此一个特殊职业"家庭妇女"产生，料理好家庭事务便是其主要工作职责。当婚姻关系破裂时，"家庭妇女"因为没有独立的收入来源，没有足够的经济能力抚养子女，致使争取抚养权时亦欠缺优势。保护家庭妇女合法权益是新中国法治建设进程中维护家庭文明建设十分重要的一环，离婚时家庭妇女享有补偿请求权可有效保障其合法权益不受损害，同时也肯定了家务劳动的价值。

家务劳动的价值是否能与一般劳动价值对等，是夫妻双方应当思考的问题。首先应当肯定家务劳动并不是无价值的，无论是哪一方承担家务劳动都应当得到社会的平等对待。其次推动全社会性别平等，不将"家庭妇女""家庭妇男"视为无业群体，尊重其在家庭生活中承担的角色，尊重其在家庭生活中的付出。最后村委会、居委会作为基层群众自治组织在调解家庭矛盾纠纷时应当在尊重夫妻双方的前提下开展工作，婚姻登记部门、法院应当做到不戴有色眼镜看待大妻任何一方而夫开展调解、诉讼等工作。

习近平总书记曾指出"家庭是人生的第一个课堂"。时代的变化、经济的发展都不会改变家庭的社会功能，都不容忽视家庭的文明作用。"家是最小国、国是千万家"，重视家庭文明建设，让千万家成为国家发展、民族进步、社会和谐的基石。家庭稳定是社会稳定的组成部分，推进家务劳动补偿制度落实对保障维护社会稳定具有重要积极意义。

二、法定继承

（一）典型案例

1. 案情介绍

被继承人苏某泉于 2018 年 3 月死亡，其父母和妻子均先于其死亡，生前未生育和收养子女。苏某泉的姐姐苏某乙先于苏某泉死亡，苏某泉无其他兄弟姐妹。苏某甲系苏某乙的养女。李某田是苏某泉堂姐的儿子，李某禾是李某田的儿子。李某田与苏某泉长期共同居住，苏某泉生病在护理院期间的事宜由李某田负责处理，费用由李某田代为支付，苏某泉的丧葬事宜也由李某田操办。苏某泉生前未立遗嘱，也未立遗赠扶养协议。上海市徐汇区华泾路某弄某号某室房屋的登记权利人为苏某泉、李某禾共同共有。苏某泉的梅花牌手表一块及钻戒一枚由李某田保管。苏某甲起诉请求，依法继承系争房屋中属于被继承人苏某泉的产权份额，及梅花牌手表一块和钻戒一枚。[1]

2. 判决结果

生效裁判认为，当事人一致确认苏某泉生前未立遗嘱，也未立遗赠扶养协议，故苏某泉的遗产应由其继承人按照法定继承办理。对于苏某泉名下系争房屋的产权份额和梅花牌手表一块及钻戒一枚，法院考虑到有利于生产生活、便于执行的原则，判归李某田所有并由李某田向苏某甲给付房屋折价款人民币60万元。

3. 涉案问题

承担较多扶养义务的继承人是否可以继承较多份额遗产。

4. 案例研析

被继承人苏某泉于《民法典》施行前已经死亡，但遗产还未处理完毕。苏某甲系苏某泉姐姐苏某乙的养子女，在苏某乙先于苏某泉死亡且苏某泉的遗产无人继承又无人受遗赠的情况下，根据最高人民法院《关于适用〈中华人民共和国民法典〉时间效力的若干规定》（本节以下简称《时间效力规定》）第14条[2]，适用《民法典》第1128条第2款和第3款的规定[3]，苏某甲有权作为苏某泉的法定继承人继承苏某泉的遗产。另外，本案中李某田与苏某泉长期共同居住，苏某泉生病在护理院期间的事宜由李某田负责处理，费用由李某田代为支付，苏某泉的丧葬事宜也由李某田操办，相较苏某甲，李某田对苏某泉尽了更多的扶养义务，故李某田作为继承人以外对被继

---

〔1〕参见［2021］沪0104民初8393号判决书。此案为最高人民法院发布13件人民法院贯彻实施民法典典型案例。

〔2〕《时间效力规定》第14条："被继承人在民法典施行前死亡，遗产无人继承又无人受遗赠，其兄弟姐妹的子女请求代位继承的，适用民法典第一千一百二十八条第二款和第三款的规定，但是遗产已经在民法典施行前处理完毕的除外。"

〔3〕《民法典》第1128条第2、3款："被继承人的子女先于被继承人死亡的，由被继承人的子女的直系晚辈血亲代位继承。被继承人的兄弟姐妹先于被继承人死亡的，由被继承人的兄弟姐妹的子女代位继承。代位继承人一般只能继承被代位继承人有权继承的遗产份额。"

承人扶养较多的人，可以分得适当遗产且可多于苏某甲。

（二）本案例课程思政元素分析

1. 制度规范

法定继承，又称为"无遗嘱继承"，是指继承人范围、继承顺序、继承份额等均由法律直接规定的继承方式。法定继承与遗嘱继承是继承制度中的两种继承方式，法定继承是遗嘱继承的补充，在既没有遗赠抚养协议又没有遗嘱的情况下，被继承人的遗产按照法定继承处理。

在法定继承中需要明确哪些人可以继承遗产，《民法典》第 1127 条第 1、2 款规定[1]，配偶、子女、父母是第一顺位继承人，兄弟姐妹、祖父母、外祖父母是第二顺位继承人。但继承编中对子女、父母、兄弟姐妹的界定范围比婚姻家庭编的规定更为宽泛：其一，子女。继承编规定"有扶养关系的继子女"，这里既包括继子女受继父母抚养的情形，也包括继子女赡养继父母的情形。其二，父母。继承编规定"有扶养关系的继父母"，这里既包括继父母抚养继子女的情形，也包括继父母被继子女赡养的情形。其三，兄弟姐妹。本编承认"有扶养关系的继兄弟姐妹"享有继承权，这既包括受被继承人生前扶养的继兄弟姐妹，也包括扶养被继承人的继兄弟姐妹。

2. 价值引领

"老有所依"是老年生活的美好期许，但是现今家庭中出现许多老无所依现象，子女对父母的赡养义务履行不到位，出现其他近亲属履行较多赡养、扶养义务。当被赡养人去世，为了保障血缘家族内部的财产流转稳定性，处理遗产时大部分人都是排外而愿意接受有血缘关系的亲属。本案是适用《民法典》关于侄甥代位继承制度的典型案例。侄甥代位继承系民法典新设立的制度，符合我国民间传统，有利于保障财产在血缘家族内部的流转，减少产生遗产无人继承的状况，同时促进亲属关系的发展，引导人们重视亲属亲情，从而减少家族矛盾、促进社会和谐。

对于遗产的分配份额问题，本案中，审理法院还适用了遗产的酌给制度，即对继承人以外的对被继承人扶养较多的人适当分给遗产。没有无义务的权

---

[1]《民法典》第 1127 条第 1、2 款："遗产按照下列顺序继承：（一）第一顺序：配偶、子女、父母；（二）第二顺序：兄弟姐妹、祖父母、外祖父母。继承开始后，由第一顺序继承人继承，第二顺序继承人不继承；没有第一顺序继承人继承的，由第二顺序继承人继承。"

利，也没有无权利的义务，承担较多扶养义务的继承人可以继承较多份额遗产就体现了权利义务相一致原则。《民法典》"继承编"通过规定承担较多扶养义务继承人是可以继承较多份额遗产的规定来肯定赡养老人是应当得到弘扬的中华传统美德，充分体现了社会主义核心价值观，要实现国家富强、民主、文明、和谐的价值目标需要每个公民做到爱国、敬业、诚信、友善。

我国是一个已经步入老龄化社会的国家，需要得到赡养保障的老人数量在不断增加，而适婚年龄的年轻人为减少家庭扶养负担，大部分都选择晚婚晚育，从而进一步加大了社会的老龄化程度。在现行社会巨大的经济压力下，赡养老人即使是一件让人加大生活压力的事情，但是家和才能万事兴，社会稳定离不开家庭和谐。百善孝为先，赡养老人不仅仅是一个家庭中子女应当尽到的义务，也不仅仅是近亲属应当承担的责任，还应当是需要得到重视的社会责任担当。

三、遗产管理人指定

（一）典型案例

1. 案情介绍

厦门市思明区某处房屋原业主为魏姜氏（19世纪生人）。魏姜氏育有三女一子，该四支继承人各自向下已经延嗣到第五代，但其中儿子一支无任何可查信息，幼女一支散落海外情况不明，仅长女和次女两支部分继承人居住在中国境内。因继承人无法穷尽查明，长女和次女两支继承人曾历经两代、长达10年的继承诉讼，仍未能顺利实现继承析产。《民法典》实施后，长女一支继承人以欧某士为代表提出，可由生活在中国境内的可查明信息的两支继承人共同管理祖宅；次女一支继承人则提出，遗产房屋不具有共同管理的条件，应由现实际居住在境内且别无住处的次女一支继承人中的陈某萍和陈某芬担任遗产管理人。[1]

2. 判决结果

法院判决指定陈某萍、陈某芬为魏姜氏房屋的遗产管理人。

3. 涉案问题

遗产管理有争议时应如何确定遗产管理人。

---

[1] 案例来源于最高人民法院发布的13件人民法院贯彻实施民法典典型案例。

4. 案例研析

生效裁判认为，魏姜氏遗产的多名继承人目前下落不明、信息不明，遗产房屋将在较长时间内不能明确所有权人，其管养维护责任可能长期无法得到有效落实，确有必要在析产分割条件成就前尽快依法确定管理责任人。而魏姜氏生前未留有遗嘱，未指定其遗嘱执行人或遗产管理人，在案各继承人之间就遗产管理问题又分歧巨大、未能协商达成一致意见，故当秉承最有利于遗产保护、管理、债权债务清理的原则，在综合考虑被继承人内心意愿、各继承人与被继承人亲疏远近关系、各继承人管理保护遗产的能力水平等方面因素，确定案涉遗产房屋的合适管理人。

次女魏某燕一支在魏姜氏生前尽到主要赡养义务，与产权人关系较为亲近，且历代长期居住在遗产房屋内并曾主持危房改造，与遗产房屋有更深的历史情感联系，对周边人居环境更为熟悉，更有实际能力履行管养维护职责，更有能力清理遗产上可能存在的债权债务；长女魏某静一支可查后人现均居住漳州市，客观上无法对房屋尽到充分、周到的管养维护责任。故，由魏某静一支继承人跨市管理案涉遗产房屋暂不具备客观条件；魏某燕一支继承人能够协商支持由陈某萍、陈某芬共同管理案涉遗产房屋，符合遗产效用最大化原则。

因此根据《民法典》第 1146 条规定[1]，指定陈某萍、陈某芬为魏姜氏房屋的遗产管理人。

（二）本案例课程思政元素分析

1. 制度规范

遗产管理人是在继承开始后遗产分割前，负责处理涉及遗产有关事务的人。《民法典》首次明确了遗产管理人制度，构建了遗产管理人制度框架，从遗产管理人的指定、主体、职责、民事责任及获得报酬的权利等内容进行了规定。本案中主要涉及遗产管理人的指定及职责相关制度规范。

根据《民法典》第 1145 条规定[2]，以下主体可以担任遗产管理人：

---

[1] 《民法典》第1146条："对遗产管理人的确定有争议的，利害关系人可以向人民法院申请指定遗产管理人。"

[2] 《民法典》第1145条："继承开始后，遗嘱执行人为遗产管理人；没有遗嘱执行人的，继承人应当及时推选遗产管理人；继承人未推选的，由继承人共同担任遗产管理人；没有继承人或者继承人均放弃继承的，由被继承人生前住所地的民政部门或者村民委员会担任遗产管理人。"

（1）遗嘱执行人；（2）由继承人推选的遗产管理人；（3）由继承人共同担任遗产管理人；（4）民政部门或者村民委员会。根据《民法典》第1147条规定，遗产管理人的职责主要包括以下几个方面：清理遗产并制作遗产清单；向继承人报告遗产情况；采取必要措施防止遗产毁损、灭失；处理被继承人的债权债务；按照遗嘱或者依照法律规定分割遗产以及实施与管理遗产有关的其他必要行为。因此在指定遗产管理人时需要充分考虑其履行能力，将能够更好履职的人指定为遗产管理人。

2. 价值引领

遗产作为自然人死亡时遗留的个人合法财产，依照法律规定和遗产性质有不得继承的遗产不得继承。遗产的妥善处理并非只是简单的财产性权益分割，牵涉一个血缘家族的财产流动，若处理不当将会影响一个家族内部的稳定性，从而影响社会稳定。《民法典》始终坚持以人为本的价值追求，在处理遗产时的规定也是如此，遗产管理人法律制度的确定有利于防止出现遗产无人管理、无人知晓的真空状态，同时能够确保遗产安全。

在遗产管理人的指定上，应当充分对比争当遗产管理人的继承人管理遗产的合理意愿、有利条件、能力水平及具体方案，结合实际，人性化考量遗产管理问题后选出最优方案。此举让遗产管理既能合理利用资源同时不造成遗产损坏、灭失，最大化地保留了遗产的有效价值，又保障了继承人、受遗赠人、债权人的合法权益，有利于化解继承纠纷，促进社会和谐，维护社会稳定。

我国侨乡涉侨房产因年代久远、继承人散落海外往往析产确权较为困难，存在管养维护责任长期处于搁置或争议状态的窘境，不少历史风貌建筑因而残破、价值贬损。本案中，审理法院巧用《民法典》新创设的遗产管理人法律制度，创造性地在可查明的继承人中引入管养遗产房屋方案"竞标"方式，让具有管养维护遗产房屋优势条件的部分继承人担任侨房遗产管理人，妥善解决了涉侨祖宅的管养维护问题，充分彰显了《民法典》以人为本、物尽其用的价值追求，为侨乡历史建筑的司法保护开创了一条全新路径。侨乡历史建筑得到有效保护同时也能保留我国历史建筑等一系列的文化遗产，为文化研究保留标本。

第七节　民法学侵权责任编案例研究[1]

一、好意同乘规则

（一）典型案例

1. 案例介绍

2019年3月29日，徐某驾驶非营运的小型汽车在某县建设西路与某大道交叉路口，与蒋某某驾驶的小型汽车发生碰撞，致两车损坏，沈某某受伤。事故发生时，沈某某无偿搭乘徐某驾驶的车辆。该事故经公安局交警部门认定：蒋某某、徐某负事故的同等责任，沈某某无责任。事故发生后，沈某某住院治疗18天，后经鉴定构成九级伤残。蒋某某驾驶的小型汽车在某保险公司投保了交强险和商业三者险100万元，事故发生在保险期限内。沈某某起诉请求判令徐某、蒋某某和某保险公司赔偿医疗费等各项费用369 477.34元。[2]

2. 判决结果

人民法院判决：某保险公司赔偿沈某某因该交通事故产生的各项损失合计116 559.99元，徐某按70%比例赔偿沈某某经济损失合计85 091.99元。

3. 涉案问题

其一，好意同乘期间驾驶员致同乘人损害，是否应减轻赔偿责任；其二，交通事故双方当事人是否应对同乘人承担连带责任。

4. 案例研析

本案涉及好意同乘时机动车交通事故的责任认定问题。蒋某某、徐某驾驶机动车发生交通事故，造成无偿搭载徐某车辆的沈某某受伤。该事故经公安局交警部门认定：蒋某某、徐某负事故的同等责任，沈某某无责任。本案的主要争议焦点有二：其一，是否应当减轻被告徐某的赔偿责任问题。本案是机动车之间发生的交通事故纠纷，蒋某某、徐某负事故的同等责任，沈某

---

[1]　武雪萍，河北张家口人，四川民族学院法学院讲师，法学硕士，主要讲授"民法学"。该部分为四川省第三批省级课程思政示范课程项目《民法总论》成果、四川民族学院2020年度校级课程思政示范课程项目《民法总论》（基金号：Szkcsfkc202001）成果。四川民族学院2021—2022年度校级一流本科课程《民法分论》成果。

[2]　本案例节选自最高人民法院公布的"第二批人民法院大力弘扬社会主义核心价值观典型民事案例"。

某无责任，蒋某某、徐某应向沈某某承担相应赔偿责任。因蒋某某驾驶的机动车在某保险公司投保了交强险及商业三者险100万元，故沈某某的损失由某保险公司首先在交强险保险合同约定的范围内予以赔偿。超出交强险部分根据蒋某某在交通事故中的责任由某保险公司在商业三者险合同约定的范围内按50%比例予以赔偿；徐某驾驶非营运机动车允许沈某某无偿搭乘同行，发生交通事故并造成沈某某受伤，徐某在事故中虽有责任，但与沈某某系好意搭乘关系，依法应当减轻其赔偿责任，故对不属于保险范围内的损失部分酌定由徐某按70%比例予以赔偿。其二，关于被告蒋某某、徐某是否应当承担连带责任问题。本案中，被告蒋某某与被告徐某各自驾驶机动车，两车相撞致损害结果发生，公安机关交通管理部门已对事故责任作出明确划分，故应适用《民法典》第1172条的规定。根据该条规定，蒋某某与徐某应各自承担相应的责任，即按份责任，而非连带责任。

（二）本案例课程思政元素分析

1. 制度规范

《民法典》第1217条[1]规定了好意同乘制度。好意同乘，是指无偿搭乘他人的机动车在运行中发生交通事故，造成无偿搭乘人的损害，属于该机动车一方责任的，减轻机动车一方赔偿责任的规则。好意同乘的特点：一是无偿性，好意人无营利目的，索要和收取对价的同乘都不是无偿，以主动负担一部分油费或过路费等搭乘车辆，虽然支付了一定费用，但通常出于情谊维系，非支付对价的意思，属于"无偿"范围。二是合意性，同乘需经过车辆保有人的同意，包括邀请和允许，未经同意而强行搭乘，不构成好意同乘。三是顺路性，即搭便车，只是双方目的地相近或相同，好意人并非特意而为，同乘人为便利而搭车。好意同乘的适用条件，须为无偿搭乘他人机动车，而非有偿搭乘；被搭乘的是他人的非营运机动车，而不是营运的机动车。发生交通事故造成搭乘人的损害，须构成机动车一方的责任，即被搭乘人的责任。好意同乘是善意地为他人提供方便的行为，是利他行为，即使造成无偿搭乘人的损害，被搭乘人也不应当承担全部赔偿责任，故机动车一方承担责任的范围是减轻其赔偿责任。如果造成交通事故致害无偿搭乘人是机动车使用人

---

[1] 《民法典》第1217条："非营运机动车发生交通事故造成无偿搭乘人损害，属于该机动车一方责任的，应当减轻其赔偿责任，但是机动车使用人有故意或者重大过失的除外。"

因故意或者重大过失所致，则机动车一方应当承担全部赔偿责任。本案中，沈某某无偿搭载徐某车辆，徐某车辆为非营运机动车，发生交通事故并造成沈某某受伤，徐某在事故中虽有责任，但与沈某某系好意搭乘关系，依法应当减轻其赔偿责任。

2. 价值引领

好意同乘是指行为人出于助人的善意允许他人免费搭乘自己车辆的行为。好意同乘作为一种善意施惠、助人为乐的行为，是互帮互助的中华民族传统美德的生动体现。如果在好意同乘过程中车辆发生交通事故造成搭乘人损害，让驾驶人承担全部责任，有失公平，也不利于鼓励人民群众善意助人。

在好意同乘中发生交通事故，造成搭乘人损害的情形下，好意同乘行为就转变为侵权行为，车辆驾驶人应对其过错承担法律责任。要求驾驶人承担法律责任并不是否定助人为乐的良好动机，而是要求驾驶人尽到合理注意义务，保障搭乘人的安全。关于在好意同乘中发生交通事故构成侵权行为的情况下，是否可以适当减轻驾驶人责任的问题，立法所体现的价值观为，为体现司法对情谊行为的有限介入，鼓励助人为乐、相互帮助的施惠行为，应当对施惠者采取宽容的态度。正如《民法典》对赠与人、无偿保管人、无偿受托人均采取宽容的态度一样，对驾驶人提供无偿搭乘情谊行为发生交通事故的，也应当酌情宽容、减轻其侵权赔偿责任。

本案中，徐某与沈某某形成好意同乘关系，依法应当减轻其赔偿责任。综合全案案情，通过溯及适用《民法典》的规定，对不属于保险范围内的损失部分酌定由徐某按 70% 比例予以赔偿。本案既保护了无偿搭乘人的合法权益，也弘扬了我国助人为乐的传统美德，还将督促机动车使用人对搭乘人尽到合理的安全注意义务，更维护了民事主体之间的信赖关系，有利于倡导友善、文明、和谐的社会主义核心价值观。

二、高空抛物坠物责任

（一）典型案例

1. 案例介绍

2019 年 5 月 26 日，庾某娴在位于广州杨箕的自家小区花园散步，经过黄某辉楼下时，黄某辉家小孩在房屋阳台从 35 楼抛下一瓶矿泉水，水瓶掉落到庾某娴身旁，导致其惊吓、摔倒，随后被送往医院救治。次日，庾某娴亲属与黄某辉一起查看监控，确认了上述事实后，双方签订确认书，确认矿泉水瓶系黄某辉家小孩从阳台扔下，同时黄某辉向庚某娴支付1万元赔偿。庚某娴住院治疗22天才出院，其后又因此事反复入院治疗，累计超过60天，且被鉴定为十级伤残。由于黄某辉拒绝支付剩余治疗费，庚某娴遂向法院提起诉讼。[1]

2. 判决结果

人民法院依据《民法典》第179条、第1183条第1款、第1188条第1款、第1254条第1款，最高人民法院《关于适用〈中华人民共和国民法典〉时间效力的若干规定》（本节以下简称《时间效力规定》）第19条，最高人民法院《关于审理人身损害赔偿案件适用法律若干问题的解释》（2020年修正）第6条、第8条、第9条、第10条第1款、第12条之规定，判决：（1）被告黄某辉在本判决发生法律效力之日起五日内向原告庚某娴赔偿医疗费、护理费、交通费、住院伙食补助费、残疾赔偿金、鉴定费合计82 512.29元；（2）被告黄某辉在本判决发生法律效力之日起5日内向原告庚某娴赔偿精神损害抚慰金10 000元；（3）驳回原告庚某娴的其他诉讼请求。本案受理费1002元，由原告庚某娴负担178.06元，由被告黄某辉负担823.94元。

3. 涉案问题

建筑物抛掷、坠落物品致害侵权责任认定。

4. 案例研析

本案是一起典型的建筑物抛掷、坠落物品致害侵权责任案件。庚某娴散步时被从高空抛下的水瓶惊吓摔倒受伤，经监控录像显示水瓶由黄某辉租住的房屋阳台抛下，有视频及庚某娴、黄某辉签订的确认书证明。因本案中的侵权人能够确定，故应由侵权人即抛物者承担赔偿责任。双方确认抛物者为无民事行为能力人，黄某辉是其监护人，庚某娴要求黄某辉承担赔偿责任，黄某辉亦同意赔偿。涉案高空抛物行为发生在民法典实施前，但为了更好地保护公民、法人和其他组织的权利和利益，根据《时间效力规定》第19条规定，民法典施行前，从建筑物中抛掷物品或者从建筑物上坠落的物品造成他人损害引起的民事纠纷案件，适用《民法典》第1254条的规定。结合本案具体情况，原告受伤后住院三次，有相关病历及票据相互印证，该事实法院予以确认。故黄某辉应向庚某娴赔偿医疗费、护理费、交通费、住院伙食补助费、

---

[1] 本案例根据广东省广州市越秀区人民法院民事判决书［2020］粤0104民初19342号整理而成。

残疾赔偿金、鉴定费合计 8.3 万元。原告因受伤造成残疾，确对其造成精神损害，其要求被告赔偿精神损害抚慰金 10 000 元符合法律规定，法院予以支持。

（二）本案例课程思政元素分析

1. 制度规范

依据《民法典》第 1254 条[1]建筑物抛掷、坠落物品损害责任的基本规则是：

（1）禁止从建筑物中抛掷物品。这是一个禁止性规定，是对建筑物抛掷物、坠落物损害责任的基础性规定。

（2）从建筑物抛掷物品或者坠落物品造成损害由侵权人承担责任。任何人从建筑物中抛掷物品，或者建筑物坠落物品，造成他人损害，都由侵权人承担责任，侵权人就是抛掷物品的行为人，或者坠落物品的建筑物的所有人、管理人或者使用人。他们的作为或者不作为造成他人损害，当然要由他们自己承担侵权责任。

（3）经调查难以确定具体侵权人由可能加害的建筑物使用人给予补偿。建筑物抛掷、坠落的物品致人损害侵权人不明补偿责任的构成要件是：①行为人在建筑物中抛掷物品，或者建筑物有坠落物品；②抛掷的物品或者坠落的物品造成他人损害，主要是人身损害；③对实施抛掷行为的人或者坠落物品的所有人不明，不能确定真正的加害人；④在特定建筑物的使用人中，有的不能证明自己不是侵权人。具备上述四个要件，该建筑物的使用人是可能加害的建筑物使用人。责任承担的方式，是由可能加害的建筑物使用人对受害人的损失给予补偿，而不是承担连带责任。补偿的责任范围，应当依照每一个人的经济状况适当确定。能够证明自己不是加害人，即没有实施建筑物抛掷物品行为，也不是建筑物坠落物品的权利人的，不承担补偿责任。

（4）可能加害的建筑物使用人补偿后有权向侵权人追偿。由可能加害的建筑物使用人承担补偿责任，其中必定有无辜者，即没有加害的建筑物使用

---

[1]《民法典》第 1254 条："禁止从建筑物中抛掷物品。从建筑物中抛掷物品或者从建筑物上坠落的物品造成他人损害的，由侵权人依法承担侵权责任；经调查难以确定具体侵权人的，除能够证明自己不是侵权人的外，由可能加害的建筑物使用人给予补偿。可能加害的建筑物使用人补偿后，有权向侵权人追偿。物业服务企业等建筑物管理人应当采取必要的安全保障措施防止前款规定情形的发生；未采取必要的安全保障措施的，应当依法承担未履行安全保障义务的侵权责任。发生本条第一款规定的情形的，公安等机关应当依法及时调查，查清责任人。"

人。为公平起见，可能加害的建筑物使用人承担了补偿责任后，查到了侵权人，当然对其享有追偿权，可以向其进行追偿。

（5）建筑物管理人未采取安全保障必要措施依法承担责任。建筑物管理人，是建筑物的管理者，即物业管理企业或者物业管理人，他们对建筑物的安全负有安全保障义务。因此，本条第 2 款规定，建筑物管理人应当采取必要的安全保障措施，防止高空抛掷物品或者坠落物品造成损害的发生。未尽此安全保障义务，造成损害的，应当依照《民法典》第 1198 条规定，承担违反安全保障义务的损害责任。

（6）公安等机关应当依法及时查清责任人。出现高空抛物损害案件，公安机关应当及时立案侦查，查清责任人，依法处置。只有动用侦查手段仍然查不清责任人的，才可以适用本条规定的第三个规则。

2. 价值引领

本案是人民法院首次适用《民法典》第 1254 条判决高空抛物者承担赔偿责任，切实维护人民群众"头顶上的安全"。《民法典》"侵权责任编"明确禁止从建筑物中抛掷物品，进一步完善了高空抛物的治理规则。在建筑物中抛掷物品，是非常危险的危害公共安全的行为。很多建筑物的居民习惯于向窗外抛掷物品，应予以禁止。

抛掷物、坠落物致人损害，应当由侵权人承担侵权责任，自不待言。当无法查清加害人时，根据《民法典》"侵权责任编"第 1254 条第 3 款的规定，公安等机关应当依法及时调查，查清责任人。经过公安等机关的调查，仍然难以确定具体侵权人，根据《民法典》"侵权责任编"第 1254 条第 1 款的规定，除能够证明自己不是侵权人的外，由可能加害的建筑物使用人补偿。尚需提及的是，尽管可能的加害人承担补偿责任可以填补受害人的损失，但是此类案件的核心依旧在于查明真正的加害人。这就要求真正的加害人主动承认，对于不主动承认加害行为的，有关机关应当恪尽职守，积极查清责任人，避免无辜的业主遭受金钱损失。

依法判决高空抛物者承担赔偿责任，有利于通过公正裁判树立禁止高空抛物、坠物行为规则，进一步强化高空抛物、坠物行为预防和惩治工作，有利于更好地保障居民合法权益，切实增强人民群众的幸福感、安全感。

第四章

刑法学课程思政教学案例研究[1]

第一节　刑法学与课程思政

一、刑法学课程思政建设的必要性

党的十八大提出：法治是治国理政的基本方式。十八届四中全会提出：依法治国，是坚持和发展中国特色社会主义的本质要求和重要保障，是实现国家治理体系和治理能力现代化的必然要求，事关党执政兴国，事关人民幸福安康，事关党和国家长治久安。法律是治国之重器，良法是善治之前提。党的十九大提出：公正是法治的生命线。司法公正对社会公正具有重要引领作用，司法不公对社会公正具有致命破坏作用。党的十九届五中全会提出：我国国家制度和国家治理体系的显著优势之一，就是坚持全面依法治国，建设社会主义法治国家，切实保障社会公平正义和人民权利。习近平总书记在2020年11月召开的中央全面依法治国会议上指出："全面依法治国最广泛、最深厚的基础是人民，必须坚持为了人民、依靠人民。""推进全面依法治国，根本目的是依法保障人民权益。"这个重要论断旗帜鲜明地回答了"法治为了

---

〔1〕　胡选洪，四川会东人，四川民族学院法学院教授，法学博士，主要讲授"刑法学""刑事诉讼法学""犯罪学"。本部分为2019年四川民族学院校级"课程思政"示范课程（刑法分论）（编号：kcszsfkc201901）、2019年四川省高校省级"课程思政"示范课程（刑法分论）、2020年四川民族学院"课程思政"示范教学团队（刑事法学教学团队）（编号：Szkcsfjxtd01）、2020年四川省高校省级"课程思政"示范教学团队（刑事法学教学团队）和2021年四川民族学院思想政治工作精品项目"《刑法分论》课程育人探索与实践"的阶段性成果。

谁、依靠谁、保障谁"这个根本问题，生动诠释了习近平法治思想始终坚持以人民为中心的根本立场。站在人民的立场，习近平总书记反复强调，把体现人民利益、反映人民愿望、维护人民权益、增进人民福祉落实到依法治国全过程，使法律及其实施充分体现人民意志，要把社会主义核心价值观贯穿其中，使社会主义法治成为良法善治。

从狭义上说，刑法学就是研究刑法规范的一门法学学科，刑法规范作为国家重要的法律规范之一，则是规定犯罪、刑事责任和刑罚的法律。刑法的任务或目的，就是用刑罚同一切犯罪行为作斗争，以保卫国家安全，保卫人民民主专政的政权和社会主义制度，保护国有财产和劳动群众集体所有的财产，保护公民私人所有的财产，保护公民的人身权利、民主权利和其他权利，维护社会秩序、经济秩序，保障社会主义建设事业的顺利进行。简言之，刑法的任务或目的，就是法益保护和人权保障。因此，刑法在性质上属于保障法，其根本目的就在于保障社会公平正义和人民权利，维护人民权益和增进人民福祉。

二、刑法学课程思政案例教学设计思路阐述

为了实现刑法的任务或目的，体现刑法的保障法属性，刑法总则通过对罪刑法定原则、刑法面前人人平等原则、罪责刑相适应原则等刑法基本原则的规定，为刑法立法、刑法司法解释和刑法适用确立了根本准则。同时，刑法总则又通过对犯罪、刑罚和刑罚的具体运用等的规定，为准确认定犯罪和适用刑罚确立了具体制度。刑法分则通过对十大类犯罪类型和某种具体犯罪罪状以及法定刑的规定，把罪刑法定原则、刑法面前人人平等原则、罪责刑相适应原则等刑法基本原则的内容和精神落到实处。

只有准确理解刑法的任务或目的以及刑法的保障法属性，恰当适用刑法总则和刑法分则的具体规定，并适时完善刑法规范，方能最终实现刑法法益保护和人权保障的目的任务，体现依法治国的原则和精神，维护和弘扬社会主义核心价值观，实现良法善治。为此，刑法学课程思政以实现下列目标为基本教学思路：

1. 知识学习目标

通过《刑法总论》课程的教学，学生能够深入理解我国刑法的一般概况、犯罪的概念、犯罪构成、排除犯罪事由、犯罪形态、共同犯罪、罪数、刑罚

的种类与适用、量刑情节、量刑制度、行刑制度等刑法总论基础知识。同时，刑法分则具体涉及对危害国家安全罪、危害公共安全罪、破坏社会主义市场经济秩序罪、侵犯公民人身权利、民主权利罪、侵犯财产罪、妨害社会管理秩序罪、贪污贿赂罪、渎职罪等十大类犯罪的讲述和学习。在十大类犯罪的每一类犯罪中又包含若干罪名，通过《刑法分论》课程的教学，学生对重点罪名的基本内涵、犯罪构成、犯罪形态、罪数关系、此罪与彼罪的区分等知识点有较好的理解和把握。

2. 能力培养目标

刑法学课程的教学，在能力目标方面是以实现学生能够运用相关刑法知识分析和处理实际案件为目的。为让学生具备分析实际案件的能力，刑法学课程的教学需要培养学生的法条理解能力、文字解释能力、逻辑分析能力、案件事实归纳能力、日常社会生活认知能力和刑法学一般分析框架与案件事实的对接能力等。

3. 价值观培育目标

刑法总则的每一个基本概念、基本制度以及刑法分则的每一类犯罪或每一类犯罪中的每一个罪名的设置，其背后都与我国的社会、经济、政治、文化、历史传统等价值观密切关联。通过刑法学课程的教学，使学生能够深入理解和践行刑法典总则相关制度和刑法分则相关罪名设置背后反映出的习近平新时代中国特色社会主义思想、习近平法治思想和社会主义核心价值观。

第二节　刑法学课程思政案例研究

一、罪刑法定与刑法解释

（一）典型案例

1. 基本案情

2001 年 10 月间，被告人肖某灵通过新闻报道得知炭疽杆菌是一种白色粉末状的病菌，国外已发生因接触夹有炭疽杆菌的邮件而致人死亡的事件，因此认为社会公众对收到类似的邮件会产生恐慌心理。同年 10 月 18 日，肖某灵将家中粉末状的食品干燥剂装在两只信封内，在收件人一栏上书写了"上海市政府"和"东方路 2000 号"（上海东方电视台）后，乘车至本市闵行区莘庄镇，将上述信件分别邮寄给上海市人民政府某领导和上海东方电视台新闻中心陈某。

同年 10 月 19 日、22 日，上海市人民政府信访办公室（简称"市政府信访办"）工作人员陆某等人及东方电视台陈某在拆阅上述两封夹带白色粉末的信件后，造成精神上的高度紧张，同时引起周围人们的恐慌。相关部门采取大量措施后，才逐渐消除了上述人员的恐慌心理。[1]

2. 裁判结果

公诉机关认为：被告人肖某灵采用邮件中夹寄虚假炭疽杆菌的方法，图谋制造恐怖气氛，造成公众心理恐慌，危害公共安全，其行为构成以危险方法危害公共安全罪。法院审理认为：被告人肖某灵以通过向政府、新闻单位投寄装有虚假炭疽杆菌信件的行为，以达到制造恐怖气氛的目的，造成公众心理恐慌，危害公共安全，其行为构成以危险方法危害公共安全罪，公诉机关指控的罪名成立。判决被告人肖某灵犯以危险方法危害公共安全罪，判处有期徒刑 4 年。

3. 涉案问题

投寄虚假炭疽杆菌的行为是否构成以危险方法危害公共安全罪？

4. 案例研析

根据我国《刑法》第 3 条的规定和罪刑法定原则的精神，某种行为是否构成犯罪、构成何种犯罪以及应受到何种刑罚处罚，关键在于刑法对其有无明文规定以及其是否符合刑法的明文规定。因此，投寄虚假炭疽杆菌的行为是否构成以危险方法危害公共安全罪，关键在于刑法对此有无明文规定以及其是否符合刑法关于以危险方法危害公共安全罪的规定。

根据我国《刑法》第 114 条和第 115 条的规定，以危险方法危害公共安全罪是指以放火、决水、爆炸以及投放毒害性、放射性、传染病病原体等物质或者以其他危险方法危害公共安全的行为。罪刑法定原则虽然要求刑法规

---

〔1〕 参见［2001］沪二中刑初字第 132 号刑事判决书。关于该案及类似案件的相关理论研究可参见陈兴良："口袋罪的法教义学分析：以以危险方法危害公共安全罪为例"，载《政治与法律》2013 年第 3 期，第 2~13 页；劳东燕："以危险方法危害公共安全罪的解释学研究"，载《政治与法律》2013 年第 3 期，第 24~35 页；周少华："罪刑法定在刑事司法中的命运——由一则案例引出的法律思考"，载《法学研究》2003 年第 2 期，第 82~103 页；游伟、谢锡美："'罪刑法定'原则如何坚守——全国首例投寄虚假炭疽杆菌恐吓邮件案定性研究"，载游伟主编：《华东刑事司法评论》（第 3 卷），法律出版社 2003 年版，第 256~276 页。

范的明确性，但源于社会生活的复杂性和变动性，立法者不可能在立法时能够把社会生活中所有危害公共安全的危险方法都一一列举在刑法条文中实现"明文"规定。因此，"兜底性条款"或概括性的立法技术即成为必然。以危险方法危害公共安全罪之所以是指放火、决水、爆炸以及投放毒害性、放射性、传染病病原体等物质"以外的其他"危险方法危害公共安全的行为，正是这种社会生活缘由与立法技术的体现。

　　同时，罪刑法定原则虽然要求刑法规范的明确性，但刑法条文都是用文字形式表现出来的。基于文字本身的相对抽象性、概括性或词不达意的现象，对刑法条文的文字本身也必然需要进行再次解释，这也必然导致不同的解释者面对同一法律条文的文字会得出不同的解释结论。另外，生活中的案件事实是鲜活的"原/元型"，其并不会直接与法律条文的规定一一对应，这就要求解释者或裁判者必须采取某种理论、方法或规则实现法律条文的规定与案件事实"原/元型"的有效对接，方能实现"法律明文规定为犯罪行为的，依照法律定罪处刑；法律没有明文规定为犯罪行为的，不得定罪处刑"。这就产生了刑法解释学或刑法教义学的理论和相关规则。[1]

　　关于刑法"兜底性条款"的适用，刑法解释学形成了"同类解释规则"，即"兜底性条款"中的"其他"要与相关刑法条文明文列举的情形具有行为性质相当性或危害后果相当性。以"以危险方法危害公共安全罪"为例，我国《刑法》第114条和第115条明文列举了放火、决水、爆炸以及投放毒害性、放射性、传染病病原体等物质四种危险方法，除这四种危险方法之外的危害公共安全的危险方法则以"其他危险方法"兜底，这就产生了诸如肖某灵投寄虚假炭疽杆菌的行为是否构成以危险方法危害公共安全罪的解释问题。根据常识即可判断，肖某灵投寄虚假炭疽杆菌的行为肯定不是放火、决水和爆炸，但其是否属于"投放毒害性、放射性、传染病病原体等物质"或属于兜底的"其他危险方法"呢？如果肖某灵的行为属于"投放毒害性、放射性、传染病病原体等物质"，公诉机关和法院就应该以投放危险物质罪起诉和判决，但实际上并非如此，说明公诉机关和法院也认为投寄虚假炭疽杆菌的行

―――――――――

〔1〕　需要注意的是，刑法解释学的理论或规则并非刑法学者的凭空创造，而是在一般法治理念的基础上，基于刑法的目的和对刑事司法实践的归纳与提炼，在"司法实践—解释学理论—司法实践"的不断反复活动中形成的。

为不属于"投放毒害性、放射性、传染病病原体等物质"。因此，问题仅在于肖某灵的行为是否属于以危险方法危害公共安全罪，即投寄虚假炭疽杆菌的行为是否属于放火、决水、爆炸以及投放毒害性、放射性、传染病病原体等物质"以外的其他危险方法"。

根据刑法解释学的"同类解释规则"，投寄虚假炭疽杆菌的行为是否属于"其他危险方法"，就需要判断投寄虚假炭疽杆菌的行为是否与放火、决水、爆炸以及投放危险物质的行为性质相当或危害后果相当。根据普通人的常理和常识也可以判断，放火、决水、爆炸以及投放毒害性、放射性、传染病病原体等危险物质的行为性质和可能造成的危害后果，就是会造成多数人或不特定多数人的人身或重大公私财产面临被损害的严重危险或造成严重损害后果。但肖某灵投寄虚假炭疽杆菌的行为实际情形如何呢？肖某灵是将家中粉末状的食品干燥剂装在两只信封内冒充"炭疽杆菌"进行投寄。假冒的"炭疽杆菌"（实为食品干燥剂）是否具有与放火、决水、爆炸以及投放危险物质的行为性质相当或危害后果相当呢？根据普通人的常理和常识也可以作出判断，这是不可能具有相当性的。因此，根据罪刑法定原则和刑法解释的理论与方法，肖某灵投寄虚假炭疽杆菌的行为是不能构成以危险方法危害公共安全罪的。

正是因为这一判决引起了解释论的普遍质疑，《刑法修正案（三）》增加了《刑法》第291条之一，规定了"投放虚假危险物质罪"罪名，即投放虚假的爆炸性、毒害性、放射性、传染病病原体等物质，严重扰乱社会秩序的，处5年以下有期徒刑、拘役或者管制；造成严重后果的，处5年以上有期徒刑。根据刑法的这一规定也可以发现，投放虚假危险物质罪是位于刑法分则十大类罪名之妨害社会管理秩序中，亚类罪名位置是在扰乱公共秩序罪中，具体罪名位置是在第291条聚众扰乱公共场所秩序、交通秩序罪之后，由此也可以印证肖某灵投寄虚假炭疽杆菌的行为不能构成以危险方法危害公共安全罪。

（二）本案例课程思政元素分析

1. 制度规范

围绕"肖某灵案"，阐释我国《刑法》第3条关于罪刑法定原则的规定，深入理解罪刑法定原则的精神，根据我国《刑法》第114条、第115条的规定，理解以危险方法危害公共安全罪的犯罪构成要求，理解罪刑法定原则与刑法解释的关系。

2. 价值引领

第一，培养学生的法治思维。法治的根本要义之一在于规范或约束国家权力，罪刑法定原则的根本内涵在于"法无明文规定不为罪，法无明文规定不处罚"，这正是法治内涵的体现之一。

第二，培养学生的法律规范指引思维。法律规范的功能之一在于行为指引，即指引人们该如何行为。罪刑法定原则的功能之一就在于为人们的行为提供预期或指引或提供预测可能性，这正是法律规范行为指引功能的体现。

第三，培养学生对实际案件的分析能力。虽然罪刑法定，但面对实际案件离不开刑法解释，通过本案例，可以为培养学生的案件分析能力提供助益。

二、正当防卫的认定

（一）典型案例

1. 基本案情

2018 年 12 月 26 日晚 11 时许，李某与在此前相识的女青年邹某一起饮酒后，一同到达福州市晋安区某公寓邹某的暂住处，二人在室内发生争吵，随后李某被邹某关在门外。李某强行踹门而入，谩骂殴打邹某，引来邻居围观。暂住在楼上的赵某闻声下楼查看，见李某把邹某摁在墙上并殴打其头部，即上前制止并从背后拉拽李某，致李某倒地。李某起身后欲殴打赵某，威胁要叫人"弄死你们"，赵某随即将李某推倒在地，朝李某腹部踩一脚，又拿起凳子欲砸李某，被邹某劝阻住，后赵某离开现场。经鉴定，李某腹部横结肠破裂，伤情属于重伤二级；邹某面部挫伤，伤情属于轻微伤。[1]

2. 裁判结果

公安机关以赵某涉嫌故意伤害罪立案侦查，侦查终结后，以赵某涉嫌过失致人重伤罪向检察机关移送审查起诉。福建省福州市晋安区人民检察院认定赵某防卫过当，对赵某作出相对不起诉决定。福州市检察院经审查认定赵某属于正当防卫，依法指令晋安区人民检察院对赵某作出绝对不起诉决定。

---

〔1〕 2020 年 9 月 3 日，最高人民法院召开新闻发布会，发布最高人民法院、最高人民检察院、公安部《关于依法适用正当防卫制度的指导意见》及典型案例，本案例即是该次发布会发布的典型案例之一。

3. 涉案问题

如何认定正当防卫？赵某的行为是否成立正当防卫？

4. 案例研析

正当防卫是《刑法》赋予公民保护自身合法权益和同犯罪行为作斗争的一项重要制度。但长期以来，司法实践中基本呈现出对正当防卫认定难或不敢认定正当防卫的趋势，致使《刑法》第 20 条关于正当防卫的规定几乎成为"僵尸条款"。[1]其原因除办案压力等外，也与对正当防卫成立条件的理解不到位有关。

刑法理论一般认为，正当防卫的成立需要下列条件：其一，起因条件：存在现实的不法侵害。现实的不法侵害包括犯罪行为和违法行为，但需要具有暴力性、攻击性、紧迫性等特征，区别于假想防卫。其二，时间条件：不法侵害正在进行。即不法侵害已经开始但尚未结束，否则属于事前防卫或事后防卫，不属于正当防卫。其三，对象条件：防卫行为只能针对不法侵害者本人实施。其四，主观条件、意图条件或防卫意识条件：正当防卫只能是为了使国家、公共利益、本人或者他人的人身、财产和其他权利免受不法侵害，区别于偶然防卫、防卫挑拨和相互斗殴等。其五，限度条件：防卫行为不能"明显超过必要限度，造成重大损害"，否则属于防卫过当，不成立正当防卫。同时，为了对正当防卫的认定不至于太严厉和鼓励公民积极与犯罪行为作斗争，1997 年《刑法》在第 20 条特别增加了第 3 款，规定了特殊正当防卫或无过当防卫（当然，如何理解第 3 款与第 1 款和第 2 款的关系，刑法理论上存在争议）。

从一般意义上而言，刑法理论关于正当防卫成立条件的归纳是完备的，但如何理解具体的每一个条件，在具体内容上又存在很大争议。例如，关于起因条件，有观点认为不法侵害只能是犯罪行为，不包括违法行为，同时也不需要暴力性、攻击性、紧迫性等特征。例如，在于欢故意伤害案中，如果

---

〔1〕 关于正当防卫的相关理论研究，可参见陈兴良："正当防卫如何才能避免沦为僵尸条款——以于欢故意伤害案一审判决为例的教义学分析"，载《法学家》2017 年第 5 期，第 89~104 页；张明楷："正当防卫与防卫过当的司法认定"，载《法律适用（司法案例）》2018 年第 20 期，第 3~6 页；高铭暄："正当防卫与防卫过当的界限"，载《华南师范大学学报（社会科学版）》2020 年第 1 期，第 157~168 页；周光权："论持续侵害与正当防卫的关系"，载《法学》2017 年第 4 期，第 3~11 页；车浩："正当防卫是抗击侵略不是拳击赛"，载《中国检察官》2018 年第 18 期，第 55~56 页。

认为于某的行为成立正当防卫，则不法侵害者的不法侵害行为仅属于非法拘禁的持续行为，并不具有暴力性、攻击性或紧迫性。再如，关于限度条件，如何判断防卫行为是否"明显超过必要限度，造成重大损害"，刑法理论一般从手段是否对等出发进行判断，导致手段不对等的情形难以被认定为正当防卫。刑法理论关于正当防卫的成立条件，实际上是理论建构出的一种理想类型，是把防卫人作为一个纯粹的理性人看待的，忽视了实际生活中的人大都是感性人，受各种实际情景支配的实际。因为，关于正当防卫的成立条件，"实际是蕴含着价值判断、理念选择的事实认定和法律适用问题"。把防卫人完全视为一种理性人看待，必然导致司法实践中对正当防卫的认定把握过严甚至严重失当的问题。

针对司法实践中正当防卫制度的适用，存在把握过严甚至严重失当等问题。2020 年 8 月 28 日，最高人民法院、最高人民检察院、公安部联合发布了《关于依法适用正当防卫制度的指导意见》（以下简称《指导意见》）。《指导意见》在总体要求中明确指出：正当防卫是法律赋予公民的权利。要切实防止"谁能闹谁有理""谁死伤谁有理"的错误做法，坚决捍卫"法不能向不法让步"的法治精神。同时，要立足防卫人防卫时的具体情境，综合考虑案件发生的整体经过，结合一般人在类似情境下的可能反应，依法准确把握防卫的时间、限度等条件。要充分考虑防卫人面临不法侵害时的紧迫状态和紧张心理，防止在事后以正常情况下冷静理性、客观精确的标准去评判防卫人。认定是否构成正当防卫、是否防卫过当以及对防卫过当裁量刑罚时，要注重查明前因后果，分清是非曲直，确保案件处理于法有据、于理应当、于情相容，符合人民群众的公平正义观念，实现法律效果与社会效果的有机统一。

在指明总体要求的基础上，《指导意见》对正当防卫的具体适用进行了细化。其一，关于起因条件。例如，不应将不法侵害不当限缩为暴力侵害或者犯罪行为。对于非法限制他人人身自由、非法侵入他人住宅等不法侵害，可以实行防卫。其二，关于时间条件。例如，对于不法侵害虽然暂时中断或者被暂时制止，但不法侵害人仍有继续实施侵害的现实可能性的，应当认定为不法侵害仍在进行。对于不法侵害是否已经开始或者结束，应当立足防卫人在防卫时所处情境，按照社会公众的一般认知，依法作出合乎情理的判断，不能苛求防卫人。其三，关于对象条件。例如，对于多人共同实施不法侵害的，既可以针对直接实施不法侵害的人进行防卫，也可以针对在现场共同实施不法侵害的人进行防卫。其四，关于限度条件。例如，认定防卫过当应当同时具备"明显超过必要限度"和"造成重大损害"两个条件，缺一不可。防卫是否"明显超过必要限度"，不仅要考虑已经造成的损害，还要考虑造成进一步损害的紧迫危险性和现实可能性。不应当苛求防卫人必须采取与不法侵害基本相当的反击方式和强度。"造成重大损害"是指造成不法侵害人重伤、死亡。造成轻伤及以下损害的，不属于重大损害。同时，对防卫过当的刑罚裁量，要综合考虑案件情况，特别是不法侵害人的过错程度、不法侵害的严重程度以及防卫人面对不法侵害的恐慌、紧张等心理，确保刑罚裁量适当、公正。对于因侵害人实施严重贬损他人人格尊严、严重违反伦理道德的不法侵害，或者多次、长期实施不法侵害所引发的防卫过当行为，在量刑时应当充分考虑，以确保案件处理既经得起法律检验，又符合社会公平正义观念。《指导意见》为司法实践恰当认定正当防卫提供了明确指引。

就赵某的行为是否成立正当防卫问题，在本案中，赵某的行为首先属于防卫行为无疑，问题仅在于是否属于防卫过当。

首先，赵某的行为具有防卫性质。在本案中，李某强行踹门进入他人住宅，将邹某摁在墙上殴打其头部，赵某闻声下楼查看，为了制止李某对邹某以强欺弱，出手相助，拉拽李某。赵某的行为属于为了使他人的人身权利免受正在进行的不法侵害，而采取的制止不法侵害的行为，符合正当防卫的起因条件、时间条件、对象条件和意图条件等要件，具有防卫性质。

其次，赵某的防卫行为是否"明显超过必要限度，造成重大损害"呢？根据《指导意见》，不应当苛求防卫人必须采取与不法侵害基本相当的反击方式和强度，更不能机械地理解为反击行为与不法侵害行为的方式要对等，强度要精准。防卫行为虽然超过必要限度但并不明显的，不能认定为防卫过当。本案虽然造成李某重伤二级的后果，但是，从赵某的行为手段、行为目的、行为过程、行为强度等具体情节来看，没有"明显超过必要限度"。赵某在阻止、拉拽李某的过程中，致李某倒地，在李某起身后欲殴打赵某，并用言语威胁的情况下，赵某随即将李某推倒在地，朝李某腹部踩一脚，导致李某横结肠破裂，属于重伤二级。从行为手段上看，双方都是赤手空拳，赵某的拉拽行为与李某的不法侵害行为基本相当。从赵某的行为过程来看，赵某制止李某的不法侵害行为是连续的，自然而然发生的，是在当时场景下的本能反应。李某倒地后，并未完全被制服，仍然存在起身后继续实施不法侵害的现实可能性。此时，赵某朝李某腹部踩一脚，其目的是阻止李某继续实施不法侵害，并没有泄愤报复等个人目的，应当认定为正当防卫。

（二）本案例课程思政元素分析

1. 制度规范

以赵某案为例，阐释我国《刑法》第20条关于正当防卫制度的规定，明确其成立条件及其具体适用，理解以《指导意见》为代表的司法实践认定正当防卫成立条件的发展演变。

2. 价值引领

第一，培养学生"法不能向不法让步"的理念。正当防卫是"正对不正"，也即"法不能向不法让步"，或者说正当防卫是法律赋予公民的权利，是与不法行为作斗争的重要法律武器。

第二，培养学生敢于见义勇为的精神。赵某的行为也可以称为是见义勇为，而正当防卫正是见义勇为的一种表现，即为了使国家、公共利益或者他人的人身、财产和其他权利免受正在进行的不法侵害，而采取的制止不法侵害的行为，对不法侵害人造成损害的，属于正当防卫，不负刑事责任。

第三，培养学生的限度思维或限度意识。"凡事皆有度，过犹不及。"刑法理论和《指导意见》为正当防卫适当"松绑"，鼓励见义勇为，依法保护公民的正当防卫权利是完全必要的。但"松绑"必须在法治框架内进行，必须注意防止矫枉过正，从一个极端走向另一个极端，把防卫过当错误认定为正当防卫，甚至把不具有防卫因素的故意犯罪认定为正当防卫或者防卫过当。

第四，培养学生法、理、情相结合的思维或意识，维护公平正义。刑事司法不是简单司法、机械司法，而要努力探求和实现法理情的有机融合。司法实践中，个别涉正当防卫案件的处理看似于法有据，但结果得不到社会认同，原因之一就在于过于简单适用法律，没有充分考虑现实生活中的常理、常情，导致对法律规定的理解和适用偏离了一般公众对公平正义的通常认知，实际也偏离了法律精神。正如于欢故意伤害案的判决，一审宣判后之所以受到社会公众普遍质疑，其原因就在于被防卫人采取严重贬损他人人格尊严或者亵渎人伦的不法侵害，而一审在量刑时对此是有所忽视的。因此，最高人民法院在其发布的第18批指导性案例第93号案例（于欢故意伤害案）裁判要点中指出：防卫过当案件，如系因被害人实施严重贬损他人人格尊严或者亵渎人伦的不法侵害引发的，量刑时对此应予充分考虑，以确保司法裁判既经得起法律检验，也符合社会公平正义观念。

三、死刑、死缓的适用与故意杀人罪

（一）典型案例

1. 基本案情

被告人王某才与被害人赵某某（女，殁年26岁）在山东省潍坊市科技职业学院同学期间建立恋爱关系。2005年，王某才毕业后参加工作，赵某某考入山东省曲阜师范大学继续专升本学习。2007年赵某某毕业参加工作后，王某才与赵某某商议结婚事宜，因赵某某家人不同意，赵某某多次提出分手，但在王某才的坚持下二人继续保持联系。2008年10月9日中午，王某才在赵某某的集体宿舍再次谈及婚恋问题，因赵某某明确表示二人不可能在一起，王某才感到绝望，愤而产生杀死赵某某然后自杀的念头，即持赵某某宿舍内的一把单刃尖刀，朝赵的颈部、胸腹部、背部连续捅刺，致其失血性休克死亡。次日8时30分许，王某才服农药自杀未遂，被公安机关抓获归案。王某才平时表现较好，归案后如实供述自己的罪行，并与其亲属积极赔偿，但未与被害人亲属达成赔偿协议。[1]

2. 裁判结果

山东省潍坊市中级人民法院于2009年10月14日以［2009］潍刑一初字第35号刑事判决，认定被告人王某才犯故意杀人罪，判处死刑，剥夺政治权利终身。宣判后，王某才提出上诉。山东省高级人民法院于2010年6月18日以［2010］鲁刑四终字第2号刑事裁定，驳回上诉，维持原判，并依法报请最高人民法院核准。最高人民法院根据复核确认的事实，以［2010］刑三复22651920号刑事裁定，不核准被告人王某才死刑，发回山东省高级人民法院重新审判。山东省高级人民法院经依法重新审理，于2011年5月3日作出［2010］鲁刑四终字第2-1号刑事判决，以故意杀人罪改判被告人王某才死刑缓期二年执行，剥夺政治权利终身，同时决定对其限制减刑。

3. 涉案问题

本案是否可以适用判处死刑缓期二年执行？

---

［1］ 参见最高人民法院《关于发布第一批指导性案例的通知》（法［2011］354号）（指导案例4号）。

4. 案例研析

虽然目前刑法理论界已有学者认为：死缓具有了相当的独立性，事实上死刑缓期二年执行（简称"死缓"）已经在司法实践中承担着独立刑种的功能，即死缓的实际量刑结果是生刑。但根据我国《刑法》第三章刑罚的相关规定，首先需要明确的是，死缓仅是我国死刑的一种执行制度，其并不是一个独立的刑种，是与判处死刑立即执行相对而言的。如在判决书中有对某个犯罪人判处死刑的表述，就是特指判处死刑立即执行之意；如果需要对其缓期执行，则在判决书中会体现为判处死刑缓期二年执行。既然死缓仅是死刑的一种执行制度，因此，死缓的适用就与死刑的适用直接相关，只有某种犯罪可以判处死刑，才存在能否适用死缓的问题。因此，关于案例中对王某才是否可以适用判处死刑缓期二年执行的问题，必须以讨论对其是否可以判处死刑为前提，进而讨论对其是否可以适用死缓。

关于死刑的问题（包括死刑适用的正当根据、死刑的适用条件、死刑适用的案件类型、死刑适用过程中存在的错误、死刑适用的程序、证据、证明标准等）一直是我国刑法理论和刑事司法实践中面临的重要问题，刑法理论长期给予了大量研究。[1]

关于死刑的适用条件，一切解释论的基础当然是《刑法》的规定。我国1979年《刑法》第43条规定：死刑只适用于罪大恶极的犯罪分子，因此，"罪大恶极"即成为当时死刑的适用条件。但究竟何谓罪大恶极，在理论上有多种解释，在实践中的理解和执行标准也不统一，因此，1997年《刑法》第48条将其修改为：死刑只适用于罪行极其严重的犯罪分子。即死刑的适用条件由"罪大恶极"修改为"罪行极其严重"，并一直沿用至今。相对而言，"罪行极其严重"的称谓比"罪大恶极"在用语上具有更大的规范性和客观性。因此，如何理解罪行极其严重就成为死刑适用条件的关键。

刑法理论一般将"罪行极其严重"理解为犯罪人的犯罪性质和犯罪情节极其严重，同时犯罪分子的主观恶性也极其严重，即"罪行极其严重"＝犯

---

[1] 参见陈兴良："死刑适用的司法控制——以首批刑事指导案例为视角"，载《法学》2013年第2期，第43～57页；劳东燕："死刑适用标准的体系化构造"，载《法学研究》2015年第1期，第170～190页；冯军："死刑适用的规范论标准"，载《中国法学》2018年第2期，第190～207页；欧阳玉静："死刑缓期执行和死刑立即执行的量刑依据——以故意杀人罪为例的实证分析"，载《刑事法评论》2007年第2期，第159～191页。

罪性质极其严重+犯罪情节极其严重+主观恶性极其严重，是客观危害性与主观恶性的统一。这种对"罪行极其严重"的理解看似完美无缺，既有客观危害，也有主观恶性，但问题在于：其一，从字面意思解释，"罪行极其严重"之"罪行"一般是指客观危害，并不包含"主观恶性"；其二，"主观恶性"在刑法理论上是指犯罪主观方面之故意或过失，也可以包含在"罪行"的构成条件之内；其三，"罪大恶极"之所以不明确，正是因为其太主观，可能把"民意"或"民愤"之类的东西纳入其中，所以1997年《刑法》才将其修改为"罪行极其严重"，如再把"罪行极其严重"解释为包含"主观恶性"，也可能难以体现《刑法》用词修改的本意。因此，有学者认为，"罪行极其严重"是指客观上的危害特别严重，这是死刑适用的一般标准，即适用死刑的条件是"罪大"，死缓的适用条件是"罪大"但不"恶极"。

虽然将"罪行极其严重"解释为客观上的危害特别严重即"罪大"具有一定的合理性，但何谓"罪大"必然难有定论。故意杀人罪是否"罪大"，毒品犯罪是否"罪大"，贪污贿赂罪是否"罪大"，等等。根据我国《刑法》的规定，这些犯罪都配有死刑，是否意味着犯这些罪就属于"罪大"，进而需要适用死刑？问题恰恰在于什么情况下需要适用死刑，而不是犯何种罪就需要判处死刑。如此说来，对"罪行极其严重"的相关理论解释仍然面临疑问。

我国《刑法》第48条第1款规定：死刑只适用于罪行极其严重的犯罪分子。对于应当判处死刑的犯罪分子，如果不是必须立即执行的，可以判处死刑同时宣告缓期二年执行。目前理论上对死刑适用条件的解释主要是从正面解释《刑法》第48条第1款的规定，即满足什么条件属于"罪行极其严重""应当判处死刑"，进而适用死刑；满足什么条件属于"不是必须立即执行的"，进而适用死缓。

实际上，对死刑的适用条件可以从正反两个视角思考或解释。正面视角如上述是指满足什么条件属于"罪行极其严重""应当判处死刑"，进而适用死刑；反面视角是指哪些情况下不适用死刑。但根据罪刑法定原则，无论正面视角还是反面视角，都需要以《刑法》的相关规定为根据。当然，正反面视角的区分并不是绝对的，而是相对的，因为正面视角的反面即是反面视角，反面视角的反面即是正面视角，二者可以相互切换。

从我国《刑法》关于死刑适用的规定来看，既有总则的规定，也有分则的规定。总则规定主要从一般的意义上规定了死刑适用条件，分则规定则具体规定了哪些罪名配置了死刑和在什么情况下需要适用死刑（主要通过罪状来体现，有的规定得较抽象，有的规定得较具体）。下面分别予以列举考察：

就总则的规定而言，《刑法》第 48 条第 1 款从正面规定了死刑适用的总体条件，即死刑只适用于罪行极其严重的犯罪分子。第 49 条则从反面规定了不适用死刑的对象，其中第 1 款规定：犯罪的时候不满 18 周岁的人和审判的时候怀孕的妇女，不适用死刑；第 2 款规定：审判的时候已满 75 周岁的人，不适用死刑，但以特别残忍手段致人死亡的除外。就死缓的适用而言，《刑法》第 48 条第 1 款规定，对于应当判处死刑的犯罪分子，如果不是必须立即执行的，可以判处死刑同时宣告缓期二年执行。第 50 条第 1 款规定，判处死刑缓期执行的，在死刑缓期执行期间，如果故意犯罪，情节恶劣的，报请最高人民法院核准后执行死刑。这些规定基本就是《刑法》总则关于死刑适用条件的规定。

就刑法分则的规定而言，因为我国《刑法》分则具体配置有死刑的罪名较多，那种配置有绝对确定的法定刑即死刑的罪名或罪状描述对理解死刑的适用条件具有较为明确的指引意义。如第 121 条关于劫持航空器罪的规定：以暴力、胁迫或者其他方法劫持航空器，致人重伤、死亡或者使航空器遭受严重破坏的，处死刑。这应该是我国《刑法》唯一配置了绝对确定的法定刑即死刑的罪名和罪状描述。除此之外，《刑法》分则关于死刑配置的其它罪名在规定适用死刑时，一方面，都有如情节严重、危害特别严重、情节特别恶劣、数额特别巨大等概括性规定，另一方面，在法定刑设置上，一般都不是绝对确定的法定刑，而是相对确定的法定刑。如第 115 条规定，放火、决水、爆炸等致人重伤、死亡或者使公私财产遭受重大损失的，处 10 年以上有期徒刑、无期徒刑或者死刑。第 127 条规定，盗窃、抢夺枪支、弹药、爆炸物等，情节严重的，处 10 年以上有期徒刑、无期徒刑或者死刑。又如，第 232 条规定，故意杀人的，处死刑、无期徒刑或者 10 年以上有期徒刑。第 239 条第 2 款规定，犯绑架罪，杀害被绑架人的，或者故意伤害被绑架人，致人重伤、死亡的，处无期徒刑或者死刑，并处没收财产。再如第 383 条规定，犯贪污罪，数额特别巨大，并使国家和人民利益遭受特别重大损失的，处无期徒刑或者死刑，并处没收财产。这种概括规定情节严重、危害特别严重、情节特别恶劣和相对确定的法定刑的立法模式，一方面，对何谓情节严重、危害特别严重、情节特别恶劣必然难有定论；另一方面，在量刑时是应该判处无期徒刑还是判处死刑仍然不明确。

从《刑法》总则和分则的上述规定方式中，我们可以从正反两方面对死刑的适用条件进行简单的思路梳理。从正面而言，只有"罪行极其严重"，才属于"应当判处死刑的犯罪分子"。从反面而言，如果罪刑不极其严重，当然不属于"应当判处死刑的犯罪分子"；至于"犯罪的时候不满十八周岁的人和审判的时候怀孕的妇女"以及"审判的时候已满七十五周岁的人"（不属于特别残忍手段）不适用死刑，一般不会有疑问。可以看出，问题最终还是回到何谓"罪行极其严重"上来。一般而言，对死刑裁量应当主要从案件性质、犯罪情节、犯罪后果、主观恶性和人身危险性进行考量是没有问题的。案件性质也并非抽象讨论，而是要具体视《刑法》分则具体个罪有无死刑配置。犯罪情节包括法定情节与酌定情节，法定情节如自首、坦白、立功、累犯等，酌定情节如犯罪动机、犯罪手段、犯罪时间、犯罪对象、事后是否认罪悔罪、对被害人或被害人家属是否积极赔偿、是否得到谅解等。犯罪后果一般包括是否致人死亡、死亡的人数、数额是否特别巨大等。主观恶性主要包括是直接故意还是间接故意。人身危险性主要是指预防必要性大小，即犯罪人再次犯罪可能性的大小。关于死刑裁量时考量的案件性质、犯罪情节、犯罪后果、主观恶性和人身危险性等方面，实际上就是从正面具体考察死刑适用的条件，当然在具体的罪名或具体案件中需要联系具体案情进行分析，以最终确定是否"罪行极其严重"。

联系上述《刑法》总则的规定和分则的规定，以故意杀人罪为视角，例如，如果要对犯罪人适用死刑，当然需要"罪行极其严重"。但何谓"罪行极其严重"呢？联系"杀人偿命"的思想观念，是否被害人死亡就属于"罪行极其严重"？被害人没有死亡是否就不属于"罪行极其严重"？死亡人数是否对"罪行极其严重"的判断有影响？我们可以将相关案情与《刑法》总则的相关规定和《刑法》分则关于绝对确定的法定刑即死刑配置的法条相对照，或许可能有一种新的相对确定性的判断思路。

前述已提及，《刑法》第49条从反面规定了不适用死刑的对象，其中第2款规定：审判的时候已满75周岁的人，不适用死刑，但以特别残忍手段致人死亡的除外。根据该款规定，即在一般情形下，对于审判的时候已满75周岁的人，诸如犯罪动机、犯罪对象、犯罪后果（被害人是否死亡）等都不影响

"不适用死刑"的定性。唯一的例外情况是"以特别残忍手段致人死亡的除外",即如果"以特别残忍手段致人死亡"则成为适用死刑的条件,也即对于审判的时候已满 75 周岁的人,以特别残忍手段致人死亡的,则适用死刑。这样,对于审判的时候已满 75 周岁的人,适用死刑的条件就变得相对明确,即只要"以特别残忍手段致人死亡",就可以适用死刑,适用死刑的条件就转化为对什么是"特别残忍手段"或"手段残忍"的考量。相对概括性的情节严重、情节特别恶劣等罪状描述,不管是"特别残忍手段"或"手段残忍"是指"故意折磨被害人,致使被害人死亡之前处于肉体与精神的痛苦状态"[1],还是"重在强调行为对善良风俗和人类恻隐心的挑战"[2],判断标准都变得相对简单和明确。"特别残忍手段"或"手段残忍"在量刑情节中,一般是作为酌定量刑情节考虑,《刑法修正案(八)》在《刑法》第 49 条增加第 2 款后,"特别残忍手段"或"手段残忍"就由酌定量刑情节变成了法定情节。但无论如何,"特别残忍手段"或"手段残忍"只能是指客观行为手段而言,而不应当包括主观恶性或人身危险性这些相对主观的要素。

同样前述已提及,《刑法》分则第 121 条关于劫持航空器罪的规定:以暴力、胁迫或者其他方法劫持航空器,致人重伤、死亡或者使航空器遭受严重破坏的,处死刑。该条罪状对劫持航空器罪的行为方式作了"以暴力、胁迫或者其他方法劫持"的描述,但关键还在于行为的后果,即"致人重伤、死亡或者使航空器遭受严重破坏",如出现这种后果,就无疑问地要适用死刑。这也为死刑的相关适用作了某种明确的指引。联系前述《刑法》总则对审判的时候已满 75 周岁的人适用死刑的规定,是否可以得出诸如故意杀人罪,只有以特别残忍手段致人死亡、重伤(审判时未满 75 周岁的人),才可以适用死刑的结论呢? 在一定程度上是可以得出这种结论的。[3]

前面主要讨论了死刑适用的条件问题,对于理解死缓的适用有直接关联,因为根据《刑法》第 48 条第 1 款的规定,死缓的适用以"对于应当判处死刑

---

〔1〕　陈兴良:"故意杀人罪的手段残忍及其死刑裁量——以刑事指导案例为对象的研究",载《法学研究》2013 年第 4 期,第 160 页。

〔2〕　车浩:"从李昌奎案看'邻里纠纷'与'手段残忍'的涵义",载《法学》2011 年第 8 期,第 35 页。

〔3〕　需要说明的是,这仅是对故意杀人罪死刑适用条件的一种讨论,并不涵盖所有故意杀人罪死刑适用的情况,更不涵盖所有适用死刑罪名的情况。

的犯罪分子"为前提，只是"如果不是必须立即执行的"，才可以判处死缓（判处死刑同时宣告缓期二年执行）。因此，对于死缓的适用就归结为什么情况下成立"不是必须立即执行的"。由于《刑法》对什么是"不是必须立即执行的"并无明确规定，所以需要解释。一般认为，下面一些情形可以视为不是必须立即执行死刑的情况：犯罪人具有自首、立功或者有其他法定从轻情节；共同犯罪中的从犯；被害人的过错的；犯罪人有令人怜悯的情节的等。相关司法政策大体也是这种理念的体现。最高人民法院 1999 年 10 月 27 日发布的《全国法院维护农村稳定刑事审判工作座谈会纪要》明确指出："对于被害人一方有明显过错或对矛盾激化负有直接责任，或者被告人有法定从轻处罚情节的，一般不应判处死刑立即执行。"

但问题是，适用死缓的前提是"对于应当判处死刑的犯罪分子"，即犯罪人是"应当判处死刑的犯罪分子"，如果"犯罪人具有自首、立功或者有其他法定从轻或减轻情节；共同犯罪中的从犯；被害人的过错的；犯罪人有令人怜悯的情节"等，那对犯罪人还需要判处死刑吗？还属于"应当判处死刑的犯罪分子"吗？根据《刑法》总则关于自首、立功、从犯等的规定，对犯罪人应当予以从轻、减轻等处罚，这样，犯罪人原本就不属于"应当判处死刑的犯罪分子"，自然也就不可能适用死缓。就本案例（王某才故意杀人案）而言，其作为最高人民法院发布的指导性案例，裁判要点中指出：因恋爱、婚姻矛盾激化引发的故意杀人案件，被告人犯罪手段残忍，论罪应当判处死刑，但被告人具有坦白悔罪、积极赔偿等从轻处罚情节，同时被害人亲属要求严惩的，人民法院根据案件性质、犯罪情节、危害后果和被告人的主观恶性及人身危险性，可以依法判处被告人死缓，同时决定限制减刑，以有效化解社会矛盾，促进社会和谐。山东省高级人民法院的裁判理由是：被告人王某才的行为已构成故意杀人罪，罪行极其严重，论罪应当判处死刑。鉴于本案系因婚恋纠纷引发，王某才求婚不成，恼怒并起意杀人，归案后坦白悔罪，积极赔偿被害方经济损失，且平时表现较好，故对其判处死刑，可不立即执行。马克昌教授认为：如果行为具有法定的可以从轻或减轻处罚或者应当减轻或免除处罚的情节，如自首、立功等表现，行为人的刑事责任就可以或应当从轻或减轻。在这种情况下，即使罪行极其严重，也可能不适用死刑。[1]基本思路仍

---

〔1〕 参见马克昌："论死刑缓期执行"，载《中国法学》1999 年第 2 期，第 113 页。

然是，如果犯罪人具有自首、立功等法定从轻或减轻处罚情节，首先应当考虑的是犯罪人是否属于"应当判处死刑的犯罪分子"，如果属于，才有适用死缓的余地，如果不属于，当然不能适用死缓。

对于"不是必须立即执行的"的解释还有众多其他观点，根据已如前述提及的《刑法》第 50 条关于死缓变更的规定，从反向或许可以窥见死缓适用的某种思路。根据《刑法》第 50 条第 1 款的规定，由死缓变更为死刑立即执行的条件是：判处死刑缓期执行的，在死刑缓期执行期间，如果故意犯罪，情节恶劣的，报请最高人民法院核准后执行死刑。由此规定可以看出，罪犯在被判处死缓后，如果再次故意犯罪（过失犯罪排除）且情节严重（情节不严重排除），才是需要被执行死刑的条件。被判处死缓的犯罪人在死刑缓期执行期间再"故意犯罪且情节严重"，说明犯罪人的人身危险性特别高，即再次实施情节严重的故意犯罪的可能性大，从特殊预防的目的出发，自然需要变更死缓为死刑立即执行。由这种思路再往前推，在犯罪人属于"应当判处死刑的犯罪分子"的基础上，对适用死缓条件"不是必须立即执行"的解释，自然也只能从犯罪人的人身危险性视角进行思考。因为总的来看，死缓适用的条件是对犯罪人"应当判处死刑"，仅是"不是必须立即执行"。在判断是否"应当判处死刑"时，必然需要考虑诸如犯罪性质、犯罪情节（法定情节和酌定情节）、主观恶性、被害人过错、是否家庭矛盾或邻里纠纷或婚恋纠纷、赔偿情况、获谅解情况等各种犯罪构成条件的主客观因素。在判处犯罪人死刑的基础上，接着考虑对犯罪人的死刑是否"必须立即执行"，如"必须立即执行"，不适用死缓，如"不是必须立即执行"，则适用死缓。因此，此时影响是否"必须立即执行"的要素就只剩下犯罪人的人身危险性即再次犯罪的可能性要素了。同时，为了限制死刑的适用，不是被判处死缓的犯罪人再次实施任何故意犯罪都会导致将死缓变更为死刑执行，而是需要再犯"故意犯罪且情节严重"之罪。依此逻辑再往前推，对于适用死缓条件是否"必须立即执行"的判断，自然可以顺畅得出如下两个结论：其一，"对于应当判处死刑的犯罪分子"，如果犯罪人具有再犯"故意犯罪且情节严重"之罪可能性的，属于死刑"必须立即执行"，不适用死缓；其二，"对于应当判处死刑的犯罪分子"，如果犯罪人不具有再犯"故意犯罪且情节严重"之罪可能性的，属于死刑"不是必须立即执行的"，适用死缓。

这样，死缓适用的条件即转化为对犯罪人是否具有再犯"故意犯罪且情节严重"之罪可能性大小的判断上来，即转化为对犯罪人人身危险性高低或再犯可能性大小的判断上来。当然，如何判断犯罪人人身危险性高低或再犯可能性大小，又是一个重大且需要深入研究的问题，此处已难以展开。

（二）本案例课程思政元素分析

1. 制度规范

以王某才故意杀人案为例，解释或思考我国《刑法》第 48 条关于死刑或死缓的适用条件，以及第 50 条关于死缓变更为死刑立即执行的条件等问题。

2. 价值引领

第一，培养学生正确的刑罚观。刑罚是一种严厉的处罚手段，基本没有疑问的是，死刑是目前《刑法》中最严厉的刑罚，是剥夺生命的刑罚，"人死不能复生"，对死刑的适用需要更加慎重。应当树立对刑罚适用的慎刑观。

第二，培养学生正确的生命观。在一般情况下，人的生命具有最高价值，是实现其他一切价值的前提和基础。任何人的生命都是世间独一无二的存在，都值得尊重、关爱和保护。应当树立生命面前人人平等的理念。

第三，培养学生正确的婚恋观。婚姻法规定婚姻自由，同时也应当树立恋爱自由的观念，"强扭的瓜不甜"，每个人都有仅与自己喜欢的人恋爱的自由，婚姻不可强求，恋爱也不可强求。

第四，培养学生正确的人格观。每个人都有独立的人格，如何对待别人的婚恋，实际上是一个如何对待别人人格的问题。要把别人当作具有独立人格的大写的"人"看待，而不是把别人当物或某种附属物看待，任何人都没有权利支配、否定或贬损别人的人格。

四、高空抛物罪

（一）典型案例

1. 基本案情

2020 年 5 月某日，江某在温江区某小区四楼租住房内与女友因琐事发生争吵，一时激动，将一个重达 8.32 千克的行李箱从四楼的客厅窗户扔出，使其坠落至楼下街面人行道。附近群众见状报警。[1]

---

[1] 参见 ［2021］川 0115 刑初 69 号刑事判决书，或《四川日报》2021 年 3 月 19 日。

2. 裁判结果

温江法院经审理后认为，被告人江某的高空抛物行为虽未造成人身伤害或重大财产损失的严重后果，但其在建筑物高空抛掷物品的行为已构成高空抛物罪。鉴于被告人江某认罪认罚，到案后如实供述犯罪事实，依法从宽处理。法院依照《刑法》第 291 条之二的规定，以被告人江某犯高空抛物罪，判处有期徒刑 6 个月，并处罚金 3000 元。该案成为"高空抛物罪"入刑后的四川省首例判决。

3. 涉案问题

什么是高空抛物罪？本案中江某的行为是否构成高空抛物罪？

4. 案例研析

高空抛物罪是《刑法修正案（十一）》新增加的罪名。根据《刑法》第 292 条之二的规定，高空抛物罪，是指从建筑物或者其他高空抛掷物品，情节严重的行为。高空抛物罪的增设，是习近平法治思想坚持以人民为中心的体现，其目的是保护人们"头顶上的安全"。

关于高空抛物罪（案），目前已有不少研究。[1] 就本案例而言，江某的行为是否构成高空抛物罪，一方面，涉及在一般意义上高空抛物罪的成立条件问题；另一方面，联系《刑法修正案（十一）》的生效时间，还涉及适用该罪名的时间效力问题。同时，根据《刑法》第 291 条之二第 2 款的规定，还涉及高空抛物罪与其他犯罪竞合时的处理问题。

（1）从高空抛物罪的犯罪构成或客观成立条件分析。根据《刑法》第 291 条之二的规定，成立高空抛物罪从犯罪客观构成要件而言，主要涉及对抛物的场所，即何谓"建筑物""其他高空"，行为"抛掷"，抛掷的对象"物品"和"情节严重"的理解。

第一，关于抛掷场所的理解。"建筑物"或"其他高空"一般是指高层建筑或高楼或具有一定高度的场所，这是生活中高空抛物案件的通常体现。

---

[1] 参见张明楷："高空抛物案的刑法学分析"，载《法学评论》2020 年第 3 期，第 12~26 页；陈兴良："公共安全犯罪的立法思路嬗变：以《刑法修正案（十一）》为视角"，载《法学》2021 年第 1 期，第 36~50 页；姜涛："高空抛物罪的刑法教义学分析"，载《江苏社会科学》2021 年第 5 期，第 111~120 页；彭文华："《刑法修正案（十一）》关于高空抛物规定的理解与适用"，载《苏州大学学报（哲学社会科学版）》2021 年第 1 期，第 52~61 页；林维："高空抛物罪的立法反思与教义适用"，载《法学》2021 年第 3 期，第 38~47 页。

高层建筑或高楼或具有一定高度的场所，难以用高多少米或高多少层这些具体的数量来体现。可以肯定的是，高空抛物的场所，不能包括从平地上直接往前抛或往空中抛，因为这种情形应该说已经超出了人们对"建筑物"或"其他高空"的理解。在正式通过的《刑法修正案（十一）》中，高空抛物罪在罪名体系上是位于妨害社会管理秩序罪中，具体又是位于扰乱公共秩序罪中，所以从保护法益来理解，高空抛物罪侵害的法益是公共秩序，即只要危害公共秩序，就成立高空抛物罪。因此，对"建筑物"或"其他高空"，按照一般社会生活观念来理解即可。

第二，关于"抛掷"行为的理解。"抛掷"一词可以区分为"抛"或"掷"。"抛"或"掷"在生活中具有基本相同的含义，即把什么东西抛出去、扔出去、摔出去或投出去等，如把手机抛出窗外、扔出窗外、摔出窗外或投出窗外，强调的是行为人有意发挥一定的体力并把物品"抛"或"掷"一定距离的动作。如果一个置于窗台上的手机，行为人不小心用手碰到，手机掉下高楼，此时，"不小心用手碰到并且手机掉下高楼"，就不应该属于"抛掷"（当然这也跟成立高空抛物罪的主观方面或责任相关，即高空抛物罪的主观方面或责任只能是故意，不能是过失）。所以，何谓"抛掷"，也可以直接根据文理解释或日常社会生活观念确定其内涵。

第三，关于抛掷的对象"物品"的理解。根据高空抛物的相关案件，没有疑问的是，通常的物品如菜刀、石头、手机、鸡蛋、水果、油桶、衣物、腊肉、生活垃圾、烟灰缸等，在一般意义上当然属于"物品"。但"物品"的外延肯定远不止这些，如一支钢笔、一本书、一叠纸等。问题在于哪些属于成立高空抛物罪所抛掷的"物品"。如果高空抛物罪是位于公共安全罪中（《刑法修正案（十一）》），则可能需要所抛掷的"物品"具有造成公共安全的危险性，即可能造成不特定的人或者多数人的生命健康受到侵害。但亦如前述，根据罪名的体系解释，高空抛物罪侵害的法益是公共秩序，则只要危害公共秩序，则是否意味着如抛掷一支签字笔芯、一张纸、一叠头发或一件衬衫的行为也属于是成立高空抛物罪中所抛掷的"物品"呢？我们只能根据增设高空抛物罪的初衷即保护人们"头顶上的安全"来对其进行理解。成立高空抛物罪所抛掷的"物品"，一方面，该"物品"无需具有会造成公共安全的具体危险性，如果该"物品"具有造成公共安全的具体危险性，当然可以成立高空抛物罪，只是同时还要考虑成立其他犯罪（这是竞合问题，待后述）；另一方面，所抛掷的"物品"又不能对任何人都不具有任何危险性，否则与增设高空抛物罪的初衷相悖，同时也会造成刑罚处罚太严厉。因此，可以一般地认为，只要是行为人所抛掷的物品，具有导致他人人身损害和财产损害的可能性，就属于或才属于抛掷对象"物品"的范围。

第四，关于"情节严重"的理解。一般而言，"情节严重"，可以从行为人的动机（主观恶性）、抛物场所、所抛掷物品的具体情形（如种类、数量、质量、大小等）、抛掷次数以及造成或可能造成的后果等方面，全面考察行为的危害程度，综合判断其是否达到值得刑罚处罚的"情节严重"程度。

（2）从时间效力分析。《刑法修正案（十一）》的施行时间是 2021 年 3 月 1 日起，这就存在一个在 2021 年 3 月 1 日之前发生的案件未经审判或判决尚未确定时，能否适用《刑法修正案（十一）》或是否适用高空抛物罪的问题，即时间效力问题。根据我国《刑法》第 12 条关于时间效力从旧兼从轻原则的规定，是可以适用高空抛物罪对相关案件定罪量刑的。因为，最高人民法院《关于依法妥善审理高空抛物、坠物案件的意见》（法发〔2019〕25 号）规定，"故意从高空抛弃物品，尚未造成严重后果，但足以危害公共安全的，依照刑法第一百一十四条规定的以危险方法危害公共安全罪定罪处罚"。根据该意见，对未造成严重后果（致人重伤、死亡或者使公私财产遭受重大损失）或不是为伤害、杀害特定人员实施的高空抛物行为，一般以以危险方法危害公共安全罪定罪处罚，法定刑为 3 年以上 10 年以下有期徒刑。但如果以高空抛物罪定罪处罚，法定刑为 1 年以下有期徒刑、拘役或者管制，并处或者单处罚金。因此，对于 2021 年 3 月 1 日之前发生的高空抛物行为以高空抛物罪定罪处罚，是符合我国《刑法》第 12 条关于时间效力原则的规定的。

（3）竞合现象的处理。《刑法》第 291 条之二第 2 款规定："有前款行为，同时构成其他犯罪的，依照处罚较重的规定定罪处罚"，这就涉及高空抛物罪与其他犯罪竞合时的处理问题。高空抛物罪之所以会与其他犯罪存在竞合，原因就在于行为人从建筑物或其他高空所抛掷的"物品"存在多样性。例如，如果所抛掷的"物品"是爆炸物，则行为既可以构成高空抛物罪，当然也可以构成爆炸罪。此时，根据想象竞合的处理原理，应当对其以爆炸罪定罪处罚。再如，如果行为人以伤害他人或剥夺他人生命的故意从建筑物或其他高空抛掷石头或其他具有致人伤亡的物品，则行为既可以构成高空抛物罪，当然也可以构成故意伤害罪或故意杀人罪，此时，对其应当以故意伤害罪或故意杀人罪定罪处罚。根据想象竞合的原理，高空抛物罪还可能与过失致人死亡（重伤）罪、重大责任事故罪、强令违章冒险作业罪、故意毁坏财物罪、寻衅滋事罪等存在竞合。此时，按照想象竞合的处理原则定罪处罚即可。

就本案而言，江某从小区租住房内，将一个重达 8.32 千克的行李箱从四楼的客厅窗户扔出，使其坠落至楼下街面人行道。从客观构成要件而言，江某的行为属于从建筑物抛掷物品无疑，根据江某抛掷物品的建筑物高度（四楼）、抛掷的物品种类（重达 8.32 千克的行李箱）、可能造成的后果（从四楼抛掷重达 8.32 千克的行李箱，具有致他人人身损害和财产损害的可能性），综合判断行为人的相关情节，可以认定为其"情节严重"。据此，法院认为江某在建筑物高空抛掷物品的行为已构成高空抛物罪。

（二）本案例课程思政元素分析

1. 制度规范

通过本案例，明确《刑法修正案（十一）》增设高空抛物罪的立法初衷是保护人们"头顶上的安全"，解释其犯罪构成要件，理解其时间效力和竞合问题的处理。高空抛物罪的规定与《民法典》第 1254 条一道，通过民刑二元机制相互配合，共同维护人们"头顶上的安全"。

2. 价值引领

第一，培养学生以人民为中心的价值观。坚持以人民为中心，是习近平法治思想"十一个坚持"的重要内容。具体到《刑法修正案（十一）》上，就是通过增设新罪、增减刑罚量或调整行为构成要件，以更好保护人民权益，实现立法为民理念，把维护人民的根本利益作为立法的出发点和归宿。

第二，培养学生正确的公共安全观和社会秩序观。高空抛物、坠物行为长期以来被称为"悬在城市上空的痛"。通过本案例，让学生理解自觉约束自身行为的重要性，杜绝高空抛物，同时也高度关注与自身有关的高空附着物、放置物等的稳固性或安全性，防止其意外坠落。

五、帮助信息网络犯罪活动罪

（一）典型案例

1. 基本案情

2021 年 3 月，被告人李某为谋取利益向被告人张某松提出购买银行卡。张某松为谋取利益，将其所有的银行卡四件套和收购来的赵某龙、张某、陈某、秦某峻的银行卡四件套（包括银行卡、U盾/K宝、绑定的手机号码、身份证复印件）贩卖给李某。李某将五套银行卡四件套提供给他人用于电信网络犯罪活动。至案发，陈某尾号 0375 农行卡被他人使用，流水 176 万余元，报案涉及该卡的电信网络诈骗金额 40.333 48 万元；张某松尾号 0276 农行卡被他人使用，流水 239 万余元，报案涉及该卡的电信网络诈骗金额 34.2468 万元。李某获利 2600 元，张某松获利 1200 元。被告人赵某龙为谋取利益，将其所有的尾号 8071 农行卡提供给张某松进行违法犯罪活动。至案发，该卡流水 47 万余元，报案涉及该卡的电信网络诈骗金额 20.503 05 万元。赵某龙获利 500 元。[1]

2. 裁判结果

四川省康定市人民法院经审理认为，被告人李某、张某松、赵某龙明知他人利用信息网络实施犯罪，为其提供支付结算帮助，情节严重，其行为已构成帮助信息网络犯罪活动罪。判处张某松犯帮助信息网络犯罪活动罪，判处有期徒刑 1 年，并处罚金人民币 5000 元；李某犯帮助信息网络犯罪活动罪，判处有期徒刑 11 个月，并处罚金人民币 5000 元；赵某龙犯帮助信息网络犯罪活动罪，判处有期徒刑 7 个月，并处罚金人民币 3000 元；依法追缴李某违法所得人民币 2600 元，张某松违法所得人民币 1200 元，赵某龙违法所得人民币 500 元；扣押在案的李某手机一部、张某松手机一部、赵某龙手机两部，依法予以没收。

被告人张某松不服一审判决提起上诉。四川省甘孜藏族自治州中级人民法院经审理认为，原审判决认定事实清楚，证据确实充分，定罪正确，量刑适当，审判程序合法，最终作出了驳回上诉，维持原判的终审裁定。

3. 涉案问题

什么是帮助信息网络犯罪活动罪？本案中的行为人是否构成帮助信息网络犯罪活动罪？

4. 案例研析

根据《刑法》第 287 条之二第 1 款的规定，帮助信息网络犯罪活动罪（以下简称"帮信罪"），是指明知他人利用信息网络实施犯罪，为其犯罪提供互联网接入、服务器托管、网络存储、通信传输等技术支持，或者提供广

---

〔1〕　参见四川省甘孜藏族自治州中级人民法院刑事裁定书（川 33 刑终 38 号）。

告推广、支付结算等帮助，情节严重的行为。

2022 年 3 月"全国人代会""'两高'工作报告"数据：2021 年，全国法院审结网络传销、网络赌博、非法利用信息网络等犯罪案件 9.2 万件（最高人民法院工作报告）。2021 年，全国检察机关起诉利用网络实施诈骗、赌博、传播淫秽物品等犯罪 28.2 万人，同比上升 98.5%；协同推进"断卡"行动，起诉非法买卖电话卡和银行卡、帮助提款转账等犯罪 12.9 万人，是 2020 年的 9.5 倍（最高人民检察院工作报告）。从上述数据可以看出，涉网络犯罪案件数量近年来呈快速上升势头。就"帮信罪"这一具体个罪而言，根据最高人民检察院《2021 年 1 至 9 月全国检察机关主要办案数据》：从起诉罪名看，排在第四位的是帮助信息网络犯罪活动罪 79 307 人，同比上升 21.3 倍。刑事司法适用"帮信罪"罪名数量的急剧增加，一方面，说明涉网络犯罪特别是涉电信网络诈骗犯罪面临严峻形势；另一方面，也跟刑事司法实践中普遍适用"帮信罪"罪名而有意规避关联罪名的适用的做法有关。造成这一结果的原因又与刑法理论在"帮信罪"设置的性质、成罪条件、共犯认定和其与掩饰隐瞒犯罪所得、犯罪所得收益罪的关系等问题上的分歧相关。[1] 以下仅就"帮信罪"设置的性质和成罪条件展开初步分析。

（1）关于"帮信罪"的性质。"帮信罪"的性质涉及的是"帮信罪"行为人与被帮助对象之间的关系问题，主要有三种观点。第一种观点是帮助行为正犯化说。即"帮信罪"规制的仍然是传统的共同犯罪，"帮信罪"行为人与被帮助对象之间仍然构成共同犯罪，只是设置"帮信罪"之后，传统共同犯罪中的帮助行为变成了"帮信罪"的实行行为，传统共同犯罪中的帮助犯变成了正犯，并配置了独立的法定刑。第二种观点是量刑规则说。这种观点认为"帮信罪"不是帮助行为正犯化，仍然属于传统共同犯罪中的帮助犯，只是因为刑法分则条文对该帮助犯设置了独立的法定刑，所以排除刑法总则关于从犯（帮助犯）处罚规定的适用。第三种观点是独立罪名说。即既然刑法分则对该种行为作了专门独立规定，并配置了相应法定刑，其就是一个独

---

〔1〕 关于帮助信息网络犯罪活动罪的相关研究，可参见张明楷："论帮助信息网络犯罪活动罪"，载《政治与法律》2016 年第 2 期，第 2~16 页；黎宏："论'帮助信息网络犯罪活动罪'的性质及其适用"，载《法律适用》2017 年第 21 期，第 33~39 页；刘宪权、房慧颖："帮助信息网络犯罪活动罪的认定疑难"，载《人民检察》2017 年第 19 期，第 9~12 页；欧阳本祺、刘梦："帮助信息网络犯罪活动罪的适用方法：从本罪优先到共犯优先"，载《中国应用法学》2022 年第 1 期，第 107~121 页。

立罪名，需要独立认定。

实际上，帮助行为正犯化说与独立罪名说之间并非截然对立，基于提前预防犯罪（防卫线前移）、严厉惩治犯罪（惩治帮助者）和增加犯罪实行的成本（传统的实行犯）等方面的考虑，帮助行为正犯化的实质就是把传统共同犯罪中的帮助犯的帮助行为规定成独立罪名。就"帮信罪"而言，如果实施"帮信罪"者的相关帮助行为能够与被帮助者形成共同犯罪关系（满足共同犯罪的原理或条件），此时，实际上就存在一个"帮信罪"与关联犯罪（如诈骗罪、赌博罪等）的竞合问题，从一重处罚，成立相关关联犯罪的帮助犯。也即《刑法》第287条之二第3款的规定，"同时构成其他犯罪的，依照处罚较重的规定定罪处罚"。反之，则只成立"帮信罪"。

至于单纯的"量刑规则说"，则可能存在如下疑问：其一，难以做到罪刑均衡。按照"量刑规则说"，虽然帮助者与被帮助者仍然构成共同犯罪，但无论实行犯的犯罪后果如何严重，对帮助者（帮助实施信息网络犯罪活动，如电信诈骗）都只能按"帮信罪"的法定刑量刑，即处3年以下有期徒刑或者拘役，并处或者单处罚金，不适用刑法总则关于从犯的处罚规定。例如，电信诈骗的实行犯如果被判无期徒刑，但按照"帮信罪""量刑规则说"的观点，对电信诈骗的帮助犯也只能判处定格不超过3年的有期徒刑。这明显存在罪刑不均衡的弊端。其二，难以实现罪名设置意图。对于"帮信罪"的立法初衷，最高人民法院、最高人民检察院、公安部《关于办理电信网络诈骗等刑事案件适用法律若干问题的意见（二）》（法发〔2021〕22号）有这样的表述："为进一步依法严厉惩治电信网络诈骗犯罪，对其上下游关联犯罪实行全链条、全方位打击。"实际上，"帮信罪"的设置，其目的就在于"严厉惩治电信网络诈骗犯罪，对其上下游关联犯罪实行全链条、全方位打击"。这种"全链条、全方位打击"通过如下方式体现出来：首先，如果相关证据能够证明帮助者与被帮助者之间成立共同犯罪，则对帮助者可以直接以相关共同犯罪的帮助犯处罚。其次，如果没有证据能够证明帮助者与被帮助者之间成立共同犯罪（例如，电信诈骗的层级众多，人数众多，手段各异），但帮助者的补助行为如果满足"帮信罪"的成立条件，则以"帮信罪"定罪处罚。这样，"帮信罪"的设置，一方面有助于减轻或降低司法机关认定传统共同犯罪的证明要求或难度；另一方面也有助于斩断电信网络诈骗上中下游之间的链条，实现对电信网络诈骗犯罪的全方位打击。

（2）关于"帮信罪"的成罪条件。根据《刑法》第287条之二第1款的规定，成立"帮信罪"需要具备如下条件：主观上要"明知他人利用信息网络实施犯罪"；客观上实施了"为其犯罪提供互联网接入、服务器托管、网络存储、通信传输等技术支持，或者提供广告推广、支付结算等帮助"的行为；后果上要求"情节严重"。

首先，关于"明知"。一般而言，"明知"是指帮助者对被帮助者"利用信息网络实施犯罪"的情形已经知道得很清楚了。按照传统的共同犯罪理论，如果帮助者是因为与被帮助者（利用信息网络实施犯罪）共谋而明知，则对帮助者不定"帮信罪"，而是与被帮助者实施的犯罪构成共同犯罪。在电信网络诈骗中，由于犯罪链条和犯罪人层级无限延伸，导致犯罪链条末端或中端一些提供"两卡"（电话卡、银行卡）或网络支付账户等的行为人仅是出于单纯的牟利或有利可图而提供转账或取现帮助，至于被帮助者实施何种犯罪其难以具体确知。从斩断电信网络诈骗链条的角度而言，成立"帮信罪"的"明知"就只需要概括性知道即可。即作为一个正常人，按照一般人日常经验判断，大概知道所提供的"两卡"或网络支付账户可能被别人用于犯罪转移赃物等，即可认定"明知他人利用信息网络实施犯罪"。这实际上是以一个正常人的日常生活经验为标准的主观明知推定方法。最高人民法院、最高人民检察院《关于办理非法利用信息网络、帮助信息网络犯罪活动等刑事案件适用法律若干问题的解释》（法释［2019］15号）（以下简称"两高《解释》"）第11条的规定即属于这种推定方法的体现：经监管部门告知后仍然实施有关行为的；接到举报后不履行法定管理职责的；交易价格或者方式明显异常的；提供专门用于违法犯罪的程序、工具或者其他技术支持、帮助的；频繁采用隐蔽上网、加密通信、销毁数据等措施或者使用虚假身份，逃避监管或者规避调查的；为他人逃避监管或者规避调查提供技术支持、帮助的；其他足以认定行为人明知的情形。即符合上述情形之一的，可以认定行为人明知他人利用信息网络实施犯罪。同时，最高人民法院、最高人民检察院、公安部《关于办理电信网络诈骗等刑事案件适用法律若干问题的意见（二）》（法发［2021］22号）（以下简称"两高一部《意见》"）第8条也进一步从一般综合视角对"明知"的认定作出了规定，即应当根据行为人收购、出售、出租信用卡、银行账户、非银行支付账户、具有支付结算功能的互联网账号密码、网络支付接口、网上银行数字证书，或者他人手机卡、流量卡、物联网卡等的次数、张数、个数，并结合行为人的认知能力、既往经历、交易对象、与实施信息网络犯罪的行为人的关系、提供技术支持或者帮助的时间和方式、获利情况以及行为人的供述等主客观因素，予以综合认定。

其次，关于"为其犯罪提供互联网接入、服务器托管、网络存储、通讯传输等技术支持，或者提供广告推广、支付结算等帮助"。提供互联网接入、服务器托管、网络存储、通信传输等技术支持，或者提供广告推广、支付结算等，这些就属于"帮信罪"的客观行为或实行行为。但需要注意的是，这些行为也可能属于日常生活中的客观服务行为，即中立行为。这些行为要属于"帮信罪"的客观行为或实行行为，如前所述，必须以行为人"明知"被帮助者即他人在利用信息网络实施犯罪还提供这些帮助为前提。根据 两高一部《意见》第 7 条的规定，为他人利用信息网络实施犯罪而实施下列行为，可以认定为《刑法》第 287 条之二规定的"帮助"行为：①收购、出售、出租信用卡、银行账户、非银行支付账户、具有支付结算功能的互联网账号密码、网络支付接口、网上银行数字证书的；②收购、出售、出租他人手机卡、流量卡、物联网卡的。

最后，关于"情节严重"。根据两高《解释》第 12 条第 1 款的规定，具有下列情形之一的，应当认定为《刑法》第 287 条之二第 1 款规定的"情节严重"：①为三个以上对象提供帮助的；②支付结算金额 20 万元以上的；③以投放广告等方式提供资金 5 万元以上的；④违法所得 1 万元以上的；⑤二年内曾因非法利用信息网络、帮助信息网络犯罪活动、危害计算机信息系统安全受过行政处罚，又帮助信息网络犯罪活动的；⑥被帮助对象实施的犯罪造成严重后果的；⑦其他情节严重的情形。其中"支付结算金额二十万元以上的"是司法实践中认定为他人提供银行卡帮助"跑分"行为的常用情形。通常情况下，"帮信罪"的成立以被帮助对象的行为达到犯罪的程度为前提；如果虽然帮助者"明知"他人在利用信息网络实施犯罪而提供相关帮助，但被帮助对象的行为未达到犯罪的程度，对帮助者不能以"帮信罪"处罚。但基于电信网络诈骗犯罪的终端往往在国（境）外而难以查证，所以两高《解释》第 12 条第 2 款规定："实施前款规定的行为，确因客观条件限制无法查证被帮助对象是否达到犯罪的程度，但相关数额总计达到前款第二项至第四项规定标准五倍以上，或者造成特别严重后果的，应当以帮助信息网络犯罪活动罪追究行为人的刑事责任。"根据两高一部《意见》第 9 条的规定，明知他人利用信息网络实施犯罪，为其犯罪提供下列帮助之一的，可以认定为两高《解释》第12条第1款第7项规定的"其他情节严重的情形"：①收购、出售、出租信用卡、银行账户、非银行支付账户、具有支付结算功能的互联网账号密码、网络支付接口、网上银行数字证书5张（个）以上的；②收购、出售、出租他人手机卡、流量卡、物联网卡20张以上的。

就本案例而言，被告人李某向被告人张某松提出购买银行卡。张某松将其所有的银行卡四件套和收购来的赵某龙、张某、陈某、秦某峻的银行卡四件套贩卖给李某。李某将五套银行卡四件套提供给他人用于电线网络犯罪活动。至案发时，陈某的农行卡被他人使用，流水176万余元，报案涉及该卡的电信网络诈骗金额40.333 48万元；张某松的农行卡被他人使用，流水239万余元，报案涉及该卡的电信网络诈骗金额34.2468万元。赵某龙的农行卡流水47万余元，报案涉及该卡的电信网络诈骗金额20.503 05万元。不考虑各被告人的获利情况，单从各卡的流水看，已完全满足两高《解释》第12条第1款第2项"支付结算金额二十万元以上"的条件要求，构成"帮信罪"。

（二）本案例课程思政元素分析

1. 制度规范

通过本案例，深入理解《刑法》第287条之二关于帮助信息网络犯罪活动罪的立法意图、成罪条件和与相关关联犯罪的关系。

2. 价值引领

第一，培养学生正确的消费观。大学生群体往往也是电信网络诈骗犯罪的受害者，受害的原因之一就在于部分学生不恰当的消费观和相互攀比心理，导致大学生成为各类型网贷、"网络兼职"和"动动手指即可赚钱"等各类网络诈骗的受害者。

第二，培养学生正确的金钱观。君子爱财，取之有道。不能幻想不劳而获，不能幻想天上会掉馅饼，更不能成为电信网络诈骗的帮凶。只有通过自己遵纪守法地辛勤劳动所获之财，才是正义之财，才是长久之财。

第三，培养学生的家国情怀。电信网络诈骗犯罪不但侵害了被害人的财产权乃至生命健康，甚至危及国家经济安全和严重损害我国的国际形象。

六、侵害英雄烈士名誉、荣誉罪

（一）典型案例

1. 基本案情

被告人仇某，男，1982年出生，南京某投资管理有限公司法定代表人。

2020年6月，印度军队公然违背与我方达成的共识，悍然越线挑衅。在与之交涉和激烈斗争中，团长祁发宝身先士卒，身负重伤；营长陈红军、战士陈祥榕突入重围营救，奋力反击，英勇牺牲；战士肖思远突围后义无反顾返回营救战友，战斗至生命最后一刻；战士王焯冉在渡河支援途中，拼力救助被冲散的战友脱险，自己却淹没在冰河中。边防官兵誓死捍卫祖国领土，彰显了新时代卫国戍边官兵的昂扬风貌。同年6月，陈红军、陈祥榕、肖思远、王焯冉被评定为烈士；2021年2月，中央军委追授陈红军"卫国戍边英雄"荣誉称号，追记陈祥榕、肖思远、王焯冉一等功，授予祁发宝"卫国戍边英雄团长"荣誉称号。

2021年2月19日上午，仇某在卫国戍边官兵英雄事迹宣传报道后，为博取眼球，获得更多关注，在住处使用其新浪微博账号"辣笔小球"（粉丝数250余万），先后发布两条微博，歪曲卫国戍边官兵祁发宝、陈红军、陈祥榕、肖思远、王焯冉等人的英雄事迹，诋毁、贬损卫国戍边官兵的英雄精神。

上述微博在网络上迅速扩散，引起公众强烈愤慨，造成恶劣社会影响。截至当日15时30分，仇某删除微博时，上述两条微博共计被阅读202 569次、转发122次、评论280次。[1]

2. 裁判结果

2021年5月31日，江苏省南京市建邺区人民法院依法公开开庭审理该案。建邺区人民法院审理后当庭宣判，采纳检察机关指控的事实、罪名及量刑建议，支持检察机关的公益诉讼，以仇某犯侵害英雄烈士名誉、荣誉罪判处有期徒刑8个月，并责令仇某自判决生效之日起10日内通过国内主要门户网站及全国性媒体公开赔礼道歉，消除影响。判决宣告后，仇某未提出上诉，判决已生效。2021年6月25日，仇某在《法治日报》及法治网发布道歉

---

[1] 参见最高人民检察院第三十四批指导性案例——仇某侵害英雄烈士名誉、荣誉案（检例第136号）。

声明。

3. 涉案问题

什么是侵害英雄烈士名誉、荣誉罪？本案中仇某的行为是否构成侵害英雄烈士名誉、荣誉罪？

4. 案例研析

侵害英雄烈士名誉、荣誉罪是《刑法修正案（十一）》新增设的罪名。根据《刑法》第299条之一的规定，侵害英雄烈士名誉、荣誉罪是指侮辱、诽谤或者以其他方式侵害英雄烈士的名誉、荣誉，损害社会公共利益，情节严重的行为。目前，刑法理论已对该罪的相关问题展开了一些研究。[1]

从一般刑法解释学的视角分析，根据《刑法》第299条之一的规定，要成立侵害英雄烈士名誉、荣誉罪，主要涉及对该罪保护法益（名誉、荣誉和社会公共利益）、保护对象（英雄烈士）、行为（侮辱、诽谤或者以其他方式）以及后果（情节严重）的理解。

（1）保护法益。从侵害英雄烈士名誉、荣誉罪罪名出发可以看出，该罪的保护法益是英雄烈士的名誉或荣誉，同时，《刑法》第299条之一规定还要求损害社会公共利益。因此，该罪的保护法益一方面是英雄烈士的名誉或荣誉，另一方面是社会公共利益。根据我国《民法典》第13条的规定，活着的自然人才"具有民事权利能力，依法享有民事权利"，结论自然是已经牺牲的英雄烈士不享有民事权利能力，不享有民事权利。以此逻辑，我国《刑法》第246条关于侮辱罪和诽谤罪的保护法益也只能是活着的自然人的名誉权或荣誉权（包括健在的英雄人物的名誉权和荣誉权），这就造成对已去世的英雄、烈士的名誉权和荣誉权难以根据侮辱罪、诽谤罪进行保护，导致诸如"邱少云案""狼牙山五壮士案""四川凉山救火英雄案"等案件，最终只能以检察机关提起民事公益诉讼的形式进行保护，导致保护力度明显不够。对

---

[1] 参见刘艳红："法秩序统一原理下侵害英雄烈士名誉、荣誉罪的保护对象研究"，载《法律科学（西北政法大学学报）》2021年第5期，第110~123页；高巍："国家符号的刑法保护"，载《中国法学》2022年第1期，第182~202页；王钢："刑法新增罪名的合宪性审查——以侵害英雄烈士名誉、荣誉为例"，载《比较法研究》2021年第4期，第83~97页；王政勋："论侵害英雄烈士名誉、荣誉罪的保护法益"，载《法治现代化研究》2021年第5期，第65~77页；金鸿浩、张高媛："侵害英雄烈士名誉、荣誉罪的判断与认定"，载《人民检察》2021年第19期，第22~24页；周光权："法秩序统一性的含义与刑法体系解释——以侵害英雄烈士名誉、荣誉罪为例"，载《华东政法大学学报》2022年第2期，第6~19页。

于已去世的英雄、烈士的名誉权和荣誉权的重要性，正如中共中央办公厅、国务院办公厅、中央军委办公厅《关于加强新时代烈士褒扬工作的意见》指出的：“英雄烈士是民族的脊梁、时代的先锋，英烈事迹和精神是中华民族的共同历史记忆和宝贵精神财富，是激励全党全国各族人民不懈奋斗的力量源泉。”也如《英雄烈士保护法》第2条和第3条规定的那样：英雄烈士为了争取民族独立和人民解放，实现国家富强和人民幸福，促进世界和平和人类进步而毕生奋斗、英勇献身，功勋彪炳史册，精神永垂不朽；英雄烈士事迹和精神是中华民族的共同历史记忆和社会主义核心价值观的重要体现。正是以这种对英雄烈士名誉权和荣誉权的认识为基础，为了更好、更有力地保护英雄烈士的名誉权和荣誉权，同时与《英雄烈士保护法》第26条的规定相协调（即以侮辱、诽谤或者其他方式侵害英雄烈士的姓名、肖像、名誉、荣誉，损害社会公共利益……构成犯罪的，依法追究刑事责任），《刑法修正案（十一）》增设了侵害英雄烈士名誉、荣誉罪。与此同时，英雄烈士的名誉或荣誉并非仅单纯作为某个个体的个人名誉或荣誉而存在，英雄烈士的名誉或荣誉实际上也代表着一定群体或组织的名誉或荣誉，已成为一定群体或组织名誉或荣誉的一部分，已成为其光辉历史的一部分，已成为人们历史记忆的一部分，已成为人们共同的精神归宿之一。因此，从形式上看似仅侵害某个具体的英雄烈士名誉、荣誉的行为，实际上也必然“损害社会公共利益”。

（2）保护对象。根据《刑法》第299条之一的规定，本罪的保护对象当然是“英雄烈士”，实际上涉及“英雄烈士”的范围问题。“英雄烈士”既可以分别以“英雄”和“烈士”称谓，代表两个群体，也可以统称为“英雄烈士”（“英雄烈士”仅指“英雄的烈士”的观点不具有合理性）。“英雄烈士”的范围涉及以下问题：其一，“英雄烈士”是否包括活着的“英雄”？根据国务院《烈士褒扬条例》第8条的规定，“烈士”只能包括已“牺牲的”并被“评定为烈士”的人是没有疑问的。因此，问题仅在于“英雄”是否包括活着的英雄。实际上，一方面，根据《英雄烈士保护法》第2条的规定，“英雄烈士”也仅包括“英勇献身的英雄烈士”；另一方面，侵害活着的“英雄”的名誉或荣誉的行为，完全可以依据《刑法》关于侮辱罪和诽谤罪的规定进行处罚，且二者法定刑配置完全相同。可能还存在的问题是，因为“英雄烈士”既包括个人，也可以包括群体，如果相关行为侵害的是群体，而该群体中既有已经牺牲、去世者，也有尚健在者，对该种情形是否需要分别定性？

对于这种情形，最高人民法院、最高人民检察院、公安部《关于依法惩治侵害英雄烈士名誉、荣誉违法犯罪的意见》（公通字［2022］5号）（以下简称"两高一部《英烈意见》"）规定：被侵害英雄烈士群体中既有已经牺牲的烈士，也有健在的英雄模范人物的，可以统一适用侵害英雄烈士名誉、荣誉罪。其二，"英雄烈士"具体如何认定？一方面，需要根据"两高一部"《英烈意见》"关于英雄烈士的概念和范围"进行确定；另一方面，对于具体的"烈士"的认定，应以国务院《烈士褒扬条例》第二章"烈士的评定"相关程序评定的烈士为准。

（3）行为。根据《刑法》第299条之一的规定，侵害英雄烈士名誉、荣誉罪的客观行为包括侮辱、诽谤或者其他方式，侮辱、诽谤是最常见的行为方式。基于"英雄烈士"通常是指已牺牲、已去世的英雄烈士（英雄群体中尚健在的人除外），因此，侮辱、诽谤行为不可能以暴力行为方式实施，通常以语言、文字、图画等行为方式实施；既可以通过网络实施，也可以通过非网络实施。

（4）后果。根据《刑法》第299条之一的规定，侵害英雄烈士名誉、荣誉罪在后果上要求"情节严重"。根据两高一部《英烈意见》规定，对侵害英雄烈士名誉、荣誉的行为是否达到"情节严重"，应当结合行为方式，涉及英雄烈士的人数，相关信息的数量、传播方式、传播范围、传播持续时间，相关信息实际被点击、浏览、转发次数，引发的社会影响、危害后果以及行为人前科情况等综合判断。根据案件具体情况，必要时，可以参照适用最高人民法院、最高人民检察院《关于办理利用信息网络实施诽谤等刑事案件适用法律若干问题的解释》（法释［2013］21号）的规定。在网络时代，通过网络实施侮辱诽谤行为已成为一种常见行为方式。根据最高人民法院、最高人民检察院《关于办理利用信息网络实施诽谤等刑事案件适用法律若干问题的解释》（法释［2013］21号）第2条的规定，利用信息网络诽谤他人，具有下列情形之一的，应当认定为"情节严重"：同一诽谤信息实际被点击、浏览次数达到5000次以上，或者被转发次数达到500次以上的；造成被害人或者其近亲属精神失常、自残、自杀等严重后果的；2年内曾因诽谤受过行政处罚，又诽谤他人的；其他情节严重的情形。

具体就本案而言，边防官兵誓死捍卫祖国领土，英勇牺牲，彰显了新时代卫国戍边官兵的昂扬风貌。陈红军、陈祥榕、肖思远、王焯冉被评定为烈士；陈红军被中央军委追授"卫国戍边英雄"荣誉称号，追记陈祥榕、肖思远、王焯冉一等功，授予祁发宝"卫国戍边英雄团长"荣誉称号。仇某作为一个微博拥有粉丝数 250 余万的网络大 V，通过微博歪曲卫国戍边官兵祁发宝、陈红军、陈祥榕、肖思远、王焯冉等人的英雄事迹，诋毁、贬损卫国戍边官兵的英雄精神的言论，共计被阅读 202 569 次、转发 122 次、评论 280次，引起公众强烈愤慨，造成恶劣社会影响。因此，司法机关对仇某犯侵害英雄烈士名誉、荣誉罪的定性是恰当的。

（二）本案例课程思政元素分析

1. 制度规范

通过本案例，深入理解《刑法修正案（十一）》（《刑法》第 299 条之一）增设侵害英雄烈士名誉、荣誉罪的立法背景和成罪条件。

2. 价值引领

第一，培养学生的家国情怀。近代以来，无数先烈为了争取民族独立和人民解放，实现国家富强和人民幸福，促进世界和平和人类进步而毕生奋斗、英勇献身。他们的英雄事迹将永远为人们所铭记，他们的精神是中华民族的共同历史记忆和宝贵精神财富，是激励全国各族人民不懈奋斗的力量源泉。

第二，培养学生正确的历史观。侮辱、诽谤英雄烈士名誉、荣誉的行为是历史虚无主义的一种表现。铭记英烈事迹、继承英烈精神，就是要不忘历史，站在前人的肩上，为开创中华民族伟大复兴新的历史和未来不懈奋斗。

第五章

经济法学课程思政教学案例研究[1]

第一节　经济法学与课程思政

一、经济法学课程思政建设的必要性

（一）加强经济法学课程思政教学设计，坚持以马克思主义法学思想和中国特色社会主义法治理论为指导，实现从培养法律人才向培养高素质法治人才的历史性转变

习近平总书记考察中国政法大学时强调：全面推进依法治国是一项长期而重大的历史任务，要坚持中国特色社会主义法治道路，坚持以马克思主义法学思想和中国特色社会主义法治理论为指导。马克思主义法学研究了社会经济基础与上层建筑的关系，揭示了法的本质和法律现象产生和发展的基本规律。经济法学的本质属性是调整现代国家进行宏观调控和市场规制过程中发生的社会关系的法律规范的总称。经济法的基本原则核心的内涵便是：注重维护社会经济总体效益，兼顾社会各方经济利益公平。这一经济法基本原则也可以更简要地表述为：社会总体经济效益优先，兼顾社会各方利益公平。从以上分析我们可以得出：经济法学的核心理念与马克思主义法学思想和中国特色社会主义法治理论不谋而合，因此，在进行经济法讲授过程中，加入思政元素，加强经济法学课程思政教学设计，实现从培养法律人才向培养高

〔1〕　安静，内蒙古包头人，四川民族学院法学院教授，法律硕士，主要讲授"知识产权法"。基金项目：国家民委教改项目：《以"习近平法治思想"为中心的法学专业课程思政教学设计研究》。

素质法治人才的历史性转变，其创新的重点在于"渗透性"，在无形中指引大学生牢固树立起正确的人生观、世界观、价值观。

（二）"经济法学＋思政"协同效应，引导法科生厘清全面依法治国重大战略，自觉抵制各种错误观点和错误思潮，增强科学思维能力

经济法是一个重要的法的部门，它所具有的重大作用主要表现在以下几个方面：（1）坚持以公有制为主体、多种所有制经济共同发展；（2）引导、推进和保障社会主义市场经济体制的建立和完善；（3）扩大对外经济技术交流和合作；（4）保证国民经济持续、快速、健康地发展。从经济法在社会学上的重要作用我们可以看出，经济法学教育与思政教育存在着天然而紧密的联系，法学乃正义之学，法学教育本身就是对意识形态领域的塑造和完善，经济法学基础理论和基本制度直接涉及意识形态因素。经济法学教育基于中国国情、中国经济问题探索，因此，我们应完善经济法学课程思政教学设计内涵建设，推动思政元素融于经济法学课程，形成"经济法学＋思政"协同效应，引导学生厘清全面依法治国重大战略，自觉抵制各种错误观点和错误思潮，增强科学思维能力。

综上，法科生在学习经济法时，除了要不断学习专业知识之外，更主要的是培养逻辑推理、价值判断和责任分配的思维方式，形成独特的法治思维，才能在纷繁复杂的法治实践中解决法律纠纷，经济法学教育与思政教育完美结合后，可以更好地培养法科生的证据思维、规范思维、权利思维、程序思维、利益思维等，既达到法学教育的目标，又达到课程思政育人的目标。经济法学课程思政建设要达到的最终目标是培养的法科生都可以为我国治国理政服务，成为担当民族复兴大任的时代新人。

二、经济法课程思政案例教学设计思路阐述

（一）宏观层面：通过确立经济法学课程思政目标，确立经济法教学体系改革的方向和目标

经济法就是以社会为本位，通过国家、社会团体和市场将有限经济利益和稀缺经济资源合理地分配，以营造一个平衡和谐的社会经济环境，最终实现社会整体经济可持续发展的独立部门法律体系。经济法是社会本位法、利益和资源分配法和经济发展法。因此，从经济法的本质特点我们可以得出，经济法课程思政案例教学设计思路从宏观上建立以立德树人为总目标，以国

情、党情和世情为抓手，以"习近平法治思想"为中心设计法学专业思政教学，培养合格的法科生。

（二）微观层面，在案例教学中融入思政元素，重新设计经济法学课程教学，将经济法学课程串联成为"经济法案例教学+思政"特色教学

1. 将中国法治化进程中发生的相关热点事件和时政案例融入课程教学，增强思政育人的感染力，最终达到法科生意识形态的塑造和完善

通过解读经济法基本特点，我们得出以下结论：经济法是国家干预经济的法、经济法是社会责任本位法。经济法的产生是国家干预经济的必然结果，它把调整的重点始终放在引导各类经济主体依法进行经济活动，保证经济关系的正确确立和有序的进行上，以形成本国经济可持续发展的经济环境和经济秩序。经济法始终调整经济关系，调整的目的就是使社会的整体经济能持续、稳定地发展，提高社会生产力水平。同时，经济法以社会利益为基点，无论是国家机关，还是社会组织或个人，都必须对社会负责，在此基础上处理和协调相互之间的关系。经济法学课程对于构建社会主义法治国家，提高国家治理体系和治理能力的现代化具有重要意义。

在微观层面，从经济法基本特点出发，将中国法治化进程中发生的相关热点事件和时政案例融入课程教学，增强思政育人感染力，最终达到对法科生意识形态的塑造和完善，摆脱过去仅靠大量硬性灌输的方式，在案例教学中通过融入思政元素，将输入的内容消化吸收，确立法科生的规则意识、权责意识、批判意识、法治意识，从而达到明辨是非并指导行为的育人效果。

2. 创建"三位一体"的经济法学专业课程思政体系

在所有课程中嵌入思政理念为核心，以人才培养方案的制定、教学大纲设计融入思政理念为中心，以教学方法丰富多元为重心，创建"三位一体"的经济法学专业课程思政体系。

（1）完善经济法学专业课程思政设计，联系法务实践部门，充分发掘经济法学蕴含的思政资源，在所有课程和教学方式中嵌入"思政"理念。

（2）以经济法学人才培养方案的制定、教学大纲的设计为中心，融入思政理念。

（3）对于教学安排、课程大纲、量化考核要落实在制定课程评价标准上，同时，教学方法要丰富多元，以此为重心，推进经济法学课程思政建设。

经济法学课程思政微观层面教育教学改革就是要将社会主义法的价值引

领渗透进经济法学课程，促使"法律知识传授"与"法价值引领"无缝对接，最终实现培养"德法兼修"的社会主义法律人才。

第二节　经济法学课程思政案例研究

一、产品销售者责任纠纷

（一）典型案例

1. 案例介绍

2018 年 8 月 8 日，张某平与张某签订《旧机动车辆买卖协议书》（最终版），约定由张某平出售苏 G8×××× （发动机号×××10）给张某，价格 142 800 元；此车在 2018 年 8 月 8 日 16 时 30 分以前所出现的一切问题（违章、事故、经济纠纷、债权债务）等均由甲方即卖方负责，2018 年 8 月 8 日 16 时 30 分以后所出现的一切问题（违章、事故、经济纠纷、债权债务）等均由乙方即买方负责，并备注"此车包无重大事，无泡水，如有此情况，原价收回全款"。张某平在协议书抬头"卖方"处签署"张某 1"，填写的"张某 1"居民身份证号码为张某平的 320723198201××××，联系电话也是张某平使用的 152××××2288，在落款处签署"张某 1"并按上自己手印，均无"张某 1"其他身份信息。该协议签订后，张某通过微信、银联、支付宝等方式支付给张某平及其经营的连云港市国际商城同盛二手车经营部共计 42 800 元，余款通过抵押贷款方式支付。张某购买涉案机动车后办理了车辆登记手续，行驶证记载该车车牌号苏 G8××××，使用性质非营运，车辆识别代码 LVSHFFAC3GF44××××，发动机号码×××10，注册日期 2016 年 5 月 31 日，发证日期 2018 年 8 月 8 日。

涉案机动车原所有人王某，车牌号为苏 D0××××，于 2017 年 8 月 22 日，案外人王某驾驶该车在常州市××路×××××路高架互通处发生与案外人杨某珍驾驶的车辆碰撞的交通事故，致杨某珍、王某不同程度受伤，两车受损。2017 年 12 月 1 日，王某（甲方）与承保的保险公司中国平安财产保险股份有限公司常州中心支公司（乙方）签订定损协议，该协议第 2 项约定，甲方同意乙方就标的车辆本次事故按标的车实际价值 159 400 元推定全损处理，标的车辆权益转让乙方，标的车辆残值归乙方，由乙方竞拍商收购等。标的车定损照片显示，车辆前部损毁，前保险杠断离，右前轮已脱落不见，左前轮倾斜挤压近 A 柱，驾驶室受侵致方向盘变形，安全气囊弹出，前挡风玻璃破裂等。经关联案件检索，案外人杨某珍、王某均就其损失提起民事诉讼，经常州市钟楼区人民法院调解均已结案，其中，杨某珍损失金额为 221 098 元。连云港市国际商城同盛二手车经营部系个体工商户，经营者为张某平，至张某提起本案诉讼前查询日期 2020 年 5 月 28 日为在业状态，本案审理中，经张某平申请，海州区市场监督管理局新浦分局于 2020 年 11 月 11 日登记注销。[1]

2. 判决结果

一审法院依照最高人民法院《关于适用〈中华人民共和国民法典〉时间效力的若干规定》第 2 条，《消费者权益保护法》第 8 条、第 55 条第 1 款，《合同法》（当时有效，本节下同）第 54 条、第 58 条，《民事诉讼法》第 64 条第 1 款、第 144 条，最高人民法院《关于适用〈中华人民共和国民事诉讼法〉的解释》第 90 条之规定，判决：（1）撤销张某与张某平在 2018 年 8 月 8 日签订的《旧机动车辆买卖协议书》；（2）张某平于判决发生法律效力之日起 10 日内退还张某购车款 142 800 元，张某于判决发生法律效力之日内将车辆识别代码 LVSHFFAC3GF44××××，发动机号码×××10 车辆返还张某平。（3）张某平于判决发生法律效力之日起 10 日内赔偿张某 428 400 元。如果未按判决指定的期间履行给付金钱义务，应当依照《民事诉讼法》第 253 条之规定，加倍支付迟延履行期间的债务利息。案件受理费 9552 元、保全费 3520 元，合计 13 072 元，由张某平承担 13 072 元（张某预交，张某平于判决生效后 10 日内给付张某）。

3. 涉案问题

本案争议焦点有：本案的合同主体；案涉车辆是否发生过"重大事"（张某平承诺事项）；张某平在案涉车辆交易过程中是否存在欺诈行为；张某平主张张某行使撤销权超过 1 年期限是否成立；张某依据《消费者权益保护法》的相关规定请求撤销张某、张某平签订的《旧机动车辆买卖协议书》，退还车款及赔偿三倍购车款是否应予支持？

4. 案例研析

（1）关于本案的合同主体：张某平认为其并非合同当事人，涉案车辆系张某1出售给张某，其仅起中介及帮助贷款作用。张某平与张某签订《旧机

---

〔1〕 案例来源于：江苏省连云港市中级人民法院民事判决书［2021］苏 07 民终 4185 号。

动车辆买卖协议书》，张某平在协议书"卖方"处签署"张某1"，所填写的"张某1"居民身份证号码却是张某平的身份证号码，联系电话也是自己使用的手机号码，无"张某1"其他身份信息。张某向张某平及其经营的连云港市国际商城同盛二手车经营部支付该车首付款，并由张某平帮助自己办理剩余车款抵押贷款手续。张某平所称涉案车辆系张某1出售给张某，其仅为中介作用，但无证据证明，故张某平应为涉案合同主体。

（2）关于涉案车辆是否发生过"重大事"或者说重大事故：根据公安部《关于修订道路交通事故等级划分标准的通知》（已失效）第1条第3款规定："重大事故，是指一次造成死亡1至2人，或者重伤3人以上10人以下，或者财产损失3万元以上不足6万元的事故。"本案中，涉案车辆经保险公司定损推定全损159 400元，案外人杨某珍损失221 098元，远超过该标准确定财产损失起点，符合"重大事故"标准；同时，定损照片显示，涉案车辆前部损毁，前保险杠断离，右前轮已脱落不见，左前轮倾斜挤压近A柱，驾驶室受侵致方向盘变形，安全气囊弹出，前挡风玻璃破裂等，从常人的认知角度来看，该车辆的损坏对车辆的性能和安全性均有重大影响。结合公安部门出具的道路交通事故证明，此次事故造成两人不同程度受伤，两车受损，可以判断涉案车辆在出售给张某之前曾经发生过"重大事"。

（二）本案例课程思政元素分析

1. 制度规范

关于张某行使撤销权超过1年期限：《合同法》第54条第2款规定："一方以欺诈、胁迫的手段或者乘人之危，使对方在违背真实意思的情况下订立的合同，受损害方有权请求人民法院或者仲裁机构变更或者撤销。"第55条规定："有下列情形之一的，撤销权消灭：（一）具有撤销权的当事人自知道或者应当知道撤销事由之日起一年内没有行使撤销权……"本案中，张某主张其在使用该车过程中于2020年5月份才发现该车曾经发生过重大事故，张某向一审法院提起诉讼后，一审法院于2020年10月16日正式立案审理，张某平无证据证明张某知道或应道知道撤销事由具体时间，其辩解张某主张撤销权超过1年期限不予采纳。

关于张某主张依据《消费者权益保护法》的相关规定，请求撤销张某、张某平签订的《旧机动车辆买卖协议书》，退还车款及赔偿三倍购车款是否应予支持。经营者提供商品或者服务有欺诈行为的，应当按照消费者的要求增加赔偿其受到的损失，增加赔偿的金额为消费者购买商品的价款或者接受服务的费用的三倍。从前述所认定的事实来看，张某购买案涉车辆用于消费而非营运，张某平在出卖涉案车辆给张某时存在欺诈行为，将发生过重大事故的车出售给张某，故张某请求撤销其与张某平签订的《旧机动车辆买卖协议书》、退还购车款并增加赔偿其三倍购车款的请求，合法有据，应予支持。但金额应根据其提供的最终合同所载车价 142 800 元计算（张某已确认）。

通过本案，培养法科生的制度规范意识，增强逻辑推理、价值判断和责任分配的思维方式，正如古语云：经国序民，正其制度。

2. 价值引领

本案中关于张某平在案涉车辆交易过程中是否存在欺诈行为：如前所述，涉案车辆在出售给张某之前曾发生过交通事故且属于重大事故车，张某平作为专门从事二手车经营的人，有条件对出售的二手车是否发生过重大事故情况进行查询，也有义务将查询结果如实告知消费者，张某也正是基于对张某平专业水平的信任才通过张某平及其经营部购买二手车，事实上，张某平在向张某出售涉案车辆时承诺包此车无重大事故，按理只有在明知车况时才会作出有无重大事故的郑重承诺，但其承诺内容明显不实，当然可以理解为隐瞒了涉案车辆重大事故，存在欺诈行为。

基于本案，我们对照社会主义核心价值观，对法科生进行价值引领，社会主义核心价值观是社会主义核心价值体系的内核，体现社会主义核心价值体系的根本性质和基本特征，反映社会主义核心价值体系的丰富内涵和实践要求，是社会主义核心价值体系的高度凝练和集中表达。其中"爱国、敬业、诚信、友善"，是公民基本道德规范，是从个人行为层面对社会主义核心价值观基本理念的凝练。它覆盖社会道德生活的各个领域，是公民必须恪守的基本道德准则，也是评价公民道德行为选择的基本价值标准。其中，诚信即诚实守信，是人类社会千百年传承下来的道德传统，也是社会主义道德建设的重点内容，它强调诚实劳动、信守承诺、诚恳待人。因此，进行案例分析时，通过对法科生进行诚信观念灌输，让他们树立社会主义核心价值观理念。

在本案学习中对社会主义核心价值观的灌输，我们通过"渗透性"，通过"无声润物"来潜移默化地引导学生树立正确的人生观、价值观。经济法学课程思政改革的目的在于，在发挥思政课作为德育教育主阵地和主渠道作用的同时，让每个课堂都肩负起育人功能，让每位教师都承担起教育者的责任和使命，回归教书育人的教师本位，致力于培养"法治中国"的建设者和接班人。

二、网商营销与用户知情间的冲突与规制

（一）典型案例

1. 案例介绍

爱奇艺网站（网址：www.iqiyi.com）系爱奇艺公司运营管理的以提供网络视频服务为主的一家网站，该网站提供不同类型的 VIP 服务。2018 年 9 月 21 日，孙某某（会员用户名：Portia222）进行了爱奇艺网站"黄金 VIP 会员 3 个月"的会员充值，并成为爱奇艺网站的 VIP 会员，该会员服务于 2018 年 12 月 20 日终止。孙某某陈述，其根据"会员跳广告"的指示，点击该广告语进入付款界面，因《VIP 会员服务协议》提示不明显，其未查看协议即购买了 VIP 会员服务。爱奇艺网站的非 VIP 用户，观看爱奇艺视频时有片头广告，爱奇艺网站在片头广告播放时插入"会员跳广告"的提示语，点击该提示语即进入付款界面，付款界面包含价格、付款方式（付款二维码）、《VIP 会员服务协议》及《自动续费服务协议》几项内容。点击《VIP 会员服务协议》可查看 VIP 会员服务协议的内容，该协议对双方权利义务进行了约定，其中第 5 条为 VIP 会员权益及服务期限、收费标准的约定，5.2 条系关于广告的特别说明：我们会在您观看影片内容时提供"跳广告"的会员权益，您可一键关闭片头广告，但此权益可能不涉及全部影视，部分影片因版权方限制或其他限制原因，仍可能会向你呈现不同类型的广告服务，且亦不排除爱奇艺以其他方式投放广告或商业信息。

另，爱奇艺公司将"VIP"置于爱奇艺网站首页的右上端，鼠标置于"VIP"处，该项下有"了解 VIP 会员专享特权"下拉菜单，点击"了解 VIP 会员专享特权"即进入 VIP 权属介绍界面，点击特权之一的"跳广告"则进入跳广告介绍界面，载明的权益内容为：VIP 会员观看影视内容自动跳过的前贴片广告（约 90 秒），可手动跳过会员定向推荐内容，省时省心不用等待（部分片源因版权方限制，仍可能会向您呈现不同种类的广告服务）。单击右上端的"VIP"即进入付款界面，该付款界面即包含价格、付款方式（付款二维码）、《VIP 会员服务协议》及《自动续费服务协议》的界面。孙某某与爱奇艺公司均确认购买爱奇艺 VIP 会员服务后，用户无须观看片头广告。孙某某在观看《中国音乐公告牌》节目时，发现节目中插入爱奇艺会员宣传、

卡姿兰、即刻等广告，爱奇艺公司对此事实无异议，但主张该部分广告与视频进度条结合在一起，可以拖拽跳过，不属于 VIP 用户权益中可以跳过的广告。孙某某一审诉讼请求：（1）停止插播广告的侵权行为；（2）在其官方网站首页上进行公开赔礼道歉；（3）赔偿孙某某充值的会员费 58 元。[1]

2. 判决结果

一审法院认为，爱奇艺公司未尽到充分告知孙某某的义务，导致孙某某在观影体验等方面受到一定损害，依据《消费者权益保护法》的规定应承担赔偿责任。一审法院酌情确定爱奇艺公司赔偿孙某某 30 元。一审判决后，孙某某、爱奇艺公司均不服，提出上诉。二审法院审理后，判决：驳回上诉，维持原判。

3. 涉案问题

本案焦点问题：原告是否是消费者而可适用《消费者权益保护法》？被告爱奇艺是否侵犯原告消费者知情权等？爱奇艺会员服务合同相关内容是否违反《广告法》？是否属于无效格式条款？是否构成违约？被告爱奇艺如何承担责任？

4. 案例研析

本案中原告是苏州大学法学院学生，基于参与学校公益性诉讼项目，购买被告爱奇艺会员服务，提起本案诉讼。原告购买会员服务即成为消费者，同时原告做非营利性公益性项目，也不构成对相关社会秩序的妨害，不足以据此否定其消费者身份。就本案所涉电商对产品内容的告知上，应根据比例原则，界定被告承担适当多一些，同时被告亦有能力做到，比如在网页设计上，被告应做到更方便用户了解服务内容。

（二）本案例课程思政元素分析

1. 制度规范

（1）被告爱奇艺是否侵犯原告消费者知情权等？

被告的会员服务，在网页上用了"会员跳广告"的显著宣传语，通常可理解为会员可以跳过、免看视频内容里插播的全部广告，但实际会员仅可跳过片头广告，片中仍有广告，而被告另以相对不显著的页面安排设定会员协

---

[1] 案件来源："大学生诉爱奇艺会员'跳不过广告'，获赔 30 元"，载 https://www.sohu.com/a/356646350_100021931，访问日期：2022 年 7 月 11 日。

议和会员特权（要点开才能看到），里面对"会员跳广告"实际含义作了限缩界定。应认为，原告作为消费者，在订约过程中享有对会员服务内容的充分知情权，根据《合同法》有关规定，被告在订约前就负有以合理方式诚信告知服务内容的义务（先合同义务），而其作为更有技术条件优势的网络服务商，以带有误导性的宣传方式引导消费者购买会员服务，构成对原告知情权一定程度的侵害。另，被告不构成侵犯原告自由选择权、公平交易权。

（2）爱奇艺会员服务合同相关内容是否违反《广告法》？是否属于无效格式条款？是否构成违约？

会员服务中的广告本是合同内容安排，本案所涉并不违反《广告法》。被告提供的会员服务合同文本是格式条款，但不符合格式条款无效的规定。被告是违反订约前诚信告知会员服务内容的义务，而订约后合同应属有效，被告也无对合同约定义务的违约。

从本案可以得出："法，非从天下，非从地出，发于人间，合乎人心而已。"[1]规范制度，可以天下治。

2. 价值引领

本案中，被告违反订约过程中诚信告知义务，侵害原告消费者知情权，致原告一定信赖利益损失，应承担相应责任（缔约过失责任）。

本案的审判奉行以消费者为中心的理念，坚持把消费者立场作为根本立场，维护消费者权益。

关于互联网业态的法律规制。要保护促进互联网商业的创新，宽容互联网新业态新服务的多样化发展，司法不宜过多干预限制。但是，互联网经营仍然要有底线有尺度有规范，特别面向不特定大量网民消费者，要遵循诚信原则，不能损害网民消费者的合法权益。

三、有限公司解散纠纷

（一）典型案例

1. 案例介绍

原告：谭某国。

被告：楚雄久亚金属结构有限公司（以下简称：久亚公司）。

---

〔1〕 出自《慎子·逸文》。

第三人：杨某国、杨某霖。

被告久亚公司成立于 2014 年 7 月 31 日，注册资本为 3 500 000 元，登记股东为第三人杨某霖；被告久亚公司的实际股东为原告谭某国及第三人杨某国，二人各持有被告久亚公司 50% 的股权。2015 年 1 月 5 日，原告谭某国与第三人杨某国共同出具授权委托书，以被告久亚公司实际股东身份授权委托第三人杨某霖担任被告久亚公司总经理即法定代表人，全面代表股东行使法定代表人职权。原告谭某国与第三人杨某国曾就被告久亚公司股权结构调整一事进行协商，但协商未果。原告请求强制解散公司。[1]

2. 判决结果

因在案证据不能证明被告久亚公司符合强制解散的法定情形，驳回原告谭某国的诉讼请求。

3. 涉案问题

被告久亚公司是否具备强制解散的法定条件？

4. 案例研析

因原告谭某国与第三人杨某国均认可双方在经营过程中因个人之间的经济纠纷而发生矛盾，同时鉴于双方各持有被告久亚公司 50% 股权，且双方分别使用被告久亚公司的资产从事各自经营，以及在案证据不能证明被告久亚公司于原告谭某国提起本案诉讼前两年内召开过股东会且被告久亚公司能够按照公司章程的规定正常从事经营管理的事实，故法院认定被告久亚公司的经营管理发生严重困难，已陷入公司僵局。

虽然被告久亚公司及第三人杨某国分别以各自的名义分别就其与原告谭某国之间的经济纠纷向人民法院提起诉讼，但鉴于公司与股东之间及股东相互之间存在其他经济纠纷且双方通过诉讼方式解决纠纷的行为在公司经营管理过程中亦属平常，且原告谭某国亦通过使用被告久亚公司的资产从事经营而盈利，故认定原告谭某国提交的证据不足以证实被告久亚公司继续存续会对其利益造成严重损害。

虽然原告谭某国与第三人杨某国于本案诉讼前就被告久亚公司股权结构调整一事协商未果，但双方均认可系因涉诉经济纠纷未决而导致双方未能就

---

[1] 案件来源：云南省楚雄市人民法院谭某国与楚雄久亚金属结构有限公司解散纠纷一审民事判决书，[2021] 云 2301 民初 127 号。

被告久亚公司股权结构调整一事协商一致，且第三人杨某国当庭表示愿意通过公司股权调整方式化解公司僵局，故认定被告久亚公司的僵局并未通过穷尽其他各种救济手段予以解决。

（二）本案例课程思政元素分析

1. 制度规范

依照《公司法》第 180 条、第 182 条，最高人民法院《关于适用〈中华人民共和国公司法〉若干问题的规定（二）》（2020 年修正）第 1 条、第 4 条、第 5 条及最高人民法院《关于适用〈中华人民共和国民事诉讼法〉的解释》第 90 条、第 91 条、第 92 条第 1 款规定，认为：被告久亚公司的僵局并未通过穷尽其他各种救济手段予以解决，在案证据不能证明被告久亚公司符合强制解散的法定情形，因此，久亚公司不具备强制解散的法定条件。

从本案可以得出："法令行则国治，法令弛则国乱。"[1]加强制度规范，有利于国治。

2. 价值引领

市场主体是经济运行的"细胞"，是社会生产力的基本载体。习近平总书记强调，"要加大政策支持力度，激发市场主体活力""要千方百计把市场主体保护好，为经济发展积蓄基本力量"。培育壮大市场主体，激发市场主体活力，是战胜风险挑战、保障经济行稳致远的重要基础，也是形成强大国内市场、构建新发展格局的必然要求。

从近几年政府工作报告以及国务院《优化营商环境条例》中可以看到，"法治化"的营商环境被明确为营商环境提升的方向。法律具有明确性、规范性和稳定性，从而能够为人们提供清晰明确的行为准则，由此才能降低生产交易的"制度成本"，带来活力、效率、稳定和秩序。

四、股权转让纠纷

（一）典型案例

1. 案例介绍

沙首公司系成立于 2015 年 4 月 27 日的中外合资企业。公司股东阿某出资

---

[1]　摘自《潜夫论·卷四·述赦》。

人民币（以下币种同）200万元持股40%、哈某德出资200万元持股40%、吴某出资100万元持股20%。2019年7月，三股东经友好协商决定引入哈某成为沙首公司的第四位股东，故各方于2019年7月16日签订股权转让协议书三份，约定阿某将沙首公司7.5%股权作价37.5万元转让给哈某、哈某德将沙首公司12.5%股权作价62.5万元转让给哈某、阿某将沙首公司5%股权作价25万元转让给吴某，各方约定受让方应于协议签订之日起30日内，向出让方付清全部股权转让价款。协议签订后，沙首公司召开股东会，修改公司章程，将哈某记入沙首公司的股东名册，并于2019年11月2日办理了工商变更登记，变更后阿某持有沙首公司27.5%股权、哈某德持有沙首公司27.5%股权、吴某持有沙首公司25%股权，哈某持有沙首公司5%股权。但受让人哈某、吴某未按协议约定向出让人支付股权转让款。故阿某等出让人向法院提起诉讼，要求解除股权转让协议，并将登记于受让人名下的股权返还给出让人。[1]

2. 判决结果

浦东法院分别于2021年3月26日受理［2021］沪0115民初27957号案件、于2021年5月24日受理［2021］沪0115民初48169号、［2021］沪0115民初48171号案件。因三个案件涉及同一目标公司的股权转让，浦东法院将三个案件合并审理，又因诉请事项涉及目标公司沙首公司，故浦东法院依职权追加沙首公司为本案第三人。经与各当事人沟通，各方对本案争议不大，浦东法院于2021年5月26日委托上海经贸商事调解中心的外籍调解员孔宏德先生（Peter Corne）就三案进行调解。经调解各方自愿达成调解协议：（1）解除各方于2019年7月16日签订的三份《股权转让协议》；（2）2021年6月15日前，哈某将受让的沙首公司12.5%股权返还哈某德、哈某将受让的沙首公司7.5%股权返还阿某、吴某将受让的沙首公司5%股权返还阿某，沙首公司协助办理工商登记变更手续。浦东法院于2021年5月27日分别出具［2021］沪0115民初27957号、［2021］沪0115民初48169号、［2021］沪0115民初48171号民事调解书。

3. 涉案问题

依托涉外商事纠纷一站式工作室，外籍调解员在线跨境调解。

---

[1] 案件来源：上海浦东法院发布涉外商事审判十大典型案例：阿某等与哈某等股权转让纠纷案——依托涉外商事纠纷一站式工作室外籍调解员在线跨境调解。

4. 案例研析

受新冠疫情影响，外籍当事人无法到所在国办理身份公证认证手续，导致立案障碍。浦东法院经当事人申请启用跨境诉讼当事人网上立案服务，通过远程在线视频完成了外籍当事人的身份确认与录入，顺利立案。并在立案后的 3 日内，由承办案件的自贸区法庭，依托涉外商事纠纷"诉讼、调解、仲裁"一站式解决工作室，通过诉中委托调解的方式，由上海经贸商事调解中心外籍调解员进行调解，并最终以当事人在线、代理人线下的方式，顺利达成调解协议，并由浦东法院确认后及时出具民事调解书。

（二）本案例课程思政元素分析

1. 制度规范

案件通过在线确认外籍当事人身份、在线进行调解，从受理到审结仅用时 4 天，充分体现了浦东法院为优化营商环境，提供开放、便捷、高效的司法服务保障。因此，可以看出："立善法于天下，则天下治；立善法于一国，则一国治。"[1]

2. 价值引领

这种"一站式"多元化的商事纠纷机制进一步提供了矛盾纠纷多元化解的高效性、专业性、精确性，在由于新冠疫情给全球带来的不确定性形势下，显得尤为有效和务实。该案例不仅是浦东新区优化营商环境的缩影，同时也是法院为我国"一带一路"倡议提供司法保障的有利证明。

一个涉外的公司纠纷案件，在立案 3 天后即获得了圆满解决，这在以前是难以想象的事情，这充分体现了"一站式"商事纠纷解决机制的优越性。"一站式"商事纠纷解决机制综合了"诉讼、调解、仲裁"等多元争议解决方式，当事人可以根据案情变化和自身需求灵活切换诉讼、调解和仲裁模式，无需再东奔西走，即可在一个平台上高效便捷地解决争议。

将优化营商环境建设全面纳入法治化轨道，把依法平等保护各类市场主体产权和合法权益贯彻到立法、执法、司法、守法等各个环节。

---

[1] 出自（北宋）王安石《周公》。

五、侵害商业秘密纠纷

（一）典型案例

1. 案例介绍

原告长沙缔荣文化发展有限公司系一家从事职称评定业务的有限责任公司，成立于2011年8月18日。2020年10月9日，被告袁某伟、刘某、尹某入职原告公司销售岗位。被告袁某伟、刘某、尹某作为乙方与作为甲方的原告签订《劳动合同》，《劳动合同》约定合同期限采取固定期限形式，合同期限为1年，自2020年10月9日至2021年10月8日。乙方工作岗位为销售或业务岗位。同时在该合同中第8条约定了商业秘密保护及竞业限制。该合同还约定，乙方确认：甲方在签署本合同前已如实告知与签订劳动合同相关的一切事宜（工作地点、岗位、工作内容、工资薪酬等）以及甲方制定的规章制度（包括但不限于员工手册、考勤制度、奖惩制度、行为准则、乙方从事岗位的录用条件说明书及职责说明书、培训协议、保密协议书和竞业限制协议等）内容，乙方清楚知悉并无异议。被告廖某好也入职了原告公司，但未与原告签订劳动合同。同日，被告袁某伟、刘某、尹某与原告签订《竞业禁止及商业保密协议》，该协议约定：被告对其因身份、职务、职业或技术关系而知悉的甲方商业秘密（包括甲方的薪酬体系）均应严格保密，保证不被披露或使用，包括意外或过失。即使这些信息甚至可能是全部地由被告本人因工作而构思或取得的。在服务关系存续期间，被告未经授权，不得以竞争为目的、或出于私利、或为第三人谋利、或为故意加害于原告，擅自披露、使用商业秘密、制造再现商业秘密的器材、取走与商业秘密有关的物件；不得直接或间接地向原告内部、外部的无关人员泄露；不得向不承担保密义务的任何第三人披露甲方的商业秘密；不得允许或协助不承担保密义务的任何第三人使用原告的商业秘密；不得复制或公开包含原告商业秘密的文件或文件副本；对因工作所保管、解除的有关原告公司或原告客户的文件应妥善对待，未经许可不得超出工作范围使用。服务关系结束后，被告应将与工作有关的资料、数据、材料、客户名单等一并交还原告。包括但不限于原告分配给被告的手机号码、微信、QQ、客户资源、文件材料等。被告因各种原因离开原告，自离开原告之日起1年内不得自营或为原告的竞争者提供服务，不得从事与其在甲方生产、研究、开发、经营、销售有关的相关工作（包括受雇他人或自行从事)，并对其所获取的商业秘密严加保守，不得以任何理由或借口予以泄露。被告违反协议中的保密义务，应向原告支付违约金 2 万元，如因被告的违约行为给原告造成经济损失的，被告应承担相对应的赔偿责任，同时原告保留其他法律追究的权利。被告如将商业秘密泄露给第三人或使用商业秘密使原告遭受损失的，被告应对原告进行赔偿，其赔偿的数额不少于由于其违反义务所给原告带来的损失。因被告恶意泄露商业秘密给原告造成严重后果的，原告将通过法律手段追究其侵权责任，直至追究其刑事责任。被告刘某与尹某的上述《竞业禁止及商业保密协议》甲方处未有原告签章，仅在乙方处由被告刘某及尹某签名并按捺手印。

2021 年 4 月 17 日，被告袁某伟、廖某好、刘某、尹某通过微信向原告提出辞职，未履行法定的离职手续并带有了公司提供的 SIM 卡及微信号，被告袁某伟、廖某好、刘某、尹某辩称未归还 SIM 卡及微信号是因为原告未发放工资。

另原告向法院提交了从其 EC 系统中导出的客户名单，该客户资料显示，每个客户包含了以下信息：客户全名，性别，手机号码，工作单位，最近动态时间，客户进展，标签 (主要是客户申报的职称的类别，级别以及欲申报时间)，客户类型，客户星级，跟进人，跟进人 EC 号，部门，创建人。

另查明，被告湖南职称通公司系有限责任公司，成立于 2021 年 4 月 7 日，经营范围为文化活动的组织与策划、教育咨询等。初始股东为陈某健、袁某伟、廖某好。2021 年 4 月 26 日，袁某伟、廖某好退出股东，股东变更为陈某健。原告主张被告与其开展相同业务且四被告利用原告公司工作期间所获悉掌握的经营信息及客户资源提供给被告湖南职称通公司使用，并向法院提交了一份其公司的《职称咨询服务协议》与被告湖南职称通公司的《职称咨询服务协议》，经对比发现，两者使用的协议基本完全一致。[1]

2. 判决结果

被告袁某伟、廖某好、刘某、尹某构成侵犯原告商业秘密的不正当竞争，对于原告的此项确认诉请，法院予以支持。对于原告要求被告停止使用不正当获取的原告客户信息开展经营活动的诉请，因停止使用包含了现在正在使

---

〔1〕　案件来源："长沙缔荣文化发展有限公司、袁某伟等侵害商业秘密纠纷民事一审民事判决书"湖南省长沙市天心区人民法院〔2021〕湘 0103 民初 4996 号。

用和将来的利用两层意思，因原告没有证据证明被告现在正在使用，所以只对于被告将来之利用之禁止，法院予以支持，即被告袁某伟、廖某好、刘某、尹某不得将原告的商业秘密进行传播、利用直至相关信息已为公众知悉，但客户名单具体以原告在诉讼中向法院提交的 EC 系统内部导出的名单为限。对于原告要求被告立即向原告返还含有全部客户信息的业务微信的诉请，因原告对于微信客户信息主张以 EC 系统内部导出的名单为准，法院也对此予以确认，且对于被告袁某伟、廖某好、刘某、尹某今后可能利用如上客户信息加以禁止，为了今后执行的可操作性，本案已无判令该四被告再返还客户信息之必要。但是，该四被告私自带走的微信号属于公司财产，现原告又有此诉请主张，四被告应返还业务微信，对已绑定自己私人手机号的应予以解绑与变更。

就该四被告赔偿损失的数额，根据最高人民法院《关于审理不正当竞争民事案件应用法律若干问题的解释》（已失效）第 17 条规定，对侵害商业秘密的不正当竞争行为的损害赔偿额，可以参照确定侵犯注册商标专用权的损害赔偿额的方法进行。《商标法》第 63 条第 3 款规定："权利人因被侵权所受到的实际损失、侵权人因侵权所获得的利益、注册商标许可使用费难以确定的，由人民法院根据侵权行为的情节判决给予五百万元以下的赔偿。"最高人民法院《关于审理商标民事纠纷案件适用法律若干问题的解释》第 16 条第 2 款规定："人民法院在适用商标法第六十三条第三款规定确定赔偿数额时，应当考虑侵权行为的性质、期间、后果，侵权人的主观过错程度，商标的声誉及制止侵权行为的合理开支等因素综合确定。"因原告并未提供证据证明本案被告因实施上述侵权行为所获利益，亦未提交证据证明其因上述侵权行为所遭受的损失，法院综合考虑以下因素：需要承担侵权责任的四被告的主观过错程度、案涉商业秘密的重要程度、案涉商业秘密的传播范围及原告合理支出费用，依法酌定被告共同赔偿原告经济损失及合理开支费用 120 000 元。

3. 涉案问题

本案需要裁决判断几个问题：一是原告主张被告获得原告的客户信息是否属于侵犯商业秘密的不正当竞争行为；二是原告主张依据《反不正当竞争法》第 2 条即违反诚实信用原则是否也需纳入不正当竞争的违法评价中；三是被告湖南职称通公司对于被告袁某伟、廖某好、刘某、尹某行为是否具有共同故意与合谋，是否应承担共同侵权责任。

4. 案例研析

关于案涉客户名单是否构成商业秘密的问题。《反不正当竞争法》第 9 条第 4 项规定，商业秘密，是指不为公众所知悉、具有商业价值并经权利人采取相应保密措施的技术信息、经营信息等商业信息。根据最高人民法院《关于审理不正当竞争民事案件应用法律若干问题的解释》第 13 条第 1 款规定，商业秘密中的客户名单，一般是指客户的名称、地址、联系方式以及交易的习惯、意向、内容等构成的区别于相关公知信息的特殊客户信息，包括汇集众多客户的客户名册，以及保持长期稳定交易关系的特定客户。最高人民法院《关于审理侵犯商业秘密民事案件适用法律若干问题的规定》第 1 条第 2、3 款规定，与经营活动有关的创意、管理、销售、财务、计划、样本、招投标材料、客户信息、数据等信息，人民法院可以认定构成《反不正当竞争法》第 9 条第 4 款所称的经营信息。前款所称的客户信息，包括客户的名称、地址、联系方式以及交易习惯、意向、内容等信息。当事人指称他人侵犯其商业秘密的，应当对其拥有的商业秘密符合法定条件、对方当事人的信息与其商业秘密相同或者实质相同以及对方当事人采取不正当手段的事实负举证责任。其中，商业秘密符合法定条件的证据，包括商业秘密的载体、具体内容、商业价值和对该项商业秘密所采取的具体保密措施等。

根据法律规定，客户名单如构成商业秘密，应同时具备"不为公众所知悉、能为权利人带来经济利益、具有实用性并经权利人采取保密措施"三个特性，其构成与相关公知信息的一般客户信息不同。对于人原告主张的被告手机微信的客户名单是否属于商业秘密，应从是否具有上述三个特性作出判断。（1）是否"不为公众所知悉"，最高人民法院《关于审理不正当竞争民事案件应用法律若干问题的解释》第 9 条规定，有关信息不为其所属领域的相关人员普遍知悉和容易获得，应当认定为《反不正当竞争法》第 9 条第 4 款规定的"不为公众所知悉"。本案中，原告所主张的涉案客户名单应当属于汇集众多客户的客户名册，该客户名册原告花费大量的人力、物力、财力，该客户名册包含了客户的名称、工作单位、联系方式、交易意向等特殊信息，该信息区别于相关公知信息，应当认定为具有秘密性。（2）是否"能为权利人带来经济利益、具有实用性"。最高人民法院《关于审理不正当竞争民事案件应用法律若干问题的解释》第 10 条规定，有关信息具有现实的或者潜在的商业价值，能为权利人带来竞争优势的，应当认定为《反不正当竞争法》第

10 条第 3 款规定的"能为权利人带来经济利益、具有实用性"。本案中，获得涉案客户会节约交易成本，增加交易机会，具有现实的或者潜在的商业价值、增加交易机会，能为原告带来竞争优势及经济利益。（3）是否"经权利人采取保密措施"。最高人民法院《关于审理不正当竞争民事案件应用法律若干问题的解释》第 11 条规定，权利人为防止信息泄漏所采取的与其商业价值等具体情况相适应的合理保护措施，应当认定为《反不正当竞争法》第 10 条第 3 款规定的"保密措施"。保密措施是保持、维护商业秘密秘密性的手段。符合《反不正当竞争法》第 9 条规定的保密措施应当表明权利人保密的主观愿望，并明确确定作为商业秘密保护信息的范围，使义务人能够知悉权利人的保密愿望及保密客体，并在正常情况下足以防止涉密信息泄露。这是因为商业秘密既然是通过自己保密的方式产生的权利，如果权利人自己都没有采取保密措施，就没有必要对该信息给予保护，这也是保密措施在商业秘密构成中的价值和作用所在。本案中，原告与新入职工作人员签订了《竞业禁止与保密协议》，劳动合同中也有相关保密条款的约定，原告将涉案微信号采取绑定公司专人手机，将涉案微信公众号内部的客户名单每日上传到 EC 管理系统，该系统采取账户密码验证登录等形式，商业秘密的保护毕竟在技术上依然存在困难，对行为人保密措施的认定标准不宜过高，原告采取的上述措施足以认定其对涉案客户名单采取了一定的保密性措施。综上，原告的涉案客户名单具有商业秘密的一般特征，应当认定属于商业秘密的客户名单。

（二）本案例课程思政元素分析

1. 制度规范

本案的审理依照《民法典》第 179 条第 1 款第 1 项、第 8 项、第 3 款，《反不正当竞争法》第 9 条第 1 项，最高人民法院《关于审理不正当竞争民事案件应用法律若干问题的解释》第 9 条、第 13 条、第 14 条，《民事诉讼法》第 64 条第 1 款、第 144 条之规定。

通过本案我们可以得出以下结论，加强生活中方方面面的制度规范，以良法善治满足人民对民主、法治、公平、正义、安全、环境等方面日益增长的需要。

2. 价值引领

《反不正当竞争法》第 9 条规定，经营者不得实施下列侵犯商业秘密的行为：（1）以盗窃、贿赂、欺诈、胁迫或者其他不正当手段获取权利人的商业秘密；（2）披露、使用或者允许他人使用以前项手段获取的权利人的商业秘密；（3）违反约定或者违反权利人有关保守商业秘密的要求，披露、使用或者允许他人使用其所掌握的商业秘密。第三人明知或者应知商业秘密权利人的员工、前员工或者其他单位、个人实施前款所列违法行为，仍获取、披露、使用或者允许他人使用该商业秘密的，视为侵犯商业秘密。当事人指称他人侵犯其商业秘密的，应当对其拥有的商业秘密符合法定条件、对方当事人的信息与其商业秘密相同或者实质相同以及对方当事人采取不正当手段的事实负举证责任。其中，商业秘密符合法定条件的证据，包括商业秘密的载体、具体内容、商业价值和对该项商业秘密所采取的具体保密措施等。本案中，被告袁某伟、廖某好、刘某、尹某入职原告公司成为业务员，接触到了涉案客户名单，但在工作半年便未履行任何法定离职手续自行离职，将从公司领取的用于工作的添加客户的微信号未返还公司擅自带走，并不久将所绑定的手机号进行更改，以上行为足以认定该四被告以不正当手段获取原告的商业秘密，构成对原告商业秘密的侵犯，违背了诚信原则。

国家要大力加强社会信用体系建设，持续推进政务诚信、商务诚信、社会诚信和司法公信建设，提高全社会诚信意识和信用水平，维护信用信息安全，严格保护商业秘密。

对侵害商业秘密的行为进行惩处，通过法治手段对商业秘密进行有力保护，有利于促进诚信经营、公平竞争，为企业经营发展营造良好的法治环境。

六、不正当竞争纠纷

（一）典型案例

1. 案例介绍

原告漾思公司注册成立于 2017 年 4 月 28 日，注册资本 1 000 000 元，经营范围包括广告设计、制作、代理、发布，从事网络信息科技专业领域内的技术开发、技术转让、技术咨询、技术服务，体育赛事策划，电子商务（不得从事增值电信、金融业务），经营性互联网文化信息服务，会展会务服务，文化艺术交流活动策划，文化（除演出）经济，销售体育用品、电子产品、日用百货、照相器材、服装。审理中，其明确经营内容为电子商务，主要为撮合交易，具体即主播带货，且其只有直播带货一项业务。

被告奥思铭公司注册成立于 2007 年 10 月 30 日，注册资本 1 000 000 元，经营范围包括组织文化艺术交流活动（不含演出），摄影扩印服务，电脑动画设计，应用软件服务，销售电子产品、文具用品、体育用品、照相器材、日用品、针纺织品、首饰、服装，代理进出口，货物进出口，技术进出口。案件审理中，其明确经营内容为通过网络电商平台自行销售商品。

2017年8月11日，漾思公司（甲方）与黄某峰（乙方）签订《经纪代理协议》，约定乙方为甲方独家签约的学员，甲方根据合同履行情况及乙方自身特点安排乙方进行工作，包括乙方参与的广告代言和广告活动、商业活动、网上任何类型的娱乐活动、无线增值业务等。

漾思公司在斗鱼直播平台（www.douyu.com），通过黄某峰开展直播活动，黄某峰在该平台的用户名称为"峰峰三号333"。2020年5月10日，黄某峰对"2018×××手表男g-shock黑金悟空版防水情侣男女手表GA-110GB-1A"产品在斗鱼直播平台进行直播带货活动。直播过程中，该商品链接展示于直播界面，消费者点击该链接，会跳转进入到被告奥思铭公司经营的天猫店铺"奥思铭手表专营店"内"2018×××手表男g-shock黑金悟空版防水情侣男女手表GA-110GB-1A"产品销售页面，该店铺对该商品承诺为正品。消费者在该页面购买商品，由被告发货及收款。直播期间，涉案产品达到了极高的成交量，但此后陆续出现数十名收看直播并购买该产品的消费者反映，被告售卖的涉案产品疑似假货。为此原告及部分消费者联系被告要求提供正品证明、授权经销商资质，但被告均以涉及商业秘密为由拒绝提供，且拒绝配合鉴定。此后，部分消费者于第三方得物App中委托鉴定该表真伪，结果显示为假货。

被告开设的"奥思铭手表专营店"系天猫商城网店，而按照行业通识，天猫网店均会严格遵守平台规则，尤其是质量承诺。此外，被告在天猫店铺上承诺"正品保证、如实描述"，正是基于对被告身份和承诺的信任，原告才在直播中推介被告涉案产品，但目前在初步检验结果显示当日被告发货部分产品存在较大假货嫌疑，若最终通过官方鉴定证明初步检验结果正确，则被告明显属于利用其店铺身份，在公开信息中对产品做虚假描述，骗取了原告信任，进而损害消费者利益，并最终对原告主播和原告商誉造成严重影响。

原告漾思公司向法院提出诉讼请求，请求判令：（1）被告赔偿原告经济损失3 000 000元；（2）被告在原告官方网站（www.hupu.com）、虎扑（HUPU）App（包括Android和iOS平台）及斗鱼首页（www.douyu.com）刊登声明

（含官方鉴定结果），消除影响，并承担全部相关费用，声明内容应当经过原告审核；（3）被告承担原告为解决纠纷所支出的维权合理费用 66 000 元，包含律师费 60 000 元、公证费 6000 元。

审理中，原告确认其没有直接、明确的证据证明涉案手表是假冒商品，现有的依据系消费者自己鉴定的结果，认为被告拒绝检验及出具正品证明，怠于澄清相关事实，放任市场误认，导致消费者认为销售假货的系原告及原告的主播。被告明确无法提交涉案手表的进货单据或其他正品凭据。

被告抗辩产品质量问题不属于斗鱼平台界定的"严重违规行为"从而不会导致封停直播间，提交《斗鱼直播内容管理规定（2020 年修订）》《斗鱼直播协议》。其中，《斗鱼直播内容管理规定（2020 年修订）》明确规定每个直播间扣分系统总分值为 12 分，管理期间将针对直播的违规行为进行相应的扣分，当直播间分数为 0，将永久封停该直播间；如果主播直播间分值低于 12 分，在整改后成功规范自己的直播内容、言行举止，并在连续 3 天的直播过程中无扣分、无违规的行为，表现良好，可加 1 分；严重违规，扣除所有分值，并永久封停直播间，其他普通违规，根据各版块规则进行警告、处罚，并扣除相应的分值；严重违规包括进行反党反政府或带有侮辱诋毁党和国家的行为、直播违反国家法律法规的内容、进行威胁生命健康或利用枪支、刀具表演等行为。

武汉斗鱼网络科技有限公司于 2021 年 8 月 2 日所回复的函件另记载：黄某峰（主播名"峰峰三号333"）被封禁的具体时间为 2020 年 6 月 15 日，封禁的原因为直播间违规；对于黄某峰自 2019 年 7 月 11 日至 2020 年 6 月 16 日期间扣分情况，2019 年 7 月因涉及不雅内容的物品作为直播道具被扣 1 分；2019 年 8 月四次因直播内容价值导向不良、具有走光风险的动作等原因被分别扣 1 分；2019 年 9 月因违规文字信息被扣 1 分；2019 年 10 月四次因低俗不良、消极反动、涉及黄赌毒等擦边行为等原因被分别扣 1 分；2019 年 11 月两次因不当言行或引起争议的擦边行为等原因被分别扣 1 分；2019 年 12 月两次因挑逗、暗示性的声音或谈论性行为相关话题等原因被分别扣 1 分；2020 年 1 月两次因挑逗、暗示性的声音或谈论性行为相关话题被分别扣 1 分；2020 年 3 月 18 日、19 日、23 日分别因低俗不良、消极反动、涉及黄赌毒等擦边行为等原因被分别扣 1 分；2020 年 5 月 25 日因直播内容价值导向不良被扣 1 分；2020 年 6 月 6 日因违反机动车行驶直播规定而被扣 1 分。

原告另提交"峰峰三号333"斗鱼直播平台主播中心截图，在积分变更记录中显示，积分变更时间2020年5月25日，分数变化-1，剩余分数11，积分变化原因"直播内容价值导向不良"；积分变更时间2020年6月6日，分数变化-1，剩余分数11，积分变化原因"违反机动车行驶直播规定"；积分变更时间2020年6月10日，分数变化+1，剩余分数12，积分变化原因"保持直播出勤率，表现良好"；积分变更时间2020年6月14日，分数变化0，剩余分数12，积分变化原因"上装过于裸露或过透"。原告认为其分数在被封禁前为12分，故被封禁不可能是因为扣分导致，而是因直播涉嫌虚假宣传、销售假冒产品导致。

被告提交其涉案手表交易统计表，认为包括原告推介在内的有效订单数为203个，故交易额小不会导致原告主播被平台封禁。

以上事实由原告提交的斗鱼直播界面打印件、天猫平台购买订单信息、投诉书、情况说明、[2020] 沪东证经字第8995号、第9285号、第10748号公证书、《经纪代理协议》、发票、"峰峰三号333"斗鱼直播平台主播中心截图等，被告提交的《斗鱼直播内容管理规定（2020年修订）》《斗鱼直播协议》、销售情况统计表等，杭州阿里妈妈软件服务有限公司、浙江天猫网络有限公司的复函及武汉斗鱼网络科技有限公司的回复，以及审理中当事人的陈述予以证实。[1]

2. 判决结果

因原告在本案所主张的被告实施不正当竞争行为，法院未予认定，故对原告在本案中所提起的诉讼请求，法院均不予支持。

依照《反不正当竞争法》第2条第2款、第3款，《民事诉讼法》第64条第1款规定，驳回原告上海漾思文化传播有限公司的诉讼请求。

3. 涉案问题

原、被告是否属于《反不正当竞争法》上的经营者，是否存在竞争关系；被告是否实施不正当竞争行为。

4. 案例研析

本案中，从原、被告营业执照所记载的经营范围看，均包含文化艺术交

---

[1] 案件来源："上海漾思文化传播有限公司与奥思铭文化传播（北京）有限公司其他不正当竞争纠纷民事一审案件民事判决书"上海市杨浦区人民法院 [2021] 沪0110民初1965号。

流活动、多种类别的商品销售等，确实存在一定的交叉重合，在实际经营中，原告的签约主播从事直播带货，也即在网络平台为他人推销商品，而被告从事网络销售商品，两者均实际从事了与销售商品有关的活动，故从该角度看，双方在理论上确实符合"从事相同或类似经营内容，直接或间接存在市场竞争关系"这一条件。然而，《反不正当竞争法》在具体案件的适用，实际是针对特定的被诉不正当竞争行为，故具体案件能否适用《反不正当竞争法》，不仅要求争议双方营业执照所记载的经营范围及实际从事的经营内容是否存在相互对立的竞争利益冲突，还要求特定的被诉不正当竞争行为在前述经营范围、经营内容所引发的相互对立的竞争利益冲突的范围内，也即特定的被诉不正当竞争行为所涉及的法律关系，与争议双方营业执照所记载的经营范围及实际从事的经营内容所指向的竞争对立关系，存在同一竞争利益的对立关系。通常情况下，营业执照所记载的经营范围及实际从事的经营内容与特定的被诉不正当竞争行为存在同一竞争利益的对立，但若在特殊情况下，不存在前述对立情形，则在被诉不正当竞争行为所涉及的法律关系范围内，《反不正当竞争法》并不当然适用。本案被诉行为所涉法律关系中，原告系通过直播带货活动，为被告网络销售商品提供推销服务，对于通过原告带货直播界面所设链接进入被告经营的网络店铺购买商品并成功的交易，原告可以提成，故原、被告实际形成的是一种合作销售商品的合同关系，在商品对外销售的法律关系范围内，原、被告实质上属于涉案该项商业经营活动的利益同一方，而非竞争利益对立的相对方，也即基于被告与原告作为涉案商品的销售相关一方，原、被告在该商品销售活动中，本身不存在相互对立的竞争利益，而实际存在一致的商业利益，故双方在涉案商品对外销售的法律关系范围内，并不存在《反不正当竞争法》意义上的竞争关系，故基于本案被诉行为所产生的法律纠纷，并不适用《反不正当竞争法》。

　　况且，即便根据《反不正当竞争法》，就原告所主张的被告所提供的手表商品涉嫌为假货，被告却标注手表商品为正品，构成虚假宣传行为，法院认为，虽被告未能提交涉案手表的进货凭据、正品证明等证据以证明其所售手表为正品，但原告亦明确认为其对涉案手表的真假仅系存疑，且在案证据不足以证明涉案手表确定系假表，故法院根据现有证据尚无法确认被告是否实施对其手表商品作出虚假或者引人误解的商业宣传，欺骗、误导消费者。此外，关于原告的主播被直播平台封禁的后果，从本案证据看，直播平台的管理方并未明确系因涉案该次直播销售活动所导致，加之，即便被告实施了作出虚假或者引人误解的商业宣传的行为、存在虚假发货、拒绝配合鉴定、提供商品正品证明等行为，但由此对原告造成的不利，并非基于相互对立的利益的竞争冲突所导致，不属于《反不正当竞争法》意义上的损害后果。故原告在本案中有关不正当竞争行为的主张，法院亦难以支持。

（二）本案例课程思政元素分析

1. 制度规范

本案依据《反不正当竞争法》第 2 条第 2、3 款进行审理，要在案件分析中培养法科生制度规范意识、逻辑推理、价值判断和责任分配的思维方式，形成独特的法治思维，才能在纷繁复杂的法治实践中解决法律纠纷。

2. 价值引领

从本案可以深刻地理解：《反不正当竞争法》的立法目的在于维护合法有序的市场竞争秩序，鼓励和保护公平竞争，制止不正当竞争行为，保护经营者和消费者的合法权益。

《反不正当竞争法》上的经营者，一般指具有相同或类似经营内容，直接或间接存在市场竞争关系，从事商品生产、经营或者提供服务的自然人、法人或非法人组织。随着社会经济的迅速发展，各类经济活动密切交织，即使不具有相同、类似经营内容的经营者，亦可能因其不当的经营内容、模式对在市场竞争中的其他经营者造成损害，故基于《反不正当竞争法》的立法目的，有些情况下竞争关系的主体也并非囿于相同、类似商品或者服务领域的竞争者。但无论是否从事相同、类似商品或者服务的经营，经营者所实施的行为受到《反不正当竞争法》的规制，均须以其行为对其他经营者造成损害，且该损害系基于关联市场下因相互对立的利益的竞争冲突所导致为前提。

因此，法律的适用既要立足当前，运用法治思维和法治方式解决经济社会发展面临的深层次问题；又要着眼长远，筑法治之基、行法治之力、积法治之势，促进各方面制度更加成熟更加定型，为党和国家事业发展提供长期性的制度保障。

七、横向垄断协议纠纷

（一）典型案例

1. 案例介绍

原告：张某某。被告：四川省宜宾市砖瓦协会（以下简称"砖瓦协会"）、宜宾市吴桥建材工业有限责任公司（以下简称"吴桥公司"）、宜宾县四和建材有限责任公司（以下简称"四和公司"）、宜宾恒旭投资集团有限公司（以下简称"恒旭公司"）、宜宾市翠屏区创力机砖有限责任公司（以下简称"创力公司"）、曹某某。

砖瓦协会发起人恒旭公司、吴桥公司、四和公司组织包括原告名下的宜宾市高店机制砖厂在内的50余家砖瓦企业成立砖瓦协会，部分企业与砖瓦协会的前身宜宾市建材协会砖瓦分会签订了停产整改合同。根据砖瓦协会的整体安排和一系列停产整改合同的具体约定，砖瓦协会的部分会员企业停产，部分会员企业维持生产；维持生产的企业须按照产量配额生产、按照核定价格销售，并向停产企业支付停产扶持费。张某某根据停产整改合同约定停止生产，并领取了停产扶持费。后四川省工商行政管理局认定上述行为构成垄断，责令砖瓦协会及有关企业停止实施协议并处以罚款，有关停产扶持费遂不再发放。张某某认为，砖瓦协会及其发起人、维持生产的砖瓦协会会员企业排除了张某某参与竞争，构成对《反垄断法》的违反，其仅在垄断行为被查处前向张某某支付了少量停产扶持费，该费用不足以弥补张某某因垄断行为遭受的损失，侵害了张某某的合法权益，故向四川省成都市中级人民法院提起诉讼，请求判令砖瓦协会、吴桥公司、四和公司、恒旭公司、创力公司、曹某某连带赔偿其经济损失33.6万元及维权合理开支8万元。[1]

2. 判决结果

一审法院认为，砖瓦协会、吴桥公司、四和公司、曹某某实施了本案垄断行为，造成张某某的砖厂停产，侵害了张某某的合法权益，应向张某某连带赔偿经济损失，判决吴桥公司、四和公司、曹某某、砖瓦协会向张某某连

---

〔1〕　案件来源：张某某与四川省宜宾市砖瓦协会等横向垄断协议纠纷上诉案——横向垄断协议实施者无权要求其他实施者赔偿，一审：〔2018〕川01民初855号；二审：〔2020〕最高法知民终1382号。

带赔偿经济损失 33.6 万元、维权合理开支 0.5 万元。砖瓦协会、吴桥公司、曹某某不服，向最高人民法院提起上诉。其上诉理由包括，张某某系实施垄断行为的经营者，并非《反垄断法》第 60 条第 1 款规定的因垄断行为受到损失的他人，其不构成适格原告。

最高人民法院经审理，于 2020 年 11 月 6 日判决撤销原判，驳回张某某的诉讼请求。

3. 涉案问题

张某某作为涉案横向垄断协议自愿实施者之一，是否有权要求该垄断协议的其他实施者赔偿其所谓经济损失？

4. 案例研析

反垄断民事诉讼主要包括确认之诉和侵权之诉。其中，侵权之诉因涉及损害赔偿，对于原告资格的要求更为严格。作为反垄断侵权之诉原告的受害人，应当提供初步证据，证明其所受之害同时满足以下三个条件：一是损失已经实际发生，即其所主张的系实际损失而非预期利益损失；二是损失系由垄断行为造成，即垄断行为与其所主张的损失之间存在因果关系；三是损失是反垄断法意图防止的损失，即其所主张的损失系因垄断行为违法性造成的合法权益受损。

实施横向垄断协议无权获赔，意味着违法成本不得再行分摊，有利于遏制潜在的横向垄断协议行为和维护市场公平交易秩序。与之相反，一旦作出给予横向垄断协议实施者损害赔偿的裁决，将产生显著的消极法律效果：一是这将变相实现了对横向垄断协议的"强制执行"，甚至给出了垄断利益分配的示范方案，进而实质形成对垄断协议的支持；二是这将为摇摆中的横向垄断协议潜在参与者打消顾虑，因为既然一旦受损即可获赔，自然不必再有后顾之忧，其停止摇摆，决定参与实施横向垄断协议的可能性将增大，进而实质形成对垄断协议的鼓励。本案中，张某某所主张的因垄断行为所受损失，实质上是要求根据垄断协议关于垄断利益分配的约定瓜分群体垄断所得。如予支持，无异于维持和鼓励该违法行为。

对于本案裁判效果，可能存在这样的担心：不给予横向垄断协议实施者损害赔偿救济，是否会削弱其揭发垄断行为的动力？反垄断法中，鼓励发现或者揭发垄断行为的制度主要有两项：《反垄断法》第 60 条第 1 款（经营者实施垄断行为，给他人造成损失的，依法承担民事责任）所规定的反垄断民事救济制度;《反垄断法》第 56 条第 3 款（经营者主动向反垄断执法机构报告达成垄断协议的有关情况并提供重要证据，执法机构可以酌情减轻或者免除对该经营者的处罚）所规定的宽大制度。在鼓励发现或者揭发垄断行为方面，二者的区别在于：反垄断民事救济制度通过提供民事救济鼓励受害人对垄断行为的发现，而宽大制度则通过减轻行政处罚鼓励垄断协议实施者对垄断协议的揭发。基于制度设计的不同初衷和制度适用的不同对象，在制度逻辑原点上，垄断行为实施者和垄断行为受害人的身份就已经彻底区隔。对于同一垄断行为而言，同一主体不可能兼具垄断行为实施者和垄断行为受害人的双重身份。垄断行为实施者因垄断行为实施遭受的所谓损害不属于反垄断法意图救济的利益，是其不构成垄断行为受害人，进而不享有反垄断民事救济的根本原因。但横向垄断协议实施者对于其所实施横向垄断协议的揭发，可以适用宽大制度，获得减轻或者免除行政处罚的宽待。故应推动形成反垄断领域司法、行政密切协同的工作格局，促进反垄断民事救济制度和反垄断行政查处中的宽大制度各展所长、共同起效，对横向垄断协议予以有效法律规制。

本案中，砖瓦协会及其发起人，组织砖瓦企业签订限制砖瓦产销数量、控制砖瓦销售价格的协议。该协议属于相互处于竞争关系的经营者之间的横向协议，构成《反垄断法》第 23 条第 1 款第 1 项、第 2 项意义上的横向垄断协议。本案的核心问题是，张某某作为涉案横向垄断协议自愿实施者之一，是否有权要求该垄断协议的其他实施者赔偿其所谓经济损失？对此，应当结合反垄断法民事救济制度的立法目的、请求损害赔偿救济的必备前提、裁判结论的法律效果等因素考量。

（二）本案例课程思政元素分析

1. 制度规范

本案适用《反垄断法》第 60 条之反垄断民事救济制度审理，张某某系实施垄断行为的经营者，其不构成适格原告，不能被《反垄断法》救济。因此，可以看出，没有道德滋养，法治文化就缺乏源头活水，法律实施就缺乏坚实社会基础，以法治承载道德理念，道德才有可靠制度支撑。[1]

---

〔1〕 郭洁宇："习近平：坚持依法治国和以德治国相结合"，载 http://www.xinhuanet.com/politics/2016-12/10/c_1120093133.htm，访问日期：2022 年 7 月 11 日。

2. 价值引领

（1）反垄断民事救济的制度目的

反垄断民事救济的制度目的，不仅在于为垄断行为受害人提供权益保护途径，更在于鼓励受害人担任"私人检察官"，积极发现使其权益受损的垄断行为，并通过提起诉讼借助国家强制力予以制止，即促进实施对垄断行为的"私人执行"。但并非所有与垄断行为有关的损失均可以获得反垄断民事救济，也并非所有因垄断行为遭受损失的主体都可以成为"私人检察官"。

横向垄断协议实施者要求其他实施者赔付其因实施该横向垄断协议遭受的损失，本质上是要求在横向垄断协议实施者之间对垄断利益作重新分配。其因垄断利益分配不均遭受的所谓损失，显然不属于反垄断法意图防止的损失；因其所受之害并非反垄断法意图救济之害，故其不构成反垄断法意图救济的受害人，也不属于《反垄断法》第60条期待的"私人检察官"。本案中，张某某参与实施横向垄断协议，属于垄断行为的实施者，而非反垄断民事救济意义上的受害人；如对其施以救济，有违反垄断民事救济的制度目的。

（2）损害赔偿救济的必备前提分析

请求损害赔偿救济者，其行为必须正当合法，是各国立法和司法实践中的普遍原则。自身参与和实施违法行为的主体，即便因参与和实施该违法行为而受到损失，亦因该主体自身行为具有不正当性，而不能就该损失获得救济。本案中，张某某自愿接受停产整改，收取停产扶持费，参与并实施本案横向垄断协议，其行为自身具有违法性；张某某因所实施违法行为受到的损害，不仅不能获得反垄断法救济，也无法获得其他法律救济。

通过本案，引导法科生建立法治意识，法治是国家治理体系和治理能力的重要依托，只有全面依法治国才能有效保障国家治理体系的系统性、规范性、协调性，才能最大限度凝聚社会共识。

在实践中，通过本案让法科生明了：要尊崇法治、敬畏法律，了解法律、掌握法律，不断提高运用法治思维和法治方式深化改革、推动发展、化解矛盾、维护稳定、应对风险的能力，做尊法学法守法用法的模范，维护市场公平竞争秩序。坚持在法治轨道上推进国家治理体系和治理能力现代化。

八、纵向垄断协议、滥用市场支配地位纠纷

（一）典型案例

1. 案例介绍

原告（上诉人）武汉市汉阳光明贸易有限责任公司（以下简称"汉阳公司"）诉称：被告与其签订的《特约经销合同书》构成"限定向第三人转售商品最低价格"的垄断协议，且被告同时实施了多项滥用市场支配地位的行为，故请求判令：其一，被告立即停止限定向第三人转售商品最低价格的行为，以及下列滥用市场支配地位的垄断行为：（1）以高于市场终端零售价格的不公平高价批发销售轮胎商品；（2）没有正当理由，搭售滞销品种轮胎商品；（3）没有正当理由，附加将销售数量目标与销售奖励金相捆绑、要求原告承担没有实际发生的银行承兑利息等不合理交易条件；（4）没有正当理由，限定区域销售；（5）没有正当理由，相同交易条件下对原告实行价格差别待遇；（6）没有正当理由，限定原告只能与其交易；（7）没有正当理由，拒绝原告与其交易。其二，判令被告赔偿原告损失共计人民币 31 143 488.5 元及利息（按照中国人民银行同期贷款利率从 2016 年 11 月 17 日起至实际付清之日止，以下币种均为人民币）。其三，判令被告承担原告因维权产生的合理费用109 898.5元。

被告（被上诉人）上海韩泰轮胎销售有限公司（以下简称"韩泰公司"）辩称：《特约经销合同书》不构成纵向垄断协议。被告不具有市场支配地位，也没有实施滥用市场支配地位的行为，没有搭售、将销售目标和销售奖金捆绑的行为。原告除销售韩泰品牌轮胎外，还销售其他品牌轮胎，被告从未因原告超越销售区域对其进行处罚。原告诉请的赔偿在双方债权纠纷中均已请求，本案属于重复请求；相关赔偿诉请没有依据。

法院经审理查明：原、被告于 2012 年签订《特约经销合同书》，由原告在被告指定区域内销售被告韩泰轮胎产品，但须遵守被告制定的产品最低销售价格；此外，原告销售韩泰轮胎的销售额应占其销售总额的60%以上，除在签约时经被告认可准许销售的其他品牌轮胎之外，原告若增加销售其他品牌轮胎，应当经过被告的同意。2015 年双方另签订一份《特约经销合同书》，除删除经销商应该尊重或遵守被告最低销售价格限制要求的规定之外，其余条款与 2012 年合同书基本相同。

2016 年 4 月 12 日，上海市物价局认定被告 2012 年以来在销售卡客车轮胎以及乘用车轮胎过程中与被告上海地区经销商签订的《特约经销合同书》达成并实施了"限定向第三人转售商品最低价格"之垄断协议，并处以罚款。

2015 年至 2016 年，上海市工商行政管理局等对包括被告在内的八家轮胎销售公司分别作出行政处罚决定，认定这些公司的经销商、零售商一般代理经销多个轮胎品牌；为了鼓励经销商、零售商多销售自己品牌轮胎，以购物卡、旅游等方式给予返利的行为构成商业贿赂。

2012 年至 2016 年间，在全球轮胎市场韩泰轮胎居于第七名左右；在国内轮胎市场韩泰轮胎销售总额居于第五、第六名；在国内市场，韩泰轮胎在整车配套市场的市场份额居于领先地位，但在汽车售后市场不具有明显的市场份额优势。而根据中国橡胶工业协会轮胎分会回函，中国轮胎生产企业和轮胎品牌众多，大体分为三个梯队，韩泰品牌属于第二梯队，同时遭受第一梯队与第三梯队参与的竞争。

2012 年至 2016 年，韩泰 165/70R13T、165/70R14T、205/55R16V 三种规格轮胎出厂价格呈下降趋势，总体下降幅度均较大；同期，其他热销品牌轮胎销售价格亦呈持续下降趋势。[1]

2. 判决结果

上海知识产权法院于 2018 年 7 月 27 日作出［2016］沪 73 民初 866 号民事判决：驳回原告全部诉请。宣判后，汉阳公司不服一审判决，提起上诉。上海市高级人民法院于 2020 年 7 月 30 日作出［2018］沪民终 475 号民事判决：驳回上诉，维持原判。

3. 涉案问题

韩泰公司是否存在滥用市场支配地位的行为；双方当事人是否达成并实施了构成《反垄断法》所禁止的限定最低转售价格协议。

4. 案例研析

本案争议焦点如下：

---

[1] 案件来源："武汉市汉阳光明贸易有限责任公司诉上海韩泰轮胎销售有限公司纵向垄断协议、滥用市场支配地位纠纷案"，一审：上海知识产权法院［2016］沪 73 民初 866 号（2018 年 7 月 27 日）；二审：上海市高级人民法院［2018］沪民终 475 号（2020 年 7 月 30 日）。

（1）韩泰公司是否存在滥用市场支配地位的行为

对于本案中的特定商品——韩泰品牌乘用车轮胎，韩泰公司在中国大陆地区乘用车轮胎市场面临来自众多其他品牌轮胎所提供的乘用车轮胎的需求替代，但没有证据显示存在由其他潜在的非乘用车轮胎企业转产乘用车轮胎企业的供给替代。本案中并无证据显示本案被诉行为会影响卡客车轮胎市场的竞争，故本案相关市场的特定商品应为乘用车轮胎。本案相关市场的地域范围为中国大陆地区。本案被诉韩泰品牌乘用车轮胎品牌内销售的相关管理行为可能对竞争秩序产生影响的"包含汽车初装轮胎市场与汽车售后轮胎替换市场在内的中国大陆地区乘用车轮胎市场""包含批发市场与零售市场在内的中国大陆地区乘用车轮胎替换市场""中国大陆地区乘用车轮胎替换市场中的批发市场"之三个相关市场中，最可能影响的为"包含批发市场与零售市场在内的中国大陆地区乘用车轮胎替换市场"。

本案中，汉阳公司并未提供证据证明韩泰公司销售的韩泰品牌乘用车轮胎在前述三个相关市场占有较高份额、在三个相关市场中的经营地位和规模等方面具有竞争优势、可以控制销售市场或者原材料采购市场的价格、数量、其他经营者之市场准入或其他交易条件。在三个相关市场中，乘用车轮胎品牌竞争充分，韩泰品牌面临众多竞争在被诉行为发生期间，在中国大陆地区乘用车轮胎市场需求上升的情况下，仍在竞争中采取了逐年降价、允许经销商和零售商同时代理销售其他品牌轮胎甚至采用商业贿赂等方式来换取市场份额的做法。因此，本案中韩泰公司在中国大陆地区乘用车轮胎三个相关市场并不具有市场支配地位。

因韩泰公司在三个相关市场不具有市场支配地位，故从逻辑上亦不可能存在实施滥用市场支配地位之不法行为的可能性。同时，汉阳公司无证据证明双方签订的限定销售区域条款、销售目标与销售奖励金捆绑条款排除、限制了上述相关市场的有序竞争；其也未能提供证据佐证其关于韩泰公司滥用市场支配地位的其余主张，故汉阳公司关于韩泰公司滥用市场支配地位行为的主张，不予支持。

（2）双方当事人是否达成并实施了构成《反垄断法》所禁止的限定最低转售价格协议

双方当事人 2012 年虽达成了"限定向第三人转售商品的最低价格"协议，但未实施其中"限定向第三人转售商品的最低价格"条款。2015 年《特约经销合同书》虽已删除 2012 年《特约经销合同书》中关于最低销售价格限制条款类似约定，但仍对汉阳公司降价销售等行为予以禁止，并约定货物价格由韩泰公司另行通报汉阳公司。同时，仍约定当汉阳公司违反合同任何条款时，韩泰公司可以解除合同，汉阳公司丧失奖励金在内的所有权利且不得要求赔偿。从双方持续合作之交易惯例及合同条款文义解释、上下文解释等角度分析双方签约时的真实意思表示，有理由认为双方在合同条款中对汉阳公司擅自降价的行为予以禁止，理应同时对产品售价约定了最低下限，因此双方在 2015 年亦达成了"限定向第三人转售商品的最低价格"协议。但汉阳公司同样未能提供证据证明双方实际实施了其中"限定向第三人转售商品的最低价格"条款。

在本案三个相关市场竞争充分的情况下，汉阳公司未能举证证明韩泰公司在上述相关市场中具有强大市场力量、韩泰公司具有限制竞争的主观动机且被诉协议中关于限制最低转售价格的惩罚性条款已被实施，被诉行为已在上述相关市场产生了排除或限制竞争（尤其是品牌间竞争）的负向效果。因此，汉阳公司未能完成其法律要件事实的举证义务，无法证明上述协议构成《反垄断法》所禁止的垄断协议。

（3）一审法院法律解释和法律适用是否存在错误

法官在案件审理中就相关法律条文的理解进行阐释，是确保裁判结果具有逻辑性及法律依据的前提。在个案中由法官对法律条文进行理解、选择和适用，正是司法裁判权的具体体现，并不违反我国法律规定。一审法院对判决所涉及的法律条文进行具体解释，并未超出人民法院在法律适用中的法律解释权限。

一审判决援引《反垄断法》及其司法解释并参考最高人民法院第 78 号和第 79 号指导案例所确定的裁判规则，认定品牌内的限定最低转售价格行为有助于提升品牌内和品牌间的非价格竞争，并对该行为的反垄断评价采取以竞争效果个案分析的方法具有法律依据。人民法院与反垄断执法机关均认定构成垄断行为的限定最低转售价格行为是品牌内实施的竞争行为，但这并不能据此得出行政执法机关在评价限定最低转售价格行为时仅考虑品牌内竞争效果而不考虑品牌间竞争效果的结论。一审判决从替代分析等角度对本案相关市场的界定进行的论证，其界定方法及考量因素与国务院反垄断委员会《关于相关市场界定的指南》的具体规定，并无实质不同。由于本案被诉行为并不构成垄断行为，故在缺乏行为要件和损害要件的情况下，本案缺乏适用《反垄断法》第 50 条的前提。

（二）本案例课程思政元素分析

1. 制度规范

垄断协议应当具有排除、限制竞争的效果。在法律无特别规定时，应由主张被诉纵向协议构成垄断协议的原告方对协议具有排除或限制竞争之效果承担举证责任。

本案指引法科生，培养规范意识，不断以良法善治满足人民对民主、法治、公平、正义、安全、环境等方面日益增长的需要。

2. 价值引领

公平自由竞争是市场持续发展的基础，也是反垄断立法、司法和执法所追求的价值所在。

从本案实践中指引法科生，在反垄断案件中，只有当经营者实施了排除、限制竞争的行为，损害了竞争秩序和消费者、社会公众的合法利益，且市场无法自行调整时，才应适用《反垄断法》予以规制，以确保正常的竞争秩序得以恢复，通过健全社会公平正义法治保障制度，才能努力让人民群众在每一个司法案件中感受到公平正义。

第六章

刑事诉讼法学课程思政教学案例研究[1]

第一节　刑事诉讼法学与课程思政

一、刑事诉讼法学课程思政建设的必要性

（一）刑事诉讼法学课程思政建设是贯彻全面依法治国战略的政治要求

党的十八大以来，习近平总书记主持召开一系列重要会议、发表一系列重要讲话、作出一系列重要论断，深刻回答了为什么要全面依法治国、怎样全面依法治国这个重大时代课题，指引我国社会主义法治建设取得历史性成就。在 2020 年 11 月 16 日至 17 日召开的中央全面依法治国工作会议上，习近平总书记从统筹中华民族伟大复兴战略全局和世界百年未有之大变局、实现党和国家长治久安的战略高度，总结经验、分析形势、明确任务，对当前和今后一个时期全面依法治国工作从十一个方面作出战略部署：第一，坚持党对全面依法治国的领导；第二，坚持以人民为中心；第三，坚持中国特色社会主义法治道路；第四，坚持依宪治国、依宪执政；第五，坚持在法治轨道上推进国家治理体系和治理能力现代化；第六，坚持建设中国特色社会主义

---

　　〔1〕　刘树国，内蒙古赤峰人，四川民族学院法学院副教授，法学硕士，主要讲授"刑事诉讼法学""刑法学"。本章系四川民族学院 2021 年校级"课程思政"示范课程项目——刑事诉讼法（编号：kcszsfkc211）和四川民族学院 2021—2023 年高等教育人才培养质量和教学改革项目——"思政"元素、刑事诉讼法教学融合研究（编号：JG202113）、2020 年四川民族学院"课程思政"示范教学团队（刑事法学教学团队，编号：Szkcsfjxtd01）、2020 年四川省高校省级"课程思政"示范教学团队（刑事法学教学团队）的阶段性成果。

法治体系；第七，坚持依法治国、依法执政、依法行政共同推进，法治国家、法治政府、法治社会一体建设；第八，坚持全面推进科学立法、严格执法、公正司法、全民守法；第九，坚持统筹推进国内法治和涉外法治；第十，坚持建设德才兼备的高素质法治工作队伍；第十一，坚持抓住领导干部这个"关键少数"。这"十一个坚持"深刻地阐释了新时代全面依法治国的内涵。其中，坚持科学立法、严格执法、公正司法、全民守法，是推进全面依法治国的重要环节。司法是维护社会公平正义的最后一道防线，公平正义是司法的灵魂和生命。习近平总书记对坚持公正司法、深化司法领域改革提出要求：第一，深化司法责任制综合配套改革，加强司法制约监督，规范司法权力运行，提高司法办案质量和效率；第二，健全社会公平正义法治保障制度，努力让人民群众在每一个司法案件中感受到公平正义；第三，继续完善公益诉讼制度，有效维护社会公共利益；第四，对党的十八大以来中央确定的一些重大改革事项，要紧盯不放，真正一抓到底，抓出实效。

刑事诉讼法在我国社会主义法律体系中具有独特的地位，素有"小宪法"之称，其对于全面依法治国战略的实现具有不可替代的作用。

首先，刑事诉讼法对实现全面依法治国战略的作用集中体现在其与宪法的关系之中。刑事诉讼法与宪法关系密切：宪法是国家的根本大法，是母法；刑事诉讼法是部门法，是基本法律，是子法。宪法作为上位法，对于刑事诉讼立法、立法解释工作都具有直接的指导和约束作用，刑事诉讼法的制定与修改都应当严格遵循宪法，法律解释的起草更应当严格遵守宪法规定或者遵循宪法精神，对违反宪法规定或者宪法精神的法律解释应当依据备案审查程序进行合宪性审查。刑事诉讼法的正确实施就是落实宪法规定的具体步骤，是将宪法规定与宪法精神具体化的体现。具体而言：一方面，有关刑事诉讼的程序性条款在宪法条文中具有重要地位，这些体现法治主义的有关刑事诉讼的程序性条款，构成了宪法或宪法性文件中关于人权保障条款的核心。另一方面，刑事诉讼法在维护宪法制度方面发挥着重要作用，为维护宪法确认的制度和原则，国家制定实体刑法并通过刑事程序对破坏宪法制度而构成犯罪的人予以制裁。同时，国家要确保宪法所保障的公民基本权利，非依法律规定不得侵犯。刑事诉讼法律规范中有关强制措施的适用权限、条件、程序、羁押期限、辩护、侦查、审判的原则与程序等规定，都直接体现了宪法或宪法性文件关于公民人身、住宅、财产不受非法搜查、逮捕、扣押以及犯罪嫌疑人、被告人有权获得辩护等规定的精神。因此，刑事诉讼法对实现全面依法治国战略的作用，集中体现在与宪法的关系之中，宪法是静态的刑事诉讼法、刑事诉讼法是动态的宪法。

其次，刑事诉讼法的性质蕴含着依法治国战略的要求。程序公正是依法治国基本国策在诉讼法领域的体现，无程序保障的法律不是公正的法律。刑事诉讼法所规定的诉讼原则、诉讼结构、程序制度，体现着程序本身的民主、法治、人权精神，也反映出我国刑事司法制度的进步、文明程度，是衡量社会公正的一个极为重要的指标。刑事诉讼法中的回避、审判公开、死刑复核等制度无不体现着程序正义，至少在具体的法律规定中让人民群众感受到了公平正义。

（二）刑事诉讼法学课程思政是践行社会主义核心价值观的需要

在社会主义核心价值观的基本内容中，"富强、民主、文明、和谐"是国家层面的价值目标，"自由、平等、公正、法治"是社会层面的价值取向，"爱国、敬业、诚信、友善"是公民个人层面的价值准则。

首先，刑事诉讼法的立法目的及其基本任务直接反映了社会主义的核心价值理念，体现了国家层面的价值需求。《刑事诉讼法》第1条（立法目的）规定："为了保证刑法的正确实施，惩罚犯罪，保护人民，保障国家安全和社会公共安全，维护社会主义社会秩序，根据宪法，制定本法。"第2条（刑事诉讼法的任务）规定："中华人民共和国刑事诉讼法的任务，是保证准确、及时地查明犯罪事实，正确应用法律，惩罚犯罪分子，保障无罪的人不受刑事追究，教育公民自觉遵守法律，积极同犯罪行为作斗争，维护社会主义法制，尊重和保障人权，保护公民的人身权利、财产权利、民主权利和其他权利，保障社会主义建设事业的顺利进行。"从以上两个法条的表述来看，刑事诉讼的立法目的和立法任务密切相关，惩罚犯罪和保障人权相辅相成。"从人权保障价值来看，大体包括以下几个方面：（1）保护一般公民的合法权益，这是指通过打击犯罪来防止广大人民群众的利益受到犯罪的侵犯。（2）保障无罪的人不受刑事追究，即在打击犯罪的同时不能冤枉好人。（3）保障所有诉讼参与人，特别是被告人和被害人的诉讼权利得到充分行使。[1]无论是立法目的中的保护人民，还是立法任务中的尊重和保障人权、保护公民的人身权利、财产权利、民主权利和其他权利，无不体现了以人民为中心的价值理念。而刑事诉讼法的终极任务，即"保障社会主义建设事业的顺利进行"则蕴含了富强、民主、文明、和谐的社会主义核心价值观的要求。易言之，如果社会主义建设事业不能顺利进行，那么富强、民主、文明、和谐的社会主义核心价值观就可能成为空谈。

其次，中共中央办公厅、国务院办公厅于 2016 年 12 月 25 日印发的《关于进一步把社会主义核心价值观融入法治建设的指导意见》明确指出，"司法公正引领社会公正"："司法是维护社会公平正义的最后一道防线，司法公正对社会公正具有重要引领作用。要全面深化司法体制改革，加快建立健全公正高效权威的社会主义司法制度，确保审判机关、检察机关依法独立公正行使审判权、检察权，提供优质高效的司法服务和保障，努力让人民群众在每一个司法案件中都感受到公平正义，推动社会主义核心价值观落地生根。"法律具有指引和教育作用，使社会主义核心价值观落地生根，引领社会公平正义，就需要公正司法。刑事诉讼是司法的首要而又重要的领域，每一个案件都牵动着社会稳定和公平正义的神经。人民群众对近年来一些纠错案件的反应充分证明了这一点。因此，只有用程序公正，才能保证实体公正，才能保证罪刑法定这一刑法原则得以实现，才能培育和弘扬社会主义核心价值观，提高司法的公信力，在更高层次上实现公正和效率的平衡，从而实现社会主义核心价值观的国家层面、社会层面和个人层面的有机统一。

（三）刑事诉讼法学课程思政是建设德才兼备的高素质法治工作队伍的必然要求

"培养什么人、怎样培养人、为谁培养人"是教育的根本问题。围绕这一问题，习近平总书记在全国高校思想政治工作会议上强调："要坚持把立德树人作为中心环节，把思想政治工作贯穿教育教学全过程"，[2]所有课堂都有育人功能，都要用好课堂教学这个主渠道，要把思想政治融入各类课程教学之

---

[1] 樊崇义："刑事诉讼的目的与社会主义核心价值观"，载《人民法治》2017 年第 3 期，第 84 页。

[2] 张烁："把思想政治工作贯穿教育教学全过程　开创我国高等教育事业发展新局面"，载《人民日报》2016 年 12 月 9 日。

中。2017年5月3日，习近平总书记在考察中国政法大学时强调："建设法治国家、法治政府、法治社会，实现科学立法、严格执法、公正司法、全民守法，都离不开一支高素质的法治工作队伍。法治人才培养上不去，法治领域不能人才辈出，全面依法治国就不可能做好。""要坚持中国特色社会主义法治道路，坚持以马克思主义法学思想和中国特色社会主义法治理论为指导，立德树人，德法兼修，培养大批高素质法治人才。"2018年9月10日，习近平总书记在全国教育大会上指出："要努力构建德智体美劳全面培养的教育体系，……要把立德树人融入思想道德教育、文化知识教育、社会实践教育各环节，……学科体系、教学体系、教材体系、管理体系要围绕这个目标来设计，教师要围绕这个目标来教，学生要围绕这个目标来学。"[1]习近平总书记的系列讲话精神对法学"课程思政"提出了明确要求，表明法学专业教育和思政教育分离的教学模式已不能适应时代需求，培养法治人才时不仅要传授专业知识，而且要提高学生的思想道德素养。

根据《普通高等学校本科专业类教学质量国家标准》，法学类专业人才培养要坚持立德树人、德法兼修，适应建设中国特色社会主义法治体系，建设社会主义法治国家的实际需要。培养德才兼备，具有扎实的专业理论基础和熟练的职业技能、合理的知识结构，具备依法执政、科学立法、依法行政、公正司法、高效高质量法律服务能力与创新创业能力，熟悉和坚持中国特色社会主义法治体系的复合型、应用型、创新型法治人才及后备力量。"法学乃'正义'之学，法学教育本身就是对意识形态领域的塑造和完善，其背后承载的不仅仅是知识的创新以及专业素养的培育，还应当包括对国家人文精神和主流价值观的号召。"[2]法学课程的"课程思政"教学就是要将中国特色社会主义的法价值和核心价值观渗透进专业课程，通过专业课程的教育，促使法学知识的传授与核心价值观的引领实现无缝衔接，培养"德法兼修"的社会主义合格接班人。21世纪以来，在刑事司法领域，呼某图案、聂某斌案、佘某林案等案件的纠错，彰显了我国刑事法治的快速进步，使人民群众更为充分地感受到了刑事司法的公平正义。但是，如果不能对系列案件的纠错客

---

〔1〕 习近平："坚持中国特色社会主义教育发展道路 培养德智体美劳全面发展的社会主义建设者和接班人"，载 https://www.12371.cn/2018/09/10/ARTI1536580965577973.shtml，访问日期：2022年5月4日。

〔2〕 沃耘："高校法学'课程思政'教育教学改革路径与对策"，载《天津日报》2019年3月4日。

观地看待，对于青年学生来说，容易走入误区。因此，刑事诉讼法学"课程思政"就是要在教学过程中，既让学生掌握专业知识与实务技能，又引导学生以独立、客观、公正、全面的程序正义观为主线，对诉讼权利予以尊重与保障，根据不同知识点所涵盖的思想道德修养、职业道德素养等思政教育元素，实现思想政治教育与法学专业教育的有机统一。

二、刑事诉讼法学课程思政案例教学设计思路阐述

（一）指导思想和教学目标

刑事诉讼法学课程思政案例教学以习近平法治思想为指导，从刑事诉讼法的立法目的、基本理念、基本原则以及如辩护制度、证据制度、强制措施等各项具体的制度中发掘思政教育的元素与内涵，发掘和充实社会主义核心价值观、为人处世的基本道理和职业道德以及中华民族伟大复兴的理想和社会责任感等思政元素。通过社会主义核心价值观的渗透，使学生不仅能熟练掌握刑事诉讼法的基础理论和程序要求，而且能够深入理解刑事诉讼法之于社会主义建设事业的重要意义，充分树立道路自信、理论自信、制度自信、文化自信，成为德法兼修的合格的法治人才。

（二）思路阐释

本课程将刑事诉讼法学分为刑事诉讼基本原理、刑事诉讼基本制度、刑事诉讼程序制度三大板块，通过对典型案例进行专业和思政价值的分析，使学生能够发掘、理解案例中的思政元素，从而实现德法兼修的教学目标。

需要说明的是：课程思政并非纯粹的新生事物，"教书育人"这一教师的天职决定了教师不仅是知识的传授者，更是学生做人做事的引路人，教书是手段，而育人才是最终的目的。因此，在传统的教育教学中，教师或多或少都会对学生进行人生观、世界观、价值观的引导。但恰恰是因为如此，有的教师可能存在认识上的误区，认为课程思政就是在专业课上对学生进行一些思政教育就可以了。这一认识误区也造成了法学教育与思政教育"孤岛化""两张皮"的现象，即专业教育与思政教育相互脱节。新时代的课程思政要求思政教育要与专业教育相融合，课程思政既非简单的道德说教，亦非生搬硬套地上思政课，而是通过教师巧妙精确的设计，将思政教育融入专业教育中，使社会主义核心价值观等思政要素潜移默化地融入专业教学中，使学生对思

政价值入脑入心。刑事诉讼法学的每一个专业知识点都或多或少蕴含着思政元素，如何适恰地将思政教育融入专业教学中，需要任课教师不断探索与完善各种教学方法。本章只是以案例教学为例，探索刑事诉讼法学的课程思政问题，引用的案例仅涉及刑事诉讼法学极少的知识点，其目的主要在于起到抛砖引玉的作用。

详见下表：

教学内容	主要知识点	思政元素融入点	教学目标
刑事诉讼基本原理	刑事诉讼的目的和任务 刑事诉讼的基本原则 主要有： 1. 侦查权、检察权、审判权由专门机关依法行使 2. 人民法院、人民检察院依法独立行使职权 3. 依靠群众 4. 以事实为根据，以法律为准绳 5. 对于一切公民，在适用法律上一律平等 6. 人民法院、人民检察院公安机关分工负责、互相配合、互相制约、互相监督 7. 人民检察院依法对刑事诉讼实行法律监督 8. 各民族公民有权用本民族语言文字进行诉讼 9. 犯罪嫌疑人、被告人有权获得辩护 10. 未经人民法院依法判决，对任何人都不得确定有罪	1. 爱国 2. 平等 3. 公正 4. 法治 5. 和谐	1. 坚定"四个自信" 2. 树立"法律面前人人平等"精神 3. 树立公正观念 4. 培育法治信仰 5. 培育和谐思想
刑事诉讼基本制度	1. 管辖制度 2. 回避制度 3. 辩护与代理制度 4. 证据制度 5. 强制措施	1. 公正 2. 民主 3. 法治 4. 敬业 5. 正义	1. 公正平等地保障当事人的申请回避权、辩护权等权利 2. 培养独立、客观、公正、全面的程序正义观 3. 培养职业道德素养

教学内容	主要知识点	思政元素融入点	教学目标
刑事诉讼程序制度	1. 侦查程序 2. 起诉程序 3. 审判程序 4. 特别程序 5. 审判监督程序 6. 死刑复核程序 7. 执行程序	1. 文明 2. 和谐 3. 公正 4. 法治 5. 正义	1. 理解和谐之于法治的意义 2. 理解我国程序制度的优势。 3. 能够独立、客观、公正、全面地理解正义的含义

第二节　刑事诉讼法学课程思政案例研究

一、刑事诉讼基本原理

（一）典型案例

1. 案例简介

被告人班某青，男，藏族，1973 年 8 月 10 日出生，文盲，农民，户籍地四川省白玉具。2020 年 4 月初（具体时间不详），被告人班某青在未办理任何采伐手续的情况下，在德格县岳巴乡底绒村萨西果普山上用油锯砍伐了五棵云杉，并锯成 23 件原木。2020 年 4 月 19 日，被告人班某青将锯成的原木用拖拉机运往登河河边方便晚上运往被告人家里，在运输了 13 件原木到登河河边，准备运输剩余原木时被德格县森林公安民警发现。被告人班某青逃走后又向德格县森林公安民警投案，到案后如实供述自己的罪行，具有自首情节。被告人班某青盗伐的林木经四川楠山林业司法鉴定中心鉴定结果为：伐桩、原木树种为云杉，涉案原木材积为 13.050 立方米，折合活林木蓄积 20.077 立方米，涉案原木参考价值为 9135 元。

因涉嫌盗伐林木罪，被告人于 2020 年 4 月 20 日被德格县森林公安局采取监视居住，2020 年 5 月 6 日被德格县森林公安局刑事拘留，同年 5 月 14 日被执行逮捕。德格县人民检察院以德检一部刑诉 [2020] 1 号起诉书指控被告人班某青犯盗伐林木罪，于 2020 年 7 月 14 日向德格县人民法院提起公诉。同日，公益诉讼起诉人德格县人民检察院以德检民行刑附民公诉 [2020] 1 号刑事附带民事公益诉讼起诉书向法院提起附带生态环境保护民事公益诉讼。公诉机关认为被告人班某青在未办理采伐证的情况下盗伐云杉，折合活林木蓄积20.077立方米，其行为已触犯《刑法》第345条第1款之规定，盗伐林木数量较大，犯罪事实清楚，证据确实、充分，应当以盗伐林木罪追究其刑事责任。被告人班某青认罪认罚，依据《刑事诉讼法》第15条的规定，可以从宽处理。根据《刑事诉讼法》第176条的规定，提起公诉，请依法判处。德格县人民法院由4名人民陪审员，3名审判员依法组成合议庭，于2020年8月7日公开开庭审理了本案。经审理判决如下：

（1）被告人班某青犯盗伐林木罪，判处有期徒刑6个月，并处罚金1000元。（刑期从判决执行之日起计算，判决执行以前先行羁押的，羁押一日折抵刑期一日，即自2020年5月6日起至2020年10月28日止。罚金在判决生效后10日内缴纳。）

（2）被告人班某青盗伐的23根原木，由扣押机关予以没收。

（3）作案工具油锯1把、锄头2把由扣押机关予以没收。

（4）用于运输盗伐林木借用的拖拉机由扣押机关予以退还借用人志某正。

（5）刑事附带民事公益诉讼被告班某青在德格县岳巴乡底绒村萨西果普山上补种旱柳25棵，承担管护责任3年，补种树木当年存活率达到85%，三年保存率达到80%。

（6）刑事附带民事公益诉讼被告班某青于本判决生效之日起10日内赔偿盗伐林木行为造成的经济损失9135元的三倍，即27 405元，通过公益诉讼起诉人德格县人民检察院上缴国库。[1]

2. 案例研析

根据［2020］川3330刑初11号刑事判决书，该案事实清楚，证据确实充分，程序合法，适用法律正确。在事实和程序上都不存在争议。如果仅从专业知识的角度分析，本案在事实、程序和法律适用上都不存在争议，似乎可参考性不大。但从课程思政角度看，本案则蕴含着丰富的思政元素。从实体法看，盗伐林木罪属于破坏环境资源保护的犯罪，而环境资源保护事关国家的生态文明建设，事关人与自然的和谐。从程序上看，本案所涉及的人民陪审制度、公益诉讼制度、认罪认罚从宽制度都具有一定的思政教育意义。

---

〔1〕 参见［2020］川3330刑初11号。

可以通过本案的人民陪审制度、公益诉讼制度、认罪认罚从宽程序引导学生领会这些具有中国特色的刑事司法制度，使学生树立制度自信。另外，本案的案发地位于青藏高原，地处长江源头，通过本案还可以引导学生去思考生态环境保护的意义以及刑事司法应当在生态环境保护过程中如何发挥作用。

（二）本案例课程思政元素分析

1. 制度规范

（1）人民陪审员制度。人民陪审员制度，是指国家审判机关审判案件时，人民陪审员与职业法官或职业审判员一起审判案件的一种司法制度。人民陪审员制度是刑事诉讼中依靠群众原则的重要体现，我国向来重视人民陪审制度，近年来，特别加快了人民陪审员制度建设。2018 年 4 月通过了《人民陪审员法》；2019 年 2 月最高人民法院制定了《关于适用〈中华人民共和国人民陪审员法〉若干问题的解释》；2020 年 8 月最高人民法院、司法部出台《〈中华人民共和国人民陪审员法〉实施中若干问题的答复》，对陪审员的担任条件、权利义务、选任办法、陪审形式等做了进一步规范。根据《人民陪审员法》的规定，公民担任人民陪审员，应当具备下列条件：（1）拥护中华人民共和国宪法；（2）年满 28 周岁；（3）遵纪守法、品行良好、公道正派；（4）具有正常履行职责的身体条件。人民陪审员参加三人合议庭审判案件，对事实认定、法律适用独立发表意见，行使表决权。七人合议庭评议时，审判长应当归纳和介绍需要通过评议讨论决定的案件事实认定问题，并列出案件事实问题清单。人民陪审员全程参加合议庭评议，对于事实认定问题，由人民陪审员和法官在共同评议的基础上进行表决。对于法律适用问题，人民陪审员不参加表决，但可以发表意见，并记录在卷。

（2）公益诉讼制度。公益诉讼，是指特定的国家机关和相关的组织和个人，根据法律的授权，对违反法律法规，侵犯国家利益、社会利益或特定的他人利益的行为，向法院起诉，由法院依法追究法律责任的活动。《民法典》第 1235 条规定：违反国家规定造成生态环境损害的，国家规定的机关或者法律规定的组织有权请求侵权人赔偿下列损失和费用：①生态环境受到损害至修复完成期间服务功能丧失导致的损失；②生态环境功能永久性损害造成的损失；③生态环境损害调查、鉴定评估等费用；④清除污染、修复生态环境费用；⑤防止损害的发生和扩大所支出的合理费用。《民事诉讼法》第 58 条第 1 款规定："对污染环境、侵害众多消费者合法权益等损害社会公共利益的行为，法律规定的机关和有关组织可以向人民法院提起诉讼。"《刑事诉讼法》第 101 条第 2 款规定："如果是国家财产、集体财产遭受损失的，人民检察院在提起公诉的时候，可以提起附带民事诉讼。"以上规定为人民检察院提起公益诉讼提供了法律依据。根据最高人民法院、最高人民检察院《关于检察公益诉讼案件适用法律若干问题的解释》，我国的公益诉讼包括民事公益诉讼和行政公益诉讼。民事公益诉讼，是指法律规定的机关和有关组织对污染环境、侵害众多消费者合法权益等损害社会公共利益的行为，向人民法院提起的诉讼。人民检察院在履行职责中发现破坏生态环境和资源保护、食品药品安全领域侵害众多消费者合法权益，侵害英雄烈士等的姓名、肖像、名誉、荣誉等损害社会公共利益的行为，在没有相应机关和组织或者相应机关和组织不提起诉讼的情况下，人民检察院可以向人民法院提起诉讼。行政公益诉讼，是指人民检察院在履行职责中发现生态环境和资源保护、食品药品安全、国有财产保护、国有土地使用权出让、英烈权益保护等领域负有监督管理职责的行政机关违法行使职权或者不作为，致使国家利益或者社会公共利益受到侵害的，应当向行政机关提出检察建议，督促其依法履行职责。

（3）认罪认罚从宽制度。认罪认罚从宽制度是我国刑事司法改革的重大成果。2016 年 7 月，习近平总书记主持召开中央全面深化改革领导小组第二十六次会议，审议通过关于认罪认罚从宽制度改革试点方案。2016 年 9 月 3 日全国人大常委会通过《关于授权最高人民法院、最高人民检察院在部分地区开展刑事案件认罪认罚从宽制度试点工作的决定》。2016 年 11 月 16 日最高人民法院、最高人民检察院、公安部、国家安全部、司法部（以下简称"两高三部"）印发了《关于在部分地区开展刑事案件认罪认罚从宽制度试点工作的办法》，为期两年的认罪认罚从宽制度试点工作正式启动。在此之前，在全国人大常委会的授权下，最高人民法院、最高人民检察院通过两年的速裁程序试点对完善刑事诉讼中认罪认罚从宽制度进行了先行探索，积累了一定经验。该办法印发后，速裁程序被纳入认罪认罚从宽制度，继续在北京等 18个城市开展试点。2018 年 10 月 26 日，第十三届全国人大常委会第六次会议通过了《关于修改〈中华人民共和国刑事诉讼法〉的决定》，从立法上对认罪认罚从宽制度改革成果予以确认，设立了认罪认罚从宽制度。为了正确实施刑事诉讼法新规定，精准适用认罪认罚从宽制度，"两高三部"于 2019 年 10月 11 日发布了《关于适用认罪认罚从宽制度的指导意见》，从该制度的基本原则、适用范围和使用条件、"从宽"的把握、当事人的合法权益保障、公安司法机关的职责权限、认罪认罚的反悔和撤回及未成年人认罪认罚案件的办理等方面作出了具体的规定。从立法规定看，认罪认罚从宽已然有别于单纯的刑事政策或者诉讼程序，而成为独立于其他体现认罪从宽制度（如坦白、自首、刑事和解、刑事简易程序等制度）的一项全新的制度。它既是刑事司法的一项原则，又是一项重要刑事制度；既是实体制度，又是程序制度，是集实体规范与程序规则于一体的综合性法律制度。

认罪认罚从宽制度明确规定在《刑事诉讼法》第 15 条，根据该条规定，认罪认罚从宽制度的含义是："犯罪嫌疑人、被告人自愿如实供述自己的罪行，承认指控的犯罪事实，愿意接受处罚的，可以依法从宽处理。"从宽分为实体上从宽和程序上从简两方面。对认罪认罚案件，属于基层法院所管辖的可能判处 3 年以下有期徒刑的案件，被告人认罪认罚可以适用速裁程序进行审判。对于基层法院管辖可能判处 3 年以上有期徒刑刑罚的案件，可以适用简易程序。在审理当中，被告人对程序适用提出异议的，或者有其他不宜简化审理情形的，人民法院依法转为普通程序进行审理。这是程序上的从简。实体上，检察机关根据犯罪事实和对社会危害程度以及认罪认罚的情况，依法提出从宽处的量刑建议，人民法院在作出判决时一般应采纳人民检察院指控的罪名和量刑建议，但是如果被告人不构成犯罪，或者不应当追究刑事责任，或者违背意愿认罪认罚，否认指控犯罪事实，或者指控的罪名跟人民法院审理的罪名不一致，以及有其他可能影响公正审判情形的除外。

2. 价值引领

（1）人民陪审制度的价值引领

首先，人民陪审员制度是我国刑事诉讼法依靠群众原则的具体体现，是人民群众直接参与刑事司法的重要形式，是人民当家作主的体现。我国是人民民主专政的社会主义国家，人民群众可以通过各种途径参与管理国家事务。通过实行人民陪审员制度，让一部分公民直接参与司法审判，并赋予他们和法官一样的审判权力，这是人民群众行使国家权力、参与国家事务的重要手段，也是健全社会主义民主政治制度的重要内容。人民陪审员制度体现了"从群众中来，到群众中去"的群众路线。

其次，人民陪审员制度有利于实现司法公正。司法公正是实现社会公平正义的本质要求，"司法为民"要求做到司法公正，公正又是司法的首要目标，由人民陪审员参与案件审判是保障司法公正的重要手段。人民陪审员来自各行各业，主要由共产党员、农村乡贤、专家学者及富有调处矛盾经验的社区工作者组成，他们能够代表人民群众的利益和看法，与社会主义核心价值观相契合。人民陪审员可以运用普遍的价值标准和社会良知对案件的是非曲直作出评判，有利于法官迅速查清案件事实，正确适用法律，作出公正裁判。

最后，人民陪审员制度有利于防范司法腐败，提升司法公信力。在人民陪审员参与审理的案件中，法官既要面对当事人的监督，还要面对人民陪审员的监督，而来自人民陪审员的监督往往会更加有力，能有效预防冤假错案的发生。通过人民陪审员的参与，使法官的绝对审判权得到有效分化，并在法官和人民陪审员之间形成一定的分权制衡关系，起到防止司法腐败的作用。同时，通过人民陪审员参与审理案件，将社会普遍价值观融入司法过程，使社会公众对法律制度的认同与对社会公共心理的认同之间实现无缝对接，减少法官与民众之间的隔阂，加深公众对司法的认同度，提高司法公信力。

（2）公益诉讼制度的价值引领

中央全面深化改革领导小组第十二次会议审议《检察机关提起公益诉讼改革试点方案》时强调，党的十八届四中全会提出探索建立检察机关提起公益诉讼制度，目的是充分发挥检察机关法律监督职能作用，促进依法行政、严格执法，维护宪法法律权威，维护社会公平正义，维护国家和社会公共利益。要牢牢抓住公益这个核心，重点是对生态环境和资源保护、国有资产保护、国有土地使用权出让、食品药品安全等领域造成国家和社会公共利益受到侵害的案件提起民事或行政公益诉讼，更好地维护国家利益和人民利益。由此可见，公益诉讼制度将保障人民参加国家事务的管理，切实成为国家主人。一切权力属于人民，人民依法享有管理国家事务和社会事务的权力，是社会主义社会的本质特征之一，是社会主义制度不可动摇的政治原则。公益诉讼制度丰富了社会主义民主的形式，为人民主权的行使提供了新途径。

相对于其他主体而言，人民检察院作为公益诉讼的提起主体具有独特优势：人民检察院是宪法规定的法律监督机关，其职能和地位决定了检察机关在生态环境保护方面的履职方式不同于地方政府和有关行政主管部门。检察机关不直接参与管理和行政执法，只在涉及违法的情况下通过制发检察建议、起诉等方式来督促违法主体依法整改并承担相应责任。这使得检察机关相对超脱，能够以更客观中立的角度来审视问题，受其他因素干扰和限制的可能性也较小。另外，越来越严密的环境保护措施可能会对一些地区或企业的短期利益造成影响，再加上一些地方对中央精神认识存在偏差，部分企业存在抵触情绪，政策落实不到位。检察公益诉讼的介入可以从另一个角度参与到环境保护工作当中，督促有关行政主体依法履职，追究违法民事主体的法律责任，避免政策执行时跑偏走样。[1]可见，人民检察院作为公益诉讼主体更有利于保护国家和人民的利益，促进司法公正。

（3）认罪认罚从宽制度的价值引领

认罪认罚从宽制度是中国特色社会主义刑事司法制度改革的重要成果，具有以下重要意义：

第一，从政治价值角度看，认罪认罚从宽制度有利于化解社会矛盾，促进社会和谐，推动国家治理体系和治理能力现代化。在认罪认罚从宽制度下，一是在充分听取犯罪嫌疑人、被告人和被害人的意见并保障其权益的基础上，实现了对认罪认罚的犯罪嫌疑人、被告人依法从宽处理的结果。这有助于充分发挥刑罚的教育矫治作用，鼓励促使更多的犯罪人认罪服法，促进社会矛盾化解和社会和谐。二是被害人的合法权益得到充分保障。犯罪嫌疑人、被告人是否与被害人达成和解协议，是否赔偿了被害人损失，是否取得被害人谅解，都是量刑的重要考虑因素。这有利于促进犯罪嫌疑人、被告人与被害人之间达成和解、谅解，减少甚至化解当事人双方的对立，提升对司法处理结果的接受度和认可度，从而消弭社会戾气。可以说，认罪认罚从宽制度本质上是推动社会治理体系和治理能力现代化的一种诉讼模式。[2]

第二，从司法价值看，有利于准确及时惩罚犯罪，提升司法效率。准确及时查明犯罪事实，正确适用法律惩罚犯罪，保障无罪的人不受刑事追究，是我国刑事诉讼的基本任务。公正与效率是刑事诉讼程序所追求的两个重要价值目标，而两者又是矛盾的双方，如何协调两者的关系是司法首要考虑的问题之一。在复杂的案件中投入大量的司法资源，必然要以放弃轻微案件的人力物力消耗为代价。提高司法效率就是要求在投入较少的司法资源情况下

---

〔1〕　牟琦："检察公益诉讼在污染防治攻坚战中的独特价值"，载《中国检察官》2021年第21期，第68页。

〔2〕　陈国庆："适用认罪认罚从宽制度的若干问题"，载 https://baijiahao.baidu.com/s? id＝1690 464997245661897&wfr＝spider&for＝pc，访问日期：2022年3月28日。

取得尽可能多的诉讼成果。在现实的司法实践中，大部分刑事案件都是犯罪事实清晰、主要证据明确并且犯罪嫌疑人、被告人供认不讳的。如果在保证公正的前提下，赋予诉讼程序机制方面一定的灵活度，就能实现以最低的消耗换取更大的诉讼效益。实行认罪认罚从宽制度，有利于促使犯罪嫌疑人、被告人如实供述犯罪，配合司法机关及时查明犯罪事实。特别是那些犯罪手段比较隐蔽的案件，犯罪嫌疑人、被告人的如实供述，对于查证案件细节，收集客观性证据，起获犯罪工具或者赃款赃物等关键物证，从而对促使案件顺利侦破、起诉和审判具有重要价值。认罪认罚从宽制度的基本价值之一就是程序从简，即对于犯罪嫌疑人、被告人自愿认罪认罚的案件，合理简化诉讼程序，有效提高诉讼效率。修改后刑事诉讼法对认罪认罚案件作出了分流处理的规定，构建了速裁程序、简易程序、普通程序有序衔接的诉讼体系，形成诉讼程序与案件难易、刑罚轻重相适应的多层次的案件处理机制，推动简单案件快办，疑难案件精办，为不同类型案件的及时有效处理提供依据。

第三，从政策效果上看，有利于贯彻宽严相济刑事政策，强化人权司法保障。认罪认罚从宽制度是将党和国家长期以来宽严相济、区别对待、坦白从宽、抗拒从严等一系列刑事司法政策法律化、规范化和制度化的具体体现，为宽严相济刑事政策的落实，提供了具体的可供执行的规范和依据。就认罪认罚从宽程序而言，认罪认罚具结书从形式上来看是被告人的单方声明书，意味着其认可控方指控的事实、罪名、量刑建议以及适用的审理程序。从实质上来看，具结书是控辩双方协商与合意的结果。因此通过严密的程序设计，从实体"从宽"和程序"从简"两个层面，确定认罪认罚的法律后果，充分体现了现代司法保障人权和宽容、平和的理念。

3. 实践导向

（1）本案在性质上属于破坏环境资源保护的犯罪，由此可以引导学生理解生态文明建设的意义。

良好的生态环境是实现中华民族永续发展的内在要求，是增进民生福祉的优先领域。党的十八大以来，以习近平同志为核心的党中央把生态文明建设作为统筹推进"五位一体"总体布局和协调推进"四个全面"战略布局的重要内容，谋划开展了一系列根本性、长远性、开创性工作，推动生态文明建设和生态环境保护从实践到认识发生了历史性、转折性、全局性变化。习近平总书记传承中华民族传统文化、顺应时代潮流和人民意愿，站在坚持和发展中国特色社会主义、实现中华民族伟大复兴中国梦的战略高度，深刻回答了为什么建设生态文明、建设什么样的生态文明、怎样建设生态文明等重大理论和实践问题，系统形成了习近平生态文明思想，有力指导生态文明建设和生态环境保护取得历史性成就、发生历史性变革。为推进美丽中国建设、实现人与自然和谐共生的现代化提供了方向指引和根本遵循。在生态文明建设中，要坚持生态兴则文明兴、坚持人与自然和谐共生、坚持绿水青山就是金山银山、坚持良好生态环境是最普惠的民生福祉、坚持山水林田湖草是生命共同体、坚持用最严格制度最严密法治保护生态环境、坚持建设美丽中国全民行动、坚持共谋全球生态文明建设等理念。

（2）本案的犯罪地处于长江源头——青藏高原，由此可以引导学生理解长江经济带生态环境保护的意义。

长江经济带横跨我国东中西三大区域，人口和生产总值均超过全国的40%，既是我国经济重心，也是重要的生态宝库。推动长江经济带发展是党中央作出的重大决策，是关系国家发展全局的重大战略，对实现"两个一百年"奋斗目标、实现中华民族伟大复兴的中国梦具有重要意义。党的十八大以来，习近平总书记先后对长江经济带发展作出"共抓大保护，不搞大开发""用最严格制度最严密法治保护生态环境，打好污染防治攻坚战""把修复长江生态环境摆在压倒性位置"等重要指示，为实施长江经济带发展战略指明了前进方向、提供了根本遵循。党的十九届四中全会审议通过的《关于坚持和完善中国特色社会主义制度　推进国家治理体系和治理能力现代化若干重大问题的决定》，明确了"加强长江、黄河等大江大河生态保护和系统治理""健全生态环境监测和评价制度，完善生态环境公益诉讼制度，落实生态补偿和生态环境损害赔偿制度，实行生态环境损害责任终身追究制"等重大任务，对推动长江经济带发展提出了新的更高要求。因此，每一起环境司法案件并不是孤立的，而是落实国家大政方针的具体体现。

（3）本案由3名审判员和4名人民陪审员组成合议庭，适用了认罪认罚从宽制度，由此可以引导学生理解这两种制度之于公益诉讼的意义，进而理解社会主义制度的优越性。

在我国，人民陪审员和法官组成的七人合议庭可以审理的公益诉讼主要有三类：一是《民事诉讼法》第58条第2款规定的破坏生态环境和资源保护、食品药品安全领域侵害众多消费者合法权益等损害社会公共利益的行为的公益诉讼；二是《行政诉讼法》第 25 条第 4 款规定的生态环境和资源保护、食品药品安全、国有财产保护、国有土地使用权出让等领域负有监督管理职责的违法行使职权或者，致使国家利益或者社会公共利益受到侵害的公益诉讼；三是《英雄烈士保护法》第 25 条规定的对侵害英雄烈士的姓名、肖像、名誉、荣誉的行为，英雄烈士的近亲属可以依法向人民提讼。

我国的人民陪审员制度不同于英美法系的陪审团制度。在英美法系的陪审团制度下，陪审团负责案件的事实认定而无权适用法律，法官适用法律而无权推翻陪审团已经认定的事实，以追求程序正义为名将事实认定与法律裁判割裂开来，给律师利用辩护技巧歪曲事实真相、替犯罪分子开脱罪责创造了条件。在我国的环境公益诉讼中吸收人民陪审员参与审理，但我国的陪审制度是一种参审制，人民陪审员享有与审判员相同的权利，法官和陪审员既可以就案件事实进行认定，亦可以就法律适用问题发表看法，最终在民主合议的基础上进行判决，能够最大限度地确保案件真实和司法公正。[1]

本案从表象上看，涉案数额不大，情节轻微，但其侵害的法益则是国家重点保护的生态环境，其教育意义不言而喻。根据调研数据显示，与其他地区相比，盗伐林木罪等破坏生态环境的犯罪是青藏高原地区案发率较高的犯罪，犯罪人多为普通群众。这说明，既要保证公平正义，又要充分发挥生态环境保护的作用是刑事司法必须考虑的问题。最高人民检察院《绿色发展·协作保障服务保障长江经济带发展检察白皮书（2019）》提出：坚持以办案为中心，加大生态环境司法保护力度。依法严惩各类破坏长江流域生态环境资源刑事犯罪。以维护公益为核心，推动解决危害长江生态环境"老大难"问题。践行恢复性司法理念，推进生态环境修复与生产发展转型。积极践行恢复性司法理念，落实宽严相济刑事政策，将适用认罪认罚从宽制度与推动生态环境修复相结合，推行"专业化法律监督+恢复性司法实践+社会化综合治理"生态检察模式，将服务保障长江经济带发展与服务保障打好三大攻坚战同部署、共推进。对于盗伐林木等破坏环境资源保护的犯罪，如果只注重惩罚，既不能满足被害人的需求，也不能有效地防止犯罪人重新犯罪，很难发挥司法保护生态环境的作用，而通过认罪认罚从宽这一恢复性司法制度的

---

〔1〕 参见任海涛、张惠虹主编：《法学学科课程思政教学范例》，华东政法大学出版社 2021 年版，第 165 页。

适用，则能够取得更好的社会效果。

因此，在环境司法中适用人民陪审员制度和认罪认罚从宽制度，一方面，可以使群众更直观地在具体案件中感受公平正义；另一方面，通过补种、补栽、修复等惩罚使行为人和其他群众知晓要为破坏环境的行为担责，从而教育群众提升生态文明意识。

综上，通过本案例的解析，使学生更为深刻地理解富强、民主、文明、和谐、公正、法治等社会主义核心价值观与刑事诉讼法的联系，理解人民陪审制度、认罪认罚从宽制度的优越性，从而坚定"四个自信"。

二、刑事诉讼基本制度

（一）典型案例

1. 案例简介

张某、张某平系叔侄关系，2003 年 5 月 18 日晚上 9 点左右，二人驾驶皖 J-112×× 货车去上海。叔叔张某平受人之托让 17 岁的女孩王丽丽（化名）顺便搭乘去杭州。5 月 19 日凌晨 1 点左右，三人到达王丽丽与其姐夫约好的杭州西站，但是王丽丽的姐夫却没有来接她。王丽丽用张某的手机给其姐夫打电话，在电话中二人约定了到钱江三桥之后联络。张某平担心王丽丽独自打车去那么远的地方不安全，遂将王丽丽捎至离约定地方不远的艮秋立交桥，之后叔侄二人就驾车进入沪杭高速，驶往上海。当日杭州市公安局西湖区分局接到报案，在杭州市西湖区一水沟里发现一具女尸，而这名女尸正是 5 月 18 日搭乘他们便车的女子王丽丽。公安机关初步认定是当晚开车搭载被害人的张某和张某平所为。5 月 23 日晚 24 时许，叔侄二人在送货完毕由上海返回老家之时被杭州警方逮捕。后经审讯认定张某在得知没人来接被害人就起了色心，跟叔叔张某平商议后，以送被害人去钱江三桥为由骗被害人王丽丽继续留在车上。叔侄二人将车子开到西湖区一个偏僻路段时，在驾驶室内将王丽丽强奸，叔叔张某平帮助侄子张某按住被害人王丽丽的腿，防止其反抗。张某在对被害人王丽丽进行奸淫时，以暴力手段掐死了王丽丽，致使王丽丽机械性窒息死亡。叔侄二人发现王丽丽死亡以后，就将被害人的尸体抛弃在水沟里，并在开车途中将被害人的背包等随身携带的物品扔掉。本案在经过两次退侦后于 2004 年 2 月 23 日由杭州市中级人民法院进行了开庭审理。根据检察机关起诉书认定的犯罪事实，法院在 2004 年 4 月 21 日以张某犯强奸罪判处死刑，张某平犯强奸罪判处无期徒刑，叔侄二人不服一审判决提出了上诉。在 2004 年 10 月 19 日，法院的二审判决书改判为张某死刑缓期二年执行，张某平 15 年有期徒刑。

叔侄二人入狱后并不甘心，在狱中二人均坚称自己无罪，相信自己的冤案有朝一日可以平反。张某平了解到作案手段、地点与自己的冤案极其相似的勾某峰案，以及"狱霸"袁某芳制造的另一起马某新冤案。之后张某平不断申诉，申诉理由包括认罪的口供是警方刑讯逼供所得，指认现场是侦查人员事先提示所得，而神秘证人袁某芳早就有协助公安机关工作的经验等。叔侄二人的申诉引起了新疆石河子检察院检察官张飚的注意。张飚检察官在听取了张某平的申诉后发现这个案子疑点重重，多次向浙江省高院、省高检递交申诉材料，希望能引起重视。在张飚检察官、辩护律师王亦文的帮助下，浙江省高院于 2012 年决定对这起冤案进行立案复查。经过 DNA 科学技术的检验，发现了一个令人震惊的事实就是受害人王丽丽指甲内的提取物与嫌疑人勾某峰 DNA 的提取物高度吻合，勾某峰极有可能是杀害王丽丽的凶手，但此时的勾某峰已经因为故意杀人罪被执行死刑了。根据这一情况，浙江省高院于 2013 年 2 月 6 日决定启动此案的再审程序，对张氏叔侄案依法另行组成合议庭进行不开庭审理，并于 2013 年 3 月 26 日对张某、张某平强奸一案作出了再审判决，撤销了原来错误的一审、二审刑事判决书，浙江省高院的公开宣判认为，有新的证据证明，本案不能排除系他人作案的可能。最终认定宣告张某、张某平无罪。

2013 年 5 月 17 日，浙江省高院对张某、张某平再审改判无罪，作出国家赔偿决定，决定分别支付张某、张某平侵犯人身自由权赔偿金 65.573 06 万元，分别支付精神损害抚慰金 45 万元。以上分别支付张某、张某平国家赔偿金 110.573 06 万元，共计 221.146 12 万元人民币。[1]

2. 案例研析

"张氏叔侄案"是我国刑事司法领域近年来披露的较为典型的被纠错案例之一。根据媒体和其他相关资料显示，造成错案既有刑事司法程序不健全的原因，也存在一定的人为因素。概而言之主要有三：一是证据失范；二是当

---

[1] 参见何家弘主编：《迟到的正义——影响中国司法的十大冤案》，中国法制出版社 2014 年版；刘亚："浙江张氏叔侄案：检察官推动冤案纠错"，载《方圆》2019 年第 Z1 期。

事人的辩护权未得到充分重视；三是在该案中公安机关、人民法院、人民检察院分工负责、互相配合、互相制约的刑事诉讼原则未得到充分落实。

从证据上看，本案的主要证据包括叔侄二人的口供、袁某芳的证人证言和 DNA 鉴定意见。三种证据均存在一定的瑕疵，其中，叔侄二人的口供存在取证的合法性问题，该口供的取得涉嫌刑讯逼供；袁某芳的证人证言涉嫌捏造诬陷；与案件关联最为密切的就是 DNA 鉴定意见，在法医作出的 DNA 检测报告中指出，被害人王丽丽八个手指甲内提取的物质是死者王丽丽与一名陌生男子的 DNA 混合而成，但这名男子不是叔侄二人中的一个，这一科学结论却被忽视了。

从辩护情况看，在一审中，公诉人没有出示那份有利于被告人的 DNA 鉴定意见，辩护人曾要求公诉机关出示，并以此提出公诉方指控两被告人强奸杀人的事实不清，证据不足，应当判定无罪的辩护意见。然而，这一辩护意见并没有得到采纳，理由是：因手指为相对开放部位，不排除被害人因生前与他人接触而在手指甲中留下 DNA 的可能性，即使张某左眼下方的抓痕系被害人所抓，被害人的指甲内也未必一定留下张某的 DNA 物质，故无法得出王丽丽指甲内检出的 DNA 物质是张某所留的科学结论。二审中辩护人指出，张某在侦查阶段虽然多次做过有罪供述，但也多次翻供，且两被告人有罪供述不一致，难以采信；同时也不能排除侦查人员实施刑讯逼供的可能。审讯录像也反映出侦查人员对张某采用殴打和"车轮战"的非法审讯方法，故其有罪供述系违法证据，不具有可采性，同时也不能排除侦查人员对另一被告人张某平实施刑讯逼供的可能。视听资料显示被告人指认现场不规范且存在疑问，不能客观反映系被告人主动指认现场。有证据表明，被告人在 2003 年 5 月 19 日 1 时 31 分驾车离开杭州西站，凌晨 5 时左右到达目的地，期间只有 3 个半小时，刚好等于路上所用时间，被告人完全没有作案时间。同时，DNA 鉴定结论等反证和疑问的存在，说明本案得出的结论不具有排他性和唯一性，没有排除他人作案的可能。二审法院照样没有采纳被告人和辩护人的意见，认为"虽然有些作案细节方面的供述不尽一致，但对主要犯罪情节的供述基本一致……本案中的 DNA 鉴定结论与本案犯罪事实并无关联，不能作为排除两被告人作案的反证"。浙江省高院终审依然作出了有罪判决，但改判张某死刑缓期二年执行，张某平 15 年有期徒刑。在辩护人看来，二审法院显然发现了证据疑点，作出了一个留有余地的判决。这是当时刑事审判"疑罪从轻"

理念的集中体现。

从公安机关、人民法院、人民检察院分工负责、互相配合、互相制约的刑事诉讼原则的落实情况看，在本案中，公、检、法三机关有分工负责、互相配合，而在互相制约上，则发挥作用不足。侦查、起诉、审判三个机关相互监督制约是刑事诉讼法的基本理念。公安机关的侦查由检察机关监督，通过案件审查批准逮捕、审查起诉等形成对案件侦查过程进行监督，对于证据存在问题的案件应当退回补充侦查或裁定不起诉。本案在检察院审查起诉期间，张氏叔侄案曾两次被退回公安机关补充侦查。根据我国刑事诉讼法的规定，退回补充侦查次数不得超过两次，且每次补充侦查不得超过一个月，如果两次补充侦查之后，检察机关仍然认为证据不够确实充分的，应当作出不起诉决定。本案虽两次退回补充侦查，但仍然在"基本事实清楚、基本证据充分"的情况下被起诉至杭州市中级人民法院。而最终二审法院在发现证据可能存在疑问的情况下，作出了"留有余地"的改判。

可喜的是，其最终纠错依然是司法监督和群众监督的结果。本案中所涉及的两大刑事诉讼核心制度——证据制度和辩护制度，均具有较高的思政价值。

（二）本案例课程思政元素分析

1. 制度规范

（1）刑事证据制度[1]

刑事证据制度，是指国家法律规定或者确认的关于刑事诉讼中的证据、证据种类、证明对象、举证责任与证明责任、证明标准与证明要求，以及如何收集、审查判断证据，如何运用证据认定案情的一整套规则体系。

证据是诉讼的核心与灵魂，是依照诉讼规则认定案件事实的依据。我国《刑事诉讼法》第50条规定："可以用于证明案件事实的材料，都是证据。证据包括：（一）物证；（二）书证；（三）证人证言；（四）被害人陈述；（五）犯罪嫌疑人、被告人供述和辩解；（六）鉴定意见；（七）勘验、检查、辨认、侦查实验等笔录；（八）视听资料、电子数据。证据必须经过查证属实，才能作为定案的根据。"根据这一规定，证据即用于证明案件事实的材料。

---

〔1〕 本部分内容参阅《刑事诉讼法学》编写组编：《刑事诉讼法学》（第3版），高等教育出版社2019年版，第134～177页。

　　证据能力和证明力作为证据的两项基本要求贯穿于刑事诉讼证据收集及运用的全过程，对证据的收集与审查判断具有指引和规范作用。证据能力也称证据资格，是指一定的事实材料作为诉讼证据的法律上的资格，或者说是指证据材料能够被法院采信，作为认定案件事实依据所应具备的法律上的资格。证明力也称证据价值，是指证据对于案件事实的证明作用的大小（强弱），证据之间证明力的差异是客观存在的，这是由证据各自的特性及与待证事实之间的关系不同决定的。证据能力和证明力是相互联系又有区别的两个概念。二者的联系表现在：作为认定案件事实的依据，证据必须既具有证据能力，又具有证明力。证据能力是前提，不具有证据能力就没有证明力，在证据的审查判断上，应当先审查是否有证据能力，再审查判断证明力的有无和大小。二者的区别表现在：证据能力是证据的法律属性，由法律事先规定，取决于证据是否被法律许可用来作为待证事实的依据，证据能力是"质"，是法定的门槛，对证据能力的判断是法律判断；证明力是证据的自然属性，取决于证据与待证事实之间的逻辑关系，证明力是"量"，是司法工作人员审查判断证据进而进行裁量的刻度表，对证明力的判断是事实判断。我国《刑事诉讼法》及相关法律解释关于证据的规定均是对证据能力的要求，同时也反映了证明力的要求。如《刑事诉讼法》第55条规定："对一切案件的判处都要重证据，重调查研究，不轻信口供。只有被告人供述，没有其他证据的，不能认定被告人有罪和处以刑罚；没有被告人供述，证据确实、充分的，可以认定被告人有罪和处以刑罚。证据确实、充分，应当符合以下条件：（一）定罪量刑的事实都有证据证明；（二）据以定案的证据均经法定程序查证属实；（三）综合全案证据，对所认定事实已排除合理怀疑。"这一规定既包含了证据能力的要求，也包含了证明力的要求。证据确实充分的条件是证明能力的要求，而对证据的判处的要求既是证明能力的要求，同时也暗含了证明力的要求，即在证明力的判断上，口供要弱于其他证据。再如《刑事诉讼法》第56条规定："采用刑讯逼供等非法方法收集的犯罪嫌疑人、被告人供述和采用暴力、威胁等非法方法收集的证人证言、被害人陈述，应当予以排除。收集物证、书证不符合法定程序，可能严重影响司法公正的，应当予以补正或者作出合理解释；不能补正或者作出合理解释的，对该证据应当予以排除。在侦查、审查起诉、审判时发现有应当排除的证据的，应当依法予以排除，不得作为起诉意见、起诉决定和判决的依据。"这一规定确立了我国的非法证据排除规则，公安司法工作人员在证据的审查判断中，如果发现有本法条规定的情况，那么该证据就丧失了证据能力，也就不再具备证明力。

"认定案件事实必须以证据为依据（证据裁判原则）"已被现代大多数国家在其刑事诉讼法律或者司法实践中普遍采纳。我国《刑事诉讼法》第6条规定："……必须依靠群众，必须以事实为根据，以法律为准绳。"众所周知，已经发生的客观事实永远无法恢复其原貌，以事实为根据就是以证据为根据，所以，这一规定暗含了证据裁判原则。《关于办理死刑案件审查判断证据若干问题的规定》第2条规定"认定案件事实，必须以证据为根据"，这在我国首次明确确立了该原则；最高人民法院《关于适用〈中华人民共和国刑事诉讼法〉的解释》第69条规定："认定案件事实，必须以证据为根据。"进一步确认了证据裁判原则。证据裁判原则的基本含义有三：一是对事实问题的裁判必须依靠证据，没有证据不得认定事实。在诉讼证明中，事实问题的裁判应当依据证据，这是证据裁判的基本含义。二是裁判所依据的必须是具有证据能力的证据，也即什么样的证据能够成为法院的裁量基础。我国《刑事诉讼法》从积极条件和消极条件两个方面作出了规定：证据种类、如何取证都是有明确规定的，必须得到遵守，此为证据能力的积极条件；而《刑事诉讼法》第52条规定的"不得强迫任何人证实自己有罪"、第56条确立的"非法证据排除规则"等则属于禁止性规定，为证据能力的消极条件。三是裁判所依据的必须是经过法庭调查的证据，这是证据裁判原则对裁判者认识方式的要求。一方面，只有达到"案件事实清楚、证据确实充分、排除合理怀疑"的证明标准，才能作出有罪的裁决；另一方面，如果既有证据没有达到上述证明标准，法官也不得拒绝裁判，而应依证明责任的分配原则，作出疑罪从无的无罪判决。同时，证据裁判原则必须依靠严格证明的方法才能实现。证据裁判原则应适用严格证明的方法，即两者的适用范围应一致。

证据规则，是指国家法律规定或者确认的用来规范证据能力，指导和约束证据的收集、审查判断及证明活动的基本准则。刑事诉讼中经常运用的证据规则有相关性规则、非法证据排除规则、意见证据规则、最佳证据规则、补强证据规则等。

相关性规则，也称为关联性规则，是指只有与诉讼中待定事实具有关联性的证据才可以采纳，一切没有关联性的证据均不予采纳。检验证据的相关性通常有以下几个标准：其一，所提出的证据是用来证明什么的？其二，这是本案的实质性问题吗？其三，所提的证据对该问题有证明性吗？我国《刑事诉讼法》未明确规定相关性规则，但有关规定体现了相关性规则的基本要求。比如，《刑事诉讼法》第 50 条第 1 款规定："可以用于证明案件事实的材料，都是证据。"此规定要求证据与案件事实之间必须具有相关性，没有相关性则不能作为证据材料。第 120 条第 1 款规定："……犯罪嫌疑人对侦查人员的提问，应当如实回答。但是对与本案无关的问题，有拒绝回答的权利。"将讯问犯罪嫌疑人的问题范围限定为与案件事实相关的问题，既可以防止侦查人员随意扩大讯问范围，保护犯罪嫌疑人的隐私，也可保障侦查人员将主要精力集中于查明案情。最高人民法院《关于适用〈中华人民共和国刑事诉讼法〉的解释》第 139 条第 2 款规定："对证据的证明力，应当根据具体情况，从证据与待证事实的关联程度、证据之间的联系等方面进行审查判断。"该解释关于证据的审查与认定的规定，分别要求审查物证、书证、视听资料、电子数据等证据与案件事实之间有无关联性，规定没有关联性的证据不得作为定案的根据。

非法证据排除规则，是对非法取得的供述和非法搜查扣押取得的证据予以排除的统称，也就是说，司法机关不得采纳非法证据，将其作为定案的证据，法律另有规定的除外。"非法"为非法取得之意；"排除"初指非法证据不得在刑事审判中采纳为不利于被告的证据，后扩大到包括在审前程序中不得以非法取得的证据为根据，签发逮捕证和搜查证等司法行为，以及被告方可以法院未排除非法证据为由进行上诉和请求最高人民法院审查案件。《刑事诉讼法》第 56 条第 2 款规定："在侦查、审查起诉、审判时发现有应当排除的证据的，应当依法予以排除，不得作为起诉意见、起诉决定和判决的依据。"可见，我国非法证据排除规则不仅适用于审判程序，亦适用于审前程序。《刑事诉讼法》第 60 条规定："对于经过法庭审理，确认或者不能排除存在本法第五十六条规定的以非法方法收集证据情形的，对有关证据应当予以排除。"据此，在证据收集的合法性上，只要不能排除合理怀疑，就应当予以排除。

最佳证据规则，也称原始文书规则，是英美法系国家最古老的证据规则之一，是指以书证来证明案件事实时，除非有法定情形，必须提供书证材料的原始件，是当事人应当提供文件内容的原始证据的一种诉讼证明规则。能够提供原始文件的情况下，提交原始件的复制件，法庭不予采纳。我国《刑事诉讼法》未明确规定最佳证据规则，但通过司法解释初步确立了该规则。最高人民法院《关于适用〈中华人民共和国刑事诉讼法〉的解释》第82条规定："对物证、书证应当着重审查以下内容：（一）物证、书证是否为原物、原件，是否经过辨认、鉴定；物证的照片、录像、复制品或者书证的副本、复制件是否与原物、原件相符，是否由二人以上制作，有无制作人关于制作过程以及原物、原件存放于何处的文字说明和签名……"第84条规定："据以定案的书证应当是原件。取得原件确有困难的，可以使用副本、复制件。书证有更改或者更改迹象不能作出合理解释，或者书证的副本、复制件不能反映原件及其内容的，不得作为定案的根据。书证的副本、复制件，经与原件核对无误、经鉴定为真实或者以其他方式确认为真实的，可以作为定案的根据。"第108条规定："对视听资料应当着重审查以下内容……（二）是否为原件，有无复制及复制份数；是复制件的，是否附有无法调取原件的原因、复制件制作过程和原件存放地点的说明，制作人、原视听资料持有人是否签名或者盖章……"上述规定体现了最佳证据规则的基本精神。

意见证据规则，意见证据规则是指，证人作证只能陈述自己体验的过去的事实，而不能将自己的判断意见和推测作为证言的内容。证人一般只能陈述其耳闻目睹的案件事实，而不能就案件事实作出推断意见或者结论，证人对案件事实的推断、推论等意见，不能作为认定案件的证据，即对意见证据应当予以排除。我国《刑事诉讼法》并未规定意见证据规则，但是，最高人民法院《关于适用〈中华人民共和国刑事诉讼法〉的解释》第88条第2款规定："证人的猜测性、评论性、推断性的证言，不得作为证据使用，但根据一般生活经验判断符合事实的除外。"该规定体现了意见证据规则的基本精神。

补强证据规则，是指某一证据由于其存在证据资格或证据形式上的某些瑕疵或弱点，不能单独作为认定案件事实的依据，必须依靠其他证据的佐证，借以证明其真实性或补强其证据价值，才能作为定案的依据。"补强"是指补充、支持或者强化，被补强的证据称为主证据。补强证据的作用是通过证据相互支持而增强或者担保主证据的证明力。

补强证据应达到以下要求：（1）补强证据应当具有独立的来源。补强证据与主证据应具有不同的证据形式，能够与主证据实质性分离。如不能以被告人在前一诉讼阶段的口供，来补强其在后一诉讼阶段的口供，因为它们具有相同的证据来源。（2）补强证据与主证据具有共同的证明对象。（3）补强证据与主证据能够相互印证，呈现出同向性。补强证据规则主要适用于言词证据，主要包括口供的补强和其他言词证据的补强。口供补强规则限定了口供的证明力，禁止将被告人口供作为对其定罪的唯一证据。我国《刑事诉讼法》对口供补强规则进行了明确规定。《刑事诉讼法》第 55 条第 1 款规定："对一切案件的判处都要重证据，重调查研究，不轻信口供。只有被告人供述，没有其他证据的，不能认定被告人有罪和处以刑罚；没有被告人供述，证据确实、充分的，可以认定被告人有罪和处以刑罚。"同时，针对被害人陈述、证人证言的补强，最高人民法院《关于适用〈中华人民共和国刑事诉讼法〉的解释》第 143 条规定："下列证据应当慎重使用，有其他证据印证的，可以采信：（一）生理上、精神上有缺陷，对案件事实的认知和表达存在一定困难，但尚未丧失正确认知、表达能力的被害人、证人和被告人所作的陈述、证言和供述；（二）与被告人有亲属关系或者其他密切关系的证人所作的有利被告人的证言，或者与被告人有利害冲突的证人所作的不利被告人的证言。"上述言词证据往往证明力比较薄弱，通过其他证据来补强其证明力，可以增加案件事实认定的准确性。

证明标准，是指证明主体运用证据证明待证事实所要达到的法定的程度或者要求。证明标准与证明责任紧密相连，解决的是对待证事实的证明程度的问题。《刑事诉讼法》第 200 条第 1 项规定，案件事实清楚，证据确实、充分，依据法律认定被告人有罪的，应当作出有罪判决。《刑事诉讼法》第 55 条第 2 款对"证据确实、充分"的含义作出了具体解释：定罪量刑的事实都有证据证明；据以定案的证据均经过法定程序查证属实；综合全案证据，对所认定的事实已排除合理怀疑。根据以上相关规定，我国刑事证明的标准是"案件事实清楚，证据确实、充分"。具体而言：

第一，定罪量刑的事实都要有证据证明。案件事实是已经发生的事情，而对于已经发生的事情只有通过证据才能查清，故案件事实必须有证据证明。然而，对于已经发生的案件要通过证据查实全部细节事实基本不可能，因此，并不要求对案件有关的所有细节事实都有证据证明。但是，对于定罪量刑的事实，包括犯罪构成要件事实及影响刑罚裁量的事实，必须有证据证明。

第二，据以定案的证据必须经过法定程序查证属实。据以定案的证据须经过法定程序查证，包括查证证据材料是否真实、收集证据的程序是否符合法律规定。特别需要注意的是，只有经过当庭出示、质证等法定调查程序查证属实的证据，才能作为定罪量刑的依据。

第三，对所认定的事实已排除合理怀疑。这是关于全案证据的综合判断标准，只有经过法定程序查证属实的证据证明的定罪量刑的事实已经排除合理怀疑了，证据才达到了"确实、充分"的程度。如果存在合理怀疑，那么就应当坚持"疑罪从无"的原则，推定被告人无罪。

（2）刑事辩护制度

刑事辩护，是指刑事犯罪嫌疑人、被告人及其辩护人在刑事诉讼中为反驳控诉，根据事实和法律，在实体和程序上提出有利于犯罪嫌疑人、被告人的证据和理由，以证明犯罪嫌疑人、被告人无罪、罪轻或者应当减轻、免除处罚，维护犯罪嫌疑人、被告人合法权益的诉讼活动。根据该定义，刑事辩护具有如下特征：

第一，诉讼职能性。现代刑事诉讼制度是建立在控审分离、控辩平等、审判中立的诉讼结构基础之上的。控诉、辩护、审判三种基本诉讼职能，该三项基本诉讼职能三位一体，缺一不可，互相作用，彼此依存，共同维系、支撑着司法公正的大厦。因此，刑事辩护是刑事诉讼活动的重要组成部分，是刑事诉讼的基本职能之一。

第二，权利专属性。辩护权是犯罪嫌疑人、被告人的一项基本权利，也是一项基本的宪法权利。实际上，辩护权并不仅仅是犯罪嫌疑人、被告人的权利，而是每个公民、每个人的一项基本权利，因为从理论上来说，每个人都可能受到刑事指控，因此，每个人都需要并享有辩护权。

第三，形式对抗性。刑事辩护是针对控诉行为进行的对抗性诉讼活动，即辩护被指控犯罪为存在前提。所谓对抗性诉讼活动，是指它是由追诉活动包括侦查、起诉活动引起，而又针对侦查、起诉活动进行的质疑、反驳性的诉讼活动。没有追诉活动就没有辩护活动。追诉与辩护是一对具有对抗性的基本矛盾，存在于刑事诉讼的过程中，也解决于刑事诉讼的过程中。

第四，内容法定性。无论是辩护的种类还是辩护人的范围及权限等辩护制度的内容，均有法律的明确规定。

根据《刑事诉讼法》第33至35条的规定，我国刑事诉讼中的辩护可分为自行辩护、委托辩护和指派辩护三种：

自行辩护，是指犯罪嫌疑人、被告人针对指控进行反驳、申辩和辩解，自己为自己所作的辩护。自行辩护是犯罪嫌疑人、被告人行使辩护权的重要方式，它贯穿于刑事诉讼的始终，无论是在侦查阶段，或者是在起诉、审判阶段，犯罪嫌疑人、被告人都有权自行辩护。根据《刑事诉讼法》第34条的规定，犯罪嫌疑人在侦查阶段只能自行辩护；犯罪嫌疑人、被告人在刑事诉讼过程中的起诉、审判阶段也都有权自行辩护。犯罪嫌疑人、被告人是被侦查机关、检察机关怀疑涉嫌犯罪或指控实施犯罪的人，他们对于自己是否涉嫌、实施了犯罪以及如何实施犯罪最为清楚，因此，就针对案件事实和有关证据方面进行辩护而言，由他们自行辩护一般比其他人进行辩护具有更有利的条件。但同时，自行辩护在充分有效地维护犯罪嫌疑人、被告人合法权益方面，也有着一定的局限性：首先，一般而言，犯罪嫌疑人、被告人不熟悉、精通法律，不具有诉讼经验，不掌握诉讼技巧；其次，犯罪嫌疑人、被告人在刑事诉讼中通常都被采取某种强制措施，人身自由受到限制甚至剥夺，无法进行必要的调查取证工作；最后，由于犯罪嫌疑人、被告人与案件有着密切的关系，特别是与诉讼结果有着直接的利害关系，从而使他们自身难以在诉讼中如实、客观地陈述事实，同时其他人包括办案人员往往也对他们不信任，进而可能导致自行辩护不受重视。

委托辩护，即犯罪嫌疑人、被告人委托律师或者监护人、亲友等其他人为其进行的辩护。由于委托辩护是由犯罪嫌疑人、被告人以外的人进行辩护，其身份、立场都是独立的，并且由于委托辩护人主要是由律师担任，他们精通法律知识，富有诉讼经验，熟悉辩护技巧，因而委托辩护较之自行辩护有着明显的优势。

指派辩护，是我国刑事法律援助制度的主要表现形式，是指人民法院、人民检察院、公安机关在法律规定的范围内，对于没有委托辩护人的犯罪嫌疑人、被告人，依法通知法律援助机构指派律师为其提供辩护，或者法律援助机构根据本人及其亲属的申请，对符合法律援助条件的，指派律师为其提供辩护。我国刑事诉讼中的指派辩护包括两种情形：其一是应当指派的情形（强制指派辩护）。根据《刑事诉讼法》的规定，强制指派辩护，是指人民法院、人民检察院、公安机关对于下列五类犯罪嫌疑人、被告人，如果他们没有委托辩护人，应当通知法律援助机构指派律师为其辩护：一是犯罪嫌疑人、被告人是盲、聋、哑人的；二是犯罪嫌疑人、被告人是未成年人的；三是犯罪嫌疑人、被告人是尚未完全丧失辨认或者控制自己行为能力的人的；四是犯罪嫌疑人、被告人可能被判处无期徒刑、死刑的；五是人民法院缺席审判案件，被告人及其近亲属没有委托辩护人的。另外，根据最高人民法院《关于适用〈中华人民共和国刑事诉讼法〉的解释》第48条之规定，在以下五种情况下，被告人没有委托辩护人的，人民法院可以通知法律援助机构指派律师为其提供辩护：一是共同犯罪案件中，其他被告人已经委托辩护人的；二是案件有重大社会影响的；三是人民检察院抗诉的；四是被告人的行为可能不构成犯罪的；五是有必要指派律师提供辩护的其他情形。其二是可以指派的情形（申请指派辩护）。申请指派辩护，是指不符合强制指派辩护的条件，犯罪嫌疑人、被告人因经济困难或者其他原因没有委托辩护人，本人及其近亲属可以向法律援助机构提出申请，对符合法律援助条件的，法律援助机构应当指派律师为其提供辩护。根据《刑事诉讼法》、最高人民法院《关于适用〈中华人民共和国刑事诉讼法〉的解释》、最高人民检察院《人民检察院刑事诉讼规则》、公安部《公安机关办理刑事案件程序规定》的规定，人民法院、人民检察院、公安机关应当依法告知犯罪嫌疑人、被告人有申请指派辩护的权利。法律援助机构接到犯罪嫌疑人、被告人本人或近亲属提出申请经过审核后，符合法律援助条件的，才指派律师为犯罪嫌疑人、被告人提供辩护。

2. 价值引领

（1）刑事证据制度的价值引领主要体现在文明、公正和人权保障等方面

第一，科学、健全的刑事证据制度是社会主义政治文明在刑事司法领域的重要体现。司法文明是政治文明的重要组成部分。司法文明至少要符合以下几个基本要求：一是科学合理的司法理论；二是符合国情的司法理念；三是完备健全的司法制度；四是具体可行的司法规范。司法文明与司法制度相伴而生，相辅相成。完备的司法制度是司法文明的前提条件，而没有高度的司法文明，再好的司法制度也难以落实。因此，科学、健全的刑事证据制度作为刑事司法的基本制度之一，直接关涉司法文明，关涉社会主义政治文明建设。

第二，实体公正和程序公正是司法公正的两大要求，通过刑事证据制度的完善实现司法公正，推进司法文明以实现法治是其重要的价值目标。刑事诉讼的结果关系到犯罪嫌疑人、被告人的人身自由，是人权保障中最重要的影响因素之一。证据制度在很大程度上能决定刑事诉讼结果，因而证据制度的设立必须既能够维护司法公正，保证诉讼结果得到一般大众的认可，真正

为人民服务，并且必须不能过于拖延，也即所谓的"迟来的正义不是正义"。[1]

第三，科学、健全的刑事证据制度有利于维护司法公正。科学的证据理念、明确的证据要求、科学合理的证据规则、明确的证明标准和合法的收集、质证、采用、排除方法，是刑事诉讼取得良好效果的必备因素，如果任何一个方面存在缺失，侦查人员及公诉人基于利益诉求有可能采取非法的手段获取证据，进而导致不公正的司法审判结果的出现。因而，通过健全的刑事证据制度的建立对刑事案件的证据流程进行规定，对于非法证据依照程序进行排除，可以确保证据的真实性，保证刑事案件审判的准确性，维护司法公正从而推进社会主义司法文明建设。

（2）刑事辩护制度的价值引领

刑事辩护制度是一项重要的刑事司法制度，它是对公平正义在程序上的保障，是保障基本人权的重要方式。其价值主要体现在以下几个方面：

第一，刑事辩护有利于发现案件真相和正确处理案件。刑事辩护可增强收集证据的全面性，有利于客观真相的揭示，有利于抑制侦查人员、检察人员、审判人员等公安司法工作人员的主观片面性和随意性。

第二，刑事辩护是实现程序正义的重要保障。刑事辩护有助于刑事诉讼中形成合理的诉讼结构，有助于对被追诉者——犯罪嫌疑人、被告人的合法权益进行保护，有助于对国家权力形成有力的监督和制约。程序正义的核心内容就是规制国家公权力、保障个人私权利，辩护制度最有利于实现程序正义的作用。如果辩护制度得不到真正的确立、辩护职能得不到充分的行使，就不能与控诉职能平等对抗，相互制约，在刑事诉讼中就难以实现司法公正。

第三，刑事辩护有助于法治宣传教育，提升司法公信力。通过控辩双方的辩论，可以使旁听群众了解案情，明辨是非，增强他们的法治观念，同时有助于群众在具体案件中感受到公平正义，从而提升刑事司法的公信力。

3. 实践导向

近年来，我国刑事司法领域对"呼某图案""佘某林案""聂某斌案""赵某海案"以及本案——"张氏叔侄案"等一些案件进行了纠错，如前文所述，

---

[1] 房保国、张丽宏："论司法文明推进与刑事证据制度的完善"，载《中国司法》2013年第12期，第25页。

造成这些错案既有司法制度不健全的原因，也存在人为因素。但对这些错案应该客观理性地看待：其一，这些错案确实有违社会主义法治精神，也与尊重和保障人权的刑事诉讼目标格格不入，对司法公信力造成了破坏。其二，绝大多数刑事案件是公正的，错案毕竟是极小部分。信息技术的发达无形中扩大了错案的影响力，因此，在信息时代，每一个错案更应当得到重视，避免重复出错。正如培根所言："一次不公正的判决，其恶果相当于十次犯罪"。其三，虽然在一定时期人的认知能力的有限性决定了"无错"是一种理想的追求，但司法程序设计应该使"错案率"降至最低，同时要尽可能完善纠错机制。其四，深入探寻错案产生的原因，总结错案的经验教训，对司法制度改革具有积极的促进作用。

考察时间轴会发现，张氏叔侄案及其他一些错案大都发生在20世纪末至21世纪初，此时间节点恰处于我国社会主义市场经济体制的建立初期，也是各项法律制度不断完善时期。刑事典型案件的纠错和新型案件的发生，可以更有效地促进制度建设的科学性、合理性、可行性和前瞻性。2012年以来我国刑事诉讼法的修正就是司法改革对错案预防的制度性回应。2012年《刑事诉讼法》的修正对中国法治建设具有里程碑的意义。如：将"尊重和保障人权入法"在刑事诉讼法中进一步落实了宪法条款，不仅契合了社会主流价值取向，也彰显了我国人权保障事业的进步；进一步完善了证据制度，设立了"非法证据排除"制度，将执法办案合法性的要求设定了法律后果，使刑事诉讼法的逻辑结构更加完备；完善了强制措施，提高了逮捕的标准，细化了逮捕的条件，促使审前羁押将变少；加强辩护权的保障，强化了律师权利的保障力度，如将辩护的时间提前至侦查阶段，吸收并完善了《律师法》规定的律师会见权、阅卷权，完善了追究律师伪证罪的责任条款并设置了追究律师伪证责任的特殊保护程序，设置了辩方对于阻碍辩护职责履行的救济渠道等。2018年《刑事诉讼法》的修正又确立了值班律师制度以进一步保障律师的辩护权。

"张氏叔侄案"的人为因素则说明了法律职业道德建设的必要性和重要性。《公安机关人民警察职业道德规范》要求人民警察要，热爱人民，忠于法律，事实为据，秉持公正，惩恶扬善，情系民生，服务社会，理性平和，文明礼貌，诚信友善，等等。《检察官职业道德基本准则》要求检察人员要"坚持忠诚品格，永葆政治本色。坚持为民宗旨，保障人民权益。坚持担当精神，强化法律监督。坚持公正理念，维护法制统一。坚持廉洁操守，自觉接受监督"。《法官职业道德基本准则》要求法官要，忠诚司法事业、保证司法公正、确保司法廉洁、坚持司法为民、维护司法形象。法官应当自觉遵守法官职业道德，在本职工作和业外活动中严格要求自己，维护人民法院形象和司法公信力。《律师职业道德基本准则》要求律师要，忠诚、为民、法治、正义、诚信、敬业。

因此，通过对本案的研究和学习，要使学生充分认识到：作为一名法律工作者，不仅要具备扎实的专业知识和专业技能，更要具备高尚的职业精神。只有在爱国、公正、文明、法治、敬业等社会主义核心价值观的指引下，才能成为德法兼修的合格的社会主义法治人才。

三、刑事诉讼程序制度

（一）典型案例

1. 案例简介

2019 年 9 月 17 日晚，犯罪嫌疑人陈某来到江苏省南通市通州区东社镇某民营家具厂车间，与其同事被害人李某因工作原因发生争吵。陈某使用一块多层板朝李某腰部捅了一下，李某使用多层板回捅。随后双方使用多层板相互扔砸。其间，李某被陈某砸中面部，左侧上颌骨及左侧颧骨骨折。经鉴定，为轻伤二级。2019 年 10 月 28 日，陈某被南通市通州区公安局传唤到案，如实供述了上述事实。

2020 年 6 月 23 日，公安机关以陈某涉嫌故意伤害罪将该案移送南通市通州区检察院审查起诉。承办检察官在审查该案中发现，当事人双方系工友关系，平时关系良好。鉴于该案由民间纠纷引发，为彻底消除双方对立情绪，化解矛盾，推进司法公开，提升司法公信，南通市通州区检察院决定于 2020 年 7 月 17 日召开公开听证会。

听证会召开之前，南通市通州区检察院制定了详细听证方案，邀请人大代表、政协委员等三人担任听证员参与公开听证会，并提前向听证员介绍该案案情、需要听证问题以及有关法律规定。同时，确定犯罪嫌疑人陈某、被害人李某以及公安机关侦查人员作为听证会参加人，为听证会召开做好充分准备。为彰显司法透明、推进司法公正，南通市通州区检察院依照《人民检察院检察听证室设置规范》设置听证会席位，通过"中国检察听证网"对本次听证会进行互联网直播，当事人所在单位同事等社会公众观看直播。

听证会由检察院领导主持，承办检察官介绍案件事实和需要听证的问题，侦查人员与双方当事人相继发表了意见，听证员进行了充分提问与认真评议。同时建议被害人李某按照相关赔偿标准提出合理的赔偿金额。陈某主动筹措赔偿款项，在检察机关见证下与李某签署和解协议。听证员评议后发表意见，认为该案符合不起诉适用条件，可以对陈某作出相对不起诉处理决定。

经审查，南通市通州区检察院采纳了听证员意见，认为该案双方当事人达成刑事和解，犯罪嫌疑人陈某犯罪情节轻微，可以作不起诉处理。2020年7月20日，检察院对陈某作出相对不起诉处理决定，并及时将处理决定和相关理由告知听证员，该纠纷得以化解。[1]

2. 案例研析

本案例在性质上属于民间纠纷引起的故意伤害案，在程序上，人民检察院适用刑事和解程序处理了案件。检察官在听证会召开前，制定听证方案，确定人大代表、政协委员、人民监督员、案件当事人、公安机关侦查人员等听证参加人，以保障听证程序顺利进行。当事人说明情况、听证员提问评议、当事人最后陈述等听证程序，检察官从化解民间矛盾纠纷、修复受损社会关系角度出发，释法说理，把握刑事和解契机，化解了民间纠纷。综合整个案件的处理情况看，人民检察院做到了实体和程序的公开、公正，实现了案结、事了、人和。

(二) 本案例课程思政元素分析

1. 制度规范

刑事和解，又称受害人与加害人的和解，是指在刑事诉讼过程中，通过调停人或其他组织使被害人与犯罪嫌疑人、被告人直接沟通、协商，双方达成民事赔偿和解协议后，司法机关根据案件的具体情况对犯罪嫌疑人、被告人不再追究刑事责任或从轻减轻刑事责任的诉讼活动。以被害人保护为目的、以建立恢复性司法为核心内容的刑事和解概念于20世纪90年代被引入我国，学者们对此展开了大量的研究，并提出一系列的方案和建议。2012年3月14日，经由第十一届全国人民代表大会第五次会议修订，并于2013年1月1日

---

[1] 案例来源：http://nt.jsjc.gov.cn/tslm_8051/dxalts/202010/t20201020_1111629.shtml，访问日期：2022年4月20日。

生效的刑事诉讼法明确规定了刑事和解制度，标志着我国刑事和解制度的正式建立。当事人和解的公诉案件诉讼程序是我国刑事诉讼的五个特别程序之一，《刑事诉讼法》第288至第290条对公诉案件当事人和解的适用条件、案件范围、和解协议的形成、和解协议的法律效果等方面做了规定，同时，为了规范和指导办案实践，最高人民检察院《人民检察院刑事诉讼规则》、最高人民法院《关于适用〈中华人民共和国刑事诉讼法〉的解释》、公安部《公安机关办理刑事案件程序规定》对该程序的具体适用予以了细化。

关于刑事和解的适用范围，根据《刑事诉讼法》第288条的规定，以下两类案件中可以适用刑事和解：

第一，因民间纠纷引起，涉嫌《刑法》分则第四章、第五章规定的犯罪案件，可能判处3年有期徒刑以下刑罚的。首先，该类刑事案件起因于民间纠纷。所谓民间纠纷，是指公民之间有关人身、财产权益的纠纷和其他日常生活中发生的纠纷。关于民间纠纷的范围，法律以及相关的司法解释并没有明确界定，但《公安机关办理刑事案件程序规定》列举了不属于因民间纠纷引起的犯罪案件的范围，包括以下几种情形：（1）雇凶伤害他人的；（2）涉及黑社会性质组织犯罪的；（3）涉及寻衅滋事的；（4）涉及聚众斗殴的；（5）多次故意伤害他人身体的；（6）其他不宜和解的。其次，涉嫌案由必须是《刑法》分则第四章侵犯公民人身权利、民主权利的犯罪以及第五章规定的侵犯财产的犯罪。最后，此处"三年有期徒刑以下刑罚"是指宣告刑而非法定刑，也就是说，即便法定刑在3年有期徒刑以上的，只要综合全案证据判断其有可能被处以3年有期徒刑以下刑罚，也可以适用刑事和解的规定。

第二，除渎职犯罪以外的可能判处7年有期徒刑以下刑罚的过失犯罪案件。首先，一般认为，过失犯罪之于故意犯罪而言其主观恶性较小，虽然这类犯罪可能造成相对严重的犯罪后果，但是考虑到其并非犯罪嫌疑人、被告人故意而为，较容易取得被害人的谅解。在保障被害人的合法权益同时为了更有利于对犯罪嫌疑人的教育改造，应当允许此类案件适用刑事和解。其次，之所以将渎职犯罪排除在刑事和解的适用范围之外，主要是由该罪较为特殊的犯罪客体所决定的。渎职罪的犯罪客体主要是国家机关的正常管理活动，其侵害的直接对象是国家利益而非公民个人人身权利、民主权利以及财产权利，仅"获得被害人谅解"这一条件就无法满足，因此刑事和解无从适用。

刑事和解程序的适用条件包括：一是犯罪嫌疑人、被告人是否真诚悔罪。

刑罚的目的已经从报应性惩罚转变为教育改造为主，刑事和解虽然以犯罪嫌疑人、被告人最终获得宽缓处理为结果，但其同样关注对犯罪嫌疑人、被告人的教育、改造从而帮助其顺利回归社会。而真诚悔罪，是指犯罪嫌疑人、被告人已经充分认识到自己的犯罪行为给被害人等相关人员和组织带来的损害，并且通过积极赔偿、赔礼道歉等方式表现出来。二是是否获得被害人谅解。被害人谅解是达成刑事和解的决定性条件。刑事和解以当事人双方，特别是被害人的和解意愿为前提，而被害人谅解是被害人表达和解意愿的行为方式。因此，犯罪嫌疑人、被告人表示悔罪和被害人谅解缺少任何一个方面，刑事和解都无从达成。三是被害人自愿和解。即被害人作出谅解并且达成和解协议是出于其自由意志作出的，而非受到外来压力的影响而作出。为了保证被害人和解的自愿性，《刑事诉讼法》第289条规定了公安机关，人民检察院和人民法院应对和解的自愿性进行审查。四是犯罪嫌疑人、被告人在5年以内无故意犯罪。根据《刑事诉讼法》的规定，达成和解协议之后，可以对犯罪嫌疑人、被告人作出从宽处罚，甚至在检察环节就可以作出不起诉决定。对犯罪嫌疑人、被告人的宽缓处理不但要以其真诚悔罪为前提，还要考虑其主观恶性以及由此所反映出的社会危险程度。犯罪嫌疑人，被告人如果在5年以内有过故意犯罪，说明其主观恶性较大，非但不应对其宽缓处理，还有可能成为从重处理的理由。

2. 价值引领

犯罪乃对刑法所保护的法律关系的破坏，是对法律关系主体一方即被害人法益的侵害，刑事司法能否实现对被害人的有效保护，是衡量司法是否公平正义的重要标准。然而，近代的刑法理论，基于社会契约、人权保护等思想，国家享有对犯罪的惩罚权，而惩罚的目的即为对犯罪的报应。在这一命题之下，国家的刑事司法制度也开始更多地关注对罪犯的惩罚与威慑，更多地关注社会利益而不是对被害人的补偿，是以近代的刑事司法制度基本上是围绕如何保障被告人的诉权而建构的。与此形成鲜明对比的是，被害人的地位受到漠视，他们应有的权利得不到重视，只被视为证人加以利用，成为刑事法体系内"被遗忘的人"。[1]直至20世纪50、60年代，被害人的权利保护问题才渐渐重新受到关注，刑事和解理论就是这种新的刑事思潮和法律价值

---

〔1〕 刘凌梅："西方国家刑事和解理论与实践介评"，载《现代法学》2001年第1期，第152页。

观变化的产物。刑事和解理论契合了我国传统的"和合"文化，契合了我国"和谐"的核心价值观。因此，我国的刑事和解制度显示了其独特的优势。刑事和解作为多元化纠纷化解机制的方式之一，在"和为贵"思想根深蒂固的我国，有着深厚的历史传承和发展土壤。在社会主义新时代，人民对法治、公平、正义等提出了更高的期许，如何以更有效、更公正的法治方式化解矛盾纠纷，是新时代法治发展对司法机关提出的必然要求，立基于恢复性司法理念的刑事和解制度，无疑为其提供了一种新型的、较为理想的模式。

3. 实践导向

在社会生活中，发生最多的犯罪就是侵犯人身权和侵犯财产权的犯罪，对于这类犯罪而言，几乎每一起刑事案件背后都存在着一个待解决的纠纷，也即刑事犯罪和民事纠纷往往相互交叉。因此，如何处理好惩罚犯罪与解决纠纷、保护法益的关系，是刑事司法必须考量的问题。对于刑民交叉的疑难案件是采信"先刑观念"的思维模式还是信奉"先民后刑"的司法原理，往往会造成两种截然不同的司法结果和社会效果。[1]对侵害个人法益的犯罪而言，实质上是对刑法所保护的民事法律关系的破坏，只是这种破坏达到了刑法规定的严重程度，也就构成了犯罪，但是，其背后所体现的法律关系的性质并没有发生改变。所以在惩罚犯罪的同时，还应关注被破坏的法律关系的恢复。由此自然导向一种恢复性的司法理念，而刑事和解就是恢复性司法理念的一种体现，也是"先民后刑"司法理念的一种体现。以本案为例，犯罪人和被害人是"工友"关系，在日常生活和工作中可谓"低头不见抬头见"，如果一味地侧重于惩罚，那么一方面会削弱犯罪人赔偿的积极性，导致被害人的利益受损；另一方面，二人在今后的日常生活工作中，也难以和谐相处。而通过适用刑事和解这一恢复性司法程序，则实现了案结、事了、人和。

刑事诉讼的终极目标是保障社会主义建设事业的顺利进行，和谐稳定的社会环境是社会主义建设事业的必备条件，只有通过对各种纠纷的恰当解决，才能建立和保障和谐稳定的社会关系，才能保障社会主义建设事业的顺利进行。因此，科学合理地适用刑事和解程序，有利于刑事诉讼目标的实现。

当然也需要注意的是，刑事和解的本质在于化解矛盾，追求双方当事人

---

[1]　杨兴培："刑民交叉案件中'先刑观念'的反思与批评"，载《法治研究》2014年第9期，第64页。

的利益最大化，达到双赢局面。刑事和解的目的是寻求公正与效率的最佳平衡，花费最少的司法成本以实现最优的处理结果。因此，在和解过程中必须保持公正，如若仅一味追求和解结果而舍弃公正，则也有违刑事和解制度的设置初衷。

第七章

民事诉讼法学课程思政教学案例研究

第一节　民事诉讼法学与课程思政[1]

一、民事诉讼法学课程思政建设的必要性

习近平总书记指出："所谓公正司法，就是受到侵害的权利一定会得到保护和救济，违法犯罪活动一定要受到制裁和惩罚。……如果人民群众通过司法程序不能保证自己的合法权利，那司法就没有公信力，人民群众也不会相信司法。"[2]法律本来应该具有定分止争的功能，司法审判本来应该具有终局性的作用，如果司法不公、人心不服，这些功能就难以实现。"诉讼是司法的中心，促进社会公平正义是民事诉讼的核心价值追求。"课程思政"教学改革要求在专业课的授课过程中，教师不仅要讲授专业知识，也要进行思政教育和价值引领，注重全方位育人。在民事诉讼法学的教育实践中，充分挖掘本课程思政元素，并将之与课堂教学内容有机结合，做好"立德树人"的育人工作。民事诉讼法学课程思政建设的必要性具体表现为：

第一，我国民事诉讼法学的根本立足点和出发点是始终站在无产阶级和人民大众的立场上，一切为了人民，一切依靠人民，全心全意为人民谋利益。

〔1〕　武雪萍，河北张家口人，四川民族学院法学院法学讲师，法学硕士，主要讲授"民法学"。基金项目：四川民族学院 2021 年度校级一流本科课程项目《民法分论》（文件号：川民院教〔2021〕15 号）成果。

〔2〕　来源：共产党员网 https://www.12371.cn/2019/08/01/ARTI1564615298016193.shtml，访问日期：2022 年 3 月 27 日。

在我国分析民事诉讼现象、揭示民事诉讼规律、解决民事诉讼问题、设计和评价民事诉讼程序制度、塑造民事诉讼文化时，始终坚持最大程度地满足人民群众对社会公平正义的期待和要求，确保民事诉讼的结果符合"努力让人民群众在每一个司法案件中感受到公平正义"的要求。

第二，我国民事诉讼法学的基本思想方法和工作方法是实事求是。在运用实事求是的思想方面和工作方面，我国民事诉讼法学坚持一切从实际出发，根据民事纠纷的实际情况和特点，探索有效解决民事纠纷的方法并发现其规律，在实践中检验和发展民事诉讼理论，在不断提高民事诉讼的效率和效益的基础上，探索多元化的民事纠纷解决机制。正是坚持了这样的基本思想方法和工作方法，我国民事诉讼法学在全面推进依法治国、建设社会主义法治国家的历史进程中才发挥了重要作用。

第三，我国民事诉讼法学发展的基本方向是构建中国特色民事诉讼法学理论体系、制度体系和文化体系。汲取中国传统民事诉讼理论、制度和文化的精华，合理借鉴其他国家民事诉讼的精华，积极开拓创新，形成符合中国实际、具有中国特色、解决中国问题、满足中国实践需求、契合实现中华民族伟大复兴的中国梦的民事诉讼理论、民事诉讼制度和民事诉讼文化，为全面建成小康社会、全面深化改革、全面推进依法治国，为建设公正、高效、权威的民事纠纷解决机制提供理论指导和学理支撑。

二、民事诉讼法学课程思政案例教学设计思路阐述

教育应当对一个人的知识、道德观、行为习惯、审美和能力的发展起到帮助。法学教育以培养德法兼修的社会主义法治人才为核心，以立德树人为根本，其重心是要实现法科生德智体美劳全面发展。因此，民事诉讼法学课程思政案例教学结合我国民事诉讼基本法律知识，帮助法科生理解制度背后的道德意义、中国精神和社会主义法治理念等，将专业教育与思政育人有机结合于案例中，寓社会主义核心价值观的精髓要义于案例中，教育培养出有理想、有担当、有精神、有专业水平，也有职业伦理的优秀法律人。具体教学设计思路如下：

第一，明确育人目标，精选案例，充分展示中国民事诉讼制度的优越性。习近平总书记在中国政法大学考察时强调，"立德树人，德法兼修，培养大批高素质的法治人才"。这为法学课程的"课程思政"建设指明了方向，课堂教

学中应在专业知识的讲授中提升法科生的思想道德素养，将社会所倡导的道德理念和价值观念贯穿于教学过程，实现教书与育人相统一，培养"德法兼修"的社会主义合格接班人。民事诉讼法课程内容的思政元素有时是比较抽象、隐晦的，需要运用生动的案例，特别是热点案例、社会关注度高的案例，将案例分析中的专业知识和思政元素结合起来，带领法科生进行详细分析并理解法律制度背后的价值基础及其优越性。在民事诉讼法课堂教学中运用案例教学法并挖掘其中的思政元素，既能提升法科生分析问题、解决问题的能力，激发法科生学习的兴趣，还能用生动的案例引导法科生以独立、公正的角度看待程序正义，尊重并保障诉讼权利，实现民事诉讼知识学习与思想政治教育的有机结合，帮助法科生树立正确的世界观、人生观和价值观。

　　第二，挖掘并梳理民事诉讼法课程中的思政元素。民事诉讼法学以马克思主义哲学为指导，用辩证唯物主义和历史唯物主义的原理分析民事诉讼现象、揭示民事诉讼规律、解决民事诉讼问题。在中国特色社会主义法治建设和社会主义核心价值观的视角下，从民事诉讼法的立法目的、基本原则和基本制度中挖掘、梳理并充实思政元素。比如，针对实践中存在的个别当事人恶意地提出管辖权异议拖延诉讼的做法，我们应引导学生要维权但不能钻法律的漏洞，保护自己权益的方式要合法，友善处理纠纷，诚实守信。再如，通过董存瑞、黄继光英雄烈士名誉权纠纷公益诉讼案，向学生介绍英雄烈士百折不挠的革命意志和坚定不移的政治信仰，他们的英雄事迹，是中华民族共同记忆的一部分，是中华民族宝贵的精神财富，也是社会主义核心价值观的体现。

　　第三，教师转变观念，平衡好知识传授、能力培养和价值塑造的关系。民事诉讼法学知识和社会主义核心价值观在内容上是相互契合的。通过案例分析，深化民事诉讼法学知识的同时，也要向法科生介绍法律制度背后的立法目的和正义、平等、秩序等价值追求，培养法科生的法治理念和法律运用能力。民事诉讼法学作为一门程序法，需要传授给法科生一种独立、客观的程序正义理念以及对诉讼权利公平正义的保障，而这些理念正是社会主义核心价值观的重要组成部分。同时，在民事诉讼案例教学中提升法科生的思想道德修养不是一蹴而就的，而是一个"细水长流""润物细无声"的过程。课程教育中需树立的价值观念需系统地贯穿于教学设计和教学全过程，且需要长期实践并不断优化，才能达到教书与育人相统一的教学效果。

第四，以多元化的教学方法，将思想引导全方位贯穿于民事诉讼案例教学的教学过程，提升民事诉讼法学育人效果。民事诉讼法学案例教学的基本思路可概括为：通过精选案例，提升学生的课堂参与度；针对案例发现问题、分析问题并提出解决思路；在案例分析中进行课程思政教育。为提升法科生自主学习能力和学习效果，应将线下教学与线上学习相结合，案例分析与理论学习相结合，知识讲授与思想引导相结合。民事诉讼法学案例教学中除了充分运用现代教学技术手段和充分借助互联网技术和媒体平台资源之外，教学过程的组织至关重要。课前通过学习通等平台发布案例，形成小组，在小组内进行讨论，并形成初步的案例分析报告；课中在教师的引导下以小组辩论、一个小组分析其他小组讲评等方式充分调动法科生的积极性，教师针对讨论中的问题进行分析，对讨论案例进行总结并进行思政引导；课后各小组完善观点并提交最终的案例报告。通过上述完整的教学过程，并不断更新教学案例库，使法科生在案例教学中切身感受法律条文背后的价值理念，深化对社会主义核心价值观的认识，实现"育人"目的。

民事诉讼法学案例教学中，应注重课程思政的科学性和有效性，发掘、梳理和充实课程知识点中蕴含的思政元素，做好教学设计，将思政元素融入教学全过程，运用多元化教学方法，丰富教学案例，提升教学效果，实现立德树人的目标。

第二节　民事诉讼法学课程思政案例研究

一、管辖权异议制度[1]

（一）典型案例

1. 案例介绍

原告韩某彬诉被告内蒙古九郡药业有限责任公司（以下简称"九郡药业"）、上海云洲商厦有限公司（以下简称"云洲商厦"）、上海广播电视台（以下简称"上海电视台"）、大连鸿雁大药房有限公司（以下简称"鸿雁大药房"）产品质量损害赔偿纠纷一案，辽宁省大连市中级人民法院于2008年9月3日作出［2007］大民权初字第4号民事判决。九郡药业、云洲商厦、上

---

〔1〕　武雪萍，河北张家口人，四川民族学院法学院法学讲师，法学硕士，主要讲授"民法学"。

海电视台不服，向辽宁省高级人民法院提起上诉。该院于 2010 年 5 月 24 日作出［2008］辽民一终字第 400 号民事判决。该判决发生法律效力后，再审申请人九郡药业、云洲商厦向最高人民法院申请再审。

最高人民法院于同年 12 月 22 日作出［2010］民申字第 1019 号民事裁定，提审本案，并于 2011 年 8 月 3 日作出［2011］民提字第 117 号民事裁定，撤销一、二审民事判决，发回辽宁省大连市中级人民法院重审。在重审中，九郡药业和云洲商厦提出管辖权异议。[1]

2. 判决结果

辽宁省大连市中级人民法院于 2012 年 2 月 29 日作出［2011］大审民再初字第 7 号民事裁定，认为该院重审此案系接受最高人民法院指令，被告之一鸿雁大药房住所地在辽宁省大连市中山区，遂裁定驳回九郡药业和云洲商厦对管辖权提出的异议。九郡药业、云洲商厦提起上诉，辽宁省高级人民法院于 2012 年 5 月 7 日作出［2012］辽立一民再终字第 1 号民事裁定，认为原告韩某彬在向大连市中级人民法院提起诉讼时，即将住所地在大连市的鸿雁大药房列为被告之一，且在原审过程中提交了在鸿雁大药房购药的相关证据并经庭审质证，鸿雁大药房属适格被告，大连市中级人民法院对该案有管辖权，遂裁定驳回上诉，维持原裁定。九郡药业、云洲商厦后分别向最高人民法院申请再审。最高人民法院于 2013 年 3 月 27 日作出［2013］民再申字第 27 号民事裁定，驳回九郡药业和云洲商厦的再审申请。

3. 涉案问题

当事人在一审提交答辩状期间未提出管辖权异议，在二审或者再审发回重审时提出管辖权异议的，人民法院不予审查。

4. 案例研析

法院生效裁判认为：对于当事人提出管辖权异议的期间，《民事诉讼法》第 127 条明确规定（现第 130 条）：当事人对管辖权有异议的，应当在提交答辩状期间提出。当事人未提出管辖权异议，并应诉答辩的，视为受诉人民法院有管辖权。由此可知，当事人在一审提交答辩状期间未提出管辖权异议，在案件二审或者再审时才提出管辖权异议的，根据管辖恒定原则，案件管辖

---

［1］　本案例来源于最高人民法院公布的指导案例 56 号"韩某彬诉内蒙古九郡药业有限责任公司等产品责任纠纷管辖权异议案"。

权已经确定，人民法院对此不予审查。本案中，九郡药业和云洲商厦是案件通过审判监督程序被裁定发回一审法院重审，在一审法院的重审中才就管辖权提出异议的。最初一审时原告韩某彬的起诉状送达给九郡药业和云洲商厦，九郡药业和云洲商厦在答辩期内并没有对管辖权提出异议，说明其已接受了一审法院的管辖，管辖权已确定。而且案件经过一审、二审和再审，所经过的程序仍具有程序上的效力，不可逆转。本案是经审判监督程序发回一审法院重审的案件，虽然按照第一审程序审理，但是发回重审的案件并非一个初审案件，案件管辖权早已确定。就管辖而言，因民事诉讼程序的启动始于当事人的起诉，确定案件的管辖权，应以起诉时为标准，起诉时对案件有管辖权的法院，不因确定管辖的事实在诉讼过程中发生变化而影响其管辖权。当案件诉至人民法院，经人民法院立案受理，诉状送达给被告，被告在答辩期内未提出管辖权异议，表明案件已确定了管辖法院，此后不因当事人住所地、经常居住地的变更或行政区域的变更而改变案件的管辖法院。在管辖权已确定的前提下，当事人无权再就管辖权提出异议。如果在重审中当事人仍可就管辖权提出异议，无疑会使已经稳定的诉讼程序处于不确定的状态，破坏了诉讼程序的安定、有序，拖延诉讼，不仅降低诉讼效率，浪费司法资源，而且不利于纠纷的解决。因此，基于管辖恒定原则、诉讼程序的确定性以及公正和效率的要求，不能支持重审案件当事人再就管辖权提出的异议。据此，九郡药业和云洲商厦就本案管辖权提出异议，没有法律依据，原审裁定驳回其管辖异议并无不当。

综上，九郡药业和云洲商厦的再审申请不符合《民事诉讼法》第 200 条（现第 207 条）规定的应当再审情形，故最高人民法院依照该法第 204 条第 1款的规定，裁定驳回九郡药业和云洲商厦的再审申请。

（二）本案例课程思政元素分析

1. 制度规范

本案中，辽宁省大连市中级人民法院认为该院重审此案系接受最高人民法院指令，被告之一鸿雁大药房住所地在辽宁省大连市中山区，遂裁定驳回九郡药业和云洲商厦对管辖权提出的异议。其后，上诉法院和再审法院均认为大连市中级人民法院有管辖权。本案例涉及民事诉讼法中的管辖权异议和管辖恒定两个基础知识。

《民事诉讼法》第 130 条[1]规定了当事人的管辖权异议制度，也是当事人对人民法院行使管辖权审查错误的一种救济途径。

提起管辖权异议的条件为：其一，提起管辖权异议的主体是本案的当事人，通常是被告，但也应包括原告和有独立请求权的第三人。被告作为民事诉讼的相对方，当然享有管辖权异议的权利。原告提出管辖权异议包括以下几种情形：（1）案件被移送管辖后，原告可提出异议。原告向人民法院提起诉讼，会选择有管辖权的法院，当立案庭把有管辖权的案件错误移送其他法院时，原告可以向受移送法院提出管辖异议，该人民法院必须审查其异议；（2）共同诉讼原告可以提出。案件审理过程中，法院追加共同原告或其他人申请参加诉讼，成为案件原告时，如不动产或者遗产纠纷中，其他追加的原告或者申请的原告可以就管辖权提出异议，人民法院应当审查其异议。有独立请求权的第三人，主动参加他人已开始的诉讼，应视为承认和接受了受诉法院的管辖，因而不发生对管辖权提出异议的问题；如果是受诉法院依职权通知他参加诉讼，则他有权选择是以有独立请求权的第三人的身份参加诉讼，还是以原告身份向其他有管辖权的法院另行起诉。他选择以原告身份向其他法院另行起诉，则其诉讼地位就是原告，自然就不存在提出管辖权异议的问题；但如果是受诉法院依职权通知他参加诉讼，这时他有权提出管辖权异议，法院应当审查其异议。其二，提出管辖权异议的客体是受诉法院对第一审案件的管辖权。其三，管辖权异议提出的时间为在提交答辩状期间。

管辖权恒定，是指原告起诉后，受诉法院依法享有案件管辖权的，即便此后确定管辖权的事实发生变化，也不影响受诉法院对该案所享有的管辖权。其内容包括：（1）案件受理后，受诉法院的管辖权不受当事人住所地、经常居住地变更的影响；（2）有管辖权的法院受理案件后，不得以行政区域变更为由，将案件移送给变更后有管辖权的法院；（3）判决后的上诉案件和依审判监督程序提审的案件，由原审法院的上级法院进行审判；（4）上级法院指令再审、发回重审的案件，由原审法院再审或重审；（5）被告提起反诉后，本诉撤回的，不影响本诉法院对反诉的管辖权；（6）当事人在诉讼中增加诉

---

[1]《民事诉讼法》第 130 条规定："人民法院受理案件后，当事人对管辖权有异议的，应当在提交答辩状期间提出。人民法院对当事人提出的异议，应当审查。异议成立的，裁定将案件移送有管辖权的人民法院；异议不成立的，裁定驳回。当事人未提出管辖异议，并应诉答辩的，视为受诉人民法院有管辖权，但违反级别管辖和专属管辖规定的除外。"

讼请求致使诉讼标的金额超出受诉法院级别管辖范围的，一般不再变动管辖法院，但当事人故意规避级别管辖的除外。

2. 价值引领

诚如本案中当事人围绕管辖权的争议，当事人享有管辖异议的权利，能充分保护诉讼的顺利进行，有效实现司法公正，防止司法不廉。对公民个人而言，与他人发生纠纷后，虽心有不悦，但仍要友善待人，与他人和睦相处。尤其是在诉讼的过程中，双方矛盾升级，争执不下，一方心怀不满，以提出管辖权异议的方式恶意拖延诉讼，结果不仅不能有效解决纠纷，还可能面临法律的制裁。友善是中华民族的传统美德，更是社会主义核心价值观的重要内容，公民之间应互相尊重，相互理解、相互宽容、相互帮助、换位思考。即使是在诉讼中，也应心怀善意地解决纠纷。不应以钻法律空子的方式，恶意提起管辖权异议。此种行为看似合法，实则不合法，不会得到法院的支持。本案中，当事人在一审提交答辩状期间未提出管辖权异议，在案件二审或者再审时才提出管辖权异议的，根据管辖恒定原则，案件管辖权已经确定，人民法院对此不予审查。人民法院在审判实践中，审判人员应当充分理解法条的立法本意，准确理解和适用管辖权异议制度，才能保障当事人诉讼权利的平等和公正，保证民事诉讼的有序进行和开展。

管辖恒定有利于保持诉讼的安定性，符合诉讼经济的要求。一方面，它使起诉条件之一的管辖要件在起诉时即确定，可以防止管辖变动带来的诉讼拖延和司法资源的浪费；另一方面，它可以避免当事人先后在两个法院诉讼，减少当事人诉累。

二、虚假诉讼 [1]

（一）典型案例

1. 案例介绍

原告陈某、黄某系夫妻关系。二人诉称于 2013 年 1 月起在被告甲公司工作，陈某负责基建和材料等工作，月薪 4.5 万元；黄某负责清洁、做饭等工作，月薪 1.5 万元。二人共工作 52 个月，工资累计 312 万元。陈某、黄某与甲公司于 2018 年 8 月形成工资结算协议，确认甲公司尚欠陈某、黄某工资

---

[1] 武雪萍，河北张家口人，四川民族学院法学院法学讲师，法学硕士，主要讲授"民法学"。

286 万元。甲公司认可陈某、黄某的主张，双方在庭前已自行达成和解协议。人民法院经审理查明：陈某、黄某系甲公司法定代表人张某的亲属，因甲公司面临拆迁，为虚构甲公司营业损失，以便尽可能多获得拆迁补偿款，张某与陈某、黄某商定由陈某、黄某对甲公司提起虚假诉讼。诉讼事宜均由张某操作，工资结算协议也系张某起草。[1]

2. 判决结果

人民法院依法裁定驳回陈某、黄某的起诉，对甲公司及其法定代表人张某罚款共计 100 万元，涉嫌犯罪线索和相关材料移送侦查机关。

3. 涉案问题

公司与员工恶意串通虚构劳动债权，意图骗取拆迁补偿款的，构成虚假诉讼。

4. 案例研析

依据《民事诉讼法》第 13 条第 1 款[2]、第 115 条[3]、最高人民法院《关于适用〈中华人民共和国民事诉讼法〉的解释》第 191 条[4]之规定，本案中，陈某、黄某与甲公司之间并无工资债权纠纷，既无提起诉讼的基本事实依据，更无进行诉讼的必要，仍捏造甲公司拖欠其巨额工资的虚假事实提起民事诉讼。在人民法院正式开庭审理前，双方当事人又自行达成和解协议，共同要求人民法院对协议予以确认，意图骗取生效裁判文书谋求不法利益。本案原告、被告以捏造事实提起民事诉讼的行为构成虚假诉讼。该虚假诉讼实际由甲公司及其法定代表人张某主导，根据前述规定，人民法院应当对该单位进行罚款，并可以对其主要负责人或者直接责任人员予以罚款。

（二）本案例课程思政元素分析

1. 制度规范

本案是一起典型的虚假诉讼案件，违背了民事诉讼中的诚实信用原则。

---

〔1〕　本案例节选自最高人民法院公布的"人民法院整治虚假诉讼典型案例"。

〔2〕《民事诉讼法》第 13 条第 1 款规定："民事诉讼应当遵循诚信原则。"

〔3〕《民事诉讼法》第 115 条规定："当事人之间恶意串通，企图通过诉讼、调解等方式侵害他人合法权益的，人民法院应当驳回其请求，并根据情节轻重予以罚款、拘留；构成犯罪的，依法追究刑事责任。"

〔4〕　最高人民法院《关于适用〈中华人民共和国民事诉讼法〉的解释》第 191 条规定："单位有民事诉讼法第一百一十五条或者第一百一十六条规定行为的，人民法院应当对该单位进行罚款，并可以对其主要负责人或者直接责任人员予以罚款、拘留；构成犯罪的，依法追究刑事责任。"

诚实信用原则，是指在民事诉讼中，法院、检察院、当事人及其他诉讼参与人必须公正、诚实和善意行使权力与实施民事诉讼行为。诚实信用原则要求当事人在实施诉讼行为时应当诚实和善意，禁止恶意提起诉讼，禁止提起虚假诉讼，禁止矛盾行为，禁止滥用诉讼权利，同时应履行真实和促进诉讼的义务。法院在审理和裁判民事案件时应当公正合理，禁止滥用自由裁量权和突袭裁判。诚信原则要求检察院本着诚实和善意，根据立法本意行使检察监督权，不得滥用。违反诚信原则，依法将产生一系列不利后果，包括：否定已实施诉讼行为的效力；承受相应的法律制裁；承担由此增加的诉讼费用、赔偿给对方当事人造成的损失等。

虚假民事诉讼，是指当事人出于非法的动机和目的，利用法律赋予的诉讼权利，采取虚假的诉讼主体、事实及证据的方法提起民事诉讼，使法院作出错误的判决、裁定、调解的行为。[1]其具有如下特征：其一，双方当事人恶意串通；其二，案件具有虚假性和调解性；其三，侵犯了他人合法权益或社会公共利益。《民事诉讼法》第115条是对虚假民事诉讼的具体规定。

2. 价值引领

诚实信用是中华民族的传统美德。将诚实信用作为民事诉讼法的基本原则之一，这不仅有助于遏制恶意诉讼，维护国家法律的尊严和权威，也有助于提升整个社会的诚信度。在民事诉讼中，诚实信用原则适用于所有的民事诉讼法律关系主体，是维护当事人之间以及当事人、其他诉讼参与人、法院、检察院相互之间利益平衡，实现实质正义的重要保障。

诚实信用虽然是社会主义核心价值观的重要精神内核，是公民宝贵的道德品质，然而社会与经济的发展给人民生活带来便利的同时，也使得人们的世界观、价值观、人生观悄然发生改变。在大量金钱利益等诱惑面前，一些人忽略了心中的道德标准，为了谋取一己之私逾越了法律的界线，损害了他人和社会公共利益，给当代社会的法治建设带来了消极影响。民事虚假诉讼给我国社会带来了严重的危害，一方面损害了他人和社会公共利益，给社会的稳定和健康有序发展带来了阻碍。另一方面，在当今司法资源紧缺的状况下，民事虚假诉讼造成了司法资源的浪费，同时也损害了司法权威与司法公正，扰乱了正常的司法秩序，使得公民对司法的公正性产生怀疑，不利于中

---

[1] 路燕："民事虚假诉讼的问题研究"，华东政法大学2017年硕士学位论文，第8页。

国特色社会主义法治国家的建设。

依据《国有土地上房屋征收与补偿条例》第 23 条规定，应根据房屋被征收前的效益、停产停业期限等因素确定对因征收房屋造成停产停业损失进行补偿。甲公司在面临拆迁补偿之际，并未依法主张权利，而是为了骗取更多补偿，由法定代表人张某一手炮制了本案诉讼，其行为不仅严重扰乱了正常诉讼秩序、浪费了司法资源，更损害了司法的权威性和公共利益，司法机关要及时甄别、惩处此类虚假诉讼行为。诉讼不能儿戏，当事人在民事诉讼中应当遵循诚信原则，捏造事实提起虚假民事诉讼的，将受到道德和法律的双重否定。

三、先予执行[1]

(一) 典型案例

1. 案例介绍

2018 年 11 月初，被告叶某成雇请项某火、陈某有等五人在遂昌县妙高街道龙潭村村后属于龙潭村范围内（土名"龙潭湾"）的山场上清理枯死松木的过程中，滥伐活松树 89 株。经丽水小康农林技术服务有限公司鉴定，被告叶某成滥伐的立木蓄积量为 22.9964 立方米，折合材积 13.798 立方米，且案发山场属于国家三级公益林。经专家出具修复意见，叶某成应在龙潭湾山场补植 2 至 3 年生木荷、枫香等阔叶树容器苗 1075 株。公益诉讼起诉人浙江省遂昌县人民检察院认为被告叶某成滥伐公益林山场林木的行为造成森林资源损失，破坏生态环境，损害了社会公共利益，遂向法院提起民事公益诉讼，并于 2020 年 3 月 27 日提出先予执行申请：要求被申请人叶某成先予在龙潭湾山场补植 2 至 3 年生木荷、枫香等阔叶树种容器苗 1075 株。

后由于种植木荷、枫香等阔叶树的时间节点已过，经林业专家重新出具修复评估意见，遂昌县检察院提出变更诉讼请求申请，要求被告叶某成依据修复意见改种生杉木苗，并进行抚育，保证相应存活率，否则承担生态修复费用。[2]

2. 判决结果

浙江省丽水市中级人民法院于 2020 年 3 月 31 日作出裁定，准予先予执

---

[1] 武雪萍，河北张家口人，四川民族学院法学院法学讲师，法学硕士，主要讲授"民法学"。
[2] 本案例根据浙江省丽水市中级人民法院民事判决书［2020］浙 11 民初 35 号整理而成。

行，要求被告叶某成在收到裁定书之日起 30 日内在案发山场及周边完成补植复绿工作。后叶某成于 2020 年 4 月 7 日完成补植 1288 株杉木苗任务，并由遂昌县自然资源和规划局于当日进行了验收。丽水市中级人民法院于 2020 年 5 月 11 日作出判决：（1）被告叶某成自收到法院民事裁定书之日起 30 日内在龙潭湾山场补植 1 至 2 年生杉木苗 1288 株，连续抚育 3 年（截至 2023 年 4 月 7 日），且种植当年成活率不低于 95%，3 年后成活率不低于 90%。（2）如果被告叶某成未按本判决的第一项履行义务，则需承担生态功能修复费用 9658.4 元。

3. 涉案问题

生态修复中先予执行的适用。

4. 案例研析

丽水市中级人民法院经审理认为：林地是森林资源的重要组成部分，是林业发展的根本。林地资源保护是生态文明建设中的重要环节，对于应对全球气候变化、改善生态环境有着重要作用。被告叶某成违反了《森林法》第 23 条、第 32 条的规定，未经许可，在公益林山场滥伐林木，数量较大，破坏了林业资源和生态环境，对社会公共利益造成了损害，应当承担相应的环境侵权责任。公益诉讼起诉人遂昌县检察院于 2019 年 8 月 26 日在《检察日报》发布公告，说明人民检察院已对叶某成环境污染责任纠纷立案审查，并督促有权提起诉讼的机关或有关组织就被告叶某成环境污染损害社会公共利益行为向人民法院提起民事公益诉讼。公告期满后，没有符合起诉条件的机关或有关组织向人民法院提起诉讼。遂昌县检察院提起该案公益诉讼的主体资格适格，程序合法。综合全案事实和鉴定评估意见，对公益诉讼起诉人要求被告承担生态环境修复责任的主张予以支持。

本案是浙江省首次在环境民事公益诉讼中适用先予执行措施，并通过要求行为人进行后期管护以全程保障林地修复效果，实现补植复绿"真正绿"。当事人叶某成滥伐林木导致林业资源受到影响，从而影响生态环境，根据林业专家出具的修复意见，其应在原地及周边地块补种树苗，但修复意见并未提出具体修复时间。以往审理的类似案件中，一般在判决生效后当事人才会进行树苗补种，因审限影响，树苗补种往往不在合适的时机，或者当事人会申请在来年或者再过一段时间去延缓自己的补种期限，造成林业资源未及时得到修复的不利后果。本案审理中，创新裁定先予执行，让被告能在案件判决前合适的种植时间内及时完成树苗补种任务，最大限度保障树苗的存活率和生长率，对生态修复的及时性作出了很好的探索，可以保障修复的及时性，优化修复效果。

（二）本案例课程思政元素分析

1. 制度规范

民事先予执行制度，是指法院对某些民事案件作出判决前，为解决当事人一方生活或生产的紧迫需要，根据其申请，裁定另一方当事人给付申请人一定的钱物，或者停止实施某种行为，并立即执行的制度。在环境公益诉讼中启动先予执行，在司法实践中尚处于摸索阶段。依据民事诉讼法的规定，根据当事人的申请，先予执行可适用于以下几类案件：（1）追索赡养费、扶养费、抚养费、抚恤金、医疗费用的；（2）追索劳动报酬的；（3）因情况紧急需要先予执行的。第三类案件中的"情况紧急"包括：（1）需要立即停止侵害、排除妨碍的；（2）需要立即制止某项行为的；（3）追索恢复生产、经营急需的保险理赔费的；（4）需要立即返还社会保险金或社会救助资金的；（5）不立即返还款项将严重影响权利人的生活和生产经营的。《民事诉讼法》第110条规定先予执行应满足以下条件：（1）当事人之间权利义务关系明确，不先予执行将严重影响申请人的生活或者生产经营的；（2）被申请人有履行能力。

最高人民法院《关于适用〈中华人民共和国民事诉讼法〉的解释》第170条对先予执行进行了细化规定并列举了五种情形，其中有一种情形为"需要立即停止侵害、排除妨碍"，这就表明，除了追求金钱给付外，对于特定行为也可以申请先予执行。而在环境民事公益诉讼中，诉讼请求主要是停止侵害、排除妨碍、消除危险，这就表明尽管法律没有明确规定环境民事公益诉讼可以适用先予执行，但从公益诉讼的诉求形式来看，契合先予执行制度的适用情形，具有适用的可能。

2. 价值引领

先予执行制度切合维护社会公共利益的需要。环境公益诉讼的核心就是保护生态环境公共利益，恢复性司法理念的宗旨是尽快修复受损的生态环境，而救济也是先予执行制度的首要功能，法院在判决作出前，根据案情需要，临时性地给予救济措施，主要目的在于及时救济现实损害、有效避免潜在危害。特别是在生态环境保护案件中，生态破坏往往具有临时性、危害大、持续时间长等特点，而生态修复通常有时效性，若在有毒的、大规模污染的情况下不及时采取先予执行措施，一旦错过合适的修复时机，将会造成难以估量的损失；若在诉讼终结后再执行，对生态和环境资源将可能造成无可挽回的损失，执行也将失去意义或者无法执行。再者，如上述破坏森林资源的案件，因被告滥伐林木行为导致林业资源损失，如果不及时根据节气及种植气候等客观因素采取先予执行措施，可能就会错过最佳补植树苗时间，导致生态资源受损成为已然事实或者受损程度进一步扩大，即使法院最后判决被告败诉，也将于事无补，生态环境资源可能遭受永久性功能损害，环境民事公益诉讼的诉讼任务难以圆满完成。

生态修复性司法的核心理念就是尽快修复受损生态环境，恢复生态功能。救济是先予执行制度的首要功能。在环境民事公益诉讼审理中，应适应气候和节气的变化，在林地修复的最佳时机，通过创新适用先予执行、灵活监督管护义务、引进第三方专业机构评估保证存活率，有助于破除生态修复时效性、长期性、难修复的瓶颈，融合司法审判、监督和法治宣传等多效功能，以取得良好的法律效果和社会效果。建设具有中国特色的社会主义和谐社会，在司法制度层面的一个重要体现是充分发挥先予执行的作用，针对特定类型的案件，相关主体向法院申请先予执行，解原告的燃眉之急，可以在满足原告诉讼请求的判决生效前实现其内容，从而更好地维护和谐的社会关系。

四、法院调解制度[1]

（一）典型案例

1. 案情介绍

2016年9月15日，王某持X银行发行的借记卡，在X银行某处ATM机取款时发现余额不足。16日上午，王某前往X银行打印借记卡流水时发现，该卡曾在12日发生过一笔银行卡转账，收款人为姜某，金额为4900元。王某表示不认识姜某，该笔转账非自己操作，并且该借记卡一直在自己手中，并没有出借他人或者丢失过。王某立即前往青岛市开发区某派出所报案。后王某与X银行进行沟通，银行表示该笔转账是在账号、密码以及短信验证码

---

〔1〕 杨婷，四川达州人，四川民族学院法学院助理实验师，法律硕士，主要讲授"教育法学"。

完全无误的情况下进行的，故银行方无过错。王某认为 X 银行没有尽到安全保障义务，应当赔偿自己的财产损失。

2018 年 4 月，王某向青岛市市南区人民法院提起民事诉讼，法院立案后将案件委托青岛市金融消费权益保护协会进行调解。X 银行介绍，王某于 2014 年 10 月向 X 银行申请开通了网银转账功能，并设定了日限额，选择了"短信验证码转账"方式，即"开通后即可在手机银行、Pad 银行、网银大众版等渠道凭短信验证码进行转账"，本案中王某的转账交易系通过"X 银行网上银行"进行的操作，网银转账不需要实体卡片，客户需提供登录账户（输入用户名或卡号、登录密码和手机验证码）、输入支付密码、点击获取短信验证码以及填写验证码（系统完成校验）等信息，在提供以上全部准确信息后方能完成转账，并将上述内容向王某予以说明。

X 银行称，在交易过程中，该账户输入了正确的登录密码，向预留的手机发出两次短信验证码也均得到验证，在此情况下 X 银行完成相关操作没有不当之处。王某提到，在 9 月 12 日当天，自己绑定有 X 银行卡的手机突然出现黑屏、系统崩溃的情况，无法接打电话和发送短信，王某遂前往专卖店进行维修，至 ATM 机取款也是发生在维修手机之后。后王某通过比对银行卡流水发现，发生转账时间也与手机出现异常状况的时间相吻合。据此，调解员判断本案系王某因手机中病毒致信息泄露，使借记卡被盗刷。[1]

2. 判决结果

王某意识到自己可能是因使用不善致使手机中毒而泄露相关信息，造成的资金损失。在调解员的建议下，X 银行从维系客户的角度出发，同意对王某进行适当补偿。最终双方达成和解，调解成功。

3. 涉案问题

法院在何种条件下可以通过调解结案？

4. 案例研析

本案中为确保案件调解结果的公正性和客观性，调解前青岛市金融消费权益保护协会召集青岛市多家银行相关部门，围绕电子银行业务的主要类型

[1]　案例来源于最高人民法院、中国人民银行和中国银行保险监督管理委员会发布金融纠纷多元化解十大典型案例之九：手机病毒致银行卡盗刷纠纷案——通过调解的方式最大限度保护消费者的利益。

及电子银行网银盗刷案件中不法分子作案手段方式，以及如何防范网银盗刷风险等方面进行了研讨，为调解做了充分准备。调解过程中，调解员围绕着转账发生的原因和责任承担问题与双方进行沟通。在大致判断消费者的手机可能被病毒入侵后，调解员又向王某说明了不法分子利用手机病毒盗刷银行卡的手段，并向其普及了保护个人信息安全和手机使用安全相关知识，促使双方态度逐渐缓和，并站在对方的角度考虑问题。本案通过调解的方式最大限度地保护了消费者的利益，虽然从法律的角度来说银行并无过错，但是在调解的过程中，银行在深入了解案情的基础上同意给予消费者一定补偿，收到了良好的效果。最终在双方自愿的前提条件下，双方达成和解，王某也得到了适当补偿，调解结果未违反法律、行政法规的强制性规定，未损害国家利益、社会公共利益和他人的合法利益，调解程序合理合法，调解成功，顺利结案。

（二）本案思政元素分析

1. 制度规范

法院调解又称诉讼调解，是指在审判人员的主持下，双方当事人就他们之间发生的民事权益争议，通过自愿、平等协商，互谅互让，达成协议，解决纠纷的诉讼活动和结案方式。

《民事诉讼法》第 9 条规定："人民法院审理民事案件，应当根据自愿和合法的原则进行调解；调解不成的，应当及时判决。"这说明法律赋予法院在审理案件中对案件进行调解，争取用最和平的、不激化矛盾的方式解决纠纷，为创造和谐社会发挥重要的作用。根据《民事诉讼法》第 96 条、第 98 条关于调解的相关规定，人民法院审理民事案件，应根据当事人自愿原则，在事实清楚的基础上，分清是非，进行调解。人民法院进行调解，可以邀请有关单位和个人协助。被邀请的单位和个人，应当协助人民法院进行调解。

法院调解应当坚持的基本原则包括：其一，自愿原则。程序上，自愿表现为法院采用调解的方式解决民事纠纷；实体上，自愿表现为当事人双方对调解协议的内容，即实体民事权益的处分必须自愿，且属于真实意思表示。其二，合法原则。程序上，法院调解的启动、方式、步骤以及调解协议的达成与调解书的制作、送达，均应符合法律规定；实体上，调解协议的内容不得违反法律、行政法规的强制性规定，不得损害国家利益、社会公共利益和他人的合法权益。其三，查明事实、分清是非的原则。法院调解不是无原则地"和稀泥"，应当以事实为依据，以法律为准绳，体现对社会公平正义的追求。查明案件事实，分清双方当事人之间的是与非，是促使当事人达成协议的重要手段。法院调解结束有两种情形：一是调解不成而结束，包括不能达成调解协议，以及虽然已经达成调解协议，但调解协议违法，法院不能批准；二是当事人达成调解协议，并由法院审查认可而结束。

2. 价值引领

自古以来，以和为贵的中华文化血液一直渗透在中国的司法建设实践中，各个时期都受到了重视。我国的调解制度被誉为"东方经验"，英国曾派出司法改革小组到我国学习调解制度，这是我国文化自信和制度自信的充分体现，调解制度就是最适合中国国情的民事诉讼制度。

法院调解有利于提高当事人的程序主体地位，尽快解决民事纠纷，缓和社会矛盾，稳定社会秩序。司法为民一直是我国司法建设的根本宗旨，维护社会公平正义是我国法治建设的最终目标，因此在司法实践中应当始终以维护人民利益为根本出发点。我国最新修订的《民事诉讼法》及其司法解释均有较大篇幅解释调解制度的适用，无不都是在肯定调解制度的价值。调解制度在结合我国基本国情、时代特征的前提条件下，应当发挥出更大的作用。我国调解制度的优势在于消耗最小的资源达到最大限度的利益保护效果，有利于节约司法资源和诉讼成本，提高诉讼效率。民事诉讼调解制度是我国民事诉讼法的一项重要内容，做好民事诉讼调解工作，对于及时化解纠纷矛盾，促进社会交易的正常流转，具有十分重要的现实意义。

法院调解制度是依法治国十六字方针"科学立法、严格执法、公正司法、全民守法"的深刻体现。法院调解的过程，既是双方当事人平等协商的过程，又是人民法院说理说法的过程。通过这个调解过程，法院可以对案件的当事人及有关公民进行法治宣传教育，帮助他们分辨是非，明确法律责任，增强法治观念，提高法律意识，从而达到预防纠纷的效果。

五、法律援助[1]

（一）典型案例

1. 案情介绍

2020 年 2 月 28 日，聂某等五人来到辽宁省兴城市公共法律服务中心法律

---

[1] 杨婷，四川达州人，四川民族学院法学院助理实验师，法律硕士，主要讲授"教育法学"。

援助窗口，就被拖欠工资一事申请法律援助。接待人员了解到，聂某等 87 名务工人员经人介绍，从 2019 年 4 月起在一家建筑工地干电工、瓦工、木工等，与承包商约定楼房主体工程施工完毕后支付部分人工费，可一年过去了却没有拿到任何报酬。进一步询问聂某等人情况后，公共法律服务中心立即为其开启农民工法律援助"绿色通道"，简化受理审批手续，并指派韩律师承办该案。

4 月 7 日，为避免新冠肺炎疫情防控期间人员聚集，聂某等五人在经过体温检测、做好防护措施的前提下，代表 87 名务工人员参加了兴城市人民法院的案件审理。[1]

2. 判决结果

兴城市人民法院采纳了法律援助律师意见并作出支持聂某等人诉讼请求的判决。聂某等人在法律援助中心的帮助下要回了被拖欠的 158 万元工资，87 名务工人员的合法权益得到了有效维护。

3. 涉案问题

公民在何种情况下可以向法律援助机构申请法律援助？

4. 案例研析

本案属于拖欠农民工劳动报酬，当事人存在经济困难情形，且并未委托代理人，属于法律援助范围，可以向法律援助机构申请法律援助。因该案涉及人数众多，涉案标的大，且发生在疫情防控期间，法律援助人员根据案情实际情况，一方面依法有序开展法律援助，为农民工提供热情周到的法律服务；另一方面合理安排工作，积极稳妥地做好疫情防控，迅速办理法律援助手续。在法援律师的帮助下，通过法律诉讼帮助农民工讨回了被拖欠的劳动报酬，有效维护了农民工的合法权益，维护了社会稳定。

（二）本案思政元素分析

1. 制度规范

我国的法律援助制度专指由国家设立法律援助机构，指派律师、公证员、法律工作者为经济困难的公民和特殊案件的当事人无偿提供法律咨询、代理、辩护等法律服务的制度。法律援助是公共法律服务体系的组成部分。提供法

---

〔1〕　案例来源于中华人民共和国司法部发布第三批疫情防控和企业复工复产 10 起公共法律服务典型案例之八：聂某等与某建筑工地劳动争议、人事争议纠纷案——法援助讨薪情暖农民工。

律援助的主体是律师、公证员和基层法律工作者；接受法律援助的主体是经济困难或特殊案件的当事人，主体范围较广；法律援助的事项范围包括诉讼事项和非诉讼法律事项；法律援助的形式多样；法律援助的受援人因被援助案件或事项的解决而获得较大利益时，仍然应当向法律援助机构支付服务费用。

　　申请法律援助应当具备三个条件：其一，经济困难。法律援助的主要目的是让经济困难的当事人可以享受到相关法律服务，因此，通常情况下申请人经济困难是一个基本条件。其二，没有委托代理人。诉讼、仲裁等活动专业性比较强，当事人通过委托代理人可以更充分地保障自己的合法权益。法律援助就是通过为符合条件的当事人提供专业的法律服务，有效保障其合法权益。如果当事人自己已经委托了代理人，就没有必要再给予其法律援助。其三，具体事项类型符合法定的范围。我国2022年出台的《法律援助法》在《法律援助条例》基础上将法律援助的具体事项类型进行了扩大修改。除条例原有依法请求国家赔偿的；社会保险待遇或者最低生活保障待遇的；抚恤金；给付赡养费、抚养费、扶养费的；请求支付劳动报酬的；主张因见义勇为行为产生的民事权益的，以上六种法定事由，减去了因见义勇为行为产生的民事权益，增加了请求认定公民无民事行为能力或者限制民事行为能力；请求工伤事故、交通事故、食品药品安全事故、医疗事故人身损害赔偿；请求环境污染、生态破坏损害赔偿；法律、法规、规章规定的其他情形等几种法定事由。由此可见，我国司法建设进程中正在不断完善法律援助体制，从多方面保障公民的合法权益。

　　2. 价值引领

　　法律援助制度在平等保护公民的基本人权，充分维护弱势群体的合法权益，实现"接近正义"的司法理念，完善平等程序权利的实施机制，健全社会法制以及社会保障体制，促进社会稳定和谐发展等诸多方面都发挥着现实功能，具有着深远意义。法律援助工作应当坚持中国共产党领导，坚持以人民为中心，尊重和保障人权，遵循公开、公平、公正的原则，实现国家保障与社会参与相结合。

　　人人生而平等，平等是社会主义核心价值观中关于社会层面的价值取向，它要求尊重和保障人权，人人依法享有平等参与、平等发展的权利。"法律面前人人平等"是我国依法治国的基本原则，要实现社会公平正义需要保障每个公民的合法权益。法律援助制度通过保障弱势群体的诉权，一定程度上实现了公民的诉权平等，体现了我国司法建设的人道主义精神，从而实现宪法意义上的人人平等。从我国国情出发，我国由于人口众多，仍旧是发展中国家，贫富差距仍旧较大，要做到人人平等，需要国家强制力量给予支持和保障。为规范和促进法律援助工作，保障公民和有关当事人的合法权益，保障法律正确实施，维护社会公平正义，国家出台了《法律援助法》，自 2022 年 1 月 1 日起施行。为人民群众谋福利，为人民群众谋幸福是国家责任，"以民为本"是依法治国的初衷，《法律援助法》是国家保障公民合法权益的立法举措，彰显了国家的担当精神。不断完善法律援助制度，是我国维护公民合法权益、维护社会稳定、构建和谐社会的必经之路。

六、民事公益诉讼〔1〕

（一）典型案例

1. 案情介绍

被告秦皇岛方圆包装玻璃有限公司（以下简称"方圆公司"）系主要从事各种玻璃包装瓶生产加工的企业，现拥有玻璃窑炉四座。在生产过程中，因超标排污被秦皇岛市海港区环境保护局（以下简称"海港区环保局"）多次作出行政处罚。2015 年 2 月 12 日，方圆公司与无锡格润环保科技有限公司签订《玻璃窑炉脱硝脱硫除尘总承包合同》，对方圆公司的四座窑炉进行脱硝脱硫除尘改造，合同总金额 3617 万元。

2016 年中国生物多样性保护与绿色发展基金会（以下简称"中国绿发会"）对方圆公司提起环境公益诉讼后，方圆公司加快了脱硝脱硫除尘改造提升进程。2016 年 6 月 15 日，方圆公司通过了海港区环保局的环保验收。2016 年 7 月 22 日，中国绿发会组织相关专家对方圆公司脱硝脱硫除尘设备运行状况进行了考查，并提出相关建议。2016 年 6 月 17 日、2017 年 6 月 17 日，环保部门为方圆公司颁发《河北省排放污染物许可证》。2016 年 12 月 2 日，方圆公司再次投入 1965 万元，为四座窑炉增设脱硝脱硫除尘备用设备一套。

方圆公司于 2015 年 3 月 18 日缴纳行政罚款 8 万元。中国绿发会 2016 年提起公益诉讼后，方圆公司自 2016 年 4 月 13 日起至 2016 年 11 月 23 日止，分 24 次缴纳行政罚款共计 1281 万元。

---

〔1〕 杨婷，四川达州人，四川民族学院法学院助理实验师，法律硕士，主要讲授"教育法学"。

2017 年 7 月 25 日，中国绿发会向法院提交《关于诉讼请求及证据说明》，确认方圆公司非法排放大气污染物而对环境造成的损害期间从行政处罚认定发生损害时起至环保部门验收合格时为止。法院委托原环境保护部环境规划院环境风险与损害鉴定评估研究中心对方圆公司因排放大气污染物对环境造成的损害数额及采取替代修复措施修复被污染的大气环境所需费用进行鉴定，起止日期为 2015 年 10 月 28 日（行政处罚认定损害发生日）至 2016 年 6 月 15 日（环保达标日）。

2017 年 11 月，鉴定机构作出《方圆公司大气污染物超标排放环境损害鉴定意见》，按照虚拟成本法计算方圆公司在鉴定时间段内向大气超标排放颗粒物总量约为 2.06 吨，二氧化硫超标排放总量约为 33.45 吨，氮氧化物超标排放总量约为 75.33 吨，方圆公司所在秦皇岛地区为空气功能区 Ⅱ 类。按照规定，环境空气 Ⅱ 类区生态损害数额为虚拟治理成本的 3 倍至 5 倍，鉴定报告中取 3 倍计算时对大气环境造成损害数额分别约为 0.74 万元、27.10 万元和 127.12 万元，共计 154.96 万元。

另查明，2015 年 3 月，河北广播网、燕赵都市网的网页显示，因被上诉人方圆公司未安装除尘脱硝脱硫设施超标排放大气污染物被按日连续处罚 200 多万元。对于该网页显示内容的真实性，被上诉人方圆公司予以认可，故对其在 2015 年 10 月 28 日之前存在超标排污的事实予以确认。

2. 判决结果

河北省秦皇岛市中级人民法院于 2018 年 4 月 10 日作出［2016］冀 03 民初 40 号民事判决：（1）方圆公司赔偿因超标排放大气污染物造成的损失 154.96 万元，上述费用分三期支付至秦皇岛市专项资金账户（每期 51.65 万元，第一期于判决生效之日起 7 日内支付，第二、三期分别于判决生效后第二、三年的 12 月 31 日前支付），用于秦皇岛地区的环境修复。（2）方圆公司于判决生效后 30 日内在全国性媒体上刊登因污染大气环境行为的致歉声明（内容须经一审法院审核后发布）。如方圆公司未履行上述义务，秦皇岛市中级人民法院将本判决书内容在全国性的媒体公布，相关费用由方圆公司承担。（3）方圆公司于判决生效后 15 日内支付中国生物多样性保护与绿色发展基金会因本案支出的合理费用 3 万元。（4）驳回中国绿发会的其他诉讼请求。案件受理费 80 元，由方圆公司负担，鉴定费用 15 万元由方圆公司负担（已支付）。宣判后，中国绿发会提出上诉。河北省高级人民法院于 2018 年 11 月 5

日作出［2018］冀民终 758 号民事判决：驳回上诉，维持原判。

3. 涉案问题

机关或组织是否具有民事公益诉讼原告主体资格？

4. 案例研析

法院生效判决认为，最高人民法院《关于审理环境民事公益诉讼案件适用法律若干问题的解释》第 23 条规定，生态环境修复费用难以确定的，人民法院可以结合污染环境、破坏生态的范围和程度、防止污染设备的运行成本、污染企业因侵权行为所得的利益以及过错程度等因素予以合理确定。本案中，方圆公司于 2015 年 2 月与无锡市格瑞环保科技有限公司签订《玻璃窑炉脱硝脱硫除尘总承包合同》，对其四座窑炉配备的环保设施进行升级改造，合同总金额 3617 万元，体现了企业防污整改的守法意识。方圆公司在环保设施升级改造过程中出现超标排污行为，虽然行为具有违法性，但在超标排污受到行政处罚后，方圆公司积极缴纳行政罚款共计 1280 余万元，其超标排污行为受到行政制裁。在提起本案公益诉讼后，方圆公司加快了环保设施的升级改造，并在环保设施验收合格后，再次投资 1965 万元建造一套备用排污设备，是秦皇岛地区首家实现大气污染治理环保设备开二备一的企业。

《环境保护法》第 1 条、第 4 条规定了保护环境、防止污染，促进经济可持续发展的立法目的，体现了保护与发展并重原则。环境公益诉讼在强调环境损害救济的同时，亦应兼顾预防原则。本案诉讼过程中，方圆公司加快环保设施的整改进度，积极承担行政责任，并在其安装的环保设施验收合格后，出资近 2000 万元再行配备一套环保设施，以确保生产过程中环保设施的稳定运行，大大降低了再次造成环境污染的风险与可能性。方圆公司自愿投入巨资进行污染防治，是在中国绿发会一审提出"环境损害赔偿与环境修复费用"的诉讼请求之外实施的维护公共利益行为，实现了《环境保护法》第 5 条规定的"保护优先，预防为主"的立法意图，以及环境民事公益诉讼风险预防功能，具有良好的社会导向作用。人民法院综合考虑方圆公司在企业生产过程中超标排污行为的违法性、过错程度、治理污染的运行成本以及防污采取的积极措施等因素，对于方圆公司在一审鉴定环境损害时间段之前的超标排污造成的损害予以折抵，维持一审法院依据鉴定意见判决环境损害赔偿及修复费用的数额。

（二）本案例课程思政元素分析

1. 制度规范

公益诉讼指的是损害国家及社会公共利益的行为，由法律规定的国家机关或者组织向人民法院提起诉讼的制度。民事公益诉讼是为维护社会公共利益设置的一种诉讼。与行政公益诉讼不同，民事公益诉讼的被告不是行政机关，而是自然人、法人和其他组织，原告起诉的目的是纠正自然人、法人和其他组织损害社会公共利益的行为。

公益诉讼的特征主要包括两点：一是原告与案件无直接利害关系。在公益诉讼中，法律放宽了对原告资格的限制，允许与本案无直接利害关系的人作为原告提起诉讼。二是原告起诉的目的是维护社会的公共利益。民事诉讼是为保护私人利益，解决私人之间的民事权益纠纷争议而设立的制度，原告起诉的目的在于保护其本人的民事权益。公益诉讼不同，原告本人的权益并未受到被告的损害或者直接损害，原告起诉也不是为了维护本人的权益，而是旨在维护受到损害的社会公共利益。我国公益诉讼的类型包括有环境公益诉讼、消费者公益诉讼。《民事诉讼法》第 58 条规定，对污染环境、侵害众多消费者合法权益等损害社会公共利益的行为，法律规定的机关和有关组织可以向人民法院提起诉讼。人民检察院在履行职责中发现破坏生态环境和资源保护、食品药品安全领域侵害众多消费者合法权益等损害社会公共利益的行为，在没有前款规定的机关和组织或者前款规定的机关和组织提起诉讼的情况下，可以向人民法院提起诉讼。前款规定的机关或者组织提起诉讼的，人民检察院可以支持起诉。该条文中有 "等损害社会公共利益的行为" 字样，这表明，立法对公益诉讼的类型持开放式态度，公益诉讼类型包括并不限于以上两种，随着实践和立法的发展，今后有可能增加新的公益诉讼类型。

有关民事公益诉讼的原告资格、受案范围、管辖、证据等程序问题还需结合最高人民法院《关于审理消费民事公益诉讼案件适用法律若干问题的解释》、最高人民法院《关于审理环境民事公益诉讼案件适用法律若干问题的解释》的具体规定来规范民事公益诉讼案件的审理。

2. 价值引领

建立公益诉讼制度具有维护国家利益、社会公共利益和保护国有资产的必要性。湖泊、河流、矿产资源、土地等一切自然资源都归国家所有，现实社会中若有破坏自然资源、破坏自然生态平衡的行为出现时，往往个人并不会第一时间站出来保护国有资产不受侵害，因此需要设立公益诉讼制度，将原告主体资格范围放宽到机构组织、国家机关等，这有利于防止国有资产流失、维护国家利益。因一般公益诉讼原告与案件并无直接利害关系，在诉讼过程中亦能最大限度地保证公平正义的实现。建立环境公益诉讼制度是保护环境，保持生态的可持续发展，推动生态文明建设的迫切需要。"绿水青山就是金山银山"这是习近平总书记提出的绿色发展理念，自然环境是人类赖以生存的家园，若环境遭受污染，生命健康受到威胁，美好生活将不复存在，环境公益诉讼制度在法律层面上将生态环境、自然资源遭受破坏后的法律救济途径和预防机制确定下来，有利于预防损害行为发生，保障生态恢复经费。

对食品药品安全领域侵害众多消费者合法权益等损害社会公共利益的行为可提起公益诉讼，是维护市场经济秩序的迫切需要，打破市场垄断、行业垄断和地区封锁的迫切需要。市场经济的蓬勃发展，国民日益上升的消费能力，维护消费者合法权益是不容忽视的一项政府工作。消费民事公益诉讼制度的设立避免了多个消费者就同一纠纷争议重复提起诉讼，有利于节约司法成本，提高司法效率，切实保障众多消费者合法权益。

公益诉讼制度的设立是健全纠纷解决机制的迫切需要。维护国家利益、社会公共利益可有效防止群体性事件的发生，维护社会稳定，最终实现"富强、民主、文明、和谐"社会主义现代化国家的建设目标、"自由、平等、公正、法治"美好社会的建设目标。

第八章

行政法与行政诉讼法学课程思政教学案例研究[1]

第一节　行政法与行政诉讼法学与课程思政

一、行政法与行政诉讼法学课程思政建设的必要性

（一）重构德法兼修的行政法与行政诉讼法治人才培养模式，将社会主义法价值引领渗透进行政法与行政诉讼法学专业课程，探索"行政法与行政诉讼法学知识传授与价值引领相结合"的有效路径，解决培养什么样的人的问题

2021 年是《法治政府建设实施纲要（2021—2025 年）》的启航之年，为新发展阶段持续深入推进依法行政，目前，法治政府建设推进机制基本形成，依法行政制度体系日益健全，重大行政决策程序制度初步建立，行政决策公信力持续提升，行政执法体制机制改革大力推进，习近平总书记曾多次强调，全面推进依法治国需要培养大批"德法兼修"的高素质法治人才，作为高等院校法学专业核心课程，行政法与行政诉讼法学研究以习近平法治思想为指导，紧紧围绕党中央、国务院关于法治政府建设的一系列重大决策部署展开，其学科内容始终贯穿着依法行政、诚信政府、民生民权、公共利益等思想，蕴含着丰富的思政教育元素，探索"行政法与行政诉讼法学知识传授与价值引领相结合"的有效路径，让学生在原有的法学专业知识基础上加深对我国

---

〔1〕　张雷，甘肃天水人，四川民族学院法学院讲师，法学硕士，主要讲授"宪法学""行政法与行政诉讼法学"。

行政立法执法理念的理解，构建全景式、融合式、渐进式的"德法兼修"法治人才培养模式，有助于最大化地发挥课堂主渠道功能，扭转法学专业课程教学重智、轻德的现象，法学专业课程思政教学改革是高校贯彻立德树人的切入点，着力点，重点解决为谁培养人、怎样培养人和培养什么人的问题。

（二）构建"行政法与行政诉讼法学+思政"协同效应，培养法科生富有时代精神、实践导向和法理智慧的法治思维、政治思维

行政法与行政诉讼法学是一门公法课程，言其为公法，旨在表明它所规范的是公民、法人或者其他组织作为行政管理对象与公共行政组织之间发生的一系列关系。本门课程教学设计中推行"行政法与行政诉讼法学+思政"同向同行的教学理念，要在教学大纲中明确将思政内容融入具体教学章节，系统设计德育教学路径，围绕政治认同、国家意识、文化自信、公民人格等核心元素设计教学大纲，体现行政法与行政诉讼法学重心是控制和规范行政权，保护行政相对人的合法权益。因此，推动思政元素融于行政法与行政诉讼法学课程，培养法科生富有时代精神、实践导向和法理智慧的政治思维、法治思维，有助于引导法科生深入理解全面依法治国重大战略，自觉抵制各种错误观点和错误思潮，增强科学思维能力，提高分析复杂现象、处理复杂问题的本领，保护公民、法人和其他组织的合法权益。

法学乃"正义"之学，法学教育本身就是对意识形态领域的塑造和完善，其背后承载的不仅仅是知识的创新以及专业素养的培育，还应当包括对国家人文精神和主流价值观的号召。最终形成"行政法与行政诉讼法学+思政"协同效应，有力保障创新型国家建设和全面建成小康社会目标的实现。行政法与行政诉讼法学课程思政建设要达到的最终目标是培养的法科生都可以为我国治国理政服务，成为担当民族复兴大任的时代新人。

二、行政法与行政诉讼法学课程思政案例教学设计思路阐释

（一）通过确立行政法与行政诉讼法学课程思政目标，确立行政法与行政诉讼法教学体系改革的方向和目标

当前，我国已经开启全面建设社会主义现代化国家、向第二个百年奋斗目标进军的新征程，统筹中华民族伟大复兴战略全局和世界百年未有之大变局，推进国家治理体系和治理能力现代化，适应人民日益增长的美好生活需要，都对法治政府建设提出了新的更高要求，必须立足全局、着眼长远、补

齐短板、开拓进取，推动新时代法治政府建设再上新台阶，这是行政法与行政诉讼法学教学体系改革的方向和目标。行政法与行政诉讼法学专业课程与思政教育因势利导，对行政法与行政诉讼法学课程进行整体教学设计和规划，以国情、党情和世情为抓手，以"习近平法治思想"为中心，在专业学科知识体系中寻找与思政教育的"融合点"，法科生在完善法律知识技能的同时提升思想品德，二者的提升达到相辅相成、相互促进，最终完成行政法与行政诉讼法学专业课程思政教学，培养合格的法科生。

（二）通过案例教学中融入思政元素的教学模式，全面增强法科生政治凝聚力、信念凝聚力，最终达到法科生意识形态的塑造和完善

行政法与行政诉讼法学课程思政案例教学，指法学教师优选具有思政元素的法学案例来开展课堂教学。行政法与行政诉讼法学课程本身具备多层次的思政元素，教师授课时运用课程思政案例教学，不仅能提升学生运用法律专业知识分析问题、解决问题的能力、逻辑思维能力和语言表达能力，还能令法科生在具有思政元素的鲜活案例面前，引发对人生和价值的思考，引导学生树立正确的人生观、价值观。例如，讲授《政府信息公开条例》时，引用近期相关案例为同学们讲解政府信息公开的意义、范围。引导同学们领会我国政府信息公开的立法初衷，领会疫情期间行政公开原则、比例原则的行政执法原则。例如，数字技术、数字经济、数字平台的发展，给数字法治政府建设提出了新要求。如何规范数字政府的流程、权力运行与模式再造，将它们纳入法治的框架之内，需要我们通过案例的方式，生动形象地进行讲授，最终形成法科生的规则意识、权责意识、批判意识、法治意识，从而达到明辨是非的育人效果。

通过"润物无声"的案例教学，体现行政权力的制约和监督，违法行政行为能够被及时纠正查处，社会矛盾纠纷依法及时有效化解，体验行政争议预防化解机制。将价值观培育和塑造通过"基因式"融入课堂教学主渠道，将思政教育理念贯穿于教育教学全过程，促使"法律知识传授"与"法价值引领"无缝对接，达到行政法与行政诉讼法学课程思政教学之目标。

第二节　行政法与行政诉讼法学课程思政案例研究

一、行政法律关系与行政相对人

（一）典型案例

1. 案例介绍

2021 年 1 月 6 日北京市公安局朝阳分局在工作中发现，当日 21 时许，卢某在北京市朝阳区十里河桥酱骨头快餐店内辱骂民警彭某，后被抓获。朝阳分局受理该案件并制作《受案登记表》《受案回执》。因卢某拒绝提供家属联系方式，朝阳分局制作《被传唤人员家属通知书》并将该情况予以注明。

2021 年 1 月 7 日，朝阳分局分别对卢某、彭某、刘某 1、安某、高某、刘某进行询问并制作《询问笔录》，笔录中载明卢某陈述，2021 年 1 月 6 日晚卢某去北京市朝阳区十里河酱骨饭吃饭，上诉人吃完饭把牙套落在饭店的饭桌上。后卢某返回饭店找牙套，饭店工作人员说收拾饭桌的时候已经都给扔了。卢某说他们不能扔东西，但是没人回应。卢某很生气就报了警。警察来后就说这事不归警察管，让卢某去法院起诉饭店，还说卢某没让店家保管。卢某很不理解，觉得这名民警精神有问题，就与警察发生了口角，后就被带回派出所。卢某当时用手指着这名警察大声嚷嚷，后端了饭店的桌椅。对卢某询问的笔录中另载明"问：出警民警的情况？""答：长得像头猪"。十八里店派出所民警彭某陈述，2021 年 1 月 6 日 21 时许，其作为值班巡逻民警接到十八里店派出所勤务指挥室布警。到场后其先向报警人亮明民警身份，后得知系卢某因牙套被店内员工收拾一事要求饭店承担赔偿责任。其告知卢某双方应该协商解决，协商不成再到法院走民事诉讼。卢某一听其没有向着她说话就用手指着质问"你跟开饭馆的是一伙的？"然后接着说了一句"北京警察怎么就这德行啊"。彭某警告卢某注意言辞，卢某就急了，用双手将旁边的店内桌椅掀翻。其看到这种情况就赶紧上前将卢某控制，后将卢某传唤到十八里店派出所进一步审查。值班领导询问卢某，卢某就说"有什么脸问我"，然后值班领导告知卢某注意言辞，说话要尊重人，卢某回答"你们有什么可尊重的"。十八里店派出所辅警刘某 1 陈述与彭某陈述基本一致。十里河酱骨饭负责人安某陈述，2021 年 1 月 6 日 21 时许，十八里店派出所民警来到现场，询问现场情况后告知卢某属于民事纠纷，应该到法院起诉。卢某对民警答复不认可就用手指着民警，嘴里骂骂咧咧的。接着卢某就把餐厅大厅内的桌子椅子给推倒了。十里河酱骨快餐店工作人员高某、刘某均陈述，事发时卢某因为牙套丢失和饭馆负责人发生争执，后卢某报警。警察到现场了解情况后告知卢某这事属于经济纠纷，应该到法院自行解决。卢某就急了说民警和饭馆是一伙的，并且说民警"北京警察怎么就这个德行啊"，说完还把几个桌椅推倒了。

2021 年 1 月 7 日，朝阳分局对卢某制作《公安行政处罚告知笔录》，告知拟对其作出的行政处罚内容、事实及法律依据。后，朝阳分局根据《治安管理处罚法》第 50 条第 1 款第 2 项之规定，决定给予卢某行政拘留 5 日的处罚并作出《处罚决定书》。因卢某拒绝签字，朝阳分局在上述文书中均记录"以上内容向该人宣读，无异议，拒绝签字"。因卢某拒绝提供家属联系方式，朝阳分局在制作的《被行政拘留人员家属通知书》上将该情况予以注明。

卢某不服，向北京市朝阳区人民法院提起行政诉讼，请求人民法院判决撤销该《行政处罚决定书》。[1]

2. 涉案问题

本案涉及的主要法律问题是：（1）卢某的行为是否属于阻碍民警执法的情形？（2）公安机关的行政处罚决定是否合法，程序是否正当？

3. 裁判结果

一审法院认为，卢某实施的侮辱民警并推翻桌椅的行为属于阻碍民警执法的情形。北京市公安局朝阳分局根据该事实，结合案件情节，作出行政拘留 5 日的处罚属认定事实清楚，处罚幅度适当，一审法院予以支持。

朝阳分局作出被诉行政处罚决定前履行了受案、传唤、告知等程序，其履行程序合法，一审法院亦予以支持。

综上，依照《行政诉讼法》第 69 条之规定，一审法院判决驳回卢某的诉讼请求。

卢某不服一审判决，上诉至北京市第三中级人民法院，请求撤销一审判决，要求被上诉人撤销《处罚决定书》；被上诉人同意一审判决，坚持一审答

---

〔1〕　案例来源：北京市第三中级人民法院行政判决书［2021］京 03 行终 509 号。

辩意见。

二审法院认定上诉人卢某实施的侮辱民警以及掀翻桌椅的行为属于阻碍民警执法的情形，因此，被上诉人据此作出行政拘留5日的处罚属认定事实清楚，适用法律正确，处罚幅度适当，二审法院予以支持。被上诉人在作出被诉处罚决定之前履行了受案、传唤、告知等程序，属程序合法，二审法院予以认可。据此，一审法院判决驳回上诉人的诉讼请求并无不当，应予维持。上诉人的上诉请求不成立，应予驳回。

综上，二审法院依照《行政诉讼法》第89条第1款第1项的规定，判决驳回上诉，维持一审判决。

4. 案例研析

（1）本案中，北京市公安局朝阳分局是否有权作出行政处罚决定？

依据《治安管理处罚法》第7条规定，县级以上地方各级人民政府公安机关负责本行政区域内的治安管理工作。《公安机关办理行政案件程序规定》第10条规定，行政案件由违法行为地的公安机关管辖。本案违法行为地位于北京市朝阳区，属于北京市公安局朝阳分局的管辖范围，因此其具有作出被诉处罚决定的法定职权。对此，一审法院和二审法院均予以认可。

（2）卢某的行为是否属于阻碍民警执法的情形？

《治安管理处罚法》第50条规定，阻碍国家机关工作人员依法执行职务的，处警告或者200元以下罚款，情节严重的，处5日以上10日以下拘留，可以并处500元以下罚款；阻碍人民警察依法执行职务的，从重处罚。本案中，询问笔录、执法视频等在案证据材料足以证明，2021年1月6日21时许卢某在北京市朝阳区十里河桥酱骨头快餐店内实施了侮辱民警并推翻桌椅的行为，一审法院对上述事实予以确认。关于该事实是否属于阻碍民警执法的情形，一审法院认为，首先，卢某实施的行为发生于民警依法执行职务过程中。本案中，民警接十八里店派出所勤务指挥室布警到报警人所在现场处理警情纠纷。民警到达现场后亮明警察身份、调查了解纠纷情况，后口头告知卢某该纠纷不属于公安机关职权范围，该民警执法过程符合《人民警察法》《公安机关办理行政案件程序规定》的相关规定，属于依法履职的范畴。卢某对民警实施的语言侮辱、掀翻店内桌椅行为发生于上述过程中，此时民警的执法行为尚未终结。其次，卢某实施的行为阻碍了民警正常执法。《人民警察法》第34条第1款规定，人民警察依法执行职务，公民和组织应当给予支持和协助。第 35 条规定，拒绝或者阻碍人民警察依法执行职务，有公然侮辱、阻碍调查取证等行为的，给予治安管理处罚。据此，对于依法履职的人民警察，公民负有协助、配合的义务，拒绝或阻碍人民警察依法执行职务应当依据《治安管理处罚法》等规定予以处罚。本案中，卢某先对民警进行了语言侮辱，在民警对其警告后又直接将店内桌椅掀翻，卢某的行为直接阻碍了民警正常执法，也损害了公安机关的执法权威，扰乱了正常的社会治安管理秩序。故，卢某实施的侮辱民警并推翻桌椅的行为属于阻碍民警执法的情形。对此，二审法院亦予以认可。

（3）北京市公安局朝阳分局的处罚决定在程序上是否合法？

2021 年 1 月 6 日北京市公安局朝阳分局受理该案件后制作了《受案登记表》《受案回执》，因卢某拒绝提供家属联系方式，朝阳分局制作《被传唤人员家属通知书》并将该情况予以注明；2021 年 1 月 7 日，朝阳分局分别对当事人卢某及与案件有关的彭某、刘某 1、安某、高某、刘某等人进行询问并制作了《询问笔录》；同日，朝阳分局对卢某制作《公安行政处罚告知笔录》，告知拟对其作出的行政处罚内容、事实及法律依据；后，朝阳分局作出《处罚决定书》。因卢某拒绝签字，朝阳分局在上述文书中均记录"以上内容已向该人宣读，无异议，拒绝签字"。因卢某拒绝提供家属联系方式，朝阳分局在制作的《被行政拘留人员家属通知书》上将该情况予以注明。

故，北京市公安局朝阳分局作出被诉行政处罚决定前履行了受案、传唤、告知等程序，其履行程序合法，对此，一审法院予以支持，二审法院亦予以认可。

（二）本案例课程思政元素分析

1. 制度规范

行政法是有关行政以及与行政有关的法律规范的总称，行政关系经行政法规范调整后形成的行政法上的权利义务关系即为行政法律关系。行政法律关系的主体，即行政法律关系的当事人，它是指行政法律关系的实际参加者，即在种种具体的行政法律关系中享有或行使权利（力）和承担义务的双方或多方当事人，通常包括行政主体、行政相对人、行政第三人。其中行政相对人是行政管理法律关系中与行政主体相对应的另一方当事人，是行政主体在行使行政职权或履行行政职责作出行政行为时所直接针对的公民、法人或其他组织。作为行政法律关系主体的一方，行政相对人在行政法律关系中享有申请权、参与权、知情权、正当程序权、批评、建议权、申诉、控告、检举权、申请复议权、提起行政诉讼权、请求国家赔偿、补偿权以及抵制违法行政行为权等诸多权利。同时行政相对人在行政法律关系中要履行服从行政管理的义务、协助公务的义务、维护公益的义务、接受行政监督的义务、提供真实信息的义务以及遵守法定程序的义务等系列义务。[1]

2. 价值引领

现代社会，行政权的触角已经涉及了社会生活的各个领域，每一个人都不可避免地被"卷"入了行政法律关系的巨大网络中，作为行政法律关系的一方主体，行政相对人既是行政管理的对象，又是行政管理的参与者，还是行政主体实施行政行为的监督者。我们作为行政相对人，既要充分意识到自己在行政法律关系中享有的权利，同时又应该履行相应的义务，比如在上述案例中，对于依法履职的人民警察，公民负有协助、配合的义务，而卢某阻碍人民警察执行职务，破坏行政管理秩序，最终受到了法律的制裁。

二、行政行为与依法行政原则

（一）典型案例

1. 案例介绍

2009 年 3 月 26 日，宋某宁与计某签订《合作经营协议》，计某将其所承租位于南宁市兴宁区××坡××山土地划出 10 亩租赁给宋某宁使用，租期自 2009 年 4 月至 2022 年 4 月底；路东村民委员会当日出具《证明》，同意该转租协议。2012 年 3 月 13 日，王某强与宋某宁签订《合作经营协议》，宋某宁将其承租用地中的三亩供给王某强使用，协议使用期自 2012 年 3 月至 2022 年 4 月底止。此后，王某强在承租用地上建成养殖场猪栏等用于养猪，但未办理农用地转用审批手续或取得建设规划许可。2018 年 3 月 13 日，南宁市兴宁区三塘镇政府向王某强发出《"两违"检查通知书》，内容为：你单位（户）位于××坡养殖场项目，现需进行规划检查，依照《土地管理法》[2]第 43 条和《城乡规

---

〔1〕 姜明安主编：《行政法与行政诉讼法》（第 7 版），北京大学出版社、高等教育出版社 2019 年版，第 136~138 页。

〔2〕《土地管理法》已于 2019 年 8 月 26 日经第十三届全国人民代表大会常务委员会第十二次会议进行了修正。

划法》[1]第65条的规定，请你单位（户）收到本通知书之日起停止施工并于3日内携带被检查项目的建设用地规划许可证、建设工程规划许可证或房产证及建设人身份证、户口本原件复印件等相关资料，到三塘镇整治"两违"工作办公室接受检查，逾期未提供相关材料，将视为违法用地违法建设进行处理。2018年5月4日，三塘镇政府向王某强发出《限期拆除违法建筑（搭盖）的告知书》，内容是：根据南宁市人民政府关于黑臭水体整治的要求，你单位（户）无法提供在××坡建设的房屋（搭盖）的报建手续，根据南宁市人民政府《关于划定畜禽养殖禁区和限养区的通告》和《城乡规划法》第65条及第66条的规定，限你单位（户）自接到本告知书之日起三个工作日内，自行拆除该处违法建筑（搭盖），逾期不拆除，将上报兴宁区相关部门予以强制拆除，产生相关后果自负。该告知书签收人处载明"当事人拒签，留置送达"。王某强未向三塘镇政府提供相应材料以供核查，亦未自行拆除养殖场。2019年1月5日，三塘镇政府强制拆除案涉养殖场的部分建筑，期间未对被拆除建筑内的物品进行登记或其他记录。王某强对三塘镇政府强制拆除的行为不服向人民法院提起行政诉讼，请求法院确认拆除行为违法并赔偿财产损失。

与本案相关的背景是，2014年4月22日，南宁市人民政府发布了《关于划定畜禽养殖禁养区和限养区的通告》（南府字〔2014〕1号）。2014年11月6日，南宁市兴宁区人民政府发布了《关于划定畜禽养殖禁养区和限养区的通告》（南兴府字〔2014〕1号）。根据上述文件的规定，案涉养殖地点为畜禽养殖禁养区。[2]

2. 涉案问题

（1）三塘镇政府实施的被诉拆除行为是否合法？（2）对王某强的经济损失，三塘镇政府是否应当承担赔偿责任及如何承担赔偿责任？

3. 裁判结果

一审法院经审理认为原告请求确认被告拆除行为违法，于法有据，应予以支持；原告主张赔偿的财产损失，酌情予以支持。为此，依照《行政诉讼

---

[1] 《城乡规划法》已于2019年4月23日经第十三届全国人民代表大会常务委员会第十次会议进行了修正。

[2] 案例来源：广西壮族自治区南宁市中级人民法院行政判决书［2021］桂01行终60号。

法》第 74 条第 2 款第 1 项、第 76 条,《国家赔偿法》第 36 条第 7、8 项,最高人民法院《关于审理行政赔偿案件若干问题的规定》第 33 条之规定,判决:(1) 确认被告三塘镇政府在 2019 年 1 月 5 日对原告王某强位于南宁市兴宁区××坡的养殖场部分建筑实施强制拆除的行为违法;(2) 被告三塘镇政府向原告王某强赔偿养殖场材料、生猪及其他物品损失 32 000 元;(3) 被告三塘镇人民政府向原告王某强支付上述损失赔偿金额 32 000 元的利息(利息按照中国人民银行公布的一年期人民币整存整取定期存款基准利率计算,从 2019 年 1 月 5 日强制拆除行为实施之日起至实际支付之日止,不计算复利);(4) 驳回原告王某强的其他赔偿请求;(5) 案件受理费 50 元,由被告三塘镇政府负担。

原告王某强和被告三塘镇人民政府均不服一审判决,向南宁市中级人民法院提起上诉。

上诉人王某强上诉称一审判决认定事实不清、适用法律错误,为此请求:(1) 撤销一审判决第二、三、四项;(2) 判决三塘镇政府因实施违法强拆造成上诉人涉案养猪场建筑材料、室内财产损失、生猪损失费共计 1 227 655 元;(3) 上诉费由三塘镇政府承担。

上诉人三塘镇政府上诉称一审法院认定事实部分有误,适用法律错误,具体包括:(1) 其具有拆除王某强违法建筑的法定职权;(2) 一审法院认定王某强存在经济损失 32 000 元,证据不充分,没有事实和法律依据;(3) 王某强未经批准私自建设建筑物属违法行为,违法取得的建筑物不应当受到法律保护。为此请求撤销一审判决,驳回王某强的诉讼请求。

二审法院认为一审判决认定事实清楚,处理结果正确,依法予以维持。两上诉人的上诉请求均没有事实和法律依据,应予驳回。依照《行政诉讼法》第 89 条第 1 款第 1 项的规定,判决驳回上诉,维持原判。

4. 案例研析

(1) 关于三塘镇人民政府对案涉养殖场部分建筑实施强制拆除行为是否合法的问题。一审法院认为,根据原国土资源部、原农业部《关于进一步支持设施农业健康发展的通知》(国土资发〔2014〕127 号,已失效)的相关规定,案涉养殖场占地属设施农用地,不受《城乡规划法》的调整范围,因此被告以案涉养殖场违反《城乡规划法》,属违法建筑拆除没有法律依据。且,根据《行政强制法》第 35 条、第 36 条、第 37 条及第 44 条的规定,行政机关在实施强制拆除前，须履行依法催告、听取当事人陈述和申辩、作出行政强制执行决定等相关程序。由于被告实施拆除案涉养殖场前并未依法催告，未作出行政强制执行决定，拆除程序违法。鉴于案涉养殖场部分建筑已被拆除，不具有可撤销内容，故应予确认被告实施的强制拆除行为违法。

三塘镇人民政府上诉称其具有拆除王某强违法建筑的法定职权。二审法院认为，依照《城乡规划法》第 65 条"在乡、村庄规划区内未依法取得乡村建设规划许可证或者未按照乡村建设规划许可证的规定进行建设的，由乡、镇人民政府责令停止建设、限期改正；逾期不改正的，可以拆除"之规定，三塘镇政府可以对违反村庄规划的违法行为实施处罚，但因三塘镇政府并未提交证据证明涉案养殖场地已被纳入该镇政府制定的村庄规划，其依照上述规定开展被诉强拆行为没有事实依据。一审法院根据《行政强制法》第 35 条、第 36 条、第 37 条及第 40 条的规定认定拆除程序违法，二审法院予以认可。二审中，三塘镇政府主张王某强违反《环境保护法》《畜牧法》《畜禽规模养殖污染防治条例》等的规定，二审法院认为此类违法行为均非由三塘镇政府享有法定查处职权，其以此为据开展执法活动超越法律规定。据此，二审法院支持一审判决认定的被诉强拆行为违法的结果。

（2）关于三塘镇政府应否赔偿原告的财产损失及如何承担的问题。一审法院认为，根据《国家赔偿法》第 2 条、第 3 条、第 9 条、第 15 条等规定，行政机关的违法行为造成行政相对人合法权益损害的，应予赔偿。因此，对于因案涉强拆行为导致原告合法权益的经济损失，被告应当赔偿。原国土资源部、原农业部《关于进一步支持设施农业健康发展的通知》（国土资发〔2014〕127 号，已失效）规定，用地协议签订后，乡镇政府应按要求及时将用地协议与设施建设方案报县级国土资源部门和农业部门备案，不符合设施农用地有关规定的不得动工建设。本案中，案涉养殖场建设时未办理备案手续，被拆除时是位于南宁市兴宁区人民政府划定的畜禽养殖禁养区，不属于原告应受法律保护的权益，故对原告主张赔偿的养殖场建筑物损失，不予支持。但搭建案涉养殖场木料等建筑材料仍可回收再利用，建筑材料残值仍属于原告的合法权益。此外，案涉生猪、养殖场物品亦均属原告合法财产。换言之，原告的损失包括案涉养殖场建筑材料残值、猪及物品的损失。

《行政诉讼法》第 38 条第 2 款规定："在行政赔偿、补偿的案件中，原告应当对行政行为造成的损害提供证据。因被告的原因导致原告无法举证的，由被告承担举证责任。"最高人民法院《关于审理行政赔偿案件若干问题的规定》第 11 条第 1 款规定："行政赔偿诉讼中，原告应当对行政行为造成的损害提供证据；因被告的原因导致原告无法举证的，由被告承担举证责任。"最高人民法院《关于适用〈中华人民共和国行政诉讼法〉的解释》第 47 条第 3 款规定，当事人的损失因客观原因无法鉴定的，人民法院应当结合当事人的主张和在案证据，遵循法官职业道德，运用逻辑推理和生活经验、生活常识等，酌情确定赔偿数额。本案中，一方面，被告在强拆过程中没有采取措施清点、移交、妥善保存案涉养殖物、养殖场内物品及可再利用的木料等建筑材料，亦未能举证证明在强制拆除过程中未给原告造成任何财产损失，应当承担举证不能的后果。另一方面，原告亦未能提交证据证明上述损失的具体数量和价值，所提交的损失清单具有一定的随意性和不确定性。具体而言，关于建筑材料残值损失。因案涉养殖场已被拆除，拆除后的建筑材料未进行清点、保管，此项损失的确定已不具备估价条件，酌定此项损失为 2000 元。关于养殖场生猪损失。被告虽主张不存在该项损失，但未提供证据证实对案涉养殖场强制拆除时已对养殖场内的生猪采取任何看管措施，由于原告提供的照片显示拆除现场确有生猪，在原告主张存在猪丢失、死伤损失的情况下，根据养殖场的实际情况，法院酌定被告赔偿原告养殖场生猪损失 25 000 元。关于养殖场物品损失。被告虽主张被拆除养殖场设施简陋，但原告主张的损失清单中所列的消毒设备、产床、保温电热器、采食槽、储物柜、饲料、塑料桶、饮水器、水管、猪用药品等均属日常养殖生猪设备和用品，在被告未提交充分证据证实不存在上述物品损失的情况下，考虑上述物品的使用年限、养殖场的实际情况等因素，酌定被告赔偿原告养殖场物品损失 5000 元。

另外，参考《国家赔偿法》第 36 条第 7 项之规定，因被告违法强制拆除行为给原告造成直接损失的利息亦应属原告的可得利益损失。前述赔偿金额共计 32 000 元（2000 元+25000 元+5000 元），被告应当向原告支付该赔偿金额的相应利息。利息按照中国人民银行公布的一年期人民币整存整取定期存款基准利率计算，从 2019 年 1 月 5 日强制拆除行为实施之日起至实际支付之日止，不计算复利。二审法院对上述赔偿数额均予以维持。

（二）本案例课程思政元素分析

1. 制度规范

行政行为是行政主体为实现行政管理目标而行使行政职权产生行政法律

效果的行为，其具有从属法律性、公务性、裁量性、强制性、单方意志性、效力先定性等特征。对于上述特征，不同版本的行政法与行政诉讼法学教科书在论述时会有些许差异，但行政行为从属法律性的特征应该是行政法学界的共识。行政行为是执行法律的行为，从而必须依据法律，从属于法律。由此，依法行政原则就成为了行政法基本原则的首要原则。

依法行政原则包括职权法定、法律优先和法律保留三个方面：（1）职权法定，是指国家行政机关以及其他组织的行政职权，必须有法律予以规定或授予，否则，其权力来源就没有法律根据。（2）法律优先，又被称为消极的依法行政，是指行政活动均不得与民意代表机关制定的法律相抵触，即法律优先于行政。（3）法律保留，又称为积极的依法行政，与职权法定的内涵存在一定重合和交叉，具体是指行政机关的行为必须有明确的法律授权，法律无明文授权即无行政。[1]

2. 价值引领

依法行政是各国行政法的共同理念或基本原则，我国实行依法治国，建设社会主义法治国家是我们追求的目标，而依法行政正是建设社会主义法治国家的实践中必须做到的基本要求，各级各类行政主体都应该树立"法无授权即禁止"的理念，在行使行政权力，实施行政行为时严格坚守依法行政的基本原则。

三、比例原则的司法适用

（一）典型案例

1. 案例介绍

骆某凤是四川省峨眉山市绥山镇城东幼儿园（以下简称"城东幼儿园"）园长，2016年1月26日，峨眉山市城市管理行政执法局（以下简称"峨眉山市城管局"）作出〔2016〕第C-006号《责令限期拆除违法建设决定书》（以下简称《限拆决定书》），认定骆某凤在绥山镇××东盛苑内，未经规划审批擅自修建的134.99平方米的建（构）筑物和建设的未在批准使用期限内自行拆除166.4平方米临时建筑物，属于违法建设，责令城东幼儿园于

---

〔1〕《行政法与行政诉讼法学》编写组编：《行政法与行政诉讼法学》（第2版），高等教育出版社2018年版，第29~30页。

2016年2月2日前自行拆除该违法建（构）筑物。逾期未拆除的，将依法强制拆除。2016年1月27日，峨眉山市城管局作出《责令限期自行拆除违法建设公告》（以下简称《限拆公告》），公告城东幼儿园于2016年2月2日前自行拆除违法建（构）筑物。该公告于当日直接送达原告城东幼儿园并在该园张贴。2016年4月20日，骆某凤向四川省乐山市市中区人民法院提起行政诉讼，请求判决撤销峨眉山市城管局作出的《限拆决定书》。2016年8月5日，四川省乐山市市中区人民法院作出［2016］川1102行初84号行政判决，驳回骆某凤的诉讼请求。骆某凤不服向该院提起上诉，该院于2016年11月14日作出［2016］川11行终114号行政判决，驳回上诉，维持原判。

2017年1月10日，峨眉山市城管局作出《拆除违法建设催告书》（以下简称《催告书》），催告城东幼儿园自收到催告书之日起3日内自行拆除违法建（构）筑物。2017年1月16日，峨眉山市城管局作出《强制拆除违法建设事先告知书》（以下简称《告知书》），告知峨眉山市城管局拟定于2017年1月19日对城东幼儿园的违法建（构）筑物实施强制拆除，请城东幼儿园自行清理存放于拆除标的物内的财物。

2017年1月19日，峨眉山市城管局作出《强拆决定书》，主要载明：城东幼儿园在绥山镇××东盛苑内未经规划审批擅自修建134.99平方米的建（构）筑物和建设的未在批准的使用期限内自行拆除166.4平方米临时建筑物，违反了《城乡规划法》第40条第1款和第44条第2款的规定，属违法建设。峨眉山市城管局决定于2017年1月19日依法对该违法建（构）筑物实施强制拆除，请城东幼儿园自行清理存放于拆除标的物内的财物。同日，峨眉山市城管局向骆某凤当场宣读了《强拆决定书》，并将该决定书留置送达城东幼儿园后，即对城东幼儿园的违法建（构）筑物实施了强制拆除。在实施强制拆除时，峨眉山市城管局将违法建筑物内的灯笼、海洋球等物品进行了搬离，并统一存放在东盛苑的露天院子里。强制拆除实施完毕以后，峨眉山市城管局电话联系骆某凤，告知其强制拆除完毕，需自行清理被拆除的东西。城东幼儿园对《强拆决定书》不服，于2017年3月6日向峨眉山市人民政府申请行政复议。2017年6月5日，峨眉山市人民政府作出峨府复〔2017〕3号行政复议决定，决定维持峨眉山市城管局于2017年1月19日作出的《强拆决定书》并驳回了城东幼儿园的其他行政复议请求。

2017年6月26日，城东幼儿园向四川省乐山市市中区人民法院提起行政诉讼，请求法院判令峨眉山市城管局、峨眉山市人民政府依法赔偿城东幼儿园共计 93 750 元。2017 年 10 月 16 日，四川省乐山市市中区人民法院将案件移送乐山市中级人民法院。[1]

2. 涉案问题

（1）本案中，城东幼儿园的经济损失应如何认定？（2）峨眉山市城管局是否应对城东幼儿园的损失进行赔偿？

3. 裁判结果

一审法院认为，原告城东幼儿园请求对被强制拆除的违法建（构）筑物给予国家赔偿的主张，没有法律依据，不予支持。但其在涉案违法建（构）筑物内放置的户外玩具及设施和监控摄像头是其合法财产，受法律保护。被告峨眉山市城管局在实施强制拆除行为有违行政比例原则，应对原告违法建（构）筑物内放置的合法财物的损失承担赔偿责任。被告峨眉山市人民政府并非《强拆决定书》的作出主体，亦未参与实施强制拆除行为，故对原告要求被告峨眉山市人民政府承担本案赔偿责任的主张不予支持。

一审法院依照《国家赔偿法》第 2 条第 1 款、第 4 条第 4 项、最高人民法院《关于审理行政赔偿案件若干问题的规定》第 33 条之规定，判决：（1）被告峨眉山市城管局赔偿原告峨眉山市绥山镇城东幼儿园被拆除违法建（构）筑物内的户外玩具及设施和监控摄像头的损失为 1 万元；（2）驳回原告峨眉山市绥山镇城东幼儿园的其他赔偿请求。案件受理费 50 元，由被告峨眉山市城管局负担。

原告城东幼儿园和被告峨眉山市城管局不服一审判决，向四川省高级人民法院提起上诉。

二审法院判决驳回上诉，维持原判。但二审法院认为，根据《诉讼费用交纳办法》第 8 条的规定，行政赔偿案件不交纳案件受理费，故一审法院判决收取案件受理费 50 元不当，二审法院予以纠正。

4. 案例研析

（1）关于本案中城东幼儿园的经济损失应如何认定的问题。一审法院认为，《国家家赔偿法》第 2 条第 1 款规定，国家机关和国家机关工作人员行使职权，有本法规定的侵犯公民、法人和其他组织合法权益的情形，造成损害

---

[1]　案例来源：四川省高级人民法院行政赔偿判决书［2018］川行终 613 号。

的，受害人有依照本法取得国家赔偿的权利。故此，获得国家赔偿的前提是公民、法人和其他组织的合法权益受到侵害从而造成损失。本案中，原告城东幼儿园被强制拆除的建（构）筑物系违法建设，不属于合法财产，理应予以强制拆除。因此，其请求对被强制拆除的违法建（构）筑物给予国家赔偿的主张，没有法律依据，一审法院不予支持。但原告城东幼儿园在涉案违法建（构）筑物内放置的户外玩具及设施和监控摄像头是其合法财产，受法律保护。在庭审中，原告城东幼儿园提供了被毁损财产清单和购物证明，但未提供原始凭证，故一审法院酌定原告城东幼儿园被拆除违法建（构）筑物内的户外玩具及设施和监控摄像头的损失为1万元。二审法院对此予以认可。

（2）关于峨眉山市城管局是否应对城东幼儿园的损失进行赔偿的问题。一审法院认为，国务院印发的《全面推进依法行政实施纲要》明确要求依法行政不仅要合法行政，还要合理行政。合理行政要求行政机关作出行政行为时要做到合情、合理、恰当和适度，在衡平行政目标与相对人权益时，适用比例原则，使当事人权益受到最小的损害。本案中，被告峨眉山市城管局在实施强制拆除行为时，将原告城东幼儿园违法建（构）筑物内放置的户外玩具等物品堆放在东盛苑的露天院子里，未进行清点、登记，未与原告城东幼儿园办理移交手续，亦未明确告知其户外玩具等合法财产的具体存放地点，有违行政比例原则，导致违法建（构）筑物内放置的合法财物的具体损失数额目前无法准确认定，故被告峨眉山市城管局应对此承担相应的责任，二审法院对这一认定予以认可。一审法院酌定原告城东幼儿园被拆除违法建（构）筑物内的户外玩具及设施和监控摄像头的损失为1万元，由被告峨眉山市城管局予以赔偿。

（二）本案例课程思政元素分析

1. 制度规范

比例原则起源于德国，最初只适用于警察行政领域，后被扩充至行政诸领域，被视为宪法和行政法上的原则，有学者认为，在辐射范围上，比例原则正在从公法领域向其他部门法"渗透"。[1]1999年黑龙江汇丰实业发展有限公司诉黑龙江省哈尔滨市规划局行政处罚纠纷案（最高人民法院行政判决书［1999］行终字第20号）中，已经包含着对"比例原则"，尤其是其中

---

〔1〕 蒋红珍："比例原则适用的范式转型"，载《中国社会科学》2021年第4期。

"最小损害原则"予以司法适用的先例，该判例也被学界和实务界认为是中国"比例原则"（最小损害原则）司法适用第一案。[1]

比例原则由适当性、必要性、衡量性三个子原则构成。适当性着眼于行政行为之目的，即考量行政行为的作出是否能够实现该行为所要追求之目的；必要性强调行政行为之手段，即考量行政目的之实现是否有多种可供选择之手段，在多种可供选择之手段中当选择对相对人权益损害最小或影响最轻微者为之；衡量性又称狭义比例原则或平衡原则，要求对行政行为所达成之目的与所选择之手段之间进行衡量，行为达成目的所获之利益应大于手段造成的损害。

2. 价值引领

比例原则是一个十分"强大"的理论分析工具，在上述案例中，人民法院在行政诉讼中运用比例原则确定了行政机关应该承担的责任，维护了行政相对人的合法权益，让我们看到了比例原则在司法实践中的旺盛生命力，法科生在学习这一知识点的同时，当仔细体会这一原则在理论上与实践中对行政机关合法行政、合理行政提出的更高要求及其对法治政府建设所具有的深远意义。

四、行政处罚之过罚相当原则和处罚与教育相结合原则

（一）典型案例

1. 案例介绍

2019 年 10 月 27 日，河南省濮阳县市场监督管理局（以下简称"县监管局"）对濮阳县爱家乐超市经营的豆芽进行了抽样检验，经中检集团中原农产品检测（河南）有限公司检验，出具检验报告，检验项目 4-氯苯氧乙酸钠（以 4-氯苯氧乙酸计）mg/kg 实测值为 0.773，标准指标为不得检出，检验结论为不合格。该项目不符合原国家食品药品监督管理总局、原农业部、原国家卫生和计划生育委员会公告 2015 年第 11 号《关于豆芽生产过程中禁止使用 6-苄基腺嘌呤等物质的公告》要求。

2019 年 12 月 5 日，县监管局工作人员将检验报告和食品安全抽样检验结果通知书直接送达爱家乐超市，并对爱家乐超市进行了现场检查。现场检查

---

[1]　章剑生、胡敏浩、查云飞主编：《行政法判例百选》，法律出版社 2020 年版，第 11 页。

未发现抽检批次的豆芽。经调查，爱家乐超市经营者苏某陈述该批次豆芽是从王助菜市场一个摊位购买，共购进 2 公斤，购进价每斤 0.7 元，销售价每斤 0.89 元，现已全部售完。经询问苏某称购进该抽检批次豆芽时没有查验供货者的许可证和相关合格证明文件，没有收到该批次豆芽不良反应的投诉。2020 年 5 月 26 日，县监管局对爱家乐超市作出濮县市监食药食处字［2020］A05 号行政处罚决定。爱家乐超市不服，向濮阳市市场监督管理局申请行政复议。2020 年 8 月 24 日，濮阳市市场监督管理局作出濮市监复字［2020］6 号行政复议决定，撤销濮县市监食药食处字［2020］A05 号行政处罚决定，责令重新认定违法所得，重新作出行政处罚决定。

2020 年 11 月 2 日，县监管局向爱家乐超市送达了行政处罚听证告知书和行政处罚告知书，告知了爱家乐超市拟对其作出的处罚决定所依据的事实、理由和法律依据，并告知爱家乐超市有申请听证的权利，并可以进行陈述和申辩。爱家乐超市未在 3 日内申请听证，县监管局于 2020 年 11 月 6 日作出濮县市监食药食处字［2020］A13 号行政处罚决定，对爱家乐超市罚款 10 万元。

爱家乐超市不服，向濮阳县人民法院提起诉讼。[1]

2. 涉案问题

濮阳县市场监督管理局对爱家乐超市所作的处罚是否适当？

3. 裁判结果

濮阳县人民法院一审认为县监管局对爱家乐超市所作的处罚未遵循教育与处罚相结合的原则，且作出处罚决定所适用的处罚幅度明显过高，显属不当。故依照《行政诉讼法》第 70 条第 6 项之规定，判决：（1）撤销县监管局于 2020 年 11 月 6 日对爱家乐超市作出的濮县市监食药食处字［2020］A13 号行政处罚决定；（2）限县监管局于本判决生效后 60 日内重新作出行政行为。

濮阳县市场监管局不服一审判决，向濮阳市中级人民法院提出上诉，称一审法院判决认定事实错误，请求二审法院依法撤销［2021］豫 0928 行初 2 号行政判决书，并依法改判或依法发回重审。

被上诉人爱家乐超市辩称：（1）爱家乐超市从王助菜市场购买豆芽仅 2

---

[1] 案例来源：河南省濮阳市中级人民法院行政判决书［2021］豫 09 行终 68 号。

公斤，采购量较小，涉案货值仅 3.56 元，违法销售所得 0.76 元，爱家乐超市违法行为显著轻微，应适用 2017 年《行政处罚法》[1]第 27 条第 2 款（2021 年修正为第 33 条第 1 款）"违法行为轻微并及时改正，没有造成危害后果的不予行政处罚"。（2）爱家乐超市作为个体经营者，从菜市场上购进 2 公斤豆芽，爱家乐超市当时从外观完整度和新鲜度上完全有理由相信豆芽合格，不可能知道该批次豆芽不合格，也不可能要求在菜市场采购时向出售者索要检验合格证明，既不现实也不符合菜市场交易习惯，故爱家乐超市购买豆芽时已经尽到了货物查验义务，本身并无过错。（3）在爱家乐超市得知购进的豆芽不合格后，及时向县监管局举报了王助菜市场豆芽销售者，并且多次向县监管局提供王助菜市场豆芽销售者微信转账记录、手机号码、身份证号和销售过程照片，爱家乐超市显然具有举报他人的立功表现，具有免除处罚情节。综上，请求驳回县监管局的上诉，依法维持原判。

二审法院对上诉人县监管局积极履行食品安全监管法定职责的行为"予以肯定"，但其在本案中作出的行政处罚决定违背了行政处罚过罚相当原则和教育与处罚相结合的原则，一审判决撤销涉案处罚决定并责令重新作出处理并无不当，应予维持。县监管局上诉称行政处罚决定过罚相当等理由不能成立，对其上诉请求应予驳回。县监管局应对本案进行全面深入调查，使相关违法者均受到相应责任追究，并充分考虑案件处理的法律效果和社会效果，确保案件处理合法、合理、合情，让人民群众在每一起执法案件中都感受到公平正义。根据《行政诉讼法》第 89 条第 1 款第 1 项的规定，判决驳回上诉，维持原判。

4. 案例研析

食品安全关系国计民生，国家实行严格的食品安全监管制度，其目的在于保障公众的身体健康和生命安全，维护社会稳定。濮阳县市场监督管理局作为濮阳县食品安全监督管理部门，对爱家乐生活超市销售不合格食品的行为及时进行查处，履行了法定职责，这一点得到了二审法院的肯定。本案争议焦点主要是县监管局对爱家乐超市处罚是否适当问题，而我国《行政处罚法》规定了行政处罚的"过罚相当原则"和"教育与处罚相结合原则"，故

---

〔1〕《行政处罚法》已由中华人民共和国第十三届全国人民代表大会常务委员会第二十五次会议于 2021 年 1 月 22 日修订通过，自 2021 年 7 月 15 日起施行。

对上述问题应从这两个原则的角度出发来进行分析论证，而这也是二审法院在这一问题上的分析认定思路。

（1）行政处罚应当遵循过罚相当的原则。原国家食品药品监督管理总局、原农业部、原国家卫生和计划生育委员会公告 2015 年第 11 号《关于豆芽生产过程中禁止使用 6-苄基腺嘌呤等物质的公告》规定，豆芽生产经营过程中禁止使用 4-氯苯氧乙酸钠。爱家乐超市经营的豆芽经抽样检验，检验项目 4-氯苯氧乙酸钠（以 4-氯苯氧乙酸计）mg/kg 实测值为 0.773，该项目不符合上述公告的要求。县监管局认为爱家乐超市违反了原国家食品药品监督管理总局 2015 年 12 月 8 日通过的《食用农产品市场销售质量安全监督管理办法》的有关规定，该办法第 25 条第 1 项规定："禁止销售下列食用农产品：（一）使用国家禁止的兽药和剧毒、高毒农药，或者添加食品添加剂以外的化学物质和其他可能危害人体健康的物质的……"同时该办法第 50 条第 1 款规定："销售者违反本办法第二十五条第一项……规定的，由县级以上食品药品监督管理部门依照食品安全法第一百二十三条第一款的规定给予处罚。"《食品安全法》[1]第 123 条第 1 款第 1 项："违反本法规定，有下列情形之一，尚不构成犯罪的，由县级以上人民政府食品药品监督管理部门没收违法所得和违法生产经营的食品，并可以没收用于违法生产经营的工具、设备、原料等物品；违法生产经营的食品货值金额不足一万元的，并处十万元以上十五万元以下罚款……"由此，一审法院认为"县监管局适用上述法律规定对爱家乐超市作出处罚决定，适用法律法规正确"。

但与此同时，还应注意的是，2017 年《行政处罚法》第 27 条第 2 款（2021 年修正为第 33 条第 1 款）规定："违法行为轻微并及时纠正，没有造成危害后果的，不予行政处罚。"《食品安全法》第 136 条规定："食品经营者履行了本法规定的进货查验等义务，有充分证据证明其不知道所采购的食品不符合食品安全标准，并能如实说明其进货来源的，可以免予处罚……"

该案中，爱家乐超市从菜市场购进豆芽 2 公斤进行销售，采购数量较小，涉案货值仅 3.56 元，属于违法行为轻微。对于《食品安全法》第 136 条所规定的"进货查验等义务"，一审法院认为"爱家乐超市进货查验时仅凭眼观无

---

[1]《食品安全法》已于 2021 年 4 月 29 日经第十三届全国人民代表大会常务委员会第二十八次会议进行了修正。

法知道所采购的豆芽是否符合食品安全标准，对此不应予以强求。应认定其已尽到查验义务……"二审法院也认为"其仅是个体工商户，为方便周边群众生活，在其经营场所摆放蔬菜摊位进行售卖，采购数量较小，要求其在菜市场采购时索要检验合格证明，不符合菜市场的交易习惯。经营者在菜市场购买蔬菜更主要是依照日常经验判断农产品的新鲜度、完好性，以确定农产品是否合格，已尽到一般人应尽的进货查验义务"。故一审法院认定"爱家乐超市作出处罚决定所适用的处罚幅度明显过高，显属不当"，二审法院亦明确指出"对爱家乐超市处罚 100 000 元有违行政处罚过罚相当的原则"。

（2）实施行政处罚，纠正违法行为，应当遵循教育与处罚相结合的原则。2017 年《行政处罚法》第 5 条（2021 年修正为第 6 条）规定，实施行政处罚，纠正违法行为应当坚持处罚与教育相结合的原则，教育公民、法人或其他组织自觉守法。本案对爱家乐超市所售豆芽的抽样时间是 2019 年 10 月 27 日，检验结果送达之日为 2019 年 11 月 26 日，爱家乐超市在不知情的情况下将豆芽销售完毕，因此无法及时纠正自己的违法行为。从本案行政执法过程来看，因县监管局并未给予爱家乐超市及时纠正违法行为的机会，故一、二审法院皆认定县监管局在本案处理中未能遵循教育与处罚相结合的原则。

（二）本案例课程思政元素分析

1. 制度规范

2021 年 1 月 22 日第十二届全国人民代表大会常务委员会第二十五次会议通过了新修订的《行政处罚法》，这是《行政处罚法》自 1996 年制定以来的第三次修订，此次修订进一步完善了我国的行政处罚法律制度，对新时期我国行政处罚制度及整个行政法制的进一步发展都具有十分重要的意义。新修订的《行政处罚法》首次在法律上明确了行政处罚的含义，该法第 2 条规定："行政处罚是指行政机关依法对违反行政管理秩序的公民、法人或者其他组织，以减损权益或者增加义务的方式予以惩戒的行为。"行政处罚对相对人来说是具有制裁性、处分性和不利性的负担行政行为，该行为的实施会严重影响相对人的权益，因此对行政处罚的设定和实施都应该在法律上有严格的约束。我国《行政处罚法》第 1 条即规定了"规范行政处罚的设定和实施，保障和监督行政机关有效实施行政管理，维护公共利益和社会秩序，保护公民、法人或者其他组织的合法权益"的立法目的。《行政处罚法》还明确规定了包括处罚法定原则、公正、公开原则、过罚相当原则、处罚与教育相结合原则、相对人救济权利保障原则等在内的行政处罚基本原则，这对指导和规范行政机关实施行政处罚具有更加直接的积极意义。

上述案例就涉及了过罚相当原则和处罚与教育相结合原则。《行政处罚法》第 5 条第 2 款规定："设定和实施行政处罚必须以事实为依据，与违法行为的事实、性质、情节以及社会危害程度相当。"这是对过罚相当原则的规定，有人认为，这一条款是比例原则在我国法律的具体表述。[1]行政机关在行政处罚案件中往往拥有一定的自由裁量权，而行政处罚行为的实施会对行政相对人的名誉、财产、行动甚至人身自由等造成不同程序的影响，因此，《行政处罚法》要求行政主体在实施行政处罚时要以事实为依据，综合考虑违法行为的性质、情节以及社会危害程度等因素来作出处罚，不至于使处罚畸轻或畸重，从而保障相对人的合法权益。上述案例中，爱家乐超市从菜市场购买豆芽仅 2 公斤，涉案货值仅 3.56 元，违法销售所得 0.76 元，而行政机关给予 10 万元罚款的行政处罚，行政机关违反了过罚相当原则。

《行政处罚法》第 6 条规定："实施行政处罚，纠正违法行为，应当坚持处罚与教育相结合，教育公民、法人或者其他组织自觉守法。"这是对处罚与教育相结合原则的规定。行政处罚是特定行政主体依法对违反行政管理秩序而尚未构成犯罪的行政相对人所给予的行政制裁，这种行政制裁即处罚本身并不是目的，它仅仅是修复被破坏的行政法律关系，维护社会秩序稳定以及迫使相对人改过自新不至于再次违反行政管理秩序的手段而已，因此，在行政处罚的实施中行政主体不能为了处罚而处罚，要教育先行，处罚与教育并重，严格遵守处罚与教育相结合原则。

2. 价值引领

行政处罚是行政主体进行行政管理的重要手段，但它是一种会对相对人权益产生不利影响的负担行政行为，因此对行政处罚的设定和实施都要在法律上进行严格限制。我国《行政处罚法》规定的包括过罚相当和处罚与教育相结合在内的基本原则对保障和监督行政机关有效实施行政处罚，保护公民、法人或者其他组织的合法权益起到了重要作用，需要我们在学习行政处罚相关知识的过程中十分重视。《论语·为政》载："道之以政，齐之以刑，民免

---

[1] 参见蔡乐渭主编：《行政法案例研习》（第 3 辑），中国政法大学出版社 2021 年版，第 77 页。

而无耻；道之以德，齐之以礼，有耻且格。"我国《行政处罚法》中所规定的处罚与教育相结合原则与上述传统文化思想颇有暗合之处。

五、行政程序与程序正当原则

（一）典型案例

1. 案例介绍

原告刘某成因不服被告雅安市人民政府作出的雅府复决字［2012］10号行政复议决定（以下简称"10号行政复议决定"），向雅安市中级人民法院提起行政诉讼。

一审法院经审理查明：2000年8月18日，刘某成向雅安市雨城区碧峰峡镇人民政府提出修建紫光楼宾馆的立项申请，拟自筹资金200余万元。2001年2月23日，田某勇以全家四人的名义向国土部门提出《新建住房申请》，以"当兵退伍后无住房"为由，申请在自家耕地内新建住房四间，占地120平方米。2001年4月15日，田某勇与刘某成签订《土地转让协议书》，约定将田某勇位于"长坪上"的约1亩承包地有偿转让给刘某成修建商业用房，转让费45000元（含中间人费用10000元）。土地审批费6600元由刘某成承担。2001年10月16日，经原雅安市雨城区国土局审批后同意修建。同日，田某勇与刘某成签订了《承包地转让协议书》，进一步约定，田某勇将已经批准了的建设用地120平方米及承包地0.8亩一并有偿转让给刘某成。田某勇向刘某成出具收条，收到刘某成现金61600元（含转让费、中介费、审批费等）。2002年2月18日，雅安市雨城区发展计划局作出《关于立项建设紫光楼宾馆的批复》（雨计发［2002］106号），同意刘某成修建紫光楼宾馆的立项申请。同日，雅安市雨城区建设局向刘某成发出了《选址意见书》（雨建规［2002］字第17号），同意刘某成在碧峰峡镇碧峰村二组范围内定址修建。随后，给紫光楼宾馆颁发了《建设用地规划许可证》《建设工程规划许可证》。2002年7月15日，刘某成与碧峰村二组签订了《征用土地协议书》，征地面积610平方米（0.91亩）。2002年7月24日，雨城区人民政府向刘某成颁发了紫光楼宾馆的《国有土地使用权证》。2002年11月21日，雅安市人民政府颁发了《房屋所有权证》。雨城区碧峰峡镇人民政府和碧峰峡镇土地管理所曾于2002年6月3日为刘某成办证出具《证明》，紫光楼宾馆于2001年3月完工投入使用。紫光楼宾馆在经营过程中，田某勇与刘某成为其产权所属问题发生纠纷，2012 年 2 月 9 日，当地派出所接 110 报警指令到达紫光楼宾馆处理，刘某成当场向田某勇出示了紫光楼宾馆的房产证和土地使用权证。

另查明，2012 年 4 月 11 日，田某勇等四人提起行政诉讼，要求撤销雨城区人民政府向刘某成颁发的紫光楼宾馆《土地使用权证》。后田某勇等四人撤诉，向雅安市人民政府提起行政复议。雅安市人民政府于 2012 年 10 月 8 日正式受理田某勇等四人的行政复议。复议期间，雅安市人民政府认为本案案情复杂，不能在法定期限内作出行政复议决定，决定延长复议期限至 2013 年 1 月 7 日。2013 年 1 月 7 日，雅安市人民政府作出 10 号行政复议决定，认为雨城区人民政府向刘某成颁发紫光楼宾馆《土地使用权证》违法，遂撤销了雨城区人民政府于 2002 年 7 月 24 日向刘某成颁发的紫光楼宾馆《国有土地使用权证》。

庭审中，刘某成称收到过雅安市人民政府发出的行政复议《受理通知书》，但雅安市人民政府对其没有进行询问，也没有听证，更没有收到 10 号行政复议决定，刘某成是在 2014 年 11 月 12 日在雅安市人民政府复印 10 号行政复议决定时才知道复议结果的。被告雅安市人民政府未能提交向刘某成送达 10 号行政复议决定的送达依据。

一审法院认为，田某勇等人申请行政复议时虽然超出了 60 日的申请期限，但是，对刘某成领取紫光楼宾馆《国有土地使用权证》的行为，田某勇等人并不知道 60 日的申请复议期限，参照最高人民法院《关于执行〈中华人民共和国行政诉讼法〉若干问题的解释》[1]（以下简称《若干解释》）第 41 条、第 42 条的规定，被告雅安市人民政府受理田某勇等人的复议申请并无不当。被告于 2012 年 10 月 8 日受理后经批准延长复议期限，并于 2013 年 1 月 7 日作出 10 号行政复议决定，符合《行政复议法》第 31 条第 1 款的规定。

《土地管理法》[2]第 44 条第 1 款规定"建设占用土地，涉及农用地转为建设用地的，应当办理农用地转用审批手续"；第 4 款规定"本条第二款、第三款规定以外的建设项目占用土地，涉及农用地转为建设用地的，由省、自治区、直辖市人民政府批准"。本案中，刘某成占用雨城区碧峰峡镇碧峰村二

---

〔1〕 该司法解释已废止，2017 年 11 月 13 日最高人民法院审判委员会第 1726 次会议通过了最高人民法院《关于适用〈中华人民共和国行政诉讼法〉的解释》，自 2018 年 2 月 8 日起施行。

〔2〕《土地管理法》已于 2019 年 8 月 26 日由第十三届全国人民代表大会常务委员会第十二次会议进行了修正。

组农民集体所有的土地修建紫光楼宾馆，虽经县级有关部门同意，但未经四川省人民政府批准办理农用地转为建设用地审批，违反了《土地管理法》的规定，雨城区人民政府对其颁发国有土地使用权证违法，被告雅安市人民政府依法撤销雨城区人民政府于 2002 年 7 月 24 日向刘某成颁发的紫光楼宾馆《国有土地使用权证》，认定事实清楚，适用法律、法规正确。被告在行政复议过程中，没有将延长复议期限的决定告知刘某成，也没有及时将 10 号行政复议决定送达刘某成，程序上存在瑕疵，但是该瑕疵尚未达到程序严重违法的程度，刘某成要求撤销 10 号行政复议决定的理由不成立，其请求应予驳回。依照《若干解释》第 56 条第 4 项的规定，判决：驳回原告刘某成的诉讼请求。

刘某成不服，向四川省高级人民法院提起上诉，请求二审法院撤销原判，并依法改判。[1]

2. 涉案问题

本案中，雅安市人民政府的行政复议行为在程序上是否合法？

3. 裁判结果

二审法院经审理查明的事实与一审基本一致，对一审法院采信的证据予以确认。二审法院认为雅安市人民政府作出的 10 号行政复议决定超期受理，程序严重违法，法律适用不严谨，应予撤销。一审判决驳回刘某成的诉讼请求，属于认定事实不清，适用法律错误，亦应予以撤销。依照《行政诉讼法》第 89 条第 1 款第 2 项的规定，判决撤销四川省雅安市中级人民法院［2015］雅行初字第 1 号行政判决，撤销雅安市人民政府 2013 年 1 月 7 日作出的雅府复决字［2012］10 号行政复议决定。

4. 案例研析

二审法院认为雅安市人民政府作出的 10 号行政复议决定是否合法，是本案的争议焦点，对此，二审法院从三个方面予以论证。

（1）关于案涉行政复议行为的期限问题。《行政复议法》[2]第 9 条规定"公民、法人或者其他组织认为具体行政行为侵犯其合法权益的，可以自知道

---

[1]　案例来源：四川省高级人民法院行政判决决书［2015］川行终字第 123 号。

[2]　《行政复议法》于 2017 年 9 月 1 日经第十二届全国人民代表大会常务委员会第二十九次会议进行了修正。

该具体行政行为之日起六十日内提出行政复议申请……"一审法院认为"田某勇等人申请行政复议时虽然超出了 60 日的申请期限",但是,"对刘某成领取紫光楼宾馆《国有土地使用权证》的行为,田某勇等人并不知道 60 日的申请复议期限",故"被告雅安市人民政府受理田某勇等人的复议申请并无不当",其作出复议决定符合《行政复议法》的规定。

而二审法院认为田某勇等人在 2 月 9 日在紫光楼与刘某成发生纠纷时就已经知道刘某成办理了国有土地使用权证的事实,4 月 11 日,田某勇等人向名山县人民法院提起行政诉讼时,已超过 60 天的申请行政复议期限(2012 年 2 月有 29 天)。后田某勇等人于 2012 年 7 月 12 日申请行政复议时,已明显超过行政复议申请期限。因此,雅安市人民政府受理田某勇等人的行政复议申请,属于违反法定程序。

(2)关于案涉行政复议行为的程序问题。我国《行政复议法》第 22 条规定:"行政复议原则上采取书面审理的办法,但是申请人提出要求或者行政复议机关负责法制工作的机构认为有必要时,可以向有关组织和人员调查情况,听取申请人、被申请人和第三人的意见。"一审法院认为雅安市人民政府在行政复议过程中,没有将延长复议期限的决定告知刘某成,也没有及时将 10 号行政复议决定送达刘某成的情形是"程序上存在瑕疵",但是"该瑕疵尚未达到程序严重违法的程度"。而二审法院认为,刘某成作为行政复议程序中的第三人,雅安市人民政府应保障其享有陈述和申辩的权利,才符合正当程序的要求。现刘某成称雅安市人民政府没有对其进行询问,也没有听证。10 号行政复议决定的结果是撤销刘某成持有的国有土地使用权证,但雅安市人民政府未向法院提交刘某成在行政复议程序中曾经陈述或申辩的证据材料。因此,雅安市人民政府的复议行为不符合正当程序的要求。雅安市人民政府在作出 10 号行政复议决定后没有向刘某成送达,程序严重违法。故一审法院认为雅安市人民政府在程序上存在瑕疵,但是尚未达到程序严重违法的程度,属于认定事实不清,应予纠正。

(3)关于法律适用问题。二审法院认为雅安市人民政府在 10 号行政复议决定中适用了《行政复议法》第 28 条,但未明确适用的具体款、项、目,在二审庭审中经法官询问才予以明确,属于适用法律不严谨。

综上,二审法院认为雅安市人民政府作出的 10 号行政复议决定超期受理,程序严重违法,法律适用不严谨,应予撤销。一审判决驳回刘某成的诉讼请求，属于认定事实不清，适用法律错误，亦应予以撤销。刘某成要求撤销 10 号行政复议决定及一审判决的上诉理由成立。

（二）本案例课程思政元素分析

1. 制度规范

正当程序原则源自英美法系国家，在我国行政法学理和行政法实践中都得到了广泛认可。[1]正当法律程序的构成要件包括：(1) 程序的分化；(2) 对立面的设置；(3) 程序中立；(4) 自由平等且实质性的参与；(5) 理性对话和交涉；(6) 信息充分和对等；(7) 公开；(8) 及时和终结性。[2]正当法律程序的最低标准是：公民的权利义务将因为决定而受到影响时，在决定之前必须给予他知情和申辩的机会和权利。对决定者而言就是履行告知和听证的义务。近些年来，我国行政审判中对正当程序原则的适用已属常见，而学者们普遍认为我国司法实践中对正当程序原则的适用是始于 1999 年"田某诉北京科技大学拒绝颁发毕业证、学位证案"的，从这个案例开始，行政正当程序原则在我国行政审判中偶有出现，且该原则也从一开始的"悄然登场"逐步向愈发积极、明确的"正面宣示"演变[3]。至 2004 年，在"张某银诉徐州市人民政府房屋登记行政复议决定案"中，江苏省高级人民法院在判决书中直接明白地适用了正当程序原则。有学者认为，将正当程序作为判断行政行为之程序合法性依据，"这在我国行政法治史上是破天荒的，无疑是在'田某案'基础上再次迈出的关键一步"[4]。上述"刘某武诉雅安市人民政府行政复议决定案"与"张某银案"颇为类似，二审法院指出"雅安市人民政府的复议行为不符合正当程序的要求"，属于"程序严重违法"，并最终作出撤销判决，足以彰显正当程序原则在行政法治实践中的重要作用。

2. 价值引领

"程序是法治的基石。法律程序通常被视为人治与法治的分水岭，是法治进步的时代标志和基本推动力。"[5]我国法治建设发展进步的历程也正是各项

〔1〕 杨登峰：《行政法基本原则及其适用研究》，北京大学出版社 2022 年版，第 246 页。

〔2〕 张文显主编：《法理学》（第 5 版），高等教育出版社 2018 年版，第 265~267 页。

〔3〕 章剑生、胡敏浩、查云飞主编：《行政法案例百选》，法律出版社 2020 年版，第 3 页。

〔4〕 杨登峰：《行政法基本原则及其适用研究》，北京大学出版社 2022 年版，第 263 页。

〔5〕 《行政法与行政诉讼法学》编写组：《行政法与行政诉讼法学》（第 2 版），高等教育出版社 2018 年版，第 235 页。

法律制度、各类法律程序不断完善的历程。作为法科生，理应充分认识到"程序正义"于法治社会、法治政府、法治国家建设的重要意义。

六、行政复议

（一）典型案例

1. 案例介绍

上诉人（原审原告）张某平、李某璇因诉巴中市人民政府（原审被告，以下简称"市政府"）行政复议一案，不服四川省巴中市中级人民法院[2020]川19行初1号行政判决，向四川省高级人民法院提起上诉。

一审法院经审理查明，2015年2月9日，四川省达州市建华房地产开发有限公司（以下简称"建华房产公司"）取得《国有土地使用权证》（巴市国用［2015］第682号）；2015年5月29日，原巴中市规划管理局颁发了《建设用地规划许可证》；2018年4月8日，建华房产公司向原巴中市巴州区规划局申请《建设工程规划许可证》；2018年4月26日，原巴中市规划管理局颁发了《建设工程规划许可证》（建字第B20×××15号），建设单位为建华房产公司，建设项目名称为建华·津桥上郡；2018年9月13日，巴中市住房和城乡建设局颁发了《建筑工程施工许可证》（编号511××××××××××30101号），建设单位为建华房产公司，建设项目名称为建华·津桥上郡。后建华房产公司在该项目施工现场对外公示了原巴中市规划管理局颁发的《建设工程规划许可证》（建字第B20×××15号）等许可证件。

一审同时查明，张某平、李某璇所有房屋与案涉施工工程项目紧邻。2018年7月8日、7月30日，张某平先后对原巴中市巴州区规划局公示的建华·津桥上郡建筑设计调整方案提出意见，要求留足建筑间距。2018年11月16日，张某平、李某璇就物资局置换用地范围内间距、拆迁中土地及补偿等问题进行信访。2019年4月16日，张某平、李某璇向市长信箱反应土地征收呈报出现误区、房屋土地使用权性质认定、国有土地房屋面积认定、被征收拆迁国有土地上房屋的评估、安置合同签订等问题。

一审另查明，张某平、李某璇系母女关系，两人一直居住在其所有的房屋内。

一审法院认为，《行政复议法》第9条规定，公民、法人或者其他组织认为具体行政行为侵害其合法权益的，可以自知道该具体行政行为之日起60日内提出行政复议申请。在实践中，知道具体行政行为之日主要通过三种途径：一是当场作出的具体行政行为，行政机关作出具体行政行为决定书上注明日期，这个日期就是行政行为的相对人知道具体行政行为之日；二是送达的具体行政行为决定书送达日期，就是行政行为的相对人知道具体行政行为之日；三是具体行政行为决定无法送达，通过公告作出，公告所注明的日期或公告日，就是行政行为的相对人知道具体行政行为之日。当然如果出现特殊情况，无法判断公民、法人、其他组织知道具体行政行为的具体确切时间，难以认定行政行为的相对人提出行政复议时间是否超过法定申请日，在这种情况下，可以由复议机关经过调查了解相关情况后依法确定。本案中，2018年4月26日，原巴中市规划管理局为建华房产公司颁发《建设工程规划许可证》（建字第B20×××15号）。建华房产公司实施该工程项目时，在该项目施工现场对外公示了原巴中市规划管理局颁发的《建设工程规划许可证》（建字第B20×××15号）等许可证件。张某平、李某璇所有的房屋紧邻案涉工程项目，两人一直在其所有的房屋内居住，对于该项目施工现场对外公示的原巴中市规划管理局颁发的《建设工程规划许可证》（建字第B20×××15号）应当知晓。同时，结合张某平2018年7月先后两次以书面形式向规划部门提出要求留足建筑间距的材料以及2019年4月16日李某璇向市长信箱反应土地征收呈报出现误区、被征收拆迁国有土地上房屋的评估等问题的材料，张某平、李某璇在原巴中市规划管理局作出《建设工程规划许可证》（建字第B20×××15号）一年多之后，2019年7月才向市政府申请行政复议，已超过行政复议的申请期限，故市政府以超过法定期限为由驳回张某平、李某璇的行政复议申请并无不当。

综上，张某平、李某璇的诉请于法无据，对其诉讼请求不予支持。据此，依照《行政诉讼法》第69条之规定，判决：驳回张某平、李某璇的诉讼请求。一审案件受理费50元，由张某平、李某璇负担。

张某平、李某璇不服，上诉称：一审判决认定事实不清，适用法律错误。请求二审法院撤销一审判决，依法改判；判令市政府承担本案诉讼费。

市政府答辩称：一审判决认定事实清楚，适用法律正确。请求二审法院驳回上诉，维持原判。[1]

---

〔1〕　案例来源：四川省高级人民法院行政判决书［2020］川行终2794号。

2. 涉案问题

四川省高级人民法院认为，本案的争议焦点为：（1）张某平、李某璇是否具有申请行政复议的主体资格；（2）张某平、李某璇的行政复议申请是否超过法定期限。

3. 裁判结果

二审法院认为，一审判决驳回张某平、李某璇的诉讼请求属适用法律错误。依照《行政诉讼法》第 70 条第 2 项、第 89 条第 1 款第 2 项的规定，判决如下：

（1）撤销四川省巴中市中级人民法院［2020］川 19 行初 1 号行政判决；

（2）撤销巴中市人民政府作出的巴府行复决〔2020〕2 号行政复议决定；

（3）责令巴中市人民政府于本判决生效之日起 60 日内重新作出行政复议决定。

4. 案例研析

（1）关于张某平、李某璇是否具有申请行政复议的主体资格问题

行政复议，是行政复议机关对公民、法人或者其他组织认为侵犯其合法权益的具体行政行为，基于申请而予以受理、审理并作出决定的制度。与系争具体行政行为有利害关系而参加行政复议，并依法受复议决定约束的当事人及与当事人复议地位相似的人为行政复议参加人，包括申请人、被申请人和第三人。申请人是指认为具体行政行为直接侵害其合法权益，以自己的名义向行政复议机关提出申请，要求对该具体行政行为进行复议并依法受所作复议决定约束的公民、法人或其他组织。行政复议的申请人是受具体行政行为侵害的人，即直接受具体行政行为不利影响的人，既包括具体行政行为所直接指向的相对人，也包括与该具体行政行为有法律上利害关系的人。行政复议中"有法律上利害关系"，与行政诉讼中的规定相同具有相应的构成要件。本案中，张某平、李某璇虽非原巴中市规划管理局颁发的《建设工程规划许可证》（建字第 B20×××15 号）的相对人，但因该许可证对其相邻权产生影响，故二审法院认可张某平、李某璇仍具有申请行政复议的主体资格。

（2）关于张某平、李某璇的行政复议申请是否超过法定期限问题

根据二审法院及一审法院审理查明的事实，2018 年 4 月 26 日，原巴中市规划管理局颁发《建设工程规划许可证》（建字第 B20×××15 号）。2018 年 9 月 13 日，巴中市住房和城乡建设局颁发《建筑工程施工许可证》（编号 511×

××××××××××30101 号）。后建华房产公司在施工现场对外公示《建设工程规划许可证》（建字第 B20×××15 号）等许可证件，可推定张某平、李某璇最早于此时才知道《建设工程规划许可证》（建字第 B20×××15 号）的内容。根据最高人民法院《关于江西省高级人民法院就姚文辉、姚明水、周建军诉江西省国土资源厅土地行政复议案的请示的答复》（2012 年 12 月 18 日［2012］行他字第 11 号），行政机关在作出行政行为时，未告知行政相对人申请复议的权利、复议机关和复议申请期限的，参照最高人民法院《关于适用〈中华人民共和国行政诉讼法〉的解释》第 64 条第 1 款"行政机关作出行政行为时，未告知公民、法人或者其他组织起诉期限的，起诉期限从公民、法人或者其他组织知道或者应当知道起诉期限之日起计算，但从知道或者应当知道行政行为内容之日起最长不得超过一年"的规定，张某平、李某璇申请行政复议的期限最长不得超过一年。张某平、李某璇于 2019 年 7 月 26 日申请行政复议，并未超过一年。因此，市政府以超过法定期限为由驳回张某平、李某璇的行政复议申请确有不当。

（二）本案例课程思政元素分析

1. 制度规范

行政复议，是作为行政相对人的公民、法人或者其他组织认为行政机关的具体行政行为侵犯其合法权益而向行政复议机关提出申请，请求复议机关予以受理并作出相应决定的制度。行政复议是行政主体系统内部层级监督的制度化体现，其基础在于行政主体系统内部上下级之间领导与被领导的关系，从这个意义上讲，行政复议制度是监督行政机关依法行使行政职权的有效措施之一，但是这种层级监督又与行政系统内部一般意义上的层级监督有很大不同，因为行政复议程序必须根据申请人的申请而启动，故它是一种依申请的行政行为而非依职权的行政行为。我国《行政复议法》和《行政复议法实施条例》规定了我国行政复议的原则、范围以及申请、受理、审理和决定程序等事项，构建起我国的行政复议法律制度。《行政复议法》第 4 条规定了行政复议法的原则，包括合法、公正、公开、及时和便民。与此同时，《行政复议法实施条例》第 51 条规定的"行政复议机关在申请人的行政复议请求范围内，不得作出对申请人更为不利的行政复议决定"，可以看作是行政复议的"不利变更禁止原则"。

2. 价值引领

作为行政监督法律制度体系的重要组成部分，行政复议是保障和监督行政机关依法行使行政职权的有效措施之一，同时它又具有防止和纠正违法的或者不当的具体行政行为以保护公民、法人和其他组织合法权益的现实作用，因此丰富和完善行政复议法律制度对于构建责任型政府意义重大，而行政复议机关严格落实我国行政复议法律规范、坚守行政复议基本原则依法进行复议也是行政复议制度实施的题中应有之义。

七、行政诉讼举证责任

（一）典型案例

1. 案例介绍

2020 年 7 月 24 日，敦化市市场监督管理局（以下简称"市监局"）作出敦市监行处字［2020］14 号《行政处罚决定书》，其主要内容为：当事人：高高煎饼食品公司。2020 年 5 月 11 日，我执法人员接到王某阳举报称，其于2020 年 4 月 1 日至 8 日在供货人李某处购进高高煎饼食品公司生产的金鼎大德煎饼共 10 510 箱，在销售过程中发现部分煎饼包装袋上的生产日期有涂改痕迹。为查明事实真相，我局当日对其立案调查。经查，2020 年 3 月，当事人与其客户金某宝商定，以 10 元/箱的价格赊购给其临期煎饼 3000 箱用于销售，并口头约定煎饼售出后结账。金某宝将临期煎饼私自涂改生产日期后放入当事人厂内其租用的库房中用于销售，当事人对金某宝涂改生产日期的行为并不知情。2020 年 4 月 3 日至 8 日，当事人共五次出售给李某 10 510 箱煎饼，售价为 9 元/箱。在此期间，因金某宝仍未结算货款，当事人将金某宝赊购的 3000 箱（部分存在生产日期涂改情况）煎饼一并销售给李某，且未按照食品安全法要求记录食品生产日期等信息且经营台账不完善。经调查，当事人经营的标注虚假生产日期的煎饼共计 2268 箱，售价 9 元/箱，货值金额共计 20 412 元，由于以上煎饼低于成本价出售，故无违法所得。当事人的行为违反了《食品安全法》第 34 条"禁止生产经营下列食品、食品添加剂、食品相关产品：……（十）标注虚假生产日期、保质期或者超过保质期的食品、食品添加剂"之规定，属经营标注虚假生产日期食品行为。当事人的行为违反了《食品安全法》第 51 条"食品生产企业应当建立食品出厂检验记录制度，查验出厂食品的检验合格证和安全状况，如实记录食品的名称、规格、数量、生产日期或者生产批号、保质期、检验合格证号、销售日期以及购货者名称、地址、联系方式等内容，并保存相关凭证。记录和凭证保存期限应当符合本法第五十条第二款的规定"之规定，属未按规定建立并遵守进货查验记录、出厂检验记录和销售记录制度行为。当事人在不知情的情况下进行销售，截至目前我执法人员尚未接到消费者由于食用问题煎饼而导致的健康状况不良投诉及报告，当事人能够主动如实交代违法事实，由于疫情期间应充分考虑公众情绪，行政执法活动应有利于疫情防控和经济社会发展等因素。根据《行政处罚法》第5条第1、2款"行政处罚遵循公正、公开的原则，设定和实施行政处罚必须以事实为依据，与违法行为的事实、性质，情节以及社会危害程度相当"之规定，根据《行政处罚法》第6条"实施行政处罚，纠正违法行为，应当坚持处罚与教育相结合，教育公民、法人或者其他组织自觉守法"之规定，根据《吉林省市场监督管理行政处罚裁量权适用规则（试行）》第12条"有下列情形之一的，可以依法从轻或者减轻行政处罚：（二）违法行为社会危害性较小或者尚未产生社会危害后果的"之规定，根据敦化市司法局文件《关于加强疫情防控期间行政执法工作的通知》"各级执法部门要把公正执法理念贯穿行政执法全过程，坚持证据意识、程序意识和过罚相当意识，综合考虑违法行为的性质、情节、社会危害程度以及执法相对人的悔过态度等情形，依法给予相应处罚。坚持教育与惩戒相结合的原则，在疫情防控期间，对违法情节显著轻微及社会危害性不大的违法行为，以教育劝导为主，可以考虑先不予处罚或者暂缓执行处罚"之规定，决定对当事人进行减轻处罚。依据《食品安全法》第124条"违反本法规定，有下列情形之一，尚不构成犯罪的，由县级以上人民政府食品药品监督管理部门没收违法所得和违法生产经营的食品、食品添加剂，并可以没收用于违法生产经营的工具、设备、原料等物品；违法生产经营的食品、食品添加剂货值金额不足一万元的，并处五万元以上十万元以下罚款；货值金额一万元以上的，并处货值金额十倍以上二十倍以下罚款；情节严重的，吊销许可证；……（五）生产经营标注虚假生产日期、保质期或者超过保质期的食品、食品添加剂"之规定；依据《食品安全法》第126条"违反本法规定，有下列情形之一的，由县级以上人民政府食品药品监督管理部门责令改正，给予警告；拒不改正的，处五千元以上五万元以下罚款；情节严重的，责令停产停业，直至吊销许可证；……（三）食品、食品添加剂生产经营者进货时未查验许可证和相关证明文件，或者未按规定建立并遵守进货查验记录、出厂检验记录和销售记录制度"之规定，责令当事人停止违法行为，按规定建立并遵守进货查验记录、出厂检验记录和销售记录制度，对当事人作以下行政处罚：罚款 55 000 元。

2020 年 7 月 28 日，敦化市市监局向高高煎饼食品公司送达了该《行政处罚决定书》。高高煎饼食品公司不服，向敦化市人民法院提起行政诉讼。[1]

2. 裁判结果

敦化市人民法院一审认为，被诉行政行为主要证据不足，依法应予撤销，故判决撤销敦化市市监局作出的《行政处罚决定书》。

敦化市市监局不服，向延边朝鲜族自治州中级人民法院提出上诉认为原审判决认定部分事实不清、采信部分证据错误，请求二审法院发回重审或改判驳回高高煎饼食品公司的诉讼请求。被上诉人高高煎饼食品公司辩称认为原审认定事实清楚，适用法律正确，敦化市市监局的上诉理由不成立，应予驳回。

二审经审理对原审查明的事实予以确认，认为原审认定事实清楚，适用法律正确。上诉人的上诉请求和理由均不能成立，二审法院不予支持。依照《行政诉讼法》第 89 条第 1 款第 1 项之规定，判决驳回上诉，维持原判。

3. 涉案问题

本案中行政机关所作的行政处罚决定为何会被法院判决撤销？

4. 案例研析

《行政诉讼法》第 34 条规定，被告对作出的行政行为负有举证责任，应当提供作出该行政行为的证据和所依据的规范性文件。被告不提供或者无正当理由逾期提供证据，视为没有相应证据。本案中，被诉《行政处罚决定书》查明："2020 年 3 月，当事人与其客户金某宝商定，以 10 元/箱的价格赊购给其临期煎饼 3000 箱用于销售，并口头约定煎饼售出后结账。金某宝将临期煎饼私自涂改生产日期后放入当事人厂内其租用的库房中用于销售，当事人对金某宝涂改生产日期的行为并不知情。2020 年 4 月 3 日至 8 日，当事人共五次出售给李某 10 510 箱煎饼，售价为 9 元/箱。在此期间因金某宝仍未结算货款，当事人将金某宝赊购的 3000 箱（部分存在生产日期涂改情况）煎饼一并

---

[1] 案例来源：吉林省延边朝鲜族自治州中级人民法院行政判决书［2021］吉 24 行终 54 号。

销售给李某，且未按照食品安全法要求记录食品生产日期等信息且经营台账不完善"，该《行政处罚决定书》列明的证据有"……证据四，对王某阳、李某、金某宝的调查笔录及金某宝指认涂改生产日期现场照片、涉案煎饼包装上生产日期照片、打码机照片等相关材料若干……"但敦化市市监局却未能在法定举证期限内向本院提供李某、金某宝的调查笔录及金某宝指认涂改生产日期现场照片等能够认定上述事实的主要证据材料。被诉《行政处罚决定书》又查明："当事人经营的标注虚假生产日期的煎饼共计 2268 箱，售价 9元/箱，货值金额共计 20 412 元，由于以上煎饼低于成本价出售，故无违法所得"，但是除林某的陈述外，敦化市市监局未能提供能够证明标注虚假生产日期煎饼数量的其他证据材料。故一审法院认为被诉行政行为主要证据不足，依法应予撤销。

二审法院认为，本案中，敦化市市监局在原审中对其作出的《行政处罚决定书》没有举出充分的证据予以证明其认定的事实，因此该处罚决定属于主要证据不足，最终二审法院维持了原判。

（二）本案例课程思政元素分析

1. 制度规范

一般认为在民事诉讼活动中，举证责任遵循"谁主张谁举证"的原则，即当事人需就自己主张的事实提出证据以证明自己的主张，否则将面临自己的主张无法得到法庭的支持等不利后果。而行政诉讼是公民、法人或者其他组织认为行政行为侵犯其合法权益，依法向人民法院提起诉讼，由人民法院主持审理行政正义并作出裁判的诉讼制度，其与民事诉讼关系密切，但是在诉讼的目的和任务、诉讼当事人、诉讼权利、适用的原则、诉讼范围、结案方式以及举证责任等方面具有很大不同。比如在举证责任上，我国《行政诉讼法》第 34 条第 1 款规定："被告对作出的行政行为负有举证责任，应当提供作出该行政行为的证据和所依据的规范性文件。"行政诉讼法之所以如此规定乃是基于行政机关在国家行政管理及行政诉讼法律关系中的特殊性，一方面行政机关拥有行政权力，掌握行政资源，其举证能力天然就比作为原告的行政相对人更为优越；另一方面，行政诉讼本身就有监督行政机关依法行使行政职权的功能，让作为被告的行政机关承担被诉行政行为合法的举证责任也是确保行政机关依法行政的重要举措。行政机关在行政诉讼中如不能举证证明被诉行政行为合法，将承担不利的法律后果，在上述案例中，敦化市市监局在行政诉讼中对其作出的《行政处罚决定书》没有举出充分的证据予以证明其认定的事实，因此该处罚决定属于主要证据不足而被人民法院依法予以撤销。

2. 价值引领

我国《行政诉讼法》第 1 条规定行政诉讼的立法目的是"保证人民法院公正、及时审理行政案件，解决行政正义，保护公民、法人和其他组织的合法权益，监督行政机关依法行使职权"。由此，我国行政诉讼的目的与功能被概括为三个方面，即解决争议、权利救济与监督行政。而由被告承担被诉行政行为合法的举证责任的制度设计，正是为了在通过行政诉讼解决行政争议的过程中更好地保护相对人的合法权益并更为有效地监督行政机关依法行使职权。近年来，我国的行政诉讼法律制度在化解社会矛盾纠纷、保障人民权益、构建法治政府等方面发挥了重要作用，因此，不断完善行政诉讼制度、发展行政审判对我国全面推进依法治国战略、建设社会主义法治国家具有重要意义。

第九章

国际法学课程思政教学案例研究[1]

第一节　国际法学与课程思政

一、国际法学课程思政建设的必要性

2017年5月习近平总书记在中国政法大学考察时指出："立德树人、德法兼修，培养大批高素质法治人才。"良好的思想品德和正确的价值观不仅关系到法学专业学生在未来走向法律实务岗位的政治素养，还事关中国的法治建设和社会公平正义理念的推进。国际法学作为一门法学专业的学科基础课和核心课程，其调整对象主要是以国家关系为主体的国际关系，内容涉及国家主权的维护、公平合理国际新秩序的形成、国家之间领土争端的解决、不同国家政治制度的对比等问题，具有天然浓厚的育人血液与思政元素。国际法学课程在塑造学生的法律人格、法律思维和法治观念中发挥着重要的基础性作用，同时担负着对国家主流价值观的引领和爱国主义精神塑造的重要功能，有助于在全球化的时代背景之下引领学生坚持正确的政治方向，确立正确的世界观。

二、国际法学课程思政案例教学设计思路阐述

国际法学课程内容看似离我们的生活很遥远，但其知识的运用时常都能

---

〔1〕 吕彩霞，湖南邵东人，四川民族学院法学院讲师，法学硕士，主要讲授"国际法""环境与资源保护法"。

体现在国际热点新闻事件中。由于网络媒体的兴起，国际热点新闻的报道层出不穷，各种评论声音更是纷繁复杂。在海量的信息中，学生如何分辨真假虚伪、如何客观恰当评判？本课程思政教学设计围绕国际法课程的知识框架体系精心选择了9个与中国有关的国际事件。教学过程中首先对国际事件的案情进行介绍，然后讲解相关的国际法背景知识，最后引导学生对该案件进行思辨。

总体而言，本教学设计旨在让学生明确以马克思主义唯物史观和辩证法作为理论指针和基本方法，围绕习近平法治思想和构建人类命运共同体的重要论述，在充分地掌握国际法基本原理、基本学说、各项基本法律制度、国际法面临的系统性挑战，以及中国在各个国际法领域的理论与实践状况的基础上，了解新中国对现代国际法的贡献及中国破解国际法发展难题的立场与方案。在中国立场和中国方案的介绍中引入习近平新时代中国特色社会主义思想的相关内容，使学生深刻领悟这一理论在大变革时期对全球治理体系变革的重要意义。准确领会体现在国际法专业知识体系中的国家政治外交立场和国家战略利益，使学生在掌握专业知识的同时，增强对中国道路和中国方案的认同感，增强对祖国的自豪感，使学生自然而然地萌发构建更加民主公平的国际法律新秩序的理想和信念，形成以国际法理论知识为依据，在实践中捍卫国家主权及合法权益的思想认识和应用能力。

第二节　国际法学课程思政案例研究

一、绪论

（一）典型案例

1. 案例介绍

1864年4月，普鲁士政府派遣李斯福到中国担任外交大臣。当李斯福乘坐的军舰"羚羊号"抵达中国天津大沽口海域时，他们在这里发现了三艘丹麦商船。在当时，普鲁士和丹麦两个欧洲国家正因领土问题而交战，于是，普鲁士军舰拿捕了这三艘丹麦商船。听闻该消息后，清政府认为普鲁士军舰在中国海面拿捕丹麦商船，是对中国主权的侵犯。于是，清政府与普鲁士外交大臣进行了严正交涉。

因为清政府发现，美国国际法学家惠顿的《万国公法》第 2 卷第 4 章第 6 节记载了以下内容："各国所管海面，及澳港长矶所抱之海，此外更有沿海各处，离岸十里之遥，依常例归其辖也。盖炮弹所及之处，国权亦及焉，凡此全属其管辖，他国不与也。"最终，普鲁士军舰被迫释放了两艘丹麦商船，并对另一艘商船进行了赔偿。

2. 涉案问题

清政府据以行使主权的国际法依据是什么？

3. 案例研析

清政府主张权利的依据是美国国际法学家惠顿的《万国公法》。在惠顿的相关著作中，阐述了各国对沿海地区的管辖权，即今天的属地管辖权，这也是现代国家行使管辖权的四种基本类型之一。

（二）本案例课程思政元素分析

1. 制度规范

本案涉及国际法的发展、地位与作用。

古代是否有国际法的存在，是一个有争议的问题。较为普遍的观点认为，虽然古代没有国际法的词汇和概念，但在一些文明古国的确存在一定形式的国际法。而 1648 年《威斯特伐利亚和约》的产生标志着近代国际法的形成。该合约不仅结束了欧洲长达 30 年的新教和旧教之间的战争，促成了一大批罗马帝国统治下的城邦国家取得了独立并使荷兰和瑞士成为主权国家，从而在欧洲建立了主权国家体系，确立了领土主权、国家平等、条约必须遵守、国家承认等原则，而且还建立了通过国际会议解决国家间争端的制度。

而近代中国第一次接触国际法是在 1662 年至 1690 年清朝与荷兰的交往中。荷兰在谈判中提到"万国法"和"一切王君的习惯"，并主张使节的豁免权，但由于清朝官员没有平等交往的国际法概念而拒绝接受。一般认为，国际法正式引入中国始于 1840 年的鸦片战争。1839 年，清政府钦差大臣林则徐到广州禁烟期间，为了取缔鸦片和阻止英国的鸦片贸易，寻找国际法依据。他派人翻译了瓦特尔的《万国法》一书中有关战争、封锁和扣船等章节。1862 年清朝政府聘请美国传教士丁韪良将惠顿的著作 *Elements of International Law* 翻译成中文，并于 1864 年正式出版，名为《万国公法》。

但是，整个近代，国际法在中国的适用是极其有限的，上文提到的案例是晚清政府适用国际法极其有限的案例之一，因为西方列强从根本上将当时的中国排斥在所谓的"文明国家"之外。

2. 价值引领

（1）针对有种论调认为国际法不是法，或者国际法只是一种"软法"，我们应当认识到的是，对现代社会，国际法是维持国际秩序必不可少的规则。哪怕是战争频发的封建社会年代，国际法也在逐步发挥着作用。首先，国际法是国家自身生存与发展的需要。如果清政府当时不依据国际法和平解决这场纠纷，势必会使普鲁士与丹麦的矛盾进一步加剧，同时也会使我们国家的利益受到损害。其次，国际法是全球治理与国际法治的需要。清政府依据惠顿的专著为丹麦主张权利，为什么清政府当年没有依据某某条约或者某某公约来主张权利呢？因为当时还没有相关条约或公约，因此只能依据学者的学说。现如今各个领域的条约与公约越来越多，各方面的规定也越来越细，权威国际法学者的学说能发挥的空间也越来越小。最后，国际法是个人（自然人）生活和福祉的需要，也是法人经营活动的需要。如果没有国际法的约束，一国动辄对他国进行侵略，则一国居民的个人安宁生活就无法得到保障。

（2）从我国近代甚至是古代，中华民族就充分地认识到国际法的重要性，并且积极地将其作为维护国家利益的重要工具。作为当代大学生，一定要学好国际法，学会用国际法来维护国家以及我国公民、法人及其他非法人组织的利益。更要明白，只有国家强大了，国际法才能真正地、平等地为我所用，所以我们一定要树立强国意识。

二、和平共处五项原则

（一）典型案例

1. 案例介绍

1954年4月中国和印度签订的《关于中国西藏地方和印度之间的通商和交通协定》在序言中明确宣告，将互相尊重领土主权、互不侵犯、互不干涉内政、平等互利、和平共处作为中印两国关系的基础。同年6月28日，两国总理在共同发表的联合声明中重申，这些原则"不仅适用于各国之间，而且适用于一般国际关系之中，它们形成和平和安全的坚固基础"。次日，中国和缅甸两国总理签订的联合声明同样声称上述五项原则也应当成为指导中缅两国关系的原则，并表示如果这些原则得到一切国家的遵守，则社会制度不同的国家和平共处就有了保证。此后，和平共处五项原则已发展成为中国独立自主和平外交政策的基石，并被纳入中国与 160 多个国家的建交公报或双边条约。同时，和平共处五项原则也被载入 1955 年《亚非会议最后公报》"十项原则"、1957 年联合国大会关于国家间和平与睦邻关系的第 1236 号决议、1970 年联合国大会《国际法原则宣言》、1974 年联合国大会《各国经济权利义务宪章》等当今世界国际组织的一系列国际文件，获得国际社会的广泛认同和遵循，成为指导国与国关系的基本准则和国际法基本原则。

2. 涉案问题

中国提出的和平共处五项原则对国际法的贡献体现在哪些方面？

3. 案例研析

和平共处五项原则已被公认是指导国际关系的基本原则。1972 年中美联合公报宣布："双方统一，各国不论社会制度如何，都应根据尊重各国主权和领土完整，不侵犯别国，不干涉别国内政、平等互利、和平共处的原则来处理国与国之间的关系。"如果说中美上海联合公报中的这一表述同和平共处五项原则还有些差异的话，1972 年中日联合声明则完全采用了和平共处五项原则的表述。该声明宣布："中华人民共和国政府和日本国政府同意在互相尊重领土和主权完整、互不侵犯、互不干涉内政、平等互利、和平共处五项原则的基础上，建立两国间持久的和平友好关系。"据统计，在中国与外国共同发表的包括和平共处五项原则内容的联合公报或宣言就有 65 个。[1]

（二）本案例课程思政元素分析

1. 制度规范

和平共处五项原则作为一个开放包容的国际法原则体系，高度概括了相互尊重、公平正义、合作共赢的新型国际关系的本质特征，集中体现了主权、正义、民主、法治、和平和共赢等核心价值观。五项原则是一个相互联系、相辅相成、不可分割的统一体，适用于各种社会制度、发展水平、体量规模国家之间的关系。

第一，互相尊重主权和领土完整，是五项原则中的首项，也是国际关系和国际法的一条最根本的原则。它包括两个方面的内容，即互相尊重主权和互相尊重领土完整。

---

〔1〕　刘海山："和平共处五项原则是我国对现代国际法的重要贡献"，载《西北政法大学学报》1984 年第 2 期。

第二，互不侵犯原则，是从互相尊重主权和领土完整原则直接引申出来的，也是第一项原则的重要保证。

第三，互不干涉内政原则意味着，在现代国际关系中，国家不分大小、强弱均不应进行非法的武装干涉、经济干涉、外交干涉和其他方式干涉。

第四，平等互利，是在传统的平等原则基础上发展起来的一项新原则。其新意在于，它更强调国家间的真正平等，即真正的平等应该是与互利相联系的，形式上的平等不一定是互利的，而只有互利的平等才是真正的平等。

第五，和平共处，既是五项原则的总称，又是一项单列的原则。其深刻含义是，各国不应因社会制度、意识形态和价值观念的不同，而在国际法律地位上有所差别，而应在同一个地球上和平共处并存，友好往来，善意合作，并利用和平方法解决彼此间的争端。

2. 价值引领

第一，了解在先后倡导和平共处五项原则与人类命运共同体理念的过程中，中国共产党及其领导的中国所处的（不同的）特定历史现实、尤其是国际社会形势。

第二，从理论和实践层面充分掌握和平共处五项原则对国家主权平等原则、不干涉内政原则、和平解决国际争端原则等国际法基本原则的肯定与重申，以及人类命运共同体理念所具备的和平、自由平等、合作的深刻内涵对国际法基本原则（国际法治）价值内涵的提升。

第三，以人类命运共同体视角下国际合作须是合作共赢的应有之义为例，进一步理解和掌握人类命运共同体理念对国际法基本原则具体内涵的深化完善。

第四，深入理解中国共产党领导的中国通过倡导和平共处五项原则和人类命运共同体理念在遵行和推动国际法基本原则（实现国际法治）进程中发挥的由执行者、保障者发展为推动者、引领者的积极作用。

第五，引导学生增强民族荣誉感，厚植学生家国情怀，增强学生"四个自信"。

三、国家的类型

（一）典型案例

1. 案例介绍

据统计，自 2019 年 12 月，全球新冠疫情爆发以来，截至 2022 年 2 月 18

日，美国累计确诊新冠病例 79 915 734 例，累计死亡 955 497 例，单日新增 3334 例。而相较而言，中国累计确诊 147 661 例，累计死亡 5726 例。中国在做好国内疫情防控的同时，向非洲多国捐赠新冠疫苗，以实际行动促进全球疫苗公平分配。

2. 涉案问题

中美新冠疫情的对比给我们以什么样的启示？

3. 案例研析

美国在综合国力、经济实力、医疗水平均领先中国的情况下，在疫情防控上做得却远远不如中国，在新冠疫情防控的大国责任承担方面表现得远不如中国。究其原因是多方面的，但不可否认的是，在武汉发生严重疫情时，中国集全国之力，每个省、自治区、直辖市都派出了自己的医疗队支援武汉。全国每个地方的每一个基层单位摸底排查，做到及时了解情况、及时跟进、切断传染源，做到了全国一盘棋，联防联治，为全国疫情防控奠定了坚实的基础。这种集中力量办大事是美国的体制很难做到的。

（二）本案例课程思政元素分析

1. 制度规范

通常按照国家的结构形式，可将国家分为单一国和复合国两种类型。单一国，也称单一制国家，是指由若干行政区域构成的单一主权的国家。单一国的中央政府行使对外职能，是国际法主体的代表。其各行政区域一般没有对外职能，不是国际法主体。在单一国，全国只有一部宪法，其公民拥有统一的国籍，中央政府行使最高的立法、司法和行政权力。

中国是单一制国家。根据中国宪法和相关法律，中央人民政府（国务院）是国家权力的最高执行机关，行使对内职能。

复合国也称复合制国家，是两个或两个以上的成员邦组合起来形成复合结构的国家或国家联合体。联邦是指由若干个成员单位根据联邦宪法组成的国家。联邦国家的特点是，其有统一的宪法、统一的最高权力机关和最高行政机关、统一的联邦国籍。联邦政府与其各成员单位之间的权限范围由宪法规定。各成员单位也有自己的宪法、立法机构和行政机构。成员单位有较大的自主性。美国就是典型的联邦制复合国。

2. 价值引领

（1）显然美国体制和中国体制各有优劣，不同国家类型不能作为判断孰优孰劣的唯一标准。各国国情不一样、历史文化传统不一样，所适合的国家制度就会不一样。因此，中国一直坚持中国特色社会主义道路，并取得了巨大历史成就。同时，中国也尊重别国国家体制，不谋求向其他国家输出"中国模式"。但中国在疫情防控方面给出了中国的答卷，这是中国给世界所提供的"中国方剂"、中国智慧。在此过程中引导学生坚定"四个自信"，尤其是对中国道路的自信，厚植学生的爱国情怀和民族荣誉观。

（2）中国在做好国内疫情防控的同时，勇于发挥大国作用，展示大国气度，给世界多国提供了新冠疫苗，贯彻了人类命运共同体的理念。在此过程中培养学生国际视野，深入理解人类命运共同体的理念。

四、国际组织法

（一）典型案例

1. 案例介绍

亚洲基础设施投资银行（Asian Infrastructure Investment Bank，简称"亚投行"，AIIB）是一个政府间性质的亚洲区域多边开发机构。重点支持基础设施建设，成立宗旨是促进亚洲区域的建设互联互通化和经济一体化的进程，并且加强中国及其他亚洲国家和地区的合作，是首个由中国倡议设立的多边金融机构，总部设在北京，注册资本1000亿美元。[1]亚投行自筹建之日起，就受到美国的多番围追堵截和阻挠，但截止到2021年10月，亚投行已有104个成员国。

2. 涉案问题

亚投行对国际金融秩序构建的国际主张和世界贡献是什么？

3. 案例研析

现行国际金融秩序是在布雷顿森林体系解体后形成的，并在牙买加协定基础之上建构的国际秩序，其在法律理念及制度设计上均存有一定缺陷。首先，现行国际金融秩序是建立在美、英等发达国家的国家利益之上，缺乏秩序建构的公平性与民主性。其次，现行国际金融规则的制定由少数发达国家

---

〔1〕 https://baike. baidu. com/item/%E4% BA%9A% E6% B4% B2% E5% 9F% BA% E7% A1% 80%E8%AE%BE%E6%96%BD%E6%8A%95%E8%B5%84%E9%93%B6%E8%A1%8C/12007022? fromtitle =%E4%BA%9A%E6%8A%95%E8%A1%8C&fromid=16928132&fr=aladdin，访问日期：2022年10月5日。

主导，缺乏秩序构建主体的合法性与代表性。最后，现有的国际金融组织如世界银行、国际货币基金组织在决策机制的制定上使得美国对重大事项几乎拥有一票否决权。亚投行作为首次由发展中国家主导建立的国际金融机构，在法律性质、功能定位、决策机制及治理结构等各方面都不同于布雷顿森林体系，它以发展机会和发展空间的利益共享为根本，旨在推进亚洲地区基础设施投资，改善区域内国家基础设施和实现国家间的无缝连接。亚投行秉持着公平公正、包容性发展、合作发展的理念，增强了国际金融秩序参与主体的合法性，将"倒逼"国际金融机构的金融改革，助力公平、公正的国际金融秩序的时代构建。[1]

（二）本案例课程思政元素分析

1. 制度规范

国际组织的运用有赖于组织内部各种不同机构的活动，通常国际组织机关按照其职能范围可分为审议机关、执行机关和行政机关。

第一，关于审议机关，国际组织一般都有一个作为决策或者最高权力机关的审议机关。这种机关由所有成员国派代表参加，一般被称为"大会""代表大会"或"全体会议"等。其主要职能是制定方针政策、审查预算、接纳新成员、选举行政首长、选举执行机关成员并审议其报告、制定及修订有关约章、就有关事项提出建议或作出决定、实行内部监督等。

第二，关于执行机关，国际组织的执行机关一般被称为理事会或执行局等。执行机关一般由最高权力机关推选少数成员国的代表组成，其主要职能是执行最高权力机关的决定，处理本组织管辖范围内的事项，提出建议、计划和工作方案并付诸实施等。例如，国际货币基金组织（IMF）的执行董事会由 24 名执行董事组成，其中 8 名由基金份额最多的 8 个成员国委派，其余16 名由其他成员国按地域分成选区联合推选产生。

第三，关于行政机关，国际组织的行政机关一般被称为秘书处，一般由以个人资格任职的国际文职人员组成。秘书处主要是负责处理组织中的经常性工作。

国际组织的表决程序涉及投票权的分配和表决权的集中两个方面。投票

---

〔1〕 李晴："'亚投行'对国际金融秩序构建的国际主张与世界贡献"，载《南通大学学报（社会科学版）》2016 年第 6 期。

权的分配制度有一国一票制和加权投票制。如国际货币基金组织（IMF）和世界银行（WB）均采用了加权投票制，根据成员国在组织中的认缴份额和出资比例来确定。表决权的集中有全体一致通过和多数表决通过两种。如 IMF 规定一些重大事项的表决必须达到 85% 以上才能获得通过，这使得占比达 17% 的美国对国际货币基金组织（IMF）内的所有重大决策享有一票否决权。

2. 价值引领

（1）亚投行的成立并未动摇现有国际金融秩序，中国也并不想脱离现有国际金融体系。但亚投行的成立彰显了国际社会对现有国际金融秩序的不满，体现了国际社会尤其是我国对改革现行国际金融秩序的主张与努力，在国际金融秩序中逐步提升话语权，发出中国的声音。

（2）不同于世界银行（WB）、国际货币基金组织（IMF）在提供贷款通常附加苛刻的政治条件或经济条件，亚投行贷款时不附加任何额外的政治条件或经济条件，体现了中国所倡导的国际金融秩序是更加公平公正的金融秩序。

（3）亚投行的投资重点是亚洲国家的基础设施。体现了中国在区域经济中贯彻了全球命运共同体的理念，而不是"独善其身"，展示了大国风范。

（4）中国之所以能在美国各种围追堵截的情况下成功倡导设立亚投行并顺利运营，取得较好成绩，是因为中国经济实力的提升以中国所倡导的公平公正、包容性发展、全球命运共同体理念更符合各国的实际利益。以此引导学生树立强国爱国之心，拥有更广阔的全球视野。

五、外交保护

（一）典型案例

1. 案例介绍

2018 年 12 月 1 日，在美国的一手策划下，孟某舟在加拿大转机时，在没有违反任何加拿大法律的情况下被加方无理拘押，美国向加拿大要求引渡她。2019 年 1 月 29 日，美国正式向加拿大提出引渡孟某舟的请求。中方敦促美方立即撤销对孟某舟的逮捕令及正式引渡要求。经过多方交涉与多次开庭，2021 年 8 月 18 日，孟某舟引渡案结束审理。2021 年 9 月 25 日，孟某舟乘坐中国政府包机返回祖国。

1959 年 6 月，印尼颁布总统令，禁止各地外侨从事商业零售。法令一出，各地政府遂禁止华侨从事商业零售业，对丧失生计的华侨采取强迫迁移的手段，造成大批华侨流离失所，受影响的华侨约有 50 万人。此后，印尼多地发生了武力逼迫华侨动迁事件。1960 年 1 月 20 日，中国先后租用 10 多艘客轮到印尼各港口接运难侨回国，拉开了大撤侨的序幕。2011 年，利比亚战争一触即发，中国首次动用军事力量撤出 36 580 位中国公民并护送他们安全回家。此后，为避免中国公民受到当地骚乱影响，中国通过包机形式从所罗门、东帝汶、黎巴嫩、汤加、乍得、海地、吉尔吉斯斯坦、埃及、乌克兰等多个国家撤侨。[1]

2. 涉案问题

中国政府介入孟某舟案件及撤侨的国际法依据是什么？

3. 案例研析

中国政府介入孟某舟案件及撤侨是基于国际法上的外交保护。

（二）本案例课程思政元素分析

1. 制度规范

外交保护是指一国对在外国的国民的合法权益遭到所在国家非法的侵害而得不到救济或适当救济时，通过外交途径向加害国进行交涉和寻求补偿的行为。实践中，各国都是通过本国外交机关对在国外的本国国民提供各种保护。实践中主要包括的情形有：①侨民无辜受到逮捕或居留；②侨民在司法程序中被拒绝司法；③侨民的财产或利益被非法剥夺；④侨居国不给予侨民足够的保护以防范私人或团伙的暴力行为；⑤侨民受到歧视性待遇，无故受到侨居国的驱赶和野蛮迫害。外交保护的具体方式有：①被捕侨民应有机会与本国外交代表或领事官员交谈；②审判外国被告时，应保证其国籍所属国外交代表（或使馆人员）或领事官员有权旁听审判过程；③侨民的财产若被侨居国无偿征用，外交代表应建议他采取侨民国国内法律的补救方法，以求得一定的补偿；④本国侨民遭到侨居国的个人或组织的暴力攻击时，如果侨居国有关机关未尽力采取保护性措施，外交代表可向有关当局进行交涉，要求赔偿；⑤本国侨民如果受到侨居国的歧视性待遇，遭驱赶或迫害时，外交代表应当提出抗议，要求侨居国立即停止此类行为，保证侨民正常的生活与工作，否则需对此产生的一切后果承担全部责任。

---

[1]　"中国海外撤侨行动"，载 http://news.163.com/special/cheqiao/，访问日期：2022 年 7 月 5 日。

2. 价值引领

（1）外交保护是国际法规定的所属国对其国民所享有的一种权力。但在国际实践中，一国是否有能力去行使外交保护在很大程度上仍取决于一国保护其国民的决心和对比国力。中国之所以能在当地历次骚乱中迅速有序地组织撤侨，孟某舟之所以能顺利回国，而不是像法国阿尔斯通公司高管皮某齐那般被美国监禁了 5 年之久，离不开中国日渐上升的综合国力，也离不开中国政府保护中国公民的强大决心。

（2）孟某舟事件的实质，是美国试图阻挠甚至打断中国的发展进程。中国所作的努力，维护的不仅是一位公民的权利、一家企业的权益，更是在维护中国人民过上更美好生活、国家实现现代化的权利。透过孟某舟事件，中国人民更加清晰地看到，越是接近民族复兴越不会一帆风顺，越会充满风险挑战乃至惊涛骇浪。面对世界百年未有之大变局，我们必须坚定不移走自己的路，百折不挠办好自己的事，实现高水平科技自立自强，把伟大祖国建设得更加强大。

六、边界和边境制度

（一）典型案例

1. 案例介绍

加勒万河谷位于中印边界西段实际控制线中方一侧。多年来，中国边防部队一直在此正常巡逻执勤。2020 年 4 月以来，印度边防部队单方面在加勒万河谷地区持续抵边修建道路、桥梁等设施。中方多次就此提出交涉和抗议，但印方反而变本加厉越线滋事。2020 年 5 月 6 日凌晨，印度边防部队乘夜色在加勒万河谷地区越线进入中国领土、构工设障，阻拦中方边防部队正常巡逻，蓄意挑起事端，试图单方面改变边境管控现状。中方边防部队采取必要措施，加强现场应对和边境地区管控。为缓和边境地区局势，中印双方通过军事和外交渠道保持密切沟通。在中方的强烈要求下，印方同意并撤出越线人员，拆除越线设施。6 月 6 日，两国边防部队举行军长级会晤，就缓和边境地区局势达成共识。印方承诺不越过加勒万河谷巡逻和修建设施，双方通过现场指挥官会晤商定分批撤军事宜。2020 年 6 月 15 日晚，印军打破双方军长级会晤达成的共识，违背承诺，在加勒万河谷现地局势已经趋缓情况下，再次跨越实控线非法活动，蓄意发动挑衅攻击，甚至暴力攻击中方前往现地交涉的官兵，进而引发激烈肢体冲突，造成人员伤亡。截至 2020 年 6 月 16 日深夜，印度军方表示，又有 17 名在加勒万河谷肢体冲突中受伤的印度军人由于暴露在零度以下的高海拔地区死亡，印度军人的死亡人数从 3 名增加至 20 名。

2. 涉案问题

如何用国际法分析中印加勒万河谷边境冲突事件？

3. 案例研析

中印边境冲突问题由来已久，中印边界全长约 2000 公里，但从来没有正式划定过边界线，印度被殖民期间英国对中国西南边疆的侵略和蚕食使得中印边界问题成为历史遗留问题。双方对于东、中、西三段的领土归属分歧很大。中国政府历来主张，中印边界争端需要通过谈判、互谅互让、公平合理地解决。在此之前，双方应当暂时维持现状作为临时性措施。1988 年印度时任总理拉吉夫·甘地访华，双方确定了在边界问题上互谅互让、相互调整的原则。1993 年 9 月印度时任总理拉奥访华时双方签订了关于在中印边境实控线地区保持和平与安宁的协定。1996 年 11 月，江泽民访印，双方又签订了关于在中印边境实控线地区军事领域建立信任措施的协定。[1]

本次冲突，是由印度单方面越过实控线蓄意挑衅所造成的，既违反了双方所签订的互谅互让、保持和平与安宁的双边条约，也违反了现代国际法所确立的边境管理制度及边界争端解决制度。

（二）本案例课程思政元素分析

1. 制度规范

边境是国家边界线两边的一定区域。边境制度是指国家为了边境的安全、边界线的维护、边境居民生活的便利以及交通和经济的利益等，通过双边条约和国内立法的方式而确立的法律制度。一般来说，边境制度主要包括以下内容：

（1）边界标志的维护。有关边界问题的条约一般都规定，双方国家负有保护边界标志以免损坏或移动位置的责任，以及各自负责修理或恢复本国一方境内界桩的责任。

（2）地方居民的往来。由于边境居民的生活需要或民族、种族等关系，有关边境制度的条约一般都规定，边境居民在航运、小额贸易、探亲访友、

---

〔1〕 李达南："1962 年中印边境冲突的起因和终结"，载《百年潮》2002 年第 9 期。

治病、进香朝圣等方面出国境时享有特殊便利，不受一般出入边境的手续的限制。

（3）界河和边境土地的利用。通常沿岸国在界河的使用上不得有损害邻国利益的行为，如使得河水污染或毒化、使得邻国一方遭受河水枯竭或泛滥的危害等；沿岸国对界河航运享有平等的权利；沿岸国对界河生物资源的保养负有共同责任；国家对边境土地的利用不得损害邻国边境居民的安全，如不得在靠近边界线的地方鸣枪、爆破和进行战术演习等。

（4）边境争端的处理。邻国之间一般根据条约设立边界委员会或其他负责边界的当局和处理争端的程序，负责处理边境方面发生的事故或争端。除特别严重的事件必须通过外交途径解决外，边境地区的一般事件都可以由上述机构解决。

2. 价值引领

（1）1962年中印边境冲突以后，中国被迫开始自卫反击，并在获得全面胜利的情况下，秉着通过和平谈判解决边界问题的态度，中国军队主动从1959年11月的实际控制线后撤20公里。这体现了中国一贯坚持的睦邻友好国际关系原则，和平解决国际争端原则。

（2）自1962年中印边境冲突后，至2020年印度再次单方面越过实控线，中印边境维持了近60年的安宁，在此过程中，中方从未主动挑衅、越线。引导学生关注时事新闻，熟悉国情，了解中国所处国际环境，养成国际视野。

（3）在本次中印加勒万河谷边境冲突事件中，在前去交涉和激烈斗争中，团长祁发宝身先士卒，身负重伤；营长陈红军、战士陈祥榕突入重围营救，奋力反击，英勇牺牲；战士肖思远，突围后义无反顾返回营救战友，战斗至生命最后一刻；战士王焯冉，在渡河前出支援途中，拼力救助被冲散的战友脱险，自己却淹没在冰河之中。体现了中国军人团结一致、保家卫国、不惧牺牲的英勇精神面貌。引导学生坚定增长才干、强化保家卫国本领的信心。

七、国际海洋法

（一）典型案例

1. 案例介绍

2013年1月22日，菲律宾外交部照会我国驻菲律宾大使馆称，菲律宾就中菲有关南海"海洋管辖权"的争端提起强制仲裁，同时指定国际法海洋法庭德国籍法官沃尔夫鲁姆作为仲裁员。后菲律宾分别于 2013 年 2 月和 3 月两次提出请求，国际海洋法法庭时任庭长日本籍法官柳井俊二指定了剩余的 4 名仲裁员组成仲裁庭。2013 年 2 月 19 日中国政府认为菲律宾单方面提出仲裁不符合《联合国海洋法公约》所规定的条件，因而退回了菲律宾政府的照会及所附仲裁通知，并多次声明不接受、不参与菲律宾提起的仲裁。

2. 涉案问题

菲律宾单方面提起强制仲裁是否符合国际法？中国应当如何妥善处理与其他国家的海洋争端？

3. 案例研析

菲律宾单方面提起强制仲裁不符合国际法。菲律宾提请仲裁事项的实质是南海部分岛礁的领土主权问题，不涉及《联合国海洋法公约》（以下简称《公约》）的解释或适用问题。

菲律宾将其所提仲裁事项主要归纳为三类：一是中国在南海主张的"历史性权利"与《公约》不符；二是中国依据南海若干岩礁、低潮高地和水下地物提出的 200 海里甚至更多权利主张与《公约》不符；三是中国非法干涉菲律宾基于《公约》所享有和行使的权力。

菲律宾主张的核心是中国在南海的海洋权利主张超出《公约》允许的范围。然而，国家的领土主权是其海洋权利的基础，这是国际法的一般原则。只有首先确定中国在南海的领土主权，才能判断中国在南海的海洋权利范围。

菲律宾要求在不确定相关岛礁主权归属的情况下，先适用《公约》的规定确定中国在南海的海洋权利，并提出一系列仲裁请求，违背了解决国际海洋争端所依据的一般国际法原则和国际司法实践。仲裁庭对菲律宾提出的任何仲裁请求作出判定，都将不可避免地直接或间接对本案涉及的相关岛礁以及其他南海岛礁的主权归属进行判定，都将不可避免地产生实际上海域划界的效果。领土主权问题不属于《公约》调整的范畴。国际海洋法法庭对菲律宾所提仲裁没有管辖权。

即使菲律宾提出的仲裁事项涉及有关《公约》解释或适用的问题，也构成海域划界不可分割的组成部分，但这已被中国 2006 年声明排除适用有关强制争端解决程序，不得提交仲裁。2006 年 8 月 25 日，中国根据《公约》第298 条的规定向联合国秘书长提交声明，对于涉及海域划界等事项的争端，中国政府不接受《公约》规定的任何强制争端解决程序。

菲律宾表面上不要求进行划界，但却请求仲裁庭裁定部分岛礁是菲律宾专属经济区和大陆架的一部分，裁定中国非法干涉菲律宾对其专属经济区和大陆架享有和行使主权权利，等等。上述仲裁事项实际上已涵盖了海域划界的主要步骤和主要问题，如果仲裁庭实质审议菲律宾的各项具体主张，就等于是间接地进行了海域划界。因此仲裁庭对本案没有管辖权，中国政府决定不接受、不参与仲裁程序，以捍卫中国自主选择争端解决方式的主权权利，确保中国依据《公约》作出的排除性声明起到应有的效力，维护国际海洋法律制度的权威性和严肃性。

中国在涉及领土主权和海洋权利的问题上，一贯坚持由直接有关国家通过谈判的方式和平解决争端。目前，中国和包括菲律宾在内的东盟国家已建立工作机制积极落实《南海各方行为宣言》，并就"南海行为准则"展开磋商，维护南海局势的稳定，为南海问题的最终和平解决创造条件。

南海问题涉及多个国家，加上各种复杂的历史背景和敏感的政治因素，需要各方的耐心和政治智慧才能实现最终解决。中国坚持认为，有关各方应当在尊重历史事实和国际法的基础上，通过协商和谈判寻求妥善的解决办法。在有关问题得到彻底解决之前，各方应当开展对话，寻求合作，维护南海的和平与稳定，不断增信释疑，为问题的最终解决创造条件。

（二）本案例课程思政元素分析

1. 制度规范

国际海洋法法庭（International Tribunal for the Law of the Sea，ITLOS）是根据 1982 年《公约》第 287 条第 1 款第 1 项的规定以及附件六《国际海洋法法庭规约》（以下简称《规约》）所设立的、旨在解决任何因解释和适用《公约》而引发的法律争端的专门性常设国际司法机构。

根据《公约》第 288 条第 1、2 款的规定，国际海洋法法庭对以下海洋法律争端具有管辖权：其一是有关《公约》（包括《公约》正文及附件）的解释和适用的争端；其二是根据与《公约》的目的相关联的其他国际协定提出的有关该协定的解释和适用的争端。但近年来，国际海洋法法庭的管辖权存在扩张的迹象。[1]

---

〔1〕 蒋圣力："国际海洋法法庭管辖权扩张及其因应：法理分析与价值研判"，载《大连海事大学学报（社会科学版）》2021 年第 4 期。

2. 价值引领

（1）习近平新时代中国特色大国外交一贯秉持着以国家核心利益为底线，坚决维护国家主权、安全和发展利益。

（2）中国一贯坚持睦邻友好，互助互谅解决国际争端的原则。

（3）中国海岸线漫长，但由于日本、美国的种种封锁，中国海洋权益受到限制，这反映出我国虽然是海洋大国，但仍不是海洋强国，仍有待于年轻一代的努力建设和奋斗。本案有助于增强学生的"强国意识感"，深入理解"海洋命运共同体"的理念。

（4）在本案中，最终所谓的"仲裁裁定"随着菲律宾总统由阿基诺三世更迭为杜特尔特所带来的对华政策的改变而最终不了了之。这种变化有助于学生更加明确中国的特色外交思想。

（5）本案出现时，也有对内情一知半解的人对于中国不参与、不接受仲裁的行为不理解，认为中国应当习惯用国际司法解决国际争端。通过本案的学习，让学生从更深层次了解中国不参与、不接受仲裁的法律缘由，引导学生树立刻苦钻研、辩证思维的习惯。

八、外交关系和领事关系法

（一）典型案例

1. 案例介绍

1999 年 5 月 8 日清晨 5 时 45 分左右，以美国为首的北约部队用 B-2 隐形轰炸机投下了五枚联合直接攻击弹药（JDAM），击中了位于南联盟首都的中国驻南斯拉夫联盟共和国大使馆。当场炸死新华社记者邵云环、《光明日报》记者许杏虎和朱颖，炸伤数十人，造成大使馆建筑的严重损毁。

2020 年 7 月 21 日，美方突然要求中方关闭休斯敦总领事馆。据美国媒体报道称，美国政府要求中国政府在 72 小时内（即当地时间周五下午 4 点前）关闭驻休斯敦总领事馆，并撤离所有人员。72 小时后，美方人员强行进入并接管该管馆舍。作为反制，7 月 24 日上午，中国外交部通知美国驻华使馆，中方决定撤销对美国驻成都总领事馆的设立和运行许可，并对该总领事馆停止一切业务和活动提出具体要求。

2. 涉案问题

美国轰炸中国驻南斯拉夫联盟共和国大使馆、关闭中国驻休斯敦总领事馆的行为是否违反国际法？

3. 案例研析

美国的行为显然是违反国际法的。美国于 1969 年批准《维也纳外交关系公约》和《维也纳领事关系公约》，并批准了该公约的任择议定书。《维也纳外交关系公约》第 23、30 条规定，使馆馆舍不受侵犯，使馆馆舍与设备、馆舍内其他财产与使馆交通工具免受搜查、征用、扣押或强制执行，外交人员的私人寓所、文书及信件、财产不受侵犯。美国轰炸我国大使馆显然违反了美国所承担的国际义务，应当承担国际责任。

根据《维也纳领事关系公约》第 40 条之规定，国家间建立领事关系，设立领事馆，需接受国和派遣国协商一致。两国也可通过协商一致的方式关闭领馆。对于接受国单方面要求派遣国关闭领馆的情况，公约并未明确规定。但根据善意原则，国家要求关闭境内的外国领馆必须基于令人信服的理由，合理顾及派遣国正当关切，否则涉嫌滥用权利。而美国给出的闭馆理由前后不一，明显缺乏事实证据。此外，美方在中方闭馆后立即进入并接管馆舍，不再承认领事馆的特权与豁免也违反国际法。国际实践通常认为，领馆及其官员的特权与豁免通常要延续至其职务终止后直至离开接受国国境的合理期间。[1]据此，针对美国违反国际法在先的行为，中国有权采取反制措施。

（二）本案例课程思政元素分析

1. 制度规范

（1）使馆的特权与豁免

使馆的特权与豁免主要包括五个方面：使馆馆舍不得侵犯；使馆档案及文件不得侵犯；通信自由；免纳捐税、关税；使用国旗、国徽。

使馆馆舍是指供使馆使用及供使馆馆长寓邸使用之建筑或建筑物之各部分，以及其所属附属之土地。根据《维也纳外交关系公约》第 22 条的规定，使馆馆舍不得侵犯具体包含三层意思：其一，未经馆长许可不得进入；其二，接受国有保护义务；其三，馆舍及其财产免受搜查、征用、扣押或强制执行。未经许可不得进入是指绝对不得进入，即使在发生火灾等紧急情况也不得例外。当然，这种义务不只是对接受国而言，而是对所有法律主体而言。接受

---

[1] 贾桂德："从外交领事法看中国新冠疫情防控措施和美国关闭中国领事馆"，载《国际法研究》2021 年第 1 期。

国有保护义务是指接受国负有特殊责任，采取一切适当步骤保护使馆馆舍免受侵入或损害，并防止一切扰乱使馆安宁或有损使馆尊严之情势。

使馆档案及文件不得侵犯是指使馆档案及文件，不论位于何处，均不得侵犯。

通信自由是指接受国应当允许使馆为一切公务目的的自由通信，并予以保护；使馆来往公文不得侵犯；外交邮袋不得开拆或扣留；外交信使人身不得侵犯。

（2）领馆的特权和豁免

领馆的特权或豁免与使馆的特权和豁免大同小异。主要区别在于以下几个方面：领馆馆舍不得侵犯，但紧急情况下可推定获得领馆馆长的默示同意。领馆馆舍、设备、交通工具免受征用，但确有必要时，应当给予迅速、充分有效的赔偿。领馆邮袋不得开拆或扣留，但有重大理由时，可请派遣国授权代表在场时开拆，否则应退回发送点。

2. 价值引领

（1）两次使领馆事件，第一次，中国无奈只能抗议要求赔偿，第二次中国快速作出对等反制措施，这是中国国力上升所带来的底气和自信。引导学生树立爱国情怀、强国志向。

（2）从外交和领事关系看大国外交政策，不惹事，但也不怕事，在风云激荡的国际形势中保持战略定力。

（3）强化辩证思维和国际法思维方式，理智看待中国在钓鱼岛事件中依然派兵保护日本驻华使领馆等行为。

九、空间法

（一）典型案例

1. 案例介绍

中国空间站（一般称"天宫"）是中国计划中的一个空间站系统。在2022年建成。2021年5月，空间站天和核心舱完成在轨测试验证。2019年6月12日，中国载人航天工程办公室与联合国外空司在奥地利维也纳举办的联合国外空委第62届会议期间，共同组织召开发布会，宣布了联合国/中国围绕中国空间站开展空间科学实验的第一批项目入选结果，共有来自17个国家、23个实体的9个项目成功入选。2021年10月16日6时56分，神舟十三号载人飞船与空间站组合体完成自主快速交会对接。航天员翟志刚、王亚平、叶光富进驻天和核心舱，中国空间站开启有人长期驻留时代。

2021 年 12 月 3 日，中国常驻维也纳联合国和其他国际组织代表团向联合国秘书长致以普通照会，通报了美国太空探索技术公司（SpaceX）发射的星链卫星今年先后两次接近中国空间站，对中国空间站上的航天员生命健康构成威胁。在此期间，中国航天员正在空间站内执行任务，出于安全考虑，中国空间站采取了紧急避碰措施。

2. 涉案问题

如何从国际法的角度看待美国星链卫星接近中国空间站的行为？

3. 案例研析

根据《外空条约》及《责任公约》的相关规定，中美两国均可自由利用外层空间，从事外空活动。但外层空间物体的运行应当遵循一定规则，不得妨碍其他国家空间物体的正常运行与安全。美国星链卫星主动靠近中国空间站，违反了各国在探索和利用外层空间时应遵守合作和互助的原则。如果造成了相关损失，应当根据过失责任原则，承担相应赔偿的国际责任。

（二）本案例课程思政元素分析

1. 制度规范

外层空间是指地球及空气空间以外的部分。联合国大会在 1961 年 12 月 20 日通过的 1721 号决议，1963 年《各国探索和利用外层空间活动的法律原则宣言》（简称《外空宣言》），1967 年《外空条约》逐步确立起了外层空间的国际法制度。包括外层空间活动的基本原则，如外空不得据为己有；外层空间由各国在平等基础上自由探索和利用；探索和利用外层空间必须为全人类谋福利和利益。

此外，《外空条约》及 1972 年《责任公约》确立了现行的空间责任制度。其一，关于责任主体，空间物体造成损害的责任主体是空间物体的发射国。其二，关于归责原则，空间物体对地球表面或飞行中的飞机造成损害适用绝对责任原则，对地球表面以外造成的损害适用过失责任原则。其三，关于赔偿范围，赔偿的损害主要是指生命丧失、身体受伤或健康的前提损害；国家、自然人、法人的财产，或国际政府间组织的财产受到损失或损害。其四，关于求偿途径，一是由受害国或其自然人或法人寻求发射国当地救济；二是外交途径求偿。其五，关于免责事由，受害人故意或重大疏忽。

2. 价值引领

（1）和美国等国家所主导建立的国际空间站排挤中国的加入所不同的是，中国空间站秉持着开放、合作的态度，这反映了中国的战略自信和大国风度。引导学生树立国际合作、开放包容的态度和国际视野。

（2）中国空间站的建立反映出中国的外空技术领先于国际社会，根据新闻披露，月球计划里中国工程师团队平均年龄仅 35 岁，当代大学生更要发奋图强。通过本案例，有助于学生了解中国的太空战略，树立民族自豪感、民族自信心。

第十章

劳动与社会保障法学课程思政教学案例研究[1]

第一节　劳动与社会保障法学与课程思政

一、劳动与社会保障法学课程思政建设的必要性

立德树人是中国特色社会主义教育事业的根本任务。习近平总书记强调："各门课都要守好一段渠、种好责任田，使各类课程与思想政治理论课同向同行，形成协同效应。"[2]

劳动与社会保障法学是以劳动法与社会保障法为研究对象的一门学科，作为法学专业基础课，具有学理性、政策性和应用性较强的特点。它以人权为基础，以维护社会利益为基本目标，从劳动关系和社会保障关系固有的人身性出发，在人权思想、实质正义和社会本位等方面形成了共同的价值理念。马克思主义原理是中国特色劳动与社会保障法律制度的理论基础，坚持马克思主义与中国国情相结合，坚持马克思主义的立场、观点和方法，坚持理论联系实际的作风，通过引入马克思主义劳动观、习近平法治思想以及社会主义劳动观对于劳动与社会保障法学课程具有特殊的指导意义，在帮助学生注重基本理论学习的同时，引导学生树立正确的人生观、世界观、价值观、劳动观。

---

〔1〕　郭丽，四川九龙人，四川民族学院法学院讲师，法律硕士，主要讲授"劳动与社会保障法""民法总论""民事诉讼法"。

〔2〕　"习近平在全国高校思想政治工作会议上强调　把思想政治工作贯穿教育教学全过程　开创我国高等教育事业发展新局面"载 https://news.12371.cn/2016/12/08/ARTI1481194922295483.shtml，访问日期：2022 年 3 月 27 日。

二、劳动与社会保障法学课程思政案例教学设计思路阐述

"课程思政"是精细的"浸润式"教育而不是粗放的"灌输式"教育，是思政要素与专业知识的"有机化合"而不是"简单混合"。劳动与社会保障法学课程思政案例研习将通过思政要素与课程知识点隐性融合的方式来展现课程思政内容，深度挖掘课程知识点所蕴含的思想政治元素，将思政元素浸润到知识点的讲授中去，运用典型案例讲解的方式来展现该知识点，以达到"春风化雨、润物无声"的教学效果。

第二节　劳动与社会保障法学课程思政案例研究

一、劳动法基础理论

（一）典型案例

1. 案例介绍

2020 年突如其来的新冠疫情对餐饮、旅游、影视等行业的影响可谓是致命的。面对危机，政府出台了很多政策支持企业渡过难关，比如贷款援助、缓缴社保、房租和税费减免等。但高昂的人力成本仍然让众多企业寸步难行。受疫情影响，一方面是以西贝为代表的餐饮企业按国家规定停业，员工在家待业；另一方面，一些全年无休的零售企业却因为疫情的交通管制、隔离封城措施等，面临着用工荒的问题。在这样的非常时期，盒马首先开启了一场救人亦自救的抗"疫"行动。西贝与盒马合作，将上海 1000 名员工临时借调到盒马上班，由盒马支付这部分员工的工资。随后，盒马鲜生隔空喊话云海肴、蜀大侠等知名餐饮企业，邀请他们的员工"临时"到盒马上班。

与此同时，沃尔玛、58 同城、苏宁、京东、步步高等多家公司也发出了"共享员工"的邀请，欢迎暂时歇业的员工前去"上班"。

疫情下的"共享员工"，是一场盒马们和西贝们的共同抗"疫"行动。

一时之间，"共享员工"广为人知，这种"共享、共担、共赢"的理念快速走向很多行业。[1]

---

[1] 来源于网络新闻。

2. 涉案问题

共享员工的概念。

3. 案例研析

(1) 什么是"共享员工"？

A 企业有闲置员工，B 企业有紧急用工需求，A 企业就把自己的员工短期租借给 B 企业使用。

(2) "共享、共担、共赢"的意义？

共享：共享员工是一种共生的价值理念，如今这个时代没有一个人可以脱离社会去独自创造社会价值。"独行快，众行远。"共享员工用工模式实现了抱团取暖、共克时艰。

共担：疫情面前，共享也是共担，救人亦是自救。在这场跨行业的互助自救行动中，我们看到了 KTV 店员兼职外卖小哥、影视城员工变身生产流水线上的质检员、餐厅服务员成为电商平台配送员……无数的劳动者在这场战疫中发着自己的光和热。一般情况下，共享员工不改变原有的工资社保等权益，这些权益还在原企业，而借调企业要提供必要的劳动保护和上岗培训，合理安排劳动时间和任务……我们从中看到了企业的一种担当。

共赢：疫情时期共享员工解决了如下难题：其一，为员工供给方减轻人力成本压力；其二，为员工需求方解决"用工荒"，满足了用工单位阶段性或临时性的业务增长需求；其三，待岗员工有收入，不会陷入恐慌；其四，保障了公众的生活物资需求，居民不必出门有利于抑制疫情；其五，社会人力资源优化配置；其六，稳定了社会经济。这样实现了特殊时期互惠共赢、一举多得的目的。

(二) 本案例课程思政元素分析

1. 制度规范

共享员工，是指不同用工主体之间为调节特殊时期阶段性用工紧缺或富余，在尊重员工意愿、多方协商一致且不以营利为目的的前提下，将闲置员工劳动力资源进行跨界共享并调配至具有用工需求缺口的用工主体，实现社会人力资源优化配置、为员工供给方降低人力成本、为员工需求方解决"用工荒"、待岗员工获得劳动报酬的多方共赢式新型合作用工模式。

由于许多行业有淡旺季，在淡季时，如果要保持旺季时的人力规模，企业用工成本会增加；在旺季时，可能面临无法迅速组织员工的困境，所以，灵活用工将是未来中国人力资源供给的一个重大变化。借助数字经济的发展，解决资源壁垒，拉近人力过剩企业和人力紧缺企业的距离，实现供求双方快速、精准匹配，能让劳动力资源得以更有效的流动。

2. 价值引领

通过我国劳动者、企业、政府在本次疫情中的卓越表现，帮助法科生厚植爱国主义情怀，坚定中国立场，认清和勇挑时代担当，并在此过程中引入劳动关系管理的作用和贡献，让学生自然地将爱国主义情怀倾注到自己的专业中去。

通过本案例培养学生运用劳动关系理论分析解决共享员工管理相关问题的能力，增强制度自信，激发学生的爱国主义情怀；明白疫情之下，个人和企业应该具有的责任和担当意识；培养未来劳动人事管理者的法治意识、和谐意识、创新精神，使其成长为有时代担当和社会责任感的管理人才。

二、就业促进法律制度

（一）典型案例

1. 案例介绍

张某于 2019 年 12 月 23 日进入 A 公司工作，于入职当日与公司订立《劳动用工合同》，约定工作岗位为行政人事，合同期限为 2019 年 12 月 23 日至 2022 年 12 月 22 日，试用期为 6 个月。张某与公司约定工资为 5000 元/月，试用期按此标准 80%计发。

因受新冠疫情影响，A 公司于 2020 年 2 月 3 日起停工停产，A 公司以张某停工停产期间未提供劳动为由，未向张某支付停工停产期间的工资报酬。2020 年 3 月 1 日，公司向张某发出《薪资确认单》，以受新冠疫情影响和公司经营困难为由提出将张某的月工资标准从 2020 年 3 月 1 日起调整为 2000 元/月，张某对公司调整其工资标准表示同意。A 公司于 2020 年 3 月 20 日起复工，并于 2020 年 3 月 20 日起按 2000 元/月标准向张某计发工资报酬。

2020 年 9 月 30 日，张某以"因为工资低，未恢复工资"为由，向 A 公司提出辞职，并于当日离开公司未再工作。2020 年 11 月 19 日，张某向劳动人事争议仲裁委员会提出仲裁申请，请求裁决 A 公司按最低工资标准支付停工停产期间的工资、复工后的工资差额及经济补偿。[1]

2. 争议焦点

（1）A 公司在停工停产期间，是否应向张某支付工资？

（2）A 公司因受新冠疫情影响导致生产经营困难，能否降低张某的工资标准？

3. 判决结果

劳动人事争议仲裁委员会作出裁决：A 公司向张某支付 2020 年 2 月 3 日至 2020 年 3 月 19 日期间的工资和生活费，驳回了张某的其他仲裁请求。

4. 案例研析

2020 年初爆发的新冠疫情，对我国社会的各个领域都造成了不小的冲击。在劳动关系领域，新冠疫情导致企业停工停产、生产经营发生困难的情况普遍存在，进而导致相关争议案件数量显著增加。

（1）A 公司在停工停产期间，应向张某支付工资及生活费

《工资支付暂行规定》（劳部发〔1994〕489 号）第 12 条[2]及人力资源和社会保障部办公厅《关于妥善处理新型冠状病毒感染的肺炎疫情防控期间劳动关系问题的通知》（人社厅明电〔2020〕5 号）第 2 条规定："企业因受疫情影响导致生产经营困难的，可以通过与职工协商一致采取调整薪酬、轮岗轮休、缩短工时等方式稳定工作岗位，尽量不裁员或者少裁员。符合条件的企业，可按规定享受稳岗补贴。企业停工停产在一个工资支付周期内的，企业应按劳动合同规定的标准支付职工工资。超过一个工资支付周期的，若职工提供了正常劳动，企业支付给职工的工资不得低于当地最低工资标准。职工没有提供正常劳动的，企业应当发放生活费，生活费标准按各省、自治区、直辖市规定的办法执行。"

人力资源和社会保障部办公厅《关于印发疫情防控期间劳动关系有关政策解读口径的函》第 14 条规定："企业停工停产的起止日期计算，从停工停产当日起至复工复产前一日止连续计算。其中，一个工资支付周期最

---

〔1〕 案例来源于《2020 年度四川人社典型案例白皮书》。

〔2〕 《工资支付暂行规定》（劳部发〔1994〕489 号）第 12 条："非因劳动者原因造成单位停工、停产在一个工资支付周期内的，用人单位应按劳动合同规定的标准支付劳动者工资。超过一个工资支付周期的，若劳动者提供了正常劳动，则支付给劳动者的劳动报酬不得低于当地最低工资标准；若劳动者没有提供正常劳动，应按国家有关规定办理。"

长不超过 30 天（不剔除休息日、法定节假日等各类假）。企业发薪日期在此期间的，不影响按停工停产相关支付标准分段计算工资。例如，某企业实行月薪制，从 2 月 3 日起停工停产一直延续到 3 月 30 日，其中 2 月 3 日至 3 月 3 日为第一个工资支付周期（30 天），3 月 4 日至 3 月 30 日为第二个工资支付周期。"

四川省人力资源和社会保障厅《关于妥善处理新型冠状病毒感染肺炎疫情防控期间劳动关系问题的通知》（川人社函〔2020〕46 号）第 2 条第 4 项规定："企业发放的生活费标准不得低于当地最低工资标准的 70%。"前述规定已经非常明确，A 公司以张某停工停产期间未提供劳动为由不支付工资的行为，明显不当。由于 2020 年 2 月至 3 月期间，张某仍处于双方约定的试用期，故 A 公司应当按照双方约定的试用期工资标准向张某支付 2020 年 2 月 3 日至 2020 年 3 月 3 日期间的工资，向张某支付 2020 年 3 月 4 日至 2020 年 3 月 19 日期间的生活费。

（2）A 公司可以降低张某薪资标准

由于 A 公司在降低张某薪资标准前已经向张某发出了《薪资确认单》，提出了降薪理由和降薪标准，张某对此也明确表示同意，故 A 公司降低张某薪资标准的行为符合《劳动合同法》第 35 条以及前述涉疫情劳动争议处理意见的规定，应认定为合法有效。用人单位因受新冠疫情影响导致生产经营困难而采取调整薪酬的情形，属于特殊事件影响下的特殊情形，应特殊处理。

（二）本案例课程思政元素分析

1. 制度规范

从本质上分析，工资是通过给付劳动换得的报酬，是劳动力价值的货币表现，工资对社会中绝大多数通过劳动来维持生存的劳动者具有十分重要的意义。用人单位须严格按照工资支付规则，对劳动者履行工资支付义务。允许减发劳动者工资的情形：国家法律、法规中有明确规定的；依法签订的劳动合同中有明确规定的；用人单位依法制定并经职代会批准的厂规、厂纪中有明确规定的；企业工资总额与经济效益相联系，经济效益下浮时，工资必须下浮的（但支付给劳动者的工资不得低于当地的最低工资标准）；因劳动者请事假等相应减发工资。在本案例中，因新冠疫情导致企业停工停产、生产经营发生困难的情况普遍存在，所以在法律规定和企业与职工协商一致的情况下，用人单位减发工资，劳动者若能少领取工资，既能帮助企业减轻压力，又能保持稳定、和谐的劳动关系，实现双赢。

2. 价值引领

就业是最大的民生。

人权，是作为人依其本质所应当享有的权利。生存权是最基本的人权。生存权得不到有效保障，人的其他权利都将失去意义。习近平总书记在党的十九大更是将增进民生福祉作为我国社会发展的根本目的，并明确提出要"不断促进人的全面发展、全体人民共同富裕"。受新冠疫情影响，稳就业任务十分艰巨繁重。党中央、国务院对此高度重视，强调要全面强化稳就业举措，实施好就业优先政策，减负、稳岗、扩就业并举，鼓励低风险地区的农民工尽快返岗复工，注重高校毕业生就业工作，把稳就业作为统筹推进疫情防控和经济社会发展的一项迫切任务。

通过本案例的分析，帮助学生理解在特殊时期下的就业既要兼顾劳动者的生存权，又要考虑企业的发展，两者共同分担疫情带来的风险，携手共度难关，体现了平等、正义等社会主义核心价值观。

三、劳动合同法律制度

（一）典型案例

1. 案例介绍

2020 年 6 月 16 日，苗某与某科技公司签订了劳动合同，约定苗某进入科技公司从事营业兼日语翻译工作，公司《就业规定》载明："员工提交的资料，经核实如果与真实情况不符的，按公司规定惩处。"合同签订后，苗某正式进入该科技公司工作。

2020 年 6 月 25 日，苗某按公司的要求填写员工基本情况登记表时，却对其中"婚姻状况"一栏如何填写犯难了。原来，苗某已于 2019 年 8 月 28 日登记结婚。她担心：如果如实填写婚姻状况，公司会不会解雇自己呢？苗某有过几年工作经验，知道隐婚已成为时下职场"潜规则"。为了保住来之不易的工作，经过慎重考虑，苗某决定将自己已婚的事实"隐瞒"下来，同时，虚假填报了自己的工作经历。2020 年 10 月下旬，苗某突然发现自己怀孕了。此时，苗某年龄达 29 岁，已属高龄孕妇了。可是，她来科技公司工作仅有 4 个月，而且对单位又声称是未婚，此时提出生育孩子不妥，这让苗某十分为难。

苗某怀孕，有了妊娠反应，却又不敢明说，只得对自己放松工作要求，这或多或少影响了工作，让公司十分不满。公司因苗某的不佳表现接连向她发出了六份警告处分决定书。但苗某工作表现并无起色，公司便着手调查，终于发现她结婚并怀孕的事实，公司遂以苗某在进入公司工作时虚假填写婚姻状况及个人履历，并多次严重违反单位规章制度拒不改正为由决定解雇苗某。苗某不服，一纸诉状将公司推上了被告席，要求公司继续履行劳动合同并享受孕期的相关待遇。[1]

2. 争议焦点

因为怀孕被解雇，能否得到法院的支持呢？

3. 判决结果

一审人民法院审理后认为，苗某首先存在虚假陈述工作经历及婚姻状况的情形，其后严重违反公司规章制度拒不改正，某科技公司据此解除与苗某的劳动合同，并无不当。虽然《劳动合同法》第 42 条规定，女职工怀孕期间，单位不得依照该法第 40 条、第 41 条的规定解除劳动合同。但该法第 39 条同时也规定，劳动者有严重违反用人单位的规章制度的，用人单位可以解除劳动合同。因此，苗某的情况属于违纪，不在《劳动合同法》第 42 条所规定的情形之中，单位解除合同的做法是合理的。一审判决后，苗某不服，提出上诉。二审法院作出了"驳回上诉，维持原判"的终审判决。

4. 案例研析

因为怀孕被解雇，为何能得到法院的支持呢？法官指出，关键在于职场隐婚构成劳动合同欺诈。本案中，苗某应聘，甚至在签订劳动合同时，某科技公司都未声明已婚即不录用，因此，某科技公司并不存在就业歧视。签订合同后，某科技公司要求苗某填写职工基本情况登记表，这是法律赋予某科技公司对职工基本信息了解的权利，苗某应该如实填写。苗某自行隐婚，并且杜撰工作经历，显然构成欺诈。因此，公司解除与苗某的劳动合同，并无不当。

---

〔1〕　案例来源于网络整理。

（二）本案例课程思政元素分析

1. 制度规范

《劳动合同法》第 3 条[1]规定，在遵循合法、公平、平等自愿、协商一致、诚实信用的原则下，用人单位与劳动者就劳动合同期限、工作内容和工作地点、工作时间和休息休假、劳动报酬等必备条款可以进行约定，如果劳动合同一方存在欺诈，可以视为无效合同。因用人单位过程导致劳动合同无效的，劳动者可以即时辞职，并获得经济补偿；因劳动者过错导致用人单位意思表示不真实而使劳动合同无效的，用人单位可即时辞退。在本案中，苗某隐瞒婚姻情况、杜撰工作经历，已构成欺诈，存在过错，且在履行劳动合同的过程中，存在严重违反单位规章制度拒不改正的情况，故此，用人单位依法可以解除与苗某的劳动合同。

在《劳动合同法》中引入诚信原则，倡导诚信缔约、诚信履行，对于维护正常的劳动用工秩序、推动社会经济秩序健康有序发展、建设社会主义法治都有着重要的意义。

2. 价值引领

诚实信用原则是合同履行原则之一，要求当事人应本着诚实、守信、善意的态度履行合同义务，不得滥用权力或故意规避义务的约束。在劳动合同中，诚实信用原则体现在：在签订具体劳动合同时，用人单位要如实告知劳动者的各项权利义务，同时，劳动者要基于明礼诚信，敬业奉献的公民基本道德规范，如实、合理地展示自身实际情况。如果，劳动者伪造自己的学历和工作经历，骗取与自身能力不相适应的工作机会，这样的行为，不仅涉嫌违法，也违背了社会主义公民基本道德规范。所以，青年学生在校期间，要牢固树立正确的择业观和就业观，积极进取，遵纪守法，诚实信用，为未来的职业生活做准备。

四、劳动规章制度

（一）典型案例

1. 案例介绍

小李是某公司办公室职员，2020 年 10 月与公司签订了一年期限的劳动合

---

[1]《劳动合同法》第 3 条："订立劳动合同，应当遵循合法、公平、平等自愿、协商一致、诚实信用的原则。依法订立的劳动合同具有约束力，用人单位与劳动者应当履行劳动合同约定的义务。"

同，约定工资为每月1800元。2021年4月，小李在工作中因文件交接失误，导致文件丢失。情急之下，她与公司文件接收人小赵发生口角，给公司正常的工作环境造成了严重影响。三日后，公司人力资源部向小李发出了书面通知，以小李严重违纪为由，作出了与其解除劳动合同的决定。通知要求小李在5日之内到公司人力资源部办理解除劳动合同的手续。小李接到通知后立即找到人力资源部，以公司制度未告知、公司违法解除为由，要求公司向其支付违法解除劳动合同的赔偿金。

2021年5月，小李在遭到公司多次拒绝后向劳动争议仲裁委员会提请了仲裁。[1]

2. 争议焦点

该公司与小李解除劳动合同是否属于违法解除？

3. 判决结果

由于该公司未能出具规章制度已公示告知并依法生效的材料证明，最终劳动争议仲裁委员会裁决，该公司与小李解除劳动合同属于违法解除，应当向小李支付两个月工资的赔偿金3600元。

4. 案例研析

《劳动合同法》第4条对规章制度的生效程序进行了明确规定。用人单位在制定、修改或者决定有关劳动者切身利益的规章制度或者重大事项决定时，应当经职工代表大会或者全体职工讨论，提出方案和意见，与工会或者职工代表平等协商确定。用人单位应当将直接涉及劳动者切身利益的规章制度和重大事项决定公示，或者告知劳动者。所以，本案中该公司的规章制度未经公示、告知，未能依法生效，就不能作为公司管理员工的合法依据，必然不能得到法律的支持。

（二）本案例课程思政元素分析

1. 制度规范

劳动规章制度的制定程序中，既有非法定环节，即用人单位自行规定的环节或者有关国家机关指定必备的环节，也有法定环节。法定环节一般包括：一是职工参与。劳动规章制度虽然是用人单位制定的，但只有吸收和体现了职工方意志，或者得到职工方认同的情况下，才能确保其实施。于是，立法

---

[1] 案例来源于网络整理。

中要求劳动规章制度制定程序中应当有职工参与的环节。根据《劳动合同法》第 4 条〔1〕第 2、3 款的规定，用人单位在制定、修改或者决定有关劳动者切身利益的规章制度或者重大事项决定时，应当经职工代表大会或者全体职工讨论，提出方案和意见，与工会或者职工代表平等协商确定。二是公示或者告知劳动者。劳动规章制度既然以全体职工和用人单位各个组成部分为约束对象，就应当为全体职工和用人单位各个组成部分所了解。所以，立法中要求以合法有效的方式公布。根据《劳动合同法》第 4 条第 4 款的规定，用人单位应当将直接涉及劳动者切身利益的规章制度和重大事项决定公示，或者告知劳动者。

2. 价值引领

劳动规章制度的效力仅来自法律的赋予。在我国，宪法规定，遵守劳动纪律是公民的一项基本义务，《劳动法》和《劳动合同法》规定，用人单位应当依法建立和完善规章制度，劳动者应当遵守劳动纪律。规章制度既是用人单位行使用工自主权的一种形式和手段，又是劳动者民主管理权的重要内容，调整在劳动过程中用人单位和劳动者之间以及职工相互间的关系，是协调和构建和谐劳动关系的重要手段。规章制度的制定应当在符合法律规定、程序规定的基础上，既要体现用人单位的自主权，又要切实保障劳动者的民主参与权，切实保障劳动者合法权益，减少双方矛盾，以便构建和谐的劳动关系，引导学生理解在规章制度制定过程中是如何体现民主、平等、公正、法治的社会主义核心价值观的。

五、非全日制用工制度

(一) 典型案例

1. 案例介绍

案例一：2021 年，来自农村的夏女士进城务工，在某单位的食堂找了一

---

〔1〕《劳动合同法》第 4 条："用人单位应当依法建立和完善劳动规章制度，保障劳动者享有劳动权利、履行劳动义务。用人单位在制定、修改或者决定有关劳动报酬、工作时间、休息休假、劳动安全卫生、保险福利、职工培训、劳动纪律以及劳动定额管理等直接涉及劳动者切身利益的规章制度或者重大事项时，应当经职工代表大会或者全体职工讨论，提出方案和意见，与工会或者职工代表平等协商确定。在规章制度和重大事项决定实施过程中，工会或者职工认为不适当的，有权向用人单位提出，通过协商予以修改完善。用人单位应当将直接涉及劳动者切身利益的规章制度和重大事项决定公示，或者告知劳动者。"

份洗菜的工作。双方口头约定为非全日制用工形式。该单位每天让她工作六七个小时，而且是每月发放工资。

夏女士工作了 2 年半之后，她被口头通知下岗了，而且没有分文补偿。夏女士觉得该单位这种做法肯定存在问题，于是她来到某区法律援助中心进行咨询求助。

案例二： 2020 年，小张在大学毕业之后，由于暂时找不到合适的工作，暂时进入武汉某公司工作。该公司规模不大，因此在 2020 年 9 月小张进入该公司工作时，公司并没有与其签订书面劳动合同。

小张在公司每天工作 5 小时，每周工作 5 天，工资为每月 2000 元。由于公司工作制度比较自由，有的时候，小张直接在租住的房子里将公司安排的工作完成，并以邮件的形式发送给主管，也不用去上班。

2021 年 6 月，小张去另一家公司应聘，被录用。于是小张向该公司提出辞职，并且以没有签订书面合同为由，要求该公司支付双倍工资的差额 18 000 元。该公司认为与小张签订的是非全日制用工的劳动合同，并且提出公司与小张的劳动关系以文字补充形式落实在《以完成一定工作任务为期限的非全日制用工登记表》内。因此，该公司拒绝支付双倍工资差额。于是小张向劳动争议仲裁委员会提起仲裁申请。[1]

2. 争议焦点

以上两个案例的用工形式是否属于非全日制用工？

3. 判决结果

案例一： 某区劳动仲裁委员会裁定，用人单位应支付夏女士养老保险费、基本医疗保险费、解除合同经济补偿金共计 4.5 万余元。

案例二： 劳动争议仲裁委员会经审理，支持了小张的仲裁申请。

4. 案例研析

所谓非全日制用工，是指以小时计酬为主，劳动者在同一用人单位一般平均每日工作时间不超过 4 小时，每周工作时间累计不超过 24 小时的用工形式。非全日制用工由于用工形式灵活，用人单位不用与劳动者签订劳动合同，而且终止用工时，用人单位也不用向劳动者支付经济补偿，因此很多企业都会采用这种用工形式。

---

〔1〕 案例来源于网络整理。

非全日制用工不仅仅只是与劳动者口头约定就能成立，具体还要看劳动者实际的工作时间和工资支付方式是否符合劳动法中关于非全日制工的规定。

（二）本案例课程思政元素分析

1. 制度规范

劳动法以全日制用工为一般，以"一人一职"（即同一劳动者在同一时空只参与一个劳动关系）为原则，而以非全日制工为特殊、以双重或多重劳动关系为例外。非全日制用工作为全日制用工的一种特殊和例外形式，可弥补全日制用工的不足，以满足社会和劳动力市场的灵活用工（就业）需求。《劳动合同法》第68条至第72条对此进行了规定。

非全日制用工是灵活就业的一种重要形式。近年来，我国非全日制用工形式呈现迅速发展的趋势，特别是在餐饮、超市、社区服务等领域，用人单位使用的非全日制用工形式越来越多。非全日制用工在我国促进劳动者就业方面具有重要的意义。

2. 价值引领

非全日制用工是与全日制用工相对而言的，是弥补全日制用工不足的一种非主流用工形式。非全日制用工在实践中主要存在于餐饮业、建筑业、娱乐业以及家政行业。正是由于其相对灵活的用工形式，因此对劳动者而言，非全日制用工可以提供机会来协调工作、家庭、休闲之间的平衡关系，对用人单位而言，可以有更多的弹性来招募员工，适应市场的需求变化。

近年来，随着社会经济形势的不断发展，特别是2020年新冠疫情的冲击，很多劳动者主动或者被动地选择了非全日制用工。这是与时俱进、符合国情的需要。作为大学生，应树立正确的择业观、就业观，只要有志气肯努力，任何用工形式的岗位都可以实现自己的人生价值。

六、休息时间制度

（一）典型案例

1. 案例介绍

张某于2020年6月入职某快递公司，双方订立的劳动合同约定试用期为3个月，试用期月工资为8000元，工作时间执行某快递公司规章制度的相关规定。某快递公司规章制度规定，工作时间为早9时至晚9时，每周工作6

天，即"996"工时制度。

2个月后，张某以工作时间严重超过法律规定上限为由拒绝超时加班安排，某快递公司即以张某在试用期间被证明不符合录用条件为由与其解除劳动合同。张某向劳动人事争议仲裁委员会申请仲裁，请求裁决某快递公司支付违法解除劳动合同赔偿金8000元。[1]

2. 争议焦点

张某拒绝违法超时加班安排，某快递公司能否与其解除劳动合同？

3. 判决结果

劳动人事争议仲裁委员会裁决某快递公司支付张某违法解除劳动合同赔偿金8000元（裁决为终局裁决）。

同时，劳动人事争议仲裁委员会将案件情况通报劳动保障监察机构，劳动保障监察机构对某快递公司规章制度违反法律、法规规定的情形责令其改正，给予警告。

4. 案例研析

所谓"996"工时制度，是指从早上9时工作到晚上9时，每周工作6天的工时制度，且没有任何的补贴。特指中国互联网企业的加班文化。

为确保劳动者休息权的实现，根据《劳动法》第41条[2]、第43条[3]、《劳动合同法》第26条[4]之规定，我国法律对延长工作时间的上限予以明确规定。用人单位制定违反法律规定的加班制度，在劳动合同中与劳动者约定违反法律规定的加班条款，均应认定为无效。本案中，某快递公司规章制度中"996"的内容，严重违反法律关于延长工作时间上限的规定，应认定为无效。张某拒绝违法超时加班安排，系维护自己合法权益，不能据此认定其在试用期间被证明不符合录用条件。故仲裁委员会依法裁决某快递公司支付张某违法解除劳动合同赔偿金。

---

〔1〕 来源于网络案例整理。

〔2〕《劳动法》第41条："用人单位由于生产经营需要，经与工会和劳动者协商后可以延长工作时间，一般每日不得超过一小时；因特殊原因需要延长工作时间的，在保障劳动者身体健康的条件下延长工作时间每日不得超过三小时，但是每月不得超过三十六小时。"

〔3〕《劳动法》第43条："用人单位不得违反本法规定延长劳动者的工作时间。"

〔4〕《劳动合同法》第26条第1款："下列劳动合同无效或者部分无效：……（三）违反法律、行政法规强制性规定的。"

（二）本案例课程思政元素分析

1. 制度规范

工作时间标准，是度量劳动关系双方当事人权利义务的基本尺度，是用人单位严格实施单位管理制度的重要工具。我国工时制度，包括标准工时制度、非标准工时制度以及延长工作时间的限制等规定。基于行业、岗位的特殊性及工作性质的要求，法律也允许采用非标准工时制度。法律上所定义的工作时间，既包括劳动者实际工作的时间，也包括与实际工作相关联的时间。我国《劳动法》第36条和国务院《关于职工工作时间的规定》通过三项标准共同构成了我国标准工时制基准，并且缺一不可：（1）劳动者每日工作时间不超过8小时；（2）每周工作时间不超过40小时；（3）每周至少休息一日，即用人单位必须保证劳动者每周至少有一次24小时不间断的休息。非标准工时是相对于标准工时而言的，是立法针对特殊行业、特殊岗位上劳动者规定的工时制度。我国《劳动法》第39条规定，企业因生产特点不能实行标准工时的，经劳动行政部门批准，可以实行其他工作和休息办法。无论哪一种形式，都必须以标准工时制确立的工作时间总量为限，不能变相侵害劳动者法定最低限度的休息权。

根据《劳动法》第4条[1]的规定，国家在支持用人单位依法行使管理职权的同时，也明确其必须履行保障劳动者权利的义务，通过本案例让学生掌握工作时间制度及国家对保障劳动者合法权益方面的法律规定。

2. 价值引领

工作时间概念的确定是现代意义劳动法的开端，也是各国劳动法与国际劳工法的重要内容。劳动时间与闲暇时间的有效配比，可以提高生产效率，丰富社会活动，缓和劳资矛盾。从保护劳动者休息权的角度出发，劳动立法通过严格限制工作时间的长度实现其保障劳动者休息权的制度功能，有利于保障劳动者劳动能力得到恢复和提高，进而提高生产效率、创造财富。

因此，用人单位的规章制度以及相应工作安排必须符合法律、行政法规的规定，要依法用工，切实保障劳动者休息的权利，否则既要承担违法后果，也不利于构建和谐稳定的劳动关系。

---

[1]《劳动法》第4条："用人单位应当依法建立和完善规章制度，保障劳动者享有劳动权利和履行劳动义务。"

七、经济补偿金制度

（一）典型案例

1. 案例介绍

2019 年 12 月 5 日王某入职山东某公司工作，2020 年 12 月公司为王某办理了社保手续并开始缴纳社会保险费。2021 年 4 月底，王某向公司提出补缴 2020 年 12 月前的社保请求，并申请与公司解除劳动合同并要求公司支付经济补偿，双方无法达成一致。随后王某向公司提出了离职申请。

2021 年 5 月，王某申请仲裁要求公司依法补缴社会保险费或赔偿损失并支付解除劳动合同的经济补偿。[1]

2. 争议焦点

社保缴费年限不足，劳动者能否解除合同要求经济补偿？

3. 裁判结果

法院判决：公司社保缴费年限不足，王某要求公司支付解除劳动合同经济补偿金具有事实和法律依据，支持了王某的诉讼请求。

4. 案例研析

法院认为，《劳动合同法》第 38 条规定："用人单位有下列情形之一的，劳动者可以解除劳动合同……（三）未依法为劳动者缴纳社会保险费的……"第 46 条规定："有下列情形之一的，用人单位应当向劳动者支付经济补偿……（一）劳动者依照本法第三十八条规定解除劳动合同的……"本案中，王某自 2019 年 12 月到公司工作，公司虽然在双方建立劳动关系后为王某建立了社会保险账户，并为其缴纳社会保险费，但公司为王某缴纳的社会保险费缴费年限不足，属于上述法律规定的未依法为劳动者缴纳社会保险费的情形，因此，王某要求公司向其支付解除劳动合同经济补偿金具有事实和法律依据。

（二）本案例课程思政元素分析

1. 制度规范

社会保险是社会的安全网，在市场经济条件下，社会保障在保障社会成员生存权、维护社会公正方面具有重要功能。社会保险的实施具有强制性。凡依照法律规定应当参保的劳动者和用人单位都必须参加社会保险，当事人

---

〔1〕来源于网络案例整理。

没有任意选择的权利，也不能任意退出保险，社会保险的险种和保险费的缴纳也必须按照法律规定执行，不能由当事人自由协商。

此案例用工单位虽已为劳动者缴纳社会保险，但不是足额，属违法，执行法律不能打折扣，劳动者以此主动解除劳动合同有理有据，领取经济补偿也属维权行为，应支持。

2. 价值引领

社会保险以社会利益为本位，为社会大众谋求利益与安全，尽管缴纳社会保险费会减少用人单位的所得，但是缴纳社会保险费能够满足社会成员的基本生活需要，免除人们的后顾之忧，提供公平合理的社会环境，最终使每个社会成员都能从社会保障制度中获得利益，并对未来的生活有良好的心理预期，安居乐业，实现社会的稳定和发展。

八、经济赔偿金制度

（一）典型案例

1. 案例介绍

2019 年 8 月 28 日，罗某与 A 公司签订了期限为三年的劳动合同，该劳动合同约定其工作岗位为销售。2020 年 8 月 27 日，罗某与 A 公司、B 公司签订劳动合同变更协议，该协议约定罗某与 A 公司签订的劳动合同用人单位变更为 B 公司，B 公司认可罗某与 A 公司已经履行的劳动合同期限。当日，罗某与 B 公司签订了期限为 2020 年 8 月 28 日至 2022 年 8 月 27 日的劳动合同，该劳动合同约定其工作岗位为销售。

2021 年 7 月 3 日，B 公司与罗某协商解除劳动合同，罗某表示不同意解除劳动合同。2021 年 7 月 9 日 16 时 15 分，罗某的办公系统账号出现了一封发送给 B 公司人事专员的邮件，该邮件载明"现因个人原因申请离职，请公司批准"。2021 年 7 月 9 日 16 时 41 分，罗某的办公系统账号收到人事专员邮件，该邮件载明"您的离职申请已经审批，请及时办理离职手续"。2021 年 7 月 9 日 18 时，罗某通过办公系统账号向人事专员回复邮件，该邮件载明"个人并未申请离职，人事专员私自登录本人办公系统账号提交离职申请，已严重侵犯本人权益"，并向其直接领导祁某反映自己并未在办公系统中提交离职申请。

2021 年 7 月 10 日，罗某的办公系统账号被 B 公司关停，B 公司让其办理工作交接。2021 年 7 月 13 日，罗某向劳动人事争议仲裁委员会申请劳动仲裁，请求裁决 B 公司支付违法解除劳动关系赔偿金 61 654.72 元。[1]

2. 争议焦点

（1）B 公司是否应向罗某支付违法解除劳动关系的赔偿金？

（2）若 B 公司要向罗某支付违法解除劳动关系赔偿金，其年限应从何时开始计算？

3. 判决结果

劳动人事争议仲裁委员会作出《仲裁裁决书》，裁决 B 公司应向罗某支付违法解除劳动关系的赔偿金。

4. 案例研析

（1）B 公司是否应向罗某支付违法解除劳动关系赔偿金？

根据《劳动合同法》第 46 条第 2 项[2]的规定，因用人单位与申请人协商解除劳动合同的，用人单位应向申请人支付经济补偿。

本案中，B 公司主张罗某已通过办公系统向公司提交了离职申请的邮件，故应属罗某主动离职，但罗某则主张该离职申请邮件系人事专员私自登录其办公系统账号提交，而非本人真实意愿表达。2021 年 7 月 3 日 B 公司与罗某协商解除劳动合同，罗某不同意。2021 年 7 月 9 日 16 时 15 分罗某又以个人原因提出辞职。

申请人以个人原因辞职，用人单位是不须支付经济补偿的。正常情况下，趋利避害是人之常情，罗某在不同意 B 公司协商解除的情况下又选择自行离职，显然不符合常理。所以对罗某主张辞职信非本人提交的主张，仲裁委予以采纳。2021 年 7 月 10 日，B 公司关停罗某办公系统账号并要求其办理工作交接，应属单方解除与罗某劳动关系的意思表示。B 公司与罗某解除劳动关系的情形不属于《劳动合同法》规定的法定解除劳动关系的情形，系违法解除。

依照《劳动合同法》第 87 条[3]规定，B 公司应向罗某支付违法解除劳动关系赔偿金。

---

〔1〕　案例来源于网络整理。

〔2〕《劳动合同法》第 46 条第 2 项："有下列情形之一的，用人单位应当向劳动者支付经济补偿：……（二）用人单位依照本法第三十六条规定向劳动者提出解除劳动合同并与劳动者协商一致解除劳动合同的。"

〔3〕《劳动合同法》第 87 条："用人单位违反本法规定解除或者终止劳动合同的，应当依照本法第四十七条规定的经济补偿标准的二倍向劳动者支付赔偿金。"

（2）若 B 公司要向罗某支付违法解除劳动关系赔偿金，其年限应从何时开始计算？

最高人民法院《关于审理劳动争议案件适用法律若干问题的解释（四）》第 5 条第 1 款[1]规定，本案中，B 公司支付罗某违法解除劳动关系赔偿金的计算年限，应自罗某到 A 公司工作之日起开始计算。2020 年 8 月 27 日，罗某与 A 公司、B 公司签订了劳动合同变更协议，该协议约定罗某与 A 公司签订的劳动合同用人单位变更为 B 公司，B 公司认可罗某与 A 公司已经履行的劳动合同期限，该劳动合同变更协议表明 A 公司、B 公司、罗某三方协商一致，罗某原工作地 A 公司安排罗某到 B 公司工作，B 公司亦认可罗某在 A 公司的工作年限。

（二）本案例课程思政元素分析

1. 制度规范

劳动合同解除，是指劳动合同当事人提前消灭劳动合同关系，或者说阻却劳动合同存续的法律行为，其法律后果是使已经生效或成立的劳动合同在劳动合同期限届满之前或当事人丧失主体资格之前向后失去效力。按照劳动合同解除的方式不同，可分为协议解除和单方解除。用人单位的单方解除权，涉及劳动者的生存权和职业安定权。因此，法律在依法赋予其单方解除权时进行了严格的法律规制。在立法实践中，法律对辞退的规制，因引起辞退的事由不同而有差异。法定辞退事由中，有的来自劳动者，有的来自用人单位；来自劳动者的法定辞退事由中，可分为归责的过错性事由和不可归责的能力性事由，且有的能力性事由还因是否在试用期而有所不同。不管哪种方式的辞退，用人单位都应当遵循法律的规定及程序，否则属于违法辞退。

用人单位违法解除或者终止劳动合同，劳动者不要求继续履行劳动合同或者劳动合同已经不能继续履行的，用人单位应当依照《劳动合同法》第 87 条规定支付赔偿金，即应当依照《劳动合同法》第 47 条规定的劳动合同解除和终止经济补偿金标准的两倍向劳动者支付赔偿金。

---

[1] 最高人民法院《关于审理劳动争议案件适用法律若干问题的解释（四）》第 5 条第 1 款："劳动者非因本人原因从原用人单位被安排到新用人单位工作，原用人单位未支付经济补偿，劳动者依照劳动合同法第三十八条规定与新用人单位解除劳动合同，或者新用人单位向劳动者提出解除、终止劳动合同，在计算支付经济补偿或赔偿金的工作年限时，劳动者请求把在原用人单位的工作年限合并计算为新用人单位工作年限的，人民法院应予支持。"

2. 价值引领

劳动权作为一项具有生存权性质的基本人权应给予特别法律保护。劳动法虽然以市场机制为基础，但其立法目的却旗帜鲜明地反映了社会利益优先的思考，并坚持"劳动者权益保障"和"劳动协调"原则，对市场机制可能导致的社会利益损害进行预防和补救。劳动法兼具公法与私法相融合的特点，在劳动合同履行与解除方面，既要遵循私法的诚实信用原则，监督双方当事人恪守合同约定，也赋予劳动者自由灵活地单方解除劳动合同的权利，也对用人单位的合同解除权进行了严格限制。因此，用人单位在行使单方解除权的时候，应坚持合法的原则，以免发生劳资纠纷。

九、生育保险制度

（一）典型案例

1. 案例介绍

2018 年 3 月，秦某应聘到 A 公司从事会计工作。入职时，双方口头约定工资标准为 4000 元/月，未签订书面劳动合同，也未及时参加社会保险。2018 年 12 月，A 公司开始为秦某正常参加社会保险。2019 年 11 月 4 日，秦某因生育开始休假，并于 2019 年 11 月 14 日顺利产子。2020 年 5 月 9 日，秦某产假结束，共计产假 188 天。产假期间，A 公司未向秦某发放任何待遇，又因截至生育之日，秦某生育保险缴费未满 12 个月，按照当地生育保险政策规定，无法由生育保险基金支付其生育医疗费和生育津贴。产假结束后，秦某未回单位上班。2020 年 6 月 10 日，秦某向劳动人事争议仲裁委员会提起劳动仲裁申请，请求 A 公司支付其生育医疗费和生育津贴。经社保部门核查，秦某生育医疗费用报销额度为 5743.62 元，生育津贴标准为 4164 元/月。[1]

2. 争议焦点

A 公司是否应向秦某支付其生育医疗费和生育津贴？

3. 裁判结果

劳动人事争议仲裁委员会作出《仲裁裁决书》，裁决由 A 公司支付秦某生育保险待遇共计 31 838.02 元，其中生育医疗费 5743.62 元，生育津贴 26 094.40 元（4164 元/月÷30 天×188 天）。

---

〔1〕 案例来源于网络整理。

4. 案例研析

《女职工劳动保护特别规定》第8条第1款〔1〕规定，当地生育保险政策规定，生育保险关系转移前后按时足额且不间断交纳生育保险费满12个月后生育、施行计划生育手术的，才可按规定享受生育保险待遇。

本案中，因截至秦某生育之日，其生育保险缴费未满12个月，无法由生育保险基金支付生育保险待遇。值得注意的是，造成这种结果的原因是A公司在秦某入职时，未及时为其缴纳生育保险。因此，应由A公司全额支付秦某按规定应享受的生育保险待遇。

（二）本案例课程思政元素分析

1. 制度规范

生育保险是一项保障妇女基本权益，给予生育职工经济、物质帮助的一项社会政策，体现了国家和社会对妇女的关心和爱护。用人单位要充分认识到生育保险的重大意义，切实担负起相关责任，依法为职工参加生育保险，坚决保障妇女合法权益。

2. 价值引领

生育保险是由用人单位缴纳，劳动者不缴纳。这是在女性劳动者遵守生育政策的基础上对其生育权利的保障，并能通过社会统筹来分担企业的生育保险负担。同时，生育保险是为了保障女性劳动者与其婴儿在产前、产后得到物质帮助和照顾而制定的一项社会保险制度，所以，由用人单位缴纳更能体现对妇女权益的保障。

法律保护特殊群体的合法权益，作为用人单位，需要承担社会责任。学生未来有可能成为用人单位一方的劳动人事管理者，通过本案例引导其树立企业社会责任的理念，在就业、福利保障等方面对于特殊的劳动者给予安抚与照顾，提升道德修养，服务社会。

---

〔1〕《女职工劳动保护特别规定》第8条第1款："女职工产假期间的生育津贴，对已经参加生育保险的，按用人单位上年度职工月平均工资的标准由生育保险基金支付；对未参加生育保险的，按照女职工产前工资的标准由用人单位支付。"

十、工伤保险制度

（一）典型案例

1. 案例介绍

2020 年 6 月 8 日，H 公司将其承包的某水电站路面修复工程劳务分包给自然人钱某，双方签订了《劳务协议》《施工安全协议》《职业健康安全责任书》。

2020 年 6 月 23 日，钱某叫邓某到该工程项目做工，双方约定：邓某工资为每天 220 元，由钱某发放，做工过程中邓某受钱某的管理、指挥或者监督。

2020 年 8 月 24 日 9 时许，邓某在进行基础清理时因路面爆破而受伤。2020 年 11 月 28 日，人民法院作出《民事判决书》，判决邓某与 H 公司不存在劳动关系。2021 年 4 月 25 日，邓某向人社局提出工伤认定申请。[1]

2. 争议焦点

邓某与 H 公司不存在劳动关系的情况下，邓某因工作原因受到事故伤害是否应当由 H 公司承担工伤保险责任？

3. 判决结果

人社局经调查核实后，认为 H 公司将所承包工程违法分包给自然人钱某，钱某招用邓某在承包工程做工，邓某因工作原因受到事故伤害应当由 H 公司承担工伤保险责任，邓某所受伤害符合《工伤保险条例》第 14 条第 1 项规定的情形，依法作出认定工伤决定。H 公司不服，向人民法院提起行政诉讼。一、二审法院均维持了人社部门作出的工伤认定决定，依法驳回了 H 公司的诉讼请求。

4. 案例研析

人力资源和社会保障部《关于执行〈工伤保险条例〉若干问题的意见》（人社部发〔2013〕34 号）第 7 条[2]规定，本案中 H 公司将其承包的某水电站路面修复工程劳务分包给不具备用工主体资格的自然人钱某，钱某招用邓某在该工程项目做工，虽然邓某与 H 公司不存在劳动关系，但邓某因工作

---

〔1〕　来源网络案例整理。

〔2〕　人力资源和社会保障部《关于执行〈工伤保险条例〉若干问题的意见》（人社部发〔2013〕34 号）第 7 条："具备用工主体资格的承包单位违反法律、法规规定，将承包业务转包、分包给不具备用工主体资格的组织或者自然人，该组织或自然人招用的劳动者从事承包业务时因工伤亡的，由该具备用工主体资格的承包单位承担用人单位依法应承担的工伤保险责任。"

原因受到事故伤害应当由 H 公司承担用人单位依法应承担的工伤保险责任。

（二）本案例课程思政元素分析

1. 制度规范

工伤保险又称职业灾害保险，是世界上最早产生和覆盖范围最广的一种社会保险。它在为劳动者提供职业灾害保障的同时，也使用人单位免于承担职业灾害赔偿的责任。现代工伤保险不仅为工伤职工提供损害补偿，而且兼容了工伤预防和工伤康复的功能。

伴随着大量农民工进城务工，出现了很多因受伤而得不到赔偿的纠纷，在建筑施工领域尤其突出。原因在于，建筑施工领域存在层层分包、转包的现象，没有用工主体资格的自然人找农民工工作，农民工受伤后，在认定工伤的过程中因其与"包工头"之间不存在劳动关系而导致无法认定工伤。因此，2020 年 9 月 1 日起施行的《四川省工伤保险条例》进一步明确了转包、分包过程中的工伤保险责任主体，第 23 条第 1 款规定："具备用工主体资格的承包单位，将承包业务转包、分包给不具备用工主体资格的组织或者自然人，该组织或者自然人招用的劳动者从事承包业务时发生工伤的，由该具备用工主体资格的承包单位承担工伤保险责任"，这一规定为农民工等弱势群体维权提供了法律保障。

2. 价值引领

武汉市中心医院李某亮医生因感染新冠抢救无效去世后，经武汉市中心医院申请，根据《工伤保险条例》及人力资源和社会保障部、财政部、国家卫生健康委《关于因履行工作职责感染新型冠状病毒肺炎的医护及相关工作人员有关保障问题的通知》（人社部函 ［2020］ 11 号），武汉市人社局作出武人社工险决字 ［2020］ 第 010001 号《认定工伤决定书》，认定李某亮作为医护人员在抗击新型冠状病毒感染肺炎疫情工作中不幸感染并经抢救无效去世，属于《工伤保险条例》第 14 条第 1 项规定的 "在工作时间和工作场所内，因工作原因受到事故伤害的" 情形，认定为工伤。据核算，李某亮工伤保险待遇如下：一次性工亡补助金 78.502 万元、丧葬补助金 3.6834 万元。

在这场抗击疫情的过程中，各行各业的劳动者冒着生命危险，冲在抗疫一线，用行动乃至生命捍卫了十几亿老百姓的生命健康安全，国家从法律角度出发，企业从社会责任出发，为他们提供有效保障，通过本案例让大学生深刻感受到我国社会主义制度的优越性，从而增强制度自信。

第十一章

环境资源保护法学课程思政教学案例研究[1]

第一节 环境资源保护法学与课程思政

一、环境资源保护法学课程思政建设的必要性

生态环境问题，事关人民福祉，事关公平正义，事关持续发展，事关社会稳定，事关改革成败，事关战略全局。习近平总书记强调，走向生态文明新时代，建设美丽中国，是实现中华民族伟大复兴中国梦的重要内容。在环境资源保护法课程中开展课程思政建设的必要性具体体现为：

第一，我国环境资源保护制度历经了不断进步、不断完善的过程。从1979 年《环境保护法（试行）》正式颁布实施到如今，与中国改革开放同步启动的环境立法已经走过 40 余年。从 1973 年第一次全国环境保护工作会议确定"全面规划、合理布局、综合利用、化害为利、依靠群众、大家动手、保护环境、造福人民"的环境保护方针，到 2020 年中共中央办公厅、国务院办公厅印发的《关于构建现代环境治理体系的指导意见》提出"到 2025 年，建立健全环境治理的领导责任体系、企业责任体系、全民行动体系、监管体系、市场体系、信用体系、法律法规政策体系、落实各类主体责任，提高市场主体和公众参与的积极性，形成导向清晰、决策科学、执行有力、激励有效、多元参与、良性互动的环境治理体系"，标志着中国环境治理体系和治理

---

[1] 吕彩霞，湖南邵东人，四川民族学院法学院讲师，法学硕士，主要讲授"国际法""环境资源保护法"。

能力现代化的新起点。结合案例对我国环境保护制度的发展历程进行介绍，有利于学生更加深刻地理解生态环境保护的重要性以及我国生态环境保护制度背后的价值取向、了解我国环境治理与环境保护、环境司法实践所取得的成就。

第二，我国生态环境保护制度既有和国际社会接轨的一面，如环境影响评价制度，也有中国特色的一面，如"三同时"制度。结合案例对我国生态环境保护的基本制度内容进行深入的介绍，有助于学生对我国环境基本制度有更深层次的了解，进一步了解中国特色的环境保护制度赖以建立的土壤环境。

第三，进入新时代后，我国在生态环境保护方面也确立起了新的保护目标和新的保护战略。2022 年 2 月中共中央、国务院印发《关于完整准确全面贯彻新发展理念做好碳达峰碳中和工作的意见》，明确了我国实现碳达峰碳中和的时间表、路线图；国务院印发《2030 年前碳达峰行动方案》，聚焦 2030 年前碳达峰目标描绘路线图，提出了我国要力争 2030 年前实现碳达峰、2060 年前实现碳中和。运用案例对环境保护制度进行说明，有助于学生深入了解"双碳"目标是以习近平同志为核心的党中央统筹国内国际两个大局作出的重大战略决策，是着力解决资源环境约束突出问题、实现中华民族永续发展的必然选择，是构建人类命运共同体的庄严承诺。有助于学生了解新时代在全球环境保护中我国的大国担当，自觉助力我国碳达峰、碳中和的时代目标。

第四，有助于科学把握习近平生态文明思想。党的十八大以来，以习近平同志为核心的党中央把生态文明建设作为统筹推进"五位一体"总体布局和协调推进"四个全面"战略布局的重要内容，全面分析我国生态文明建设和生态环境保护面临的严峻形势，深刻回答了为什么建设生态文明、建设什么样的生态文明、怎样建设生态文明等重大理论和实践问题，系统形成了习近平生态文明思想。课程思政建设同时通过案例的方式注重将习近平生态文明思想引入课堂，有助于引导学生了解中国为世界环境保护作贡献的新方案、了解马克思主义生态观在中国的当代新发展。

二、环境资源保护法学课程思政案例教学设计思路阐述

根据教育部 2020 年 5 月 28 日印发的《高等学校课程思政建设指导纲要》的要求，课程思政建设的重点内容包括："推进习近平新时代中国特色社会主义思想进教材进课堂进头脑；培育和践行社会主义核心价值观；深入开展宪

法法治教育"，等等。因此本设计着重从三个维度来选取具有一定典型性的环境司法案例。

第一，体现我国环境资源保护基本制度的典型案例。该部分选取了三个案例分别对我国环境保护基本制度"三同时"制度、环境影响评价制度、公众参与原则进行了说明。说明过程中在引导学生了解我国环境资源保护法律法规现状的同时，更加注重引导学生了解我国环境资源保护制度的发展和所取得的成就，了解我国环境资源保护制度背后的价值取向，从而能用更客观和思辨的方法看待、分析生活中的环境事件。

第二，体现我国环境资源保护单行法的典型案例。该部分选取了三个案例分别对我国的固体废弃物污染防治、大气污染防治、森林资源保护等单行法律法规进行介绍。通过该部分的介绍，引导学生对我国环境资源保护的法律体系建立清晰的认知，并在此基础上融入习近平总书记关于生态文明保护的重要论述，如"两山"理论等。党的十八大以来，习近平总书记围绕生态文明建设发表了大量重要论述，科学系统回答了"怎样建设生态文明"的问题。[1]习近平生态文明思想是新时代背景下基于生态文明建设的伟大实践而总结和提炼出的科学理论体系，内涵丰富、系统完整，其核心观点包括"生态兴则文明兴"的生态历史观、"人与自然和谐共生"的科学自然观、"绿水青山就是金山银山"的绿色发展观、"良好生态环境是最普惠的民生福祉"的生态民生观、"山水林田湖草沙冰是生命共同体"的系统治理观、"用最严格制度最严密法治保护生态环境"的严密法治观、"建设美丽中国全民行动"的全民共治观、"共谋全球生态文明建设"的全球共赢观八个方面[2]。该部分旨在引导学生科学全面把握习近平生态文明思想，引导学生了解中国为世界环境保护作贡献的新方案、了解马克思主义生态观在中国的当代新发展。引导学生自觉践行"碳达峰十大行动"。[3]

---

〔1〕　陈金鑫："论习近平生态文明思想的整体性及其原创性贡献——基于'五位一体'总体布局视角"，载《毛泽东研究》2022年第1期。

〔2〕　孙百亮、柴毅德："习近平生态文明思想的核心观点及时代价值"，载《山西高等学校社会科学学报》2022年第2期。

〔3〕　国务院2021年10月24日印发了《2030年前碳达峰行动方案》。该方案布置了"碳达峰十大行动"作为重点任务。具体包括：能源绿色低碳转型行动、节能降碳增效行动、工业领域碳达峰行动、城乡建设碳达峰行动、交通运输绿色低碳行动、循环经济助力降碳行动、绿色低碳科技创新行动、碳汇能力巩固提升行动、绿色低碳全民行动、各地区梯次有序碳达峰行动等"碳达峰十大行动"。

第三，体现我国环境资源司法实践新近发展的案例。该部分选取了与恢复性司法、预防性司法及环境民事公益诉讼有关的两个案例。引导学生了解我国环境司法实践中的最新发展动向。

第二节 环境资源保护法学课程思政案例研究

一、"三同时"制度

（一）典型案例

1. 案例介绍

鞍山市超强金属加工有限公司（以下简称"超强公司"）成立于2002年9月16日，经营范围为加工铸锻件、金属构件制作等。

2019年8月9日，常州市金坛生态环境局（以下简称"金坛环境局"）执法人员对超强公司租用的常州新蓝天汇丰钢结构有限公司（以下简称"新蓝天公司"）厂区2号厂房进行现场检查，发现超强公司租赁新蓝天公司2号空置厂房进行钢结构件生产，未安装环保设施，生产项目也未通过环保审批及环保"三同时"验收。同年8月13日，金坛环境局调查发现超强公司自2016年5月1日起租赁新蓝天公司2号厂房，2016年8月建成投产，主要产生工业废气有抛丸粉尘、焊接烟尘、喷漆废气，抛丸机有配套的除尘设施，焊接、喷漆工段未安装废气吸收处理设施，该生产项目未通过环保审批及环保"三同时"验收。

2019年8月14日，金坛环境局进行立案调查。同年9月3日，金坛环境局作出行政处罚事先（听证）告知书并同日送达超强公司，告知拟对其处以20万元的罚款及处罚理由，于同年11月29日作出常环金行罚〔2019〕63号行政处罚决定书，对超强公司处以20万元罚款，责令其1个月内改正违法行为。超强公司不服该行政处罚，诉至法院。[1]

2. 判决结果

本案先后历经江苏省江阴市人民法院一审及江苏省南京市中级人民法院二审，最终判决金坛环境局行政处罚正确，驳回超强公司的诉讼及上诉。

---

〔1〕 本案例根据江苏省南京市中级人民法院行政判决书〔2020〕苏01行终722号整理而成。

3. 涉案问题

什么是"三同时"制度？为什么要实行"三同时"制度？

4. 案例研析

《建设项目环境保护管理条例》第 23 条第 1 款规定："违反本条例规定，需要配套建设的环境保护设施未建成、未经验收或者验收不合格，建设项目即投入生产或者使用，或者在环境保护设施验收中弄虚作假的，由县级以上环境保护行政主管部门责令限期改正，处 20 万元以上 100 万元以下的罚款；逾期不改正的，处 100 万元以上 200 万元以下的罚款；对直接负责的主管人员和其他责任人员，处 5 万元以上 20 万元以下的罚款；造成重大环境污染或者生态破坏的，责令停止生产或者使用，或者报经有批准权的人民政府批准，责令关闭。"被告作为常州市环境保护行政主管部门，对于本案具有依法处理的职责，处理结果正确，程序合法。

（二）本案例课程思政元素分析

1. 制度规范

"三同时"制度是指对于一切新建、改建和扩建的建设项目、技术改造项目、自然开发项目，以及可能对环境造成影响和损害的其他工程项目，其中防治污染和其他公害的设施和其他环境保护措施，必须与主体工程同时设计、同时施工、同时投产使用的制度要求。

2. 价值引领

"三同时"制度是中国首创的一项与环境影响评价相关的环境保护制度，是在总结中国环境管理的实践经验基础上为中国法律所确认的一项重要的控制新污染的法律制度。1972 年 6 月，国务院批准的原国家计委、原国家建委《关于官厅水库污染情况和解决意见的报告》中第一次提出了"工厂建设和三废利用工程要同时设计、同时施工、同时投产"的要求。1973 年，经国务院批准的《关于保护和改善环境的若干规定》规定："一切新建、扩建和改建的企业，防治污染项目，必须和主体工程同时设计、同时施工、同时投产。"从此，"三同时"成为中国最早的环境管理制度。1979 年，《环境保护法（试行）》对"三同时"制度作了进一步规定。随后，为确保"三同时"制度有效执行，又颁布了一系列配套的行政法规和规章。1986 年，《建设项目环境保护管理办法》对"三同时"制度作了具体规定。1998 年，随着《建设项目环境保护管理办法》的废止，《建设项目环境保护管理条例》的施行，"三同时"制度得以进一步明确。在 2017 年新修订的《建设项目环境保护管理条例》中，专门用了 8 个条款对"三同时"制度作了详细的规定。

"三同时"制度是我国出台最早的一项环境管理制度，也是我国独创的一项环境法律制度，是具有中国特色并行之有效的环境管理制度。体现了改革开放以来，中国生态环境法治建设所取得的一项重要进步。同时"三同时"制度对于落实"碳达峰十大行动"中行动三——工业领域碳达峰行动具有重要意义。工业领域碳达峰行动要求推动工业领域绿色低碳发展，优化产业结构，加快退出落后产能。深入实施绿色制造工程，大力推行绿色设计，完善绿色制造体系，建设绿色工厂和绿色工业园区。绿色工厂及绿色工业园区的建造必然是在设计阶段就充分考虑环境保护有关设施。

二、环境影响评价制度

（一）典型案例

1. 案例介绍

2018 年 6 月 6 日，重庆市茂鑫环保科技有限公司经重庆市垫江县工商行政管理局登记注册，经营范围包括研发、生产、销售有机复合肥、生物有机肥、活性有机肥、酵母菌发酵肥、园林及经济作物用肥、园林绿化营养土、土壤调节剂；加工、销售锯末、秸秆、生物调节剂、有机肥原材料；药渣污泥处理等。2019 年 3 月 1 日，重庆市茂鑫环保科技有限公司购买了一批污泥添加油饼等原料后进行发酵处理。2020 年 4 月 20 日仓库垮塌，正在发酵中的污泥被冲入 319 国道。2020 年 4 月 28 日，重庆市涪陵区生态环境保护综合行政执法支队对重庆市茂鑫环保科技有限公司进行了立案调查，并送达涪环违改决字［2020］774 号《责令改正违法行为决定书》，对重庆市茂鑫环保科技有限公司作出罚款 200 000 元的行政处罚决定。茂鑫公司不服该处罚决定，认为其公司租用原建涪水泥厂空闲场地只是用作贮存从渝水环保经生物干化处理后的无害化腐熟污泥（营养土），以及贮存从各地收购的渝水环保需要的试验性辅料，其公司并不存在对购入的营养土进行生产和加工的行为，无需取得环保竣工验收手续，遂诉至法院。[1]

---

[1] 本案例根据重庆市第三中级人民法院行政判决书［2021］渝 03 行终 7 号整理而成。

2. 判决结果

本案先后历经重庆市涪陵区人民法院初审及重庆市第三中级人民法院二审，最终认定重庆市茂鑫环保科技有限公司未编制环境影响报告表，也未经过环保竣工验收便进行生产加工，重庆市涪陵区生态环境保护综合行政执法支队作出的行政处罚决定事实清楚，证据充分，程序合法，适用法律正确。驳回了原告和上诉人的诉讼请求。

3. 涉案问题

茂鑫环保科技有限公司购买了一批污泥添加油饼等原料后进行发酵处理是否需要编制环境影响评价报告表？

4. 案例研析

重庆市茂鑫环保科技有限公司对经过初步处理的污泥（重庆市茂鑫环保科技有限公司诉称"营养土"）进行添加、发酵变为有机肥，属于对污泥的综合利用，根据国务院生态环境主管部门公布的《建设项目环境影响评价分类管理名录》第 101 条规定，应当编制环境影响报告表。重庆市茂鑫环保科技有限公司未编制环境影响报告表，也未经过环保竣工验收便进行生产加工，根据《建设项目环境保护管理条例》第 23 条第 1 款规定，由县级以上环境保护主管部门责令限期改正，处 20 万元以上 100 万元以下的罚款。重庆市茂鑫环保科技有限公司主张只是购进营养土后进行储存销售，未进行加工的理由不成立。重庆市茂鑫环保科技有限公司签字认可的笔录及视频资料均证明重庆市茂鑫环保科技有限公司购置了翻刨机，对"营养土"进行了添加、发酵处理，产品包装袋上也印的是"茂鑫有机肥"字样。

（二）本案例课程思政元素分析

1. 制度规范

环境影响评价制度是指在作出关于环境与自然资源的开发利用规划和建设项目决策以前，对规划和建设项目实施后可能造成的环境影响进行事前分析、预测和评估，提出预防或者减轻不良环境影响的对策和措施，进行跟踪检测的方法和规划体系。中国在 2002 年颁布了《环境影响评价法》，国务院于 2009 年颁布了《规划环境影响评价条例》，此外，《海洋环境保护法》《大气污染防治法》《水污染防治法》《固体废物污染环境防治法》等单行法规中，也都对环境影响评价制度作了规定。

《环境影响评价法》将环境影响评价分为了规划环评和建设环评两大类。

根据《环境影响评价法》和《建设项目环境保护管理条例》的规定，对建设项目要根据其对环境的影响程度，实行分类管理：对环境可能造成重大影响的建设项目，应当编制环境影响报告书，对建设项目产生的污染和环境影响进行全面、详细的评价；对环境可能造成轻度影响的建设项目，应当编制环境影响报告表，对建设项目产生的污染和环境影响，进行分析或者专项评价；对环境影响很小的建设项目，不需要进行环境影响评价的，应当填报环境影响登记表。

此外，为了杜绝过去在规划和项目建设中大量存在的"先开工、后环评"，以及"补办环评"等现象，《环境保护法》第 19 条第 2 款规定："未依法进行环境影响评价的开发利用规划，不得组织实施；未依法进行环境影响评价的建设项目，不得开工建设。"

2. 价值引领

环境影响评价文件的转变是落实深化"放管服"改革的法治体现，符合推进国家治理体系和治理能力现代化的要求。近年来，为了深化"放管服"改革，我国在环境监管方面呈现出从强调事前审批的预防功能到愈发关注事中事后监管的转变趋势。环境影响评价制度的功能也相应地发生了一些变化，无论从精简环评审批流程、缩短环评审批时间，还是到由企业自主开展竣工验收工作，都体现出落实企业主体责任、发挥事中事后监管在环境管理过程中的重要作用的态势。在这一背景下，原环境保护部 2018 年发布的《关于强化建设项目环境影响评价事中事后监管的实施意见》也明确要求，要在环评事中事后监管中发挥环境影响后评价监管的作用。并将其纳入排污许可管理的建设项目排污许可证执行报告、台账记录和自行监测等情况应作为环境影响后评价的重要依据。[1]

三、公众参与原则

(一) 典型案例

1. 案例介绍

张某居住的房屋为哈尔滨市××号学府名苑爱丁堡座 3 单元 18××室。慈宁医院有限公司拟开设慈宁医院地址为哈尔滨市南岗区西大直街 5××号。2018

---

〔1〕 朱炳成："我国环境影响后评价制度的实践困境与应对"，载《中华环境》2021 年第 11 期。

年1月12日，原哈尔滨市环境保护局（现更名为"哈尔滨市生态环境局"，以下简称"原市环保局"）接到审批系统转来的慈宁医院有限公司报送的由重庆九天环境影响评价有限公司编制的《慈宁医院建设项目环境影响报告表》的审批件后，于2018年1月17日在原市环保局外网网站进行了首次信息公示。原市环保局委托哈尔滨市环境工程评估中心对重庆九天环境影响评价有限公司编制的《慈宁医院建设项目环境影响报告表》进行技术评估。哈尔滨市环境工程评估中心依据《建设项目环境影响技术评估导则》（HJ616-2011），结合原市环保局南岗分局监察大队相关人员进行现场勘查情况，于2018年4月3日作出《关于慈宁医院建设项目环境影响报告表的技术评估报告》（哈环评估表〔2018〕58号），结论为：报告表按照《建设项目环境影响报告表》的编制要求编写，所采用的标准正确，环保投资合理，报告表提出的污染防治措施从经济、技术方面考虑可以满足长期稳定运行并满足相应标准的要求，符合环境保护要求，项目选址从环境保护角度分析可行，评价结论正确。从技术角度该报告具备审批条件。此后，原市环保局于2018年4月8日再次进行信息公示。由于企业、居民上访等各种原因，经过原市环保局重新研究，请示上级主管部门并征询专家意见，原市环保局南岗分局于2018年11月21日正式受理，并按照审批时限于2018年12月4日作出哈环南审表〔2018〕25号《关于对慈宁医院建设项目环境影响报告表的批复》（以下简称《25号批复》）。该批复载明慈宁医院有限公司拟实施的哈尔滨慈宁医院建设项目符合环境保护的相关要求，项目建设单位在项目开工前应依法取得其他相关部门的合法批件，确保项目的建设实施符合相关法律法规的规定。后张某认为南岗生态环境局在对慈宁意愿建设项目进行环境影响评价批复时未组织具有利害关系的各方代表进行听证为由，诉至法院要求撤销《25号批复》。[1]

2. 判决结果

本案先后历经哈尔滨南岗区人民法院初审及哈尔滨市中级人民法院终审，最终判决，关于张某称南岗生态环境局作出《25号批复》时没有举行听证会属程序违法的上诉主张，因慈宁医院建设项目属于依法应当编制环境影响报告表的建设项目，南岗生态环境局以征求专家意见，网上公示等形式履行了告知义务，符合法律规定。驳回原告及上诉的诉讼请求。

―――――――――

〔1〕 本案例根据黑龙江哈尔滨市中级人民法院行政判决书〔2020〕黑01行终312号整理而成。

3. 涉案问题

什么是环境影响评价中的公众参与？南岗生态环境局作出环评批复时是否必须举行听证会？

4. 案例研析

关于南岗生态环境局在对慈宁医院建设项目进行环境影响评价批复时是否应组织具有利害关系的各方代表进行听证问题，根据《环境影响评价法》第 16 条之规定，国家根据建设项目对环境的影响程度，对建设项目的环境影响评价实行分类管理。案涉建设项目属于《建设项目环境影响评价分类管理名录》（2018 年 4 月 28 日施行）项目类别第 39 类卫生 111 项"医院"项目，属于依法应当编制环境影响报告表的建设项目。而对此类应当编制环境影响报告表的建设项目的公众参与问题，南岗生态环境局以征求专家意见、网上公示等形式履行了告知义务，满足了建设项目环境影响评价相关公众的参与需要，南岗生态环境局的做法并未违反法律法规的强制性规定。

（二）本案例课程思政元素分析

1. 制度规范

环境影响评价中的公众参与是指有关单位、专家和公众通过一定的途径和方式，遵循一定的程序，参与与其环境权益有关的环境影响评价活动，使制定规划或者审批建设项目的决策活动符合广大公众的利益。20 世纪 90 年代初，我国开始在环境影响评价制度中推行公众参与，并最早在世界银行和亚洲银行贷款项目中实施。1993 年由国家计委、国家环保局、财政部、中国人民银行联合发布的《关于加强国际金融组织贷款建设项目环境影响评价管理工作的通知》，首次对公众参与提出明确要求。此后，公众参与制度逐渐成为我国环境保护法律的一项基本规定，包括《水污染防治法》《噪声污染防治法》《建设项目环境保护管理条例》等法律法规，均引入了公众参与制度。2003 年 9 月 1 日颁布实施的《环境影响评价法》则顺应实际需要，进一步完善了公众参与制度。2006 年，原国家环保总局发布了《环境影响评价公众参与暂行办法》，为建设项目中公众参与制度的落实提出了具体的要求。该办法规定公众参与环境影响评价实行公开、平等、广泛和便利四项原则。根据该办法规定，建设单位或者受其委托的环评结构、环保部门应当采用便于公众知悉的方式，向公众公开有关环境影响评价的信息。信息公开包括了环评开始、环评进行和环评审批三个阶段。《环境影响评价工作参与暂行办法》还规定了如何选择和确定参与环评的公众、参与形式、调查公众意见、咨询专家意见、座谈会、论证会、听证会等征求公众意见的具体办法。2014 年 5 月 22 日，原环境保护部办公厅下发了《关于推进环境保护公众参与的指导意见》（环办 [2014] 48 号），进一步推进公众参与环境保护工作的健康发展。《环境保护法》第 56 条规定，对依法应当编制环境影响报告书的建设项目，建设单位应当在编制时向可能受影响的公众说明情况，充分征求意见。审批单位收到环境影响报告书后，应当全文公开。

2. 价值引领

公众参与是实现人民权利的基本途径，是落实人民重要地位的重要体现，是民主决策和科学决策的重要保障。特别是环境保护问题与群众生活休戚相关，更应该加强对公众参与的监督。环境影响评价的"公众参与"原则还是习近平总书记"建设美丽中国全民行动"的全民共治观的具体体现。生态环境是人人可共享的公共产品，它与人的日常生活息息相关，是人类生存与社会进步的物质基础和必要保障，关乎国家永续发展，关乎人民生活幸福安康，涉及民众切身利益。因此，环境保护、污染防治等行动需要全民参与，需要从立法角度保证全民参与的权利和方式。对于学生而言，应当在生产生活实践中关注生态环境，积极为政府履行生态治理职能建言献策，从自身做起，从小事做起，传递环保正能力，把自身环保意识转化为保护生态环境的自觉行动。每个人都成为生态环境的保护者、建设者、受益者。

四、固体废物污染防治

（一）典型案例

1. 案例介绍

2015 年初，被告华远公司法定代表人钱某东通过朋友联系被告黄某庭，欲购买进口含铜固体废物，被告黄某庭联系被告米泰公司实际经营者陈某君以及被告薛某。9 月，被告薛某在韩国组织了一票 138.66 吨的铜污泥，由被告米泰公司以铜矿砂品名制作了虚假报关单证，并将进口情况以《钱总货物清单 222》传真等方式告知被告华远公司，被告华远公司根据货物清单上的报价向被告米泰公司支付了货款 458 793.90 元，并由被告米泰公司将部分货款分别转给了被告薛某和陈某君，由陈某君转给被告黄某庭，由被告黄某庭在上海港报关进口。后该票固体废物被海关查获滞留港区，无法退运，危害我国生态环境安全。上海市固体废物管理中心委托有危险废物经营许可证单位进行无害化处置。

此外，2017年12月25日，市检三分院就米泰公司、黄某庭、薛某共同实施走私国家禁止进口固体废物，向上海市第三中级人民法院提起公诉。上海市第三中级人民法院于2018年9月18日作出［2018］沪03刑初8号刑事判决，判决米泰公司犯走私废物罪，判处罚金20万元；黄某庭犯走私废物罪，判处有期徒刑4年，并处罚金30万元；薛某犯走私废物罪，判处有期徒刑2年，并处罚金5万元。上述刑事判决已生效。［1］

2. 判决结果

保护环境是我国的基本国策，生态文明建设是关系中华民族永续发展的根本大计。被告米泰公司、被告黄某庭、被告薛某、被告华远公司共同实施非法进口、购买国家禁止进口固体废物，造成环境污染风险，损害社会公共利益，应当依法承担连带赔偿责任。法院最终判决被告宁波高新区米泰贸易有限公司、被告黄某庭、被告薛某、被告郎溪华远固体废物处置有限公司于本判决生效之日起10日内，连带赔偿非法进口固体废物（铜污泥）的处置费1 053 700元，支付至上海市人民检察院第三分院公益诉讼专门账户。

3. 涉案问题

进口固体废物违反了哪些法律规定？

4. 案例研析

四被告通过商议共同实施了非法进口、购买境外固体废物的行为，造成了环境污染风险，损害了社会公共利益，依照《环境保护法》第64条规定，因污染环境和破坏生态造成损害的，应当依照《民法典》"侵权责任编"的有关规定承担侵权责任。同时，《民法典》第187条规定，侵权人因同一行为应当承担行政责任或者刑事责任的，不影响依法承担侵权责任。故被告米泰公司、被告黄某庭、被告薛某因走私国家禁止进口固体废物受到刑事处罚后，不影响其因违法行为导致污染环境风险，而承担相应的民事侵权责任。《民法典》第1168条规定，二人以上共同实施侵权行为，造成他人损害的，应当承担连带责任。故四被告应当对共同侵权行为而造成的处置费用承担连带赔偿责任。

---

〔1〕 本案例根据上海市高级人民法院民事判决书［2019］沪民终450号整理而成。

（二）本案例课程思政元素分析

1. 制度规范

我国早在 1995 年 10 月 30 日就颁布了《固体废物污染环境防治法》，后在 2004 年、2013 年、2015 年、2016 年、2020 年进行了五次修订或修正。《固体废物污染环境防治法》确立了固体废物管理的三大原则。

（1）减量化、资源化和无害化原则。减量化、资源化和无害化原则简称"三化"原则。其中，减量化是指在对资源能源的利用过程中，要最大限度地利用资源或能源，以尽可能地减少固体废物的产生量和排放量。资源化是指对已经成为固体废物的各种物质采取措施，进行回收、加工使其转化为二次原料或能源予以再利用的过程。无害化是指对于那些不能再利用、或依靠当前技术水平无法予以再利用的固体废物进行妥善的贮存或处置，使其不对环境以及人身、财产安全造成损害。

（2）全过程管理原则。全过程管理是指对固体废物从产生、收集、贮存、运输、利用直到最终处置的全部过程实行一体化管理。即产品的生产者、销售者、进口者、使用者对其产生的固体废物依法承担污染防治责任。

（3）分类管理原则。《固体废物污染环境防治法》将固体废物分为了工业固体废物、生活垃圾、建筑垃圾、农业固体废物以及危险废物五大类。针对危险废物，国家制定了《危险废物名录》。

《固体废物污染环境防治法》第 24 条特别规定："国家逐步实现固体废物零进口，由国务院生态环境主管部门会同国务院商务、发展改革、海关等主管部门组织实施。"

2. 价值引领

（1）习近平总书记多次对固体废物污染防治作出重要指示批示，为做好固体废物污染环境防治法执法检查提供了指引和遵循。固体废物具有量大面广、种类繁多、性质复杂和危害程度深等特点，是大气、水、土壤的重要污染来源。在党的领导下，在推动贯彻习近平生态文明思想下，我国固体废物污染防治工作取得长足进步，但防治形势依然严峻。

（2）2020 年 11 月 24 日，生态环境部、商务部、国家发展和改革委员会、海关总署发布《关于全面禁止进口固体废物有关事项的公告》，自 2021 年 1 月 1 日起施行。该公告明确禁止以任何方式进口固体废物。禁止我国境外的固体废物进境倾倒、堆放、处置。这是贯彻习近平生态文明思想的重大举措，也是保护我国生态环境的重大举措。

（3）近年来，我国不少城市迈进垃圾分类"强制时代"，这正是对我国固体废弃物污染形势严峻的回应。通过该案例，要引导学生自觉树立垃圾分类意识，认识到固体废物对环境的巨大危害。引导学生自觉增强全面节约意识、环保意识、生态意识、培育生态道德和行为准则，开展全面绿色行动，以实际行动减少能源资源消耗和污染排放。引导学生自觉融入"碳达峰十大行动"第九项行动——绿色低碳全民行动之推广绿色低碳生活方式。坚决遏制奢侈浪费和不合理消费，着力破除奢靡铺张的歪风陋习，坚决制止餐饮浪费行为。

五、大气污染防治法

（一）典型案例

1. 案例介绍

大吉公司成立于2003年9月，系盐城市区唯一的生活垃圾焚烧发电企业，经营范围包括再生资源电力、热力生产销售；煤灰、煤渣销售。2014年7月1日，《生活垃圾焚烧污染控制标准》（GB18485-2014）（以下简称"2014控制标准"）施行，要求现有生活垃圾焚烧炉自2016年1月1日起执行新标准。因大吉公司建厂较早、工艺技术趋于落后，二氧化硫、氮氧化物、颗粒物等大气污染物一直未能实现达标排放。根据盐城市重点污染源在线监测平台及大吉公司省控烟气在线监测平台的数据，在2017年1月19日至2018年7月31日期间，颗粒物、二氧化硫及氮氧化物存在超标排放情况。原盐城市环境保护局、原盐城市盐都区环境保护局分别于2017年2月、3月、7月、8月和2018年6月、8月、9月多次对大吉公司作出行政处罚，罚款合计900余万元。由于大吉公司生产经营业务涉及重大社会公共利益，盐城市、区两级环保部门对该公司未实施停产整治等强制措施。在此期间，大吉公司就执行排放标准、停产技改及整体搬迁等问题多次向当地政府及其环保部门提交书面报告，盐城市人民政府在相关专题会议纪要中明确涉案垃圾焚烧发电项目将整体搬迁至静脉产业园，并要求大吉公司在搬迁过渡期间必须按照环保要求进行技改。2017年11月17日，大吉公司与南京格洛特环境工程股份有限公司签订《烟气治理装置技术改造项目总承包商务合同》，对大吉公司的2号垃圾焚烧炉烟气脱酸、除尘、脱硝系统进行提标改造。2018年1月17日，自然之友以大吉公司为被告提起民事公益诉讼，要求大吉公司立即停止排放超标污染物，并支付自 2017 年 1 月 19 日起的大气环境治理费用。[1]

2. 判决结果

本案经江苏盐城市中级人民法院一审，江苏省高级人民法院二审，最终认为大吉公司超标排放行为造成大气污染，损害公共利益，应当承担生态环境修复责任，赔偿大气环境治理费 5 561 511.93 元，并就超标排放污染物的违法行为通过省级媒体向社会公开赔礼道歉。

3. 涉案问题

大吉公司是否存在主观过错能作为减轻或免除环境侵权责任的依据？大吉公司停产技改、整体搬迁费用能否用于抵扣大气环境治理费用？

4. 案例研析

根据我国法律规定，环境侵权为无过错责任，不因大吉公司是否存在主观过错作为减轻或免除责任的依据。大吉公司停产技改、整体搬迁费用不能抵扣大气环境治理费用。技术改造与环境修复治理为环境污染企业民事责任的两种不同方式，大吉公司并未就其超标排放行为造成的损害进行任何替代性修复或支付治理费用，大吉公司实现达标排放本就是其应尽的法律义务与社会责任。

（二）本案例课程思政元素分析

1. 制度规范

1987 年我国制定颁布了《大气污染防治法》，在 2000 年及 2015 年经历两次修订。作为新的《环境保护法》修订后第一部修订的污染防治单行法，新的《大气污染防治法》秉承了《环境保护法》中所确立的加强政府责任和企业责任的做法，大幅度提高了对于企事业单位和其他生产经营者的环境违法行为处罚力度，主要体现在以下几个方面：其一，提高了每一种违法行为的处罚力度；其二，明确规定对于四种违法行为进行按日计罚；其三，取消了造成大气污染事故环保处罚 50 万元上限额度，变为按倍数计罚。

我国法律建立了大气环境标准制度。在我国国家大气环境标准体系中，《环境空气质量标准》是大气环境标准体系的核心，此外还有《大气污染物综合排放标准》，是国家大气污染物排放标准中较为重要的综合性排放标准。

---

[1] 本案例根据江苏省高级人民法院民事判决书〔2020〕苏民终 158 号整理而成。

我国在防治大气污染方面建立的制度主要包括：环境影响评价制度、"三同时"制度、排污申报登记制度、排污收费制度、污染事故报告和处理制度、落后生产工艺设备淘汰制度、大气污染物排放总量控制制度、大气环境信息公开制度等。

2. 价值引领

（1）习近平总书记在全国生态环境保护大会上指出："坚决打赢蓝天保卫战是重中之重，……以空气质量明显改善为刚性要求，强化联防联控，基本消除重污染天气，还老百姓蓝天白云、繁星闪烁。"[1]提出了"蓝天也是幸福"的论断。近年来，党中央将污染防治列为决胜全面小康的"三大攻坚战"之一，蓝天保卫战取得了显著效果。

（2）《大气污染防治法》的修订也印证了习近平总书记"用最严格制度、最严密法治保护生态环境"的严密法治观。建设生态文明是一场涉及生产方式、生活方式、思维方式、价值观念的深刻变革，实现这样的根本性变革，必须依靠制度和法治，制度的建立健全及有效实施，关涉生态文明建设的成效。习近平总书记指出："要积极推进生物安全、生态文明……重要领域立法，健全国家治理急需的法律制度、满足人民日益增长的美好生活需要必备的法律制度，填补空白点、补强薄弱点。"[2]《大气污染防治法》的修订，体现了我国用最严格制度、最严密法治保护生态环境的政治抉择，推动了以解决制约生态环境保护的体制机制问题为导向，以强化党委、政府及企业生态环境责任为主线，以提升生态环境质量为目标的生态文明制度的"四梁八柱"的基本形成。

（3）通过该案例的讲解，引导学生自觉融入"碳达峰十大行动"第九项行动——绿色低碳全民行动之推广绿色低碳生活方式。坚决遏制奢侈浪费和不合理消费，着力破除奢靡铺张的歪风陋习，坚决制止餐饮浪费行为。

---

〔1〕 习近平："推动我国生态文明迈上新台阶"，载 https://www.12371.cn/2019/01/31/ARTI1548918623585399.shtml，访问日期：2022 年 3 月 27 日。

〔2〕 习近平："坚定不移走中国特色社会主义法治道路　为全面建设社会主义现代化国家提供有力法治保障"，载《求是》2021 年第 5 期。

六、森林资源保护

(一) 典型案例

1. 案例介绍

2014 年 11 月 27 日早上，被告人潘某某因想给生病的母亲做一副棺木，遂窜至贵州省扎佐林场六屯分场马家窝林区将活立木蓄积为 6.85 立方米的杉树盗伐，后锯成 11 节藏于山上。次日凌晨 4 时许，被告人潘某某驾驶三轮车载着邓某某（另案处理）来到马家窝山上，将其中 10 节杉木搬运到三轮车上运回潘某某家，因坡太陡拉不动，被告人和邓某某便在途中将 2 节杉木藏于路边，将 8 节杉木运回藏匿于被告人潘某某家羊圈。2014 年 12 月 1 日，被告人潘某某到修文县公安局投案自首。案发后，所盗伐的 11 节杉木存放于贵州省扎佐林场六屯分场。

被告人潘某某对公诉机关指控其犯盗伐林木罪的事实和证据均不持异议，未提交证据材料，请求法庭从轻处罚。[1]

2. 判决结果

清镇市人民法院生态保护法庭根据上述事实和证据认为，被告人潘某某以非法占有为目的，盗伐国有林场林木 6.85 立方米，侵犯了国有财产所有权，破坏了生态环境，其行为已构成了盗伐林木罪。公诉机关指控被告人潘某某犯盗伐林木罪罪名成立。鉴于被告人潘某某盗伐林木之动机是为老人尽孝，且系初犯，在案发后能认识到错误，主动到公安机关投案自首，如实供述自己的犯罪事实，认罪态度好，可以从轻处罚。

3. 涉案问题

为什么砍伐树木行为要作为犯罪行为来处理？保护生态环境遇上传统孝义该如何处理？刑罚如何做到个案效果与社会效果相统一？

4. 案例研析

本案被告人潘某某盗伐国有林场林木 6.85 立方米，其行为已构成盗伐林木罪，本案正处于贵州省森林保护"六个严禁"期间，依照法律规定，应当对被告人判处有期徒刑，并处罚金。但本案的被告人潘某某盗伐林木的目的是为常年生病的母亲做一副棺木以尽孝心，并非牟取私利，且潘某某在案发

---

[1] 本案例根据贵州省清镇市人民法院刑事判决书［2015］清环保初字第 20 号整理而成。

后能认识到自己的错误，主动到公安机关投案自首，如实供述其犯罪事实，可以从轻处罚。然而，被告人潘某某家庭生活困难，缴纳罚金必会让其更加贫困，如果让其作生态修复也需要资金购买树苗。生态保护法庭法官提出了一个方案，被告人虽然家庭生活困难，但其有劳力，可以通过提供公益服务来冲抵其应缴纳的罚金，潘某某在庭审中也表示家庭贫困无力支付罚金，愿意为扎佐林场提供一段时间的护林服务，抵扣应缴纳的罚金。贵州省扎佐林场对这种方案非常支持，愿意提供护林员岗位并对被告人进行监管。于是法庭当庭判决对被告人潘某某单处罚金人民币 3000 元，并明确被告人可为贵州省扎佐林场提供护林服务 6 个月，折抵其应缴纳的罚金。

（二）本案例课程思政元素分析

1. 制度规范

因为森林资源对人类的重要性，各国都十分重视森林资源保护。我国关于森林资源保护的立法也发展很早，早在西周时期就有了"毋伐树木"的禁令。我国目前关于森林资源保护的法律法规主要有《森林法》《森林法实施条例》《森林防火条例》《森林病虫害防治条例》《退耕还林条例》以及其他部门法如《刑法》及相关司法解释。

综合我国各有关法律、法规和规章的规定，森林资源保护的法律措施主要包括以下几个方面：林权、林业建设方针、森林资源档案制度、植树造林和绿化、控制森林采伐量和采伐更新、森林保护措施。

2. 价值引领

（1）俗话说"靠山吃山，靠水吃水"，农民因生活困难，靠山吃山，砍伐几株树木换取生活费的情况时有发生，也有像潘某某这样，为了给母亲做一副棺木而去盗伐树木的。从法律规定而言，必须受到法律处罚，但从情理而言，类似于潘某某这种犯罪动机是尽孝，有自首情节，犯罪较轻的情况，又不宜重处，其犯罪行为虽国法难容，但情实可恕，或者说单纯的刑罚并不能达到良好的社会效果。环境司法保护的最终目的不是惩罚，而是对环境的保护、修复、改善，并且要让当事人和公众受到生态环境保护方面的教育。因此，在通过审判实现了对环境违法犯罪行为的打击和惩处之后，应当着眼于修复被破坏的环境和让当事人受到生态环境保护教育的执行方式，让法官"每办一件案件，就要教育一面"，使全社会共同关注生态环境，守护青山绿水，树立人本法律观理念。本案情法兼顾创新了一种执行方式，既让被告人受到处罚，又让其受到教育，为生态保护做一些实实在在的工作。被告人潘某某提供护林服务，能体会到植树造林、护林成材的艰辛，体会到维护环境的不易，对那些正在或打算向国家、集体财产伸出黑手的人来说，其威慑的力量比单纯的刑事处罚大得多。

（2）通过该案例的讲解，要引导学生深入贯彻习近平总书记提出的"绿水青山就是金山银山；既要绿水青山，也要金山银山；宁要绿水青山，不要金山银山"的"两山"理论。引导学生自觉理解配合群众护林制度、森林防火制度、封山育林制度。引导学生自觉融入"碳达峰十大行动"第八项，碳汇能力巩固提升第二点特别提出要提升生态系统碳汇能力。实施生态保护修复重大工程。深入推进大规模国土绿化行动，巩固退耕还林还草成果，扩大林草资源总量。强化森林资源保护，实施森林质量精准提升工程，提高森林质量和稳定性。加强草原生态保护修复，提高草原综合植被盖度。加强河湖、湿地保护修复。整体推进海洋生态系统保护和修复，提升红树林、海草床、盐沼等固碳能力。加强退化土地修复治理，开展荒漠化、石漠化、水土流失综合治理，实施历史遗留矿山生态修复工程。

七、恢复性司法的运用

（一）典型案例

1. 案例介绍

2015 年 3 月 13 日 20 时许，被告人周某携带蓄电池、升压器、鱼舀等工具来到位于国家二级保护鱼类胭脂鱼保护区的北部新区礼嘉镇苗圃码头下游 200 米至 300 米左右的嘉陵江水域，使用上述工具以电捕鱼的方法捕捞水产品。当日 21 时许，被告人周某被巡逻民警抓获，捕捞工具及渔获物均被扣押。被告人周某到案后如实供述了非法捕捞水产品的事实。

2. 判决结果

重庆市渝北区人民法院经审理认为：被告人周某违反保护水产资源法律法规，在禁渔期内，采用禁止使用的电捕鱼方法捕捞水产品，情节严重，其行为已构成非法捕捞水产品罪。公诉机关指控的犯罪事实清楚，证据确实、充分，罪名成立。被告人周某到案后如实供述其犯罪事实，系坦白，依法可从轻处罚；被告人周某自愿放养鱼苗，以恢复被破坏的水生态环境，可酌情从轻处罚。

3. 涉案问题

本案中，被告人被判处罚金的刑事处罚后，为什么还要求被告放养价值20 000元的珍贵鱼苗13 000尾？

4. 案例研析

在本案中，被告人周某违反了刑法关于渔业资源保护的相关法律，触犯了刑法，应当追究其刑事责任。但追究被告刑事责任依然无法弥补被损害的自然资源和生态环境，所以公诉机关通常通过提起环境民事公益诉讼的方式，要求追究被告人的民事责任。而和传统民事责任所要求的赔偿损失所不同的是，环境民事责任更强调恢复生态环境功能。具体到本案中，因为捕捞了水产品，损害了生物多样性，因此要求被告人放养鱼苗，恢复被破坏的水生态环境。

(二) 本案例课程思政元素分析

1. 制度规范

生态恢复性司法是指在涉刑事案件发生后，促使犯罪嫌疑人、被告人与被害方或有关资源主管部门签订关于资源修复补偿的相关协议，并督促落实，从而最大限度地修复被破坏的生态环境，修复生态功能，保护生态资源的司法模式。在此机制中，不仅有助于树立"破坏环境就是犯罪"的生态文明意识，更是通过创新性地适用非严厉性的刑法手段，采取惩罚性较弱的多元化方式弥补生态环境损害。生态恢复性司法有利于保护环境法益、预防环境犯罪、提升司法效率、实现司法目的。[1]

2. 价值引领

改革开放以来，我国在经济发展上取得了卓越的成就，但与此同时我国环境污染和资源破坏问题也随之而来，整个社会面临着严峻的生态环境危机。为了克服刑罚手段惩治环境犯罪方面的不足，我国环境司法实践领域逐步探索恢复性司法手段，更好地协调经济发展和保护环境的关系，有效缓解生态环境被破坏的压力，为打赢生态环境保护攻坚战保驾护航。让学生更深入了解改革开放以来我国在环境保护领域所做的有益探索。

---

〔1〕 牛雪琪、杨帆："生态恢复性司法模式研究"，载《环境保护》2021年第10期。

八、预防性司法与环境民事公益诉讼

（一）典型案例

1. 案例介绍

戛洒江水电站坝址位于云南省玉溪市新平县境内，淹没区域位于新平县和楚雄彝族自治州双柏县。2016 年 3 月 29 日，该水电站导流洞工程开工，计划 2017 年 11 月大江截流，2020 年 8 月首台机组发电，同年年底全部机组投产。该水电站建设单位为水电集团新平公司，总承包方为昆明勘察设计公司。2017 年 3 月环保组织"野性中国"在野外调查中发现，国家一级保护动物、濒危物种绿孔雀的栖息地，处于戛洒江水电站蓄水以后的淹没区域内。据自然之友研究所了解，新平县绿孔雀栖息地中的低海拔河滩、河流沿岸季雨林以及缓坡林地将被尽数淹没。原属于双柏县恐龙河保护区的绿孔雀重要栖息地也将被部分淹没，而且，该水电站建设还配套有清库即砍伐河道两边树木、道路修（改）建工程。上诉开发建设活动的叠加效应，将使中国面积最大的绿孔雀栖息地遭到严重破坏，极有可能造成绿孔雀种群区域性灭绝。经过数次调查和专家评估，自然之友研究所了解到，戛洒江水电站建设施工和淹没区域生态价值极高，生物多样性极其丰富。该水电站所在的红河流域中上游为我国绿孔雀种群密度最高的地方，同时，该区域保存着较完整、面积较大的季雨林以及热带雨林片段。戛洒江水电站建设会淹没绿孔雀重要栖息地和季雨林，对本区域内绿孔雀种群生存会带来重大风险，因此，应先暂停戛洒江水电站的建设。故此，自然之友研究所起诉至云南省楚雄彝族自治州中级人民法院要求判令水电集团新平公司和昆明勘察设计公司共同消除云南省红河（元江）干流戛洒江一级水电站（以下简称戛洒江水电站）建设对绿孔雀、苏铁等珍稀濒危野生动植物以及热带季雨林和热带雨林侵害的危险，立即停止该水电站建设，不得截流蓄水，不得对该水电站淹没区域植被进行砍伐等。

2. 判决结果

本案后经云南省高级人民法院指定云南省昆明市中级人民法院一审，云南省高级人民法院二审，最终判令新平公司立即停止基于现有环境影响评价下的项目建设。

3. 涉案问题

在本案中，被告人水电站建设的截流工作尚未开展，也未实际淹没野生保护动物栖息地，未造成实际损失。在此情况下，原告能否起诉被告要求其承担责任呢？

4. 案例研析

本案系生物多样性保护预防性环境民事公益诉讼案件。生物多样性是人类赖以生存和发展的重要基础。人民法院审理此类预防性公益诉讼案件，既应贯彻保护优先、预防为主原则，从被保护对象的独有价值、损害结果发生的可能性、损害后果的严重性及不可逆性等方面，综合判断被告的行为是否具有最高人民法院《关于审理环境民事公益诉讼案件适用法律若干问题的解释》第1条规定的"损害社会公共利益重大风险"，推动把自然资源开发利用行为对生态环境造成的影响控制在合理范围内，维护生态安全；同时，又应贯彻绿色发展理念，坚持保护与可持续利用自然资源原则，统筹协调发展经济、保障民生和保护生态环境之间的关系，促进人与自然和谐共生。依据本案查明事实，案涉项目继续建设势必导致包含国家一级重点保护动物"绿孔雀"的栖息地及国家一级重点保护植物"陈氏苏铁"的生境在内的生物生境被淹没，并对案涉淹没区整个生态系统生物多样性和生物安全构成紧迫、严重且不可逆的重大风险，一审、二审法院据此最终判令新平公司立即停止基于现有环境影响评价下的项目建设，既充分考虑了对案涉淹没区生物多样性予以及时保护的现实需要，又兼顾了采取预防性措施的必要性、合理性和司法介入的适度性，有效防范了案涉区域生物生活环境面临的重大风险。

（二）本案例课程思政元素分析

1. 制度规范

所谓预防性环境司法，是指为了预防生态环境与公众健康损害的发生，针对损害环境的重大风险行为，依据相关环境保护法律，由国家司法机关所提供的司法救济。预防性环境司法的提起阶段是在损害事实发生之前，是无损害事实的"环境风险诉讼"，其目的在于发现并制止潜在的环境风险，也是贯彻我国环境法预防原则的具体体现。预防性环境司法有助于应对环境风险社会的挑战，弥补环境行政的失灵、矫正事后性司法的缺陷。

根据《环境保护法》《民事诉讼法》，最高人民法院、最高人民检察院《关于检察公益诉讼案件适用法律若干问题的解释》等法律和司法解释的有关规定，我们实现预防性环境司法主要依赖于环境民事公益诉讼制度。

2. 价值引领

（1）预防性环境公益诉讼，突破了传统"无损害即无救济"的司法救济理念，转向以预防环境风险为目标的事前救济模式，实现前瞻性的司法保护。传统侵权损害救济理念是"无损害即无救济"，在生态环境已遭破坏、损害结果已成事实的情况下，法院虽然可以判决被告承担修复生态环境、赔偿生态服务功能损失等恢复性和赔偿性责任，但只能是生态环境遭受破坏后的无奈之举，常被学者称为"次优化安排"。为有效防范风险，减少诸多不可逆生态损害后果的出现，救济措施开始被尝试提前到事中甚至事前，预防性环境保护相关规定由此开始在立法和司法层面显现。2007 年以来，贵州贵阳、江苏无锡、云南昆明等地的中基层人民法院相继设立了环境保护法庭，全国各地开始探索环境公益诉讼实践。2012 年修改后的《民事诉讼法》和 2014 年修改后的《环境保护法》建立了环境民事公益诉讼制度。《环境保护法》第5 条关于环境保护"预防为主、综合治理"的原则规定，被学者们从学理上诠释为正式将预防原则确立为环境法的基本原则。最高人民法院 2014 年发布的《关于全面加强环境资源审判工作为推进生态文明建设提供有力司法保障的意见》明确，"案件审理过程中积极采取司法措施预防、减少环境损害和资源破坏，通过事前预防措施降低环境风险发生的可能性及损害程度"。2015 年施行的《关于审理环境民事公益诉讼案件适用法律若干问题的解释》第 1 条、第 18 条原则性确立了预防性环境民事公益诉讼。2021 年施行的《生物安全法》明确将风险预防作为基本原则。最高人民法院 2021年发布的《关于新时代加强和创新环境资源审判工作　为建设人与自然和谐共生的现代化提供司法服务和保障的意见》，再次强调"完善预防性、恢复性司法措施，健全公益诉讼制度，丰富多元化纠纷解决方式"，并在意见中就生物多样保护进行专项规定。由此可见，预防性环境公益诉讼不仅是经济社会发展对于生态环境保护的客观要求，亦是法治进程中规范体系的价值追求。[1]

（2）习近平总书记提出了"人与自然和谐共生"的科学自然观，强调人类的生存和社会的发展离不开生态系统，人类一直以来都是自然的依赖者。

---

[1] 秦天宝、陆阳："从损害预防到风险应对：预防性环境公益诉讼的适用基准和发展方向"，载《法律适用》2022 年第 3 期。

"不尊重自然，违背自然规律，只会遭到自然报复。"因此，只有尊重、顺应和保护自然，正确认识和运用自然规律，才能实现人与自然的和谐发展，把保护生态环境作为发展底线。[1]

---

[1] 习近平："共同构建人与自然生命共同体：在'领导人气候峰会'上的讲话"，载《人民日报》2021年4月23日。

第十二章

知识产权法学课程思政教学案例研究[1]

第一节　知识产权法学与课程思政

一、知识产权法学课程思政建设的必要性

（一）厘清知识产权法学课程思政内涵，构建全景式、融合式、渐进式的
　　　"德法兼修"法治人才培养模式，解决培养什么样的法学人才的
　　　问题

　　知识产权法是调整因创造、使用智力成果而产生的，以及在确认、保护与行使智力成果所有人的知识产权的过程中，所发生的各种社会关系的法律规范之总称。在经济全球化背景下，知识产权制度发展迅速，不断变革和创新，当前世界经济已经处于知识经济时代，技术创新已是社会进步与经济发展的最主要动力。从 20 世纪末开始，许多国家已经从国家战略的高度来考虑、制定和实施知识产权战略，并将知识产权战略与经贸政策相结合，构成了国家发展总体战略的组成部分。

　　2021 年中共中央、国务院印发了《知识产权强国建设纲要（2021-2035年）》（以下简称《纲要》）。《纲要》提出，到 2035 年，中国特色、世界水平的知识产权强国基本建成，知识产权综合竞争力跻身世界前列。随着知识产权越来越成为提升市场核心竞争力的手段，知识产权制度已成为基础性制

---

〔1〕　安静，内蒙古包头人，四川民族学院法学院教授，法律硕士，主要讲授"知识产权法"。基金项目：《四川民族学院知识产权一流课程建设项目》。

度和社会政策的重要组成部分。因此，知识产权法学课程思政应该构建全景式、融合式、渐进式的"德法兼修"法治人才培养模式，与国家知识产权战略相匹配，对实现国家总体目标具有重大意义。

（二）构建"知识产权法学＋思政"协同效应，培养法科生富有时代精神、实践导向和法理智慧的政治思维、法治思维

党的十八大以来，我国知识产权事业发展取得显著成效，知识产权法规制度体系逐步完善，核心专利、知名品牌、精品版权等高价值知识产权拥有量大幅增加，知识产权保护效果、运用效益和国际影响力显著提升，在国家知识产权战略的引领下，搭建知识产权法学课程思政教学设计内涵建设，推动思政元素融于知识产权法学课程，培养法科生富有时代精神、实践导向和法理智慧的政治思维、法治思维、系统思维、辩证思维、战略思维等，有助于引导法科生厘清全面依法治国重大战略，自觉抵制各种错误观点和错误思潮，增强科学思维能力，提高分析复杂现象、处理复杂问题的本领，最终形成"知识产权法学＋思政"协同效应，走出了一条中国特色知识产权发展之路，有力保障创新型国家建设和全面建成小康社会目标的实现。

二、知识产权法学课程思政案例教学设计思路阐述

（一）宏观层面：通过确立知识产权法学课程思政目标，确立知识产权法教学体系改革的方向和目标

高等教育的根本任务是立德树人，法学专业课程思政教学改革是高校贯彻立德树人的切入点，着力点，重点解决为谁培养人、怎样培养人和培养什么人的问题。新时代对知识产权法学课程思政提出了新要求，要求赋予法学专业课程思政新内涵、新使命。充分发挥知识产权法学课程的育人功能，把立德树人根本任务落实到学校人才培养的各个环节中。准确诠释知识产权法学课程思政中"思政"的内涵、目标、意义。

（二）微观层面，在案例教学中融入思政元素，通过实践中的"故事"阐明法治中的"道理"，全面增强习近平法治思想对广大学生的思想穿透力、理论说服力、政治凝聚力、信念感召力和行动指引力

（1）调整创新知识产权法学课程思政设计，系统化设计法学课程思政，以此为基础建立操作性强、资源配置合理及制度化保障的课程思政行动体系。

从分析教学对象、慎思教学目的、精选教学内容、优化教学方法、优化

教学评价五个方面改进教学设计，尤其是知识产权法思政案例教学。众所周知，习近平法治思想是根源于实践、运用于实践、在实践中经受检验、在实践中创新发展的法治理论，因此，知识产权法思政案例教学是理论和实践相结合的教学模式。

（2）全面推动"知识产权法案例教学+思政"特色教学进课堂，落实新时代课程思政改革创新。

法学是利益平衡的艺术，无论是立法、执法还是司法，需要平衡各方利益，法学问题往往没有标准答案，需要授课教师融会贯通，生动讲解。因此，推动"知识产权法案例教学+思政"特色教学进课堂，在教学案例分析中融入思政元素，融入"法治兴则国兴，法治强则国强""厉行法治、法安天下"的社会主义法治思想，在此基础上获得法科生的价值认同和制度自信，从而落实新时代课程思政改革创新。

（3）坚持守正和创新相统一，不断增强知识产权法学课程思政的思想性、理论性、亲和力、针对性。

贯彻知识产权法学与思政同向同行，确立"立德树人"概念中，"立"指政治方向，"树"指政治道路，最终达成全面依法治国、建设中国特色社会主义法治体系。

第二节 知识产权法学课程思政案例研究

一、著作权侵权及不正当竞争纠纷

（一）典型案例

1. 案例介绍

原告完美世界（北京）软件科技发展有限公司（以下简称"完美世界公司"）与被告北京玩蟹科技有限公司（以下简称"玩蟹公司"）著作权侵权及不正当竞争纠纷一案审理于北京市朝阳区人民法院。完美世界公司向法院提出诉讼请求：①判令玩蟹公司停止制作、宣传、运营或授权他人运营游戏《大掌门》；②判令玩蟹公司在中国知识产权报及网址为 www.17173.com、www.dazhangmen.playcrab.com、www.play crab.com 的网站上公开发表声明，以消除影响；③判令玩蟹公司针对著作权侵权行为赔偿公司经济损失60 000 000

元；④判令玩蟹公司针对不正当竞争行为赔偿公司经济损失20 000 000元；⑤判令玩蟹公司支付合理费用9900元及诉讼财产保全责任保险费用40 000元。

事实和理由：原告系手机在线游戏开发及运营商。2016年1月20日，原告支付授权费自著名作家查良镛（笔名金庸）处获得《射雕英雄传》《神雕侠侣》《倚天屠龙记》《笑傲江湖》四部小说（以下简称"涉案小说"）及其元素在游戏改编开发、发行及运营方面的独占权利。2013年1月，原告发现玩蟹公司开发、运营的移动终端游戏《大掌门》（以下简称"涉案游戏"）上线，并于苹果商店等各大手机软件市场提供下载。玩蟹公司未经原告或查良镛许可，在涉案游戏中使用涉案小说中的人物、武功、武器装备、故事情节等元素。2013年10月1日，玩蟹公司与原告关联公司完美世界软件公司签署《协议书》，约定玩蟹公司可继续使用涉案小说内容至2015年7月31日，并向查良镛及完美世界软件公司支付授权金。此后，玩蟹公司共支付授权金9 299 571.62元。但玩蟹公司在2015年7月31日后仍继续使用涉案小说内容，严重侵犯了原告针对涉案小说取得的改编权。此外，玩蟹公司还在涉案游戏宣传中使用金庸及涉案小说的元素，攀附金庸及涉案小说知名度，使相关公众认为涉案游戏由涉案小说改编而来，构成不正当竞争，给原告造成经济损失。以上事实，有营业执照、纸质图书、《授权书》《游戏软件改编授权合约之补充协议一》《委托书》、公证书、《协议书》、结算单、发票、打印件及当事人陈述等证据在案佐证。[1]

2. 判决理由

依照《著作权法》第10条、第11条、第47条、第48条、第49条，《反不正当竞争法》第2条、第17条之规定，北京市朝阳区人民法院判令：

（1）被告北京玩蟹科技有限公司于本判决书生效之日起10日内停止在游戏《大掌门》运营及宣传中使用《射雕英雄传》《神雕侠侣》《倚天屠龙记》《笑傲江湖》四部小说的人物名称、生平介绍、武功、装备、关卡、人物间关系、人物与武功间关系、人物与装备间关系等元素；

（2）被告北京玩蟹科技有限公司于本判决书生效之日起10日内赔偿原告完美世界（北京）软件科技发展有限公司因著作权侵权及不正当竞争造成的

---

[1] 案件来源："完美世界（北京）软件科技发展有限公司与北京玩蟹科技有限公司不正当竞争纠纷一审民事判决书"北京市朝阳区人民法院［2019］京0105民初22319号。

经济损失 20 000 000 元；

（3）被告北京玩蟹科技有限公司于本判决书生效之日起 10 日内支付原告完美世界（北京）软件科技发展有限公司合理费用 49 900 元；

（4）被告北京玩蟹科技有限公司于本判决书生效之日起 30 日内在中国知识产权报及网址为分别为 www. 17173. com、www. dazhangmen. playcrab. com、www. playcrab. com 的网站上发表声明，以消除影响（在媒体上的发布持续时间不少于 7 日，声明内容需于本判决生效之日起 10 日内送法院审核，逾期未履行，法院将在相关媒体上公布本判决相关内容，费用由被告北京玩蟹科技有限公司承担）。

3. 涉案问题

本案焦点：涉案游戏是否侵害涉案小说改编权；玩蟹公司在官方网站、官方微博及微信公众号中发布的文章是否构成不正当竞争；如果构成改编权侵权及不正当竞争应当如何承担责任？

4. 案例研析

（1）关于是否侵害涉案小说改编权。根据涉案小说纸质图书的署名、《授权书》《游戏软件改编授权合约之补充协议一》《委托书》，法院认定完美世界公司经授权获得涉案小说独家游戏改编权。

《著作权法》第 10 条第 14 项规定，改编权即改编作品，创作出具有独创性的新作品的权利。改编行为系在原作品基础上进行的再度创作，一方面未脱离原作品，另一方面再度创作而成的新作品与原作品之间存在明显差异，能够体现改编者对新作品投入的创造性劳动。改编行为既可以是将已有作品由一种体裁改为另一种体裁，也可以是对已有作品在同一体裁范围内进行改动，以使之适于不同的利用条件。根据上述规定，法院结合以下三方面认定涉案游戏侵害涉案小说改编权：

首先，涉案小说中的人物名称、武功、装备、人物间关系、人物与武功间关系及人物与装备间关系等元素的结合，体现了作者的选择、取舍、安排及设计等具有独创性的表达，应当受到著作权法的保护。判断涉案游戏是否构成对涉案小说的改编，首先应判断涉案游戏中使用的涉案小说元素是否属于著作权法保护的独创性表达。涉案小说作为文学作品，对于其中表达的界定既不应限缩于遣词造句，亦不应扩张至其主题、题材，当其中的人物关系等元素相结合，能够具体到一定程度，可以反映作者独特的选择、判断、取舍，即成为著作权法保护的表达。本案中，涉案小说中的人物名称、武功等相关元素展现了不同人物的身世背景、性格特征、独门绝技等，查良镛基于上述元素创作出包括涉案小说在内的诸多武侠故事，上述元素系查良镛武侠小说中的重要组成部分，能够较为完整地表达故事脉络。因此，法院认为上述元素属于著作权法保护的独创性表达。

其次，玩蟹公司利用了涉案小说的独创性部分，其玩法规则等并未脱离原作品，并非对涉案小说的单纯借鉴。本案中，虽然玩蟹公司主张涉案游戏中使用的部分元素来源于公知领域，并提交相应网页截屏，但比对完美世界公司提交的比对列表，玩蟹公司举证说明的其创作来源与涉案游戏相关内容的具体对应及一致性程度远低于完美世界公司列明的涉案小说相关内容，根据优势证据规则，法院认定涉案游戏使用了涉案小说相关元素。此外，涉案游戏并非对涉案小说中的人物名称或武功名称等不同元素进行单独、孤立的使用，而系对涉案小说中相关人物的技能、经历、不同人物之间的相互关系等进行高度提炼，将不同元素进行结合使用，涉案游戏的卡牌人物设置、人物背景、配备装备、武功及人物间关系、关卡等均依托于涉案小说的内容与架构，卡牌组合规则更与涉案小说中的人物、装备、武功、人物关系等具有对应关系，保留了与涉案小说实质性相似并且能够构成表达的独创性元素及设定，与涉案小说具有关联性及依存性。

最后，涉案游戏并非对涉案小说的原样复制，系具有独创性的创作行为。如前所述，与复制权控制的复制行为不同，改编行为系在原作品基础上的再度创作，当被诉侵权作品能够体现出改编者的创造性劳动时，著作权人才能依据改编权这一权项提出侵权主张。本案中，涉案游戏虽依托于涉案小说的内容与架构，但其根据游戏特性而设计的对白、游戏关卡等在涉案小说中均无法一一对应，且人物简介等内容亦系对涉案小说相关内容的选取、整合，使涉案小说的表现形式有了根本性的转变，因此，涉案游戏属于对涉案小说的改编。

综上，玩蟹公司未经许可将涉案小说改编成涉案游戏，侵犯了完美世界公司对涉案小说享有的改编权。

（2）关于消除影响，鉴于玩蟹公司对外进行宣传会导致相关公众对涉案游戏来源进行误认，因此玩蟹公司应当承担消除影响的民事责任，由于涉案游戏系通过网络传播，且用户数量较多，完美世界公司要求玩蟹公司在中国知识产权报、主要游戏网站 www. 17173. com、玩蟹公司官方网站 www. playcrab. com 以及该网站中涉案游戏专门页面 www. dazhangmen. playcrab. com 上公开发表声明的主张，与玩蟹公司对完美世界公司造成损害的范围相当，法院予以支持。

（3）关于赔偿损失，完美世界公司主张其为获得涉案小说授权支出 22 000 000 元版权费用，且根据 2013 年 10 月 1 日玩蟹公司与查良镛等案外主体签订的《协议》及玩蟹公司支付的游戏分成款等，可计算出涉案游戏在 2013 年 10 月至 2015 年 7 月间收入超过 230 000 000 元，此外，结合涉案游戏服务区数量来看，涉案游戏运营情况良好，因此完美世界公司主张玩蟹公司应当就其著作权侵权及不正当竞争行为分别赔偿 60 000 000 元及 20 000 000 元。对此，法院认为，尽管完美世界公司为获取涉案小说相关权利支付相应对价且提交了玩蟹公司与案外主体签订的《协议》及游戏分成款支付凭证，但完美世界公司获取的涉案小说授权范围较涉案游戏改编行为更加广泛，且《协议》及分成款支付凭证等证据一方面系玩蟹公司与案外主体间的协议，另一方面从分成款的金额中亦可看出游戏收益存在随时间减少的趋势，因此不宜将上述证据作为确定赔偿金额的绝对参考。另外，游戏服务区数量无法直接对应游戏收益，因此该证据亦仅可作为计算赔偿金额的参考依据之一。结合以上情况，法院综合考虑以下因素，对赔偿损失具体金额进行酌定：其一，涉案小说知名度极高，作者授权改编游戏许可使用费用较高；其二，2013 年 10 月 1 日，玩蟹公司即与查良镛等案外主体针对涉案游戏使用涉案小说元素的相关问题签署《协议》且出具致歉信，玩蟹公司在协议到期后继续使用相关元素，主观恶意明显；其三，涉案游戏开启服务区数量较多，2015 年 8 月为 248 组，至完美世界公司 2018 年 8 月 17 日公证取证时，安卓客户端及苹果客户端服务器数量分别达到 517 区及 447 区；其四，涉案游戏并非全部由涉案小说元素组成；其五，玩蟹公司自认其 2018 年及 2019 年 1 月至 8 月游戏收入分别为 6 213 834. 76 元、4 839 566. 19 元。关于完美世界公司主张的合理费用，其提交了相应金额发票，属于完美世界公司维权必要开支，因此法院对此予以全额支持。

（二）本案例课程思政元素分析

1. 制度规范

本案依照《著作权法》第 10 条、第 11 条、第 47 条、第 48 条、第 49 条，《反不正当竞争法》第 2 条、第 17 条之规定进行审理。通过本案引导法科生明了：我们要全面落实依法治国基本方略，严格依法保护知识产权，切实维护社会公平正义和权利人的合法权益。

2. 价值引领

本案中，玩蟹公司在其运营的域名为 playcrab.com 的网站、"大掌门游戏"微博、"大掌门"微信公众号中发布了大量文章，文中大量使用涉案小说中人物名称、故事梗概等元素，还有部分文章直接使用"《大掌门》中囊括了金庸 200 多位耳熟能详的知名豪侠，还将金庸中经典剧情再现"等表述，上述内容直接利用了涉案小说的知名度以及相关公众对涉案小说的喜爱，不当夺取了完美世界公司依据涉案小说进行游戏开发的机会，亦使相关公众对涉案游戏来源产生误解，损害了其他经营者及消费者的合法权益。

《反不正当竞争法》第 2 条规定，经营者在生产经营活动中，应当遵循自愿、平等、公平、诚信的原则，遵守法律和商业道德。

本案中，玩蟹公司未经许可，将涉案小说元素使用于涉案游戏及对外宣传文章中，构成著作权侵权及不正当竞争，应当承担停止侵害、消除影响及赔偿损失等责任。关于停止侵害的具体方式，完美世界公司主张玩蟹公司停止制作、宣传、运营及授权他人运营涉案游戏。本案中，涉案游戏系卡牌类游戏，虽然其整体游戏规则与胜负标准均一定程度上依托于涉案小说，但删除或更改涉案小说元素后，涉案游戏仍有继续运营空间，在此情况下，若判令玩蟹公司停止对涉案游戏整体进行开发、运营，一方面侵占了玩蟹公司在涉案游戏框架基础上进行升级开发的空间，另一方面会造成现有游戏用户利益难以保障。因此，有必要对各方当事人之间的利益以及当事人利益与公共利益之间进行平衡。因此，可以从本案中看出，我们要建设支撑国际一流营商环境的知识产权保护体系、建设激励创新发展的知识产权市场运行机制、建设便民利民的知识产权公共服务体系、建设促进知识产权高质量发展的人文社会环境。

二、信息网络传播侵权的认定标准及竞争权益司法保护边界的判断

（一）典型案例

1. 案例介绍

原告深圳市腾讯计算机系统有限公司（以下简称"腾讯计算机公司"）是涉案五款游戏《英雄联盟》《穿越火线》《地下城与勇士》《逆战》《QQ飞

车》的合法运营方和维权方，原告腾讯科技（深圳）有限公司（以下简称"腾讯科技公司"）是《逆战》《QQ飞车》的共同权利人，被告广州点云科技有限公司（以下简称"点云公司"）未经授权将上述游戏置于其云服务器中，供公众在网页版、移动端以及PC端使用云游戏平台获得涉案游戏，涉案游戏提示画质选择，还在线销售"秒进卡""加时卡"来提供云游戏排队加速、加时的有偿服务，提供"上号助手"的无偿服务，该服务系需要经过用户授权、勾选同意隐私协议方可使用，可保存包括涉案游戏在内的第三方游戏账号密码，用户下次登录游戏可直接使用上号助手一键登录，另还限制游戏外部链接跳转功能。各方当事人一致确认点云公司为其云游戏各平台用户提供的服务不影响涉案游戏在腾讯平台服务器上的原始状态，经比对侵权平台上的涉案游戏分别与腾讯计算机公司、腾讯科技公司主张的同名游戏构成相同。

腾讯计算机公司、腾讯科技公司认为点云公司的涉案行为构成侵害涉案游戏作品的信息网络传播权及不正当竞争，遂以两案诉至法院，请求判令点云公司停止侵权并赔偿包括维权合理支出的经济损失共960万元。[1]

2. 判决理由

法院经审理认为：涉案五款游戏应当作为以类似摄制电影的方法创作的作品获得保护，《英雄联盟》《地下城与勇士》《穿越火线》三款游戏的著作权人（美国、韩国等公司）仅授权腾讯计算机公司独占享有游戏的相关知识产权权益，腾讯科技公司仅对由其自行开发的《逆战》《QQ飞车》游戏享有诉讼主体资格。信息网络传播权调整的是发生在互联网环境下的交互式传播行为，核心构成要件在于通过信息网络提供作品和公众获得作品的交互性。云端服务器类似于涉案作品存在的载体，未改变系存在于互联网环境中的这一事实。点云公司作为服务提供方将涉案游戏"上传"或放置在其云服务器中，通过上传行为和开放行为在不同终端的云游戏平台提供作品。结合云游戏便捷体验的特点，用户不需要在本地计算机或移动设备上安装涉案游戏，只需要通过点云公司提供的涉案平台渠道就可以直接操作涉案游戏，游戏软件在云端服务器根据用户指令调用资源库里的素材然后向用户客户端返回一

---

〔1〕案件来源：杭州互联网法院2020年度知识产权司法保护十大案例之五：深圳市腾讯计算机系统有限公司等诉广州点云科技有限公司侵害信息网络传播权及不正当竞争纠纷案。

系列声音、视频影像，虽然涉案云游戏不需要下载安装，但云游戏软件的在线运行亦是用户获得的方式。可见，在点云公司运营的涉案各平台中，相关公众可根据个人选定的时间和地点，通过信息网络获得涉案作品，其行为应受到信息网络传播权的规制。针对复制流量、引流宣传行为，整体的用户数量和流量体现在涉案游戏中，不会因"云"模式的转变造成用户数量和流量的此消彼长；对于"秒进卡""加时卡"有偿增值服务及限制涉案游戏画质，"云+""互联网+"与"平台+"模式均是网络产业新兴的商业模式，本身具有中立性，不具有专属性，并非被诉行为不正当性的事由体现，上述行为能够为著作权项下权利的损害后果所涵盖；对于"上号助手"的无偿服务，是否在云游戏平台使用"上号助手"服务可供用户自行选择，不损害其知情权及限制用户应有权益，用户数据本身所产生的利益并不当然属于腾讯计算机公司、腾讯科技公司的合法权益。除上述三项不构成不正当竞争的被诉行为外，对于点云公司限制游戏功能及信息链接的行为，其在未经许可的情况下直接采用技术手段对腾讯计算机公司、腾讯科技公司提供的产品和服务进行干预和限制，显然会对腾讯平台普遍使用的游戏运营模式和盈利方式造成干扰和影响，直接导致腾讯计算机公司、腾讯科技公司对相关游戏的合法利益受损，相关行为构成不正当竞争。综上，法院于 2020 年 8 月 12 日判决：点云公司停止侵权，赔偿腾讯计算机公司因《英雄联盟》《穿越火线》《地下城与勇士》游戏所致经济损失及合理费用分别为 62 万元、53 万元、53 万元，赔偿腾讯计算机公司、腾讯科技公司因《逆战》《QQ 飞车》游戏所致经济损失及合理费用各 45 万元，上述五款游戏合计因侵权被判赔 258 万元，并驳回腾讯计算机公司、腾讯科技公司的其他诉讼请求。

点云公司不服，向杭州市中级人民法院提起上诉。杭州市中级人民法院于 2021 年 2 月 23 日作出民事调解书。

3. 涉案问题

本案系全国首例涉及 5G 云游戏著作权及不正当竞争案件。在 5G 云游戏布局带来增量市场的同时，新型传播方式所带来的权利保护方式和保护边界成为司法审判亟待解决的新问题。本案以云游戏模式技术原理为切入点，首次对云游戏模式下信息网络传播行为的认定标准以及著作权保护与反不正当竞争保护边界等作了有益探索和创新。

4. 案例研析

5G 云游戏是以云计算为基础的新型游戏方式，本身需要在云端服务器上运行，同时通过 5G 技术将渲染完毕后的游戏画面或指令压缩后通过网络传送给用户，本质上为交互性的在线视频流，当作品被置于云服务器时，通过不同终端的云游戏平台可供用户点击、浏览、运行，符合通过信息网络提供作品和公众获得作品的交互性两个核心构成要件，属于信息网络传播行为。基于传播模式的改变，云游戏模式必然导致用户（流量）的迁移，若该流量流失已被纳入信息网络传播侵权行为造成的损害范畴，则无法再在《反不正当竞争法》中寻求额外保护。

（二）本案例课程思政元素分析

1. 制度规范

本案进一步明确了受著作权保护的作品，通过云计算和云服务的方式向公众提供网络游戏，构成我国《著作权法》意义上的信息网络传播行为，需要获得著作权人的授权；同时，本案判决还正确地指出了著作权保护和反不正当竞争保护之间的界线。

2. 价值引领

第五代移动通信技术（5G）等新型网络技术的应用和普及，给云计算和网络游戏的结合带来了巨大机遇，在改变玩家游戏体验的同时，也将颠覆游戏开发商和游戏主机厂商的既定商业模式，全新的网络游戏业态呼之欲出。本案判决对于进一步维护 5G 云计算业态下的著作权作品传播秩序具有重大价值。[1]同时，也得出结论：我们要建设中国特色、世界水平的知识产权强国，对于提升国家核心竞争力，实现更高质量、更有效率、更加公平、更可持续、更为安全的发展等具有重要意义。

在数字经济竞争秩序治理中，法院应当秉承谦抑的司法态度，在尊重并保障游戏权利人合法权益的前提下，以促进创新竞争和有利于消费者的长远利益为指引，结合市场自由、市场激励创新等多元价值目标进行综合考虑，平衡好竞争自由和竞争秩序的兼容性，合理确定新经济新业态主体法律责任。

从本案中我们可以引领法科生认识到：法院在审判中应积极回应新技术、

---

〔1〕 点评专家：王迁，华东政法大学教授、博士生导师，全国杰出青年法学家，中国版权卓越成就者。

新经济、新形势对知识产权制度变革提出的挑战，有助于加快推进知识产权改革发展，全面提升我国知识产权综合实力，大力激发全社会创新活力，实施知识产权强国战略。

三、侵害商标权及不正当竞争纠纷

(一) 典型案例

1. 案例介绍

宁波方太厨具有限公司（以下简称"方太公司"）系第970814号"图片"、第1918833号"图片"、第5298880号"图片"三枚注册商标的权利人，最早一枚核准注册于1997年3月28日。上述商标核定使用于第11类油烟机、燃气灶等，经过方太公司多年宣传和使用，已具有很高知名度。永康市康顺工贸有限公司（以下简称"康顺公司"）拥有第1555572号"图片"注册商标，核准注册于2001年4月14日，核定使用类别为第8类刀具，方太公司曾对该商标提出撤销注册申请，但未获支持。现方太公司认为康顺公司在其销售的刀具产品、包装上，以及在广告宣传过程中单独或突出使用"方太"文字，并将其天猫网店命名为"方太家居旗舰店"，构成商标侵权及不正当竞争，慈溪市周巷彩芬日用百货店（以下简称"彩芬百货店"）销售康顺公司生产的上述刀具产品，亦构成商标侵权，遂诉至法院，请求认定涉案三枚商标为驰名商标，并判令康顺公司停止侵害、消除影响以及赔偿损失500万元（含合理开支），彩芬百货店停止侵害以及赔偿损失20万元（含合理开支）。[1]

2. 判决理由

宁波市中级人民法院经审理认为：本案驰名商标的认定将禁止或限制康顺公司使用其合法享有的"图片"商标，故方太公司应通过商标行政程序解决相关诉求，在本案中对方太公司的注册商标是否驰名不予审查。但是，康顺公司未能依法规范使用其自有的注册商标，在刀具上突出使用或单独使用"方太"字样、在网店上使用"方太家居旗舰店"名称、在商品链接中单独使用"方太"文字，上述行为攀附了方太品牌的商誉，容易导致相关公众混

---

〔1〕 案件来源："宁波方太厨具有限公司与永康市康顺工贸有限公司、慈溪市周巷彩芬日用百货店侵害商标权及不正当竞争纠纷案"。一审：宁波市中级人民法院［2019］浙02民初971号；二审：浙江省高级人民法院［2020］浙民终1181号。

淆误认，损害了方太公司及消费者的合法权益，应认定构成不正当竞争。此外，方太公司对彩芬百货店提出的相关诉请依据不足，不予支持。综上，法院于 2020 年 9 月 26 日判决：康顺公司立即停止不正当竞争行为，赔偿方太公司经济损失 40 万元（含合理开支）。

方太公司和康顺公司均不服，向浙江省高级人民法院提起上诉。浙江省高级人民法院于 2020 年 12 月 25 日判决：撤销一审判决，改判康顺公司停止商标侵权和不正当竞争行为；彩芬百货店停止商标侵权行为；康顺公司刊登声明以消除影响，并赔偿方太公司经济损失 100 万元（含合理开支）。

3. 涉案问题

本案涉及厨电领域知名品牌"方太"与他人注册于刀具类商品上的"方太"图文商标之间的冲突。本案中是否有必要审查原告商标驰名，进而判断其能否获得驰名商标特有的跨类保护。

4. 案例研析

其一，涉案商标核定使用的类别和被诉侵权商品的类别在功能、用途、生产部门、销售渠道等方面均存在较大差异，不属于相同或类似商品。方太公司请求认定涉案三枚商标均为驰名商标，由于三枚商标中均含有"方太"文字，且核定使用的商品均为第 11 类，如能认定注册时间较早的第 970814 号"图片"商标为驰名商标，已足以使方太公司获得充分救济，无需对另外两个商标是否驰名作出认定。因此，本案需要对方太公司第 970814 号"图片"商标在被诉侵权行为发生时是否驰名进行审查，划清双方注册商标之间的权利界限。在案证据可以证明涉案第 970814 号"图片"商标经过长期宣传和使用，已为我国相关公众广为知晓，应认定该商标在被诉侵权行为发生的 2019 年已达到驰名程度。其二，虽然康顺公司自有注册商标中含有"方太"文字，但其未严格按照核定使用的商标形态进行使用，而是单独或突出使用了与涉案商标文字相同的"方太"标识，并在旁边打上"©"标，改变了其自有商标的特征，容易导致相关公众误认为其与方太公司存在关联关系，落入方太公司涉案商标权的保护范围；天猫网店名称"方太家居旗舰店"亦超出了其自有商标核定使用的商品类别。上述被诉侵权行为已构成对方太公司涉案商标权的侵害。彩芬百货店销售被诉侵权刀具的行为亦构成商标侵权。其三，"方太"不仅是商标文字，也是方太公司的字号，属于受《反不正当竞争法》保护的有一定影响的企业名称，被诉侵权行为同时也侵害了方太公司对其企业名称所享有的合法权益，构成不正当竞争行为。

(二) 本案例课程思政元素分析

1. 制度规范

本案二审判决坚持驰名商标按需认定原则，认为在本案中有必要审查原告商标驰名与否，进而判断其能否获得驰名商标特有的跨类保护。通过本案引导法科生认识到：学会某个法律知识容易，但法律思维模式的形成，法治观念和法治思维的培养是一个需要不断训练和完善的长期过程。

2. 价值引领

法院最终在认定原告商标驰名的前提下，认为被告不规范使用自有商标的行为侵害原告商标权并构成不正当竞争，划清了双方注册商标各自的保护范围，不仅充分保护了驰名商标权利人的利益，避免了可能产生的市场混淆，也明晰了今后注册商标权人如何规范使用自有商标的行为规则。法律效果和社会效果的有机统一在本案中得以充分彰显。

司法认定驰名商标应坚持按需认定、被动认定、个案认定、事实认定原则。按需认定意味着在案件审理确有必要的情况下，法院才能够并且也应当在个案中认定驰名商标。本案判决丰富和完善了驰名商标按需认定的内涵，即当权利人提出请求认定多枚商标驰名的情况下，可以根据案件处理实际需要，在确保权利人获得充分救济的前提下，认定其中一枚或部分商标驰名。此外，注册商标权人在使用自有商标时，应当严格按照核定使用的类别和商标形态进行标注，超出核定商品或服务的范围或者以改变显著特征、拆分、组合等方式使用注册商标的，很可能侵入他人注册商标权的保护范围，从而构成侵权行为。

综上，推动知识产权信息公共服务和市场化服务协调发展，科学界定知识产权公共服务的边界，充分发挥市场在资源配置中的作用，建设中国特色、世界水平的知识产权强国，对于实现更高质量、更有效率、更加公平、更可持续、更为安全的发展，满足人民日益增长的美好生活需要，具有重要意义。

四、侵害实用新型专利权纠纷

(一) 典型案例

1. 案例介绍

原告：源德盛塑胶电子（深圳）有限公司（以下简称"源德盛公司"）。

被告：贺兰县银河东路晨曦通信部（以下简称"晨曦通信部"）。

2014 年 9 月 11 日，源德盛公司申请"一种一体式自拍装置"实用新型专利，2015 年 1 月 21 日获得授权，专利号 ZL201420522729.0（以下简称"涉案专利"）。涉案专利涉及拍摄支持设备领域的一种一体式自拍装置。

2018 年 12 月 13 日，源德盛公司委托代理人在晨曦通信部公证购买了一个自拍杆。销售人员出具的票据载明：商品名称为"自拍杆苹果"，数量为 1，金额为 25 元。

源德盛公司认为晨曦通信部销售自拍杆侵犯了涉案专利权，于 2019 年 5 月 7 日向宁夏回族自治区银川市中级人民法院起诉，请求判令晨曦通讯部立即停止销售、许诺销售被诉侵权产品的行为，赔偿其经济损失及合理费用 3 万元并承担本案诉讼费用。

源德盛公司于 2019 年期间在银川中级人民法院依据涉案专利针对同一区域的零售商同时提起 17 起侵害实用新型专利权诉讼。2019 年初至 2020 年 7 月，以源德盛公司为原告的案件中，上诉至最高人民法院的侵害同一专利权的案件已近 150 件，被诉侵权人绝大部分为零售商。最高法院受理的［2020］最高法知民终 357 号案件中，源德盛公司依据涉案专利起诉了被诉侵权产品的制造者。该案广州知识产权法院考虑该制造者属于重复侵权，主观过错明显，酌定判决该制造者赔偿源德盛公司经济损失及合理开支共计 100 万元，二审审理后依法对该判决予以维持。[1]

2. 判决理由

银川中级人民法院认定晨曦通信部销售的被诉侵权产品落入涉案专利权的保护范围，2019 年 10 月 21 日作出一审判决：晨曦通信部立即停止销售侵害涉案专利权的自拍杆产品，并赔偿源德盛公司经济损失和合理开支 2000 元。

源德盛公司不服一审判决，上诉请求改判赔偿数额 1 万元。主要理由是：一审判决确定的赔偿金额低于法定赔偿最低限额 1 万元，不符合《专利法》第 65 条的规定。

2020 年 8 月 3 日，最高人民法院作出二审判决，认为综合考虑本案侵权人销售侵权产品利润微薄、侵权时间不长、侵权人主观过错不大、侵权情节

---

[1]　案件来源：源德盛塑胶电子（深圳）有限公司与贺兰县银河东路晨曦通信部侵害实用新型专利权纠纷上诉案，［2020］最高法知民终 376 号。

较轻、当地经济发展水平不高等实际情况，原审法院根据现有证据，按照侵权人因侵权所获得的利益为基础酌定 2000 元赔偿数额并无不当，故驳回上诉，维持原判。

3. 涉案问题

本案二审的争议焦点为：一审法院在专利法规定的法定赔偿最低限额 1 万元以下确定 2000 元赔偿数额是否合理。涉及以下几个问题：《专利法》第 65 条规定的专利侵权赔偿数额计算方法的顺序；对机械适用法定赔偿的反思；根据侵权人因侵权所获得的利益酌定赔偿数额应考虑的因素。

《专利法》第 65 条规定了四种计算方法：①按照权利人因被侵权所受到的实际损失确定。②按照侵权人因侵权所获得的利益确定。③参照该专利许可使用费的倍数合理确定。④人民法院可在 1 万元至 100 万元法定赔偿限额内酌定赔偿额。一般情况下，上述确定专利侵权赔偿数额的计算方法是有适用顺序的：首先应当按照权利人因被侵权所受到的实际损失确定赔偿数额；如实际损失难以确定，按照侵权人因侵权所获得的利益确定赔偿数额；如侵权人所获利益难以确定，参照该专利许可使用费的倍数合理确定赔偿数额；如上述几项均难以确定，人民法院可在 1 万元至 100 万元法定赔偿限额内酌定赔偿额。《〈中华人民共和国专利法〉释解及实用指南》一书对于侵权获益的计算解释为：侵权人因侵权所获得的利益可以根据该侵权产品在市场上销售的总数乘以每件侵权产品的合理利润所得之积计算，合理利润一般按照侵权人的营业利润计算，对于完全以侵权为业的侵权人，可以按照销售利润计算。由于权利人对于被诉侵权产品的销售数量等信息无从掌握，而侵权人又往往拒不配合提供，往往使上述计算方法形同虚设。在司法实践中，受当事人诉讼能力等因素限制，权利人实际损失与侵权获益的举证较为困难，大量案件选择适用法定赔偿的计算方法。

4. 案例研析

在知识产权侵权诉讼中，为了进一步提高损害赔偿数额计算的合理性，在确定实际损失或侵权所得的赔偿数额时，法官可以在一定事实和数据基础上，根据案情运用裁量权确定计算赔偿所需的其他数据，确定公平合理的赔偿数额。根据上述方法酌定的赔偿数额，可以不受法定赔偿最高或者最低限额的限制。裁量因侵权所获得的利益时应考虑以下因素：①侵权行为的性质。②涉案侵权产品的价值和侵权获利情况。③侵权人的主观故意和侵权情节。

④权利人在关联案件中的整体获赔数额和合理维权开支情况。⑤侵权人所处区域的经济发展情况和侵权人自身的经营状况。

（二）本案例课程思政元素分析

1. 制度规范

人民法院根据侵权人因侵权所获得的利益酌定赔偿数额应考虑的因素。在知识产权侵权诉讼中，为了进一步提高损害赔偿数额计算的合理性，在确定实际损失或侵权所得的赔偿数额时，法官可以在一定事实和数据基础上，根据案情运用裁量权确定计算赔偿数额所需的其他数据，裁量公平合理的赔偿数额。根据上述方法酌定的赔偿数额，可以不受法定赔偿最高或者最低限额的限制。本案在权利人未举证证明其因被侵权所受到实际损失的情况下，可以按照侵权人因侵权所获得的利益确定赔偿数额。裁量因侵权所获得的利益时应考虑以下因素：①侵权行为的性质。在专利侵权案件中应区别侵权行为的性质，合理确定侵权人应当承担的法律责任，重点加强对侵权源头环节制造行为的制裁力度。②涉案侵权产品的价值和侵权获利情况。根据侵权产品价值高低、销售量大小等，确定侵权人因侵权所获得的利益。③侵权人的主观故意和侵权情节。如果权利人有证据证明侵权人属于故意侵权、重复侵权，或者存在侵权规模较大、持续时间较长等侵权情节，人民法院应当加大赔偿力度。④权利人在关联案件中的整体获赔数额和合理维权开支情况。对于权利人提起多起关联案件的，应当坚持总量分析、个案衡量，综合考量专利权人在同一地区因侵权行为的整体获赔能否弥补其总体经济损失和合理维权开支。既要让侵权人付出侵权代价，也要避免损害赔偿叠加导致权利人多重得利。对于同一代理机构代理多起关联案件、同一份证据用于多个关联案件的情况，要注意合理维权费用的分摊。⑤侵权人所处区域的经济发展情况、侵权人自身的经营状况也可以作为确定侵权获利和赔偿数额的考虑因素。

2. 价值引领

本案通过探索人民法院根据侵权人因侵权所获得的利益酌定赔偿数额时应考虑的因素，力图把商业维权引导到正确方向，传递给社会公众一个明确的指引：为了促进国家创新驱动发展战略和国家创新体系建设，人民法院会根据专利权的创新程度高低、侵权行为情节轻重等，合理确定保护范围和保护强度，达到鼓励创新、打击故意侵权、维护公平有序的市场竞争秩序的司法目的。

第十三章

商法学课程思政教学案例研究

第一节　商法学与课程思政[1]

一、商法学课程思政建设的必要性

随着社会主义市场经济体制的建立和完善，我国经济取得了举世瞩目的伟大成就，中国正在从经济大国向经济强国迈进。社会经济的转型会导致社会资源的重新分配，社会利益的重新分配，社会阶层的重新划分。这些变化必然会引起人们思想意识、价值观念和行为方式的变化。当下，我国民众的社会心态主流是积极的、健康的。但由于社会矛盾和利益冲突而造成部分商人和企业在利益的驱使下，在追逐利益最大化的过程当中，超越了法律和道德的底线，唯利是图的行为严重损害了消费者和其他经营者的利益，进而阻碍经济发展。经济的快速发展，需要有良好营商法治环境作为保障，而吸纳和培养高层次商事法治人才就成了题中应有之义。党的十八大以来，习近平总书记围绕教育工作发表了一系列重要讲话。针对法治人才培养，习近平总书记提出，不仅要提高学生的法学知识水平，而且要培养学生的思想道德素养。我国的法学教育和法治人才培养，应当坚持立德树人、德法兼修，把思想政治教育摆在首位，加强理想信念教育，深入开展社会主义核心价值观教育和社会主义法治理念教育，将思想政治教育贯穿法治人才培养全过程。

---

〔1〕　董祖霞，四川泸定人，四川民族学院法学院法学讲师，法学硕士，主要讲授"商法""经济法"。

商法学是培养"竞争精神""规则意识""人文情怀"三位一体的法学课程。商法致力于调整和优化市场经济活动相关主体间的权利义务关系，聚焦经济生活中商事主体的组织形式、破产资源重组、商业信用、票据流通、证券市场融资、保险风险分担运作。作为市场经济的基本法，商法的价值追求，除法治精神这一应有之义外，同时也契合社会主义核心价值观。商法将弘扬社会主义核心价值观提高到立法目的层面，契约精神、诚信经营、遵守职业道德、企业社会责任等是社会主义核心价值观在商法领域的辐射。商法的具体制度均是根植于基本国情，以解决中国问题为中心的制度设计。例如，我国特有的个体户制度。改革开放后，为了活跃经济、保障人民生活水平提高，国家允许城镇居民开办各种形式的个体户。个体户是我国经济发展过程中所产生的一种特殊经济组织形态，它的产生对促进国民社会经济发展、解决过剩劳动力就业问题起到了积极作用。

二、商法学课程思政案例教学设计思路阐述

商法是社会主义市场经济的基本法，其主要对商事主体、商事权利义务、商事交易等与市场经济相关的法律制度进行了系统的规范。通过该课程的学习，能够使法科生准确地理解商法的价值追求，系统地掌握商法的基本原理和具体法律制度，初步学会分析和处理实践中的各种商事法律问题。同时对商事主体的权利、义务、责任亦有深入的认识，不断增强自身的法律意识，自觉养成运用法治思维和法治方式分析问题、处理事务、开展工作、化解矛盾的良好习惯。

商法学课程思政案例教学设计以基本原理和具体法律制度为依托，深入挖掘蕴含当中的思政元素。使法科生在掌握商事法律制度及其运行规律的同时逐渐形成正确的商法思维和伦理观念，以此促进培养具有"竞争精神""规则意识""人文情怀"的"德法兼修"法治人才培养目标的实现。具体教学设计思路如下：

（一）优化教学过程，将课程思政运用实践中

在商法的教学过程中，采用以司法案例为切入点的问题导向学习模式，激发学生的学习兴趣，有意识地、潜移默化地培养学生在商法课程当中应具备的专业能力和核心价值观、法治伦理、道德伦理。从实际出发选取具有代表性、时代性、典型性，紧扣商法知识点的司法案例。构建商法知识在实务

当中运用的教学情境，使学生成为过程参与的主体，感受商法的知识和案例带来情感及心灵上的影响力。

（二）充分挖掘思政素材，坚持专业知识与思想政治教育的深度融合

以专业知识为载体，精准把握思政元素与专业知识的融入点和结合点，拓展和深化专业课程思政化，在知识的传授中突出价值的引领，实现隐性教育与显性教育的有机统一。使法科生形成正确的商法思维和良好的思想品德，成长为具有"竞争精神""规则意识""人文情怀"的"德法兼修"法治人才，从而达到润物细无声的立德树人的效果。

（三）提高课程教学质效，多种课程的结合，协同育人

充分利用自媒体时代的各种媒介资源，拓展教学资源，有效地实现师生互动，从而提高课程教学质效。把握商法与民法、经济法、经济学等课程关联性，构建不同课程协同联动的育人体系，从而实现"三全育人"的协同局面。

（四）思政考核优化

课程思政的考核评价机制应贯穿于教学全过程。融合认知、情感、行为、价值观等多要素考核方式，关注法科生的终身发展，以促进思政目标达成。评价应采取学生互评、教师评价等多元化考核方式。在考核评价中，不仅要注重法科生对专业知识的运用，更要对其学习态度、团队合作、观点表达、职业素养、人生态度、价值观等进行过程性评价和发展性评价，最后形成综合评价。

第二节　商法学课程思政案例研究

一、企业名称（商号）权

（一）典型案例

1. 案例介绍

百合佳缘网络集团股份有限公司（以下简称为"百合公司"）系成立于2004年6月9日的股份有限公司，经营范围为互联网信息服务、婚姻服务、情感咨询服务等。"百合网"是由该公司开办的网站，该网站在评比中获得多个有较大影响力的奖项，在婚恋服务市场具有一定影响力。百合公司先后获

得了"百合"注册商标、"百合网"注册商标、"百合网"图文组合商标，三个注册商标均被核定服务项目为第 45 类：婚姻介绍、交友服务等。宁阳县百合佳缘婚恋中心系成立于 2019 年 8 月 5 日的个体工商户，经营者为王某云，经营范围为婚介服务。2021 年 4 月 28 日，该个体工商户由宁阳县行政审批服务局核准注销。宁阳县百合佳缘婚恋中心存续期间在泰安市范围内没有实体店。

百合公司就其与宁阳县百合佳缘婚恋中心擅自使用其有一定影响力的企业名称纠纷一案向法院提起诉讼。请求判宁阳县百合佳缘婚恋中心立即停止侵权行为，并且赔偿经济损失及合理开支 5 万元。诉讼过程中，因宁阳县百合佳缘婚恋中心办理了注销手续，百合佳缘网络集团股份有限公司要求其经营者王某云承担责任。[1]

2. 判决结果

法院经过审理后，认定王某云将"百合佳缘"文字作为个体工商户的字号使用的行为，侵害了百合公司的合法权益，构成不正当竞争。法院判决王某云生效赔偿百合公司经济损失及合理开支 1 万元，驳回百合公司的其他诉讼请求。

3. 涉案问题

①百合佳缘网络集团股份有限公司的企业名称"百合佳缘"是否具有一定的影响力。②王某云在为其经营的个体工商户登记字号时，将"百合佳缘"文字作为个体工商户的字号使用，是否引起相关公众误认为百合佳缘网络集团股份有限公司和宁阳县百合佳缘婚恋有特定联系。

4. 案例研析

本案中，百合公司成立于 2004 年 6 月 9 日，公司经营期间，陆续取得了"百合"注册商标、"百合网"注册商标、"百合网"图文组合商标。百合公司开办的"百合网"网站，在评比中获得多个有较大影响力的奖项。据此，可以认定百合公司系在婚姻介绍行业内具有一定影响的企业。

王某云在为其经营的个体工商户登记字号时，将与他人有一定影响的企业名称中最显著、具有识别意义的"百合佳缘"文字作为个体工商户的字号使用，且经营范围与百合公司的经营范围存在重合，容易使相关公众误认为二者具有特定联系，从而将宁阳县百合佳缘婚恋中心提供的服务误认为百合

---

[1] 本案例根据山东省泰安市中级人民法院民事判决书［2021］鲁 09 民初 77 号整理而成。

公司提供的服务，造成市场混淆，侵害了百合公司的合法权益，因此，王某云的行为构成不正当竞争，应当承担停止侵权、赔偿损失等责任。

鉴于宁阳县百合佳缘婚恋中心已经注销，该侵权行为已经停止，但《民法典》第 56 条第 1 款规定，个体工商户的债务，个人经营的，以个人财产承担；家庭经营的，以家庭财产承担；无法区分的，以家庭财产承担。因此，王某云作为宁阳县百合佳缘婚恋中心的经营者，仍应在承担相应的赔偿损失责任。法院综合考量百合公司在行业内的影响力、知名度以及王某云的主观过错程度、侵权行为的性质、范围、持续时间等因素，及宁阳县百合佳缘婚恋中心经营年限，新冠疫情的影响，酌情确定由王某云赔偿百合公司经济损失及合理支出 1 万元。

（二）本案例课程思政元素分析

1. 制度规范

商号权是指商事主体在特定的范围内对自己注册登记的商号依法独自享有使用、转让、许可的权利。商号是由文字构成的，是商事主体用以彰显自身的标识，商号具有标识商事主体的基本功能。《反不正当竞争法》第 6 条规定，经营者擅自使用他人有一定影响的企业名称（包括简称、字号等），引人误认为是他人商品或者与他人存在特定联系的混淆行为构成不正当竞争。通过侵犯商号权的方式实施的商业混淆行为是不正当竞争行为，会损害其他经营者和消费者的合法权益，会损害市场公平竞争。

2. 价值引领

通过侵犯其他经营者商号权的方式实施的商业混淆行为是不正当竞争行为，违背商业伦理、违反公平和诚实信用原则，损害其他经营者和消费者的合法权益，破坏了公平竞争机制应当受到法律的制裁。

本案阐释了广大经营者在利益面前，要恪守社会公德、诚信守法经营。通过该案例的分析使法科生认识到，"民无信不立"，对企业经营而言亦是如此，依法诚信经营是企业安身立命之本。

二、个体工商户的法律责任

（一）典型案例

1. 案例介绍

一审法院于 2021 年 2 月 22 日立案受理夏某与赤壁雷梓百货商行侵害实用

新型专利权纠纷一案。一审法院经审查发现赤壁雷梓百货商行已于立案之前，即 2020 年 9 月 29 日注销。一审法院告知夏某，要求其核实赤壁雷梓百货商行经营状态，夏某于 2021 年 4 月 2 日向一审法院提交赤壁雷梓百货商行工商查询信息，显示赤壁雷梓百货商行的确于 2020 年 9 月 29 日注销，夏某同日申请追加经营者刘某英作为本案共同被告参加诉讼。夏某在举证期限内的 2021 年 4 月 12 日邮寄提交了"变更被告申请书"，申请将本案被告赤壁雷梓百货商行变更为刘某英。

一审法院认为，最高人民法院《关于适用〈中华人民共和国民事诉讼法〉的解释》（本节以下简称《〈民事诉讼法〉司法解释》）第 59 条第 1 款规定[1]，以个体工商户营业执照上登记的字号为当事人是指在诉讼中未注销工商登记且有字号的情况。本案中，赤壁雷梓百货商行在起诉前，而非诉讼过程中就已经被注销而不存在，不具备诉讼主体资格，不是本案适格被告，夏某将赤壁雷梓百货商行列为被告起诉，不符合法定起诉条件。同样，刘某英作为原赤壁雷梓百货商行登记经营者，并非与原赤壁雷梓百货商行共同实施侵权行为，夏某在以原赤壁雷梓百货商行作为被告的情况下，又追加其经营者为共同承担责任的被告，无事实和法律依据，一审法院不予同意。一审法院裁定驳回夏某的起诉。

夏某不服一审法院的裁定，提起了上诉。夏某认为：他在举证期限内的 2021 年 4 月 12 日邮寄提交了"变更被告申请书"，申请将本案被告赤壁雷梓百货商行变更为刘某英，符合法律规定。一审法院在收到"变更被告申请书"后未经审查即作出驳回起诉的裁定，未充分尊重其民事权利。一审法院裁定刘某英并非本案共同被告，适用法律错误。一审法院仅以被告当事人不适格为由，裁定驳回起诉，不符合民事诉讼法的"两便原则"。[2]

2. 判决结果

二审法院依照《民事诉讼法》第 171 条、《〈民事诉讼法〉司法解释》第 232 条之规定，裁定撤销一审法院作出的民事裁定，指令其他人民法院审理。

---

[1] 《〈民事诉讼法〉司法解释》第 59 条第 1 款规定："在诉讼中，个体工商户以营业执照上登记的经营者为当事人。有字号的，以营业执照上登记的字号为当事人，但应同时注明该字号经营者的基本信息。"

[2] 本案例根据中华人民共和国最高人民法院民事裁定书［2021］最高法知民终 1468 号整理而成。

3. 涉案问题

个体工商户注销后其责任主体的确定。

4. 案例研析

个体工商户本质上是自然人从事工商业经营及商事活动资格法律化的体现，是对自然人商事资格的确认、个体工商户的债务，以个人或家庭财产承担，个体工商户注销与否，并不影响其责任主体的确定。同时，个体工商户的字号是对当事人主体名称的表述，是否存在字号，亦并不影响责任主体的确定。当个体工商户注销时，并不影响其经营者承担相应的民事责任，诉讼中应依法将诉讼主体变更为营业执照上登记的经营者。本案中，夏某起诉时，其提交的赤壁雷梓百货商行的工商登记材料含有具体明确的经营者信息，应当认定为有明确的被告。赤壁雷梓百货商行已经注销，该字号已不存在，且能够明确经营者信息的情况下，应当将诉讼主体即本案被告变更为经营者刘某英。

（二）本案例课程思政元素分析

1. 制度规范

维护商事交易安全是商法的基本原则之一。商事交易安全原则具体内容体现在强制主义、公示主义、外观主义以及严格责任主义四个方面。个体工商户注销与否并不影响其责任主体的确定，个体工商户的债务，以个人或家庭财产承担，个体工商户注销与否，并不影响其责任主体的确定。同时，个体工商户的字号是对当事人主体名称的表述，是否存在字号，亦并不影响责任主体的确定。《民法典》关于个体工商户责任的确定和承担的规定体现了维护商事交易安全原则中的严格责任主义。这样的制度安排能够增强商事主体的安全感，调动人们从事商事交易活动的积极性。

2. 价值引领

《民法典》关于个体工商户责任的确定和承担的规定，有利于促进社会公平正义的实现，能够减少和消除商事交易活动的不安全因素，营造更加完善、公平的营商环境，为经济发展创造更好的法治环境。

通过对案例的学习，使法科生能够正确行使自己的民事权利，承担民事义务。增强法科生的守法意识，自觉形成根植内心的"责任"意识，树立正确人生观、价值观，引导法科生形成并践行遵纪守法，爱岗敬业，诚实守信等社会主义核心价值观。

三、保险法之最大诚信原则

（一）典型案例

1. 案例介绍

2017 年 10 月 30 日 14 时 40 分，七台河市天宇公司名下由司机王某杰驾驶的重型仓栅式货车，与同方向后方行驶的重型自卸货车相撞，造成重型自卸货车乘车人受伤，双方车辆受损的道路交通事故。事故发生后，因天宇公司在中国平安财产保险股份有限公司大庆支公司（以下简称"平安保险大庆支公司"）处投保交强险和商业险，天宇公司多次催促平安保险大庆支公司对重型仓栅式货车核定损失进行维修，但平安保险大庆支公司拖延定损，致使天宇公司重型仓栅式货车延期定损超过约定 30 日，共计 58 天才定损。维修时间从 2017 年 12 月 28 日到 2018 年 2 月 7 日维修完，平安保险大庆支公司于 2018 年 3 月 12 日支付维修款，使天宇公司车辆停运 32 天。经鉴定，重型仓栅式货车日停运损失为 790.00 元。

天宇公司和平安保险大庆支公司，就理赔产生争议。天宇公司将平安保险大庆支公司诉至法院，天宇公司向一审法院起诉请求：①平安保险大庆支公司支付其按照 10% 免赔额计算未支付的车辆维修费用 18 000.00 元；②支付 2017 年 10 月 30 日至 2018 年 3 月 12 日期间停运损失 28 天即 790.00 元×28 天 = 22 120.00 元；③逾期支付维修款停运 32 天即 790.00 元×32 天 = 25 280.00 元；④救援费 3000.00 元。以上共计 68 400.00 元。一审法院审理后支持了原告天宇公司的全部诉讼请求。

平安保险大庆支公司不服一审法院的判决，向二审法院提出上诉。平安保险大庆支公司上诉请求：①撤销一审民事判决；②改判不赔偿天宇公司损失 68 400.00 元；③一、二审诉讼费由天宇公司承担。[1]

2. 判决结果

二审法院开庭审理后，判决如下：①驳回上诉，维持原判。②二审案件受理费由上诉人平安保险大庆支公司负担。

3. 涉案问题

本案的焦点问题有两个，一是违反安全装载规定的实行 10% 的绝对免赔

---

[1]　本案例根据黑龙江省七台河市中级人民法院民事判决书［2021］黑 09 民终 1 号整理而成。

率对于天宇公司是否生效；二是保险公司在接到投保人报案申请理赔后，怠于履行法定定损、理赔的义务，是否因此承担违约责任。

4. 案例研析

本案是为车辆超速行驶出现保险事故，保险公司拖延定损致使投保人扩大损失而引起的保险赔偿纠纷。本案的争议焦点之一就是保险公司关于违反安全装载规定的实行 10% 的绝对免赔率对于投保人是否生效即免责条款是否生效。根据《保险法》第 17 条[1]，对免责条款，保险人应向投保人以书面或者口头形式作出明确说明，未作提示或者明确说明的，该条款不产生效力。本案中，保险公司事先对免责条款未向投保人进行明确说明，故 10% 的绝对免赔率免责条款对投保人不发生法律效力。

本案的争议焦点之二，保险公司在接到投保人报案申请理赔后，怠于履行法定定损、理赔的义务，是否因此承担违约责任。我国《保险法》第 23 条[2]规定了保险人最长的法定核定期间为 30 日，保险人有核定结果通知义务、支付保险金的最长期间（在与被保险人或者受益人达成赔偿或者给付保险金的协议后 10 日内）、违反该义务的法定责任（除支付保险金外，应当赔偿被保险人或者受益人因此受到的损失）。本案中平安保险大庆支公司自接到天宇公司请求后，应在最长不得超过 30 天内作出核定损失的结论，但平安保险大庆支公司在此期间怠于履行法定定损、理赔的义务，应当向天宇公司承担超期定损和逾期支付维修款造成车辆停运的损失。

---

〔1〕《保险法》第 17 条："订立保险合同，采用保险人提供的格式条款的，保险人向投保人提供的投保单应当附格式条款，保险人应当向投保人说明合同的内容。对保险合同中免除保险人责任的条款，保险人在订立合同时应当在投保单、保险单或者其他保险凭证上作出足以引起投保人注意的提示，并对该条款的内容以书面或者口头形式向投保人作出明确说明；未作提示或者明确说明的，该条款不产生效力。"

〔2〕《保险法》第 23 条："保险人收到被保险人或者受益人的赔偿或者给付保险金的请求后，应当及时作出核定；情形复杂的，应当在三十日内作出核定，但合同另有约定的除外。保险人应当将核定结果通知被保险人或者受益人；对属于保险责任的，在与被保险人或者受益人达成赔偿或者给付保险金的协议后十日内，履行赔偿或者给付保险金义务。保险合同对赔偿或者给付保险金的期限有约定的，保险人应当按照约定履行赔偿或者给付保险金义务。保险人未及时履行前款规定义务的，除支付保险金外，应当赔偿被保险人或者受益人因此受到的损失。任何单位和个人不得非法干预保险人履行赔偿或者给付保险金的义务，也不得限制被保险人或者受益人取得保险金的权利。"

（二）本案例课程思政元素分析

1. 制度规范

最大诚信原则是《保险法》的核心原则，其"最大"不是指其效力位阶最高，而是在保险合同当事人与关系人的义务方面，其要求比其他民商法更为严格。最大诚信原则通过一系列规则发挥规范作用，免责条款的提示说明义务和保险公司的及时理赔义务就是其中之一。商业保险合同中保险公司的义务，既包括保险合同约定（约定义务），亦包括法定义务。为了防止保险人滥用格式条款，任意免除理赔责任，"淡化"其及时理赔义务，从而侵犯被保险人利益，《保险法》第17条规定了保险人没有尽到提示说明义务则该免责条款不产生效力。《保险法》第23条规定保险人最长的法定核定期间、核定结果通知义务、支付保险金的最长期间以及违反该义务的法定责任。

保险人对免责条款的提示说明义务和及时理赔义务的确立，具有以下意义：一是避免保险人滥用格式条款，随意免除理赔责任。保险人随意免除理赔责任，不仅会损害投保人或者受益人的利益，也会降低保险人的商业信誉，牺牲保险人的长远利益。二是有利于引导保险人诚实履约，保险标的遭受意外事故后，及时主动核定、通知与支付保险金，杜绝拖延理赔。如保险人不及时主动理赔甚至拒绝理赔，将会增加保险纠纷的产生，增加了社会运行成本，影响社会和谐。三是充分发挥保险在分散被保险人风险、恢复其生产经营或提供其生活保障方面的积极作用，充分发挥其经济助推器和社会稳定器的作用。

2. 价值引领

引导法科生通过本案例体会保险公司应当如何践行《公司法》规定的社会责任。作为企业，追求利润是首要目标，但是不能以追求利润最大化为唯一的目标。企业的社会责任本质是要求企业在追求利润的同时，应当树立大局意识，诚信经营、认真执行国家法律的规定，积极主动履行社会责任，维护和增进企业社会利益。

通过知识传授与价值引领相结合的形式，培养法科生的社会责任意识、诚实守信精神和职业道德素养，引导法科生做社会主义核心价值观的坚定信仰者、积极传播者、模范践行者。

四、破产法之重整制度

（一）典型案例

1. 案例介绍

重庆海虹服饰有限公司（以下简称"海虹服饰公司"）是一家成立于2004 年 11 月的民营企业，注册资本 6000 万元，主要从事工作服的加工与销售。受经济下行压力影响以及新冠疫情冲击，企业经营出现困难。经债权人申请，2020 年 5 月 28 日，重庆市第五中级人民法院裁定受理海虹服饰公司破产清算案。

2020 年 11 月 25 日，海虹服饰公司以其经营状况良好，公司在 2020 年 3 月至 10 月期间签约订单总额 7 903 850 元且均能按约完成，具备一定市场价值，且债务人股东、大多数债权人以支持重整为由，向法院申请对海虹服饰公司进行重整。法院经审查认为，在裁定破产清算前，海虹服饰公司作为债务人向法院申请该公司重整符合法律规定。海虹服饰公司提交的证据显示该公司重整具有一定的必要性和可行性。法院依照《破产法》第 2 条、第 70 条第 2 款，第 71 条之规定，裁定自 2020 年 11 月 27 日起海虹公司由破产清算程序转为重整程序。

2020 年 12 月 16 日，海虹服饰公司第二次债权人会议召开，重整计划草案获参加表决的债权组全票通过。海虹服饰公司向法院提出申请，称《海虹服饰公司重整计划方案》经 2020 年 12 月 16 日第二次债权人会议表决通过，请求批准重整计划。[1]

2. 裁判结果

2021 年 1 月 6 日，法院裁定批准海虹服饰公司重整计划。

3. 涉案问题

破产清算与重整之间的程序转换。

4. 案例研析

本案是积极运用破产程序转换，充分促进企业重整的典型案例。本案经历了破产清算到重整的程序转换，但从裁定受理到裁定批准重整计划历时仅

---

[1] 本案例根据最高人民法院发布优化营商环境十大破产典型案例之三：重庆海虹服饰有限公司破产清算转重整案，重庆市第五中级人民法院［2020］渝 05 破 75 号之二整理而成。

224 天。法院在综合分析企业生产、销售能力和市场前景的基础上，及时依法裁定由破产清算程转入重整程序，高效完成整个破产程序，实现了相关利益主体共赢。企业摆脱困境继续发展，职工就业得以保障，同时也大幅提高了债权清偿率，最大限度维护了债权人合法权益。

（二）本案例课程思政元素分析

1. 制度规范

破产重整，是对可能或已经发生破产原因但又有希望再生的债务人，通过各方利害关系人的协商，并借助法律强制性地调整他们的利益，对债务人进行生产经营上的整顿和债权债务关系上的清理，以期摆脱财务困境，重获经营能力的特殊法律程序。破产重整是挽救企业、预防破产最有力的法律制度之一。该制度的确立旨在防止濒临危困的债务人进入破产清算，以积极挽救危困债务人使其摆脱困境为主要目的。它在债务人经营发生困难和最终清算之间设置了缓冲地带，给了债务人一个起死回生的机会。破产重整制度的实施，能够弥补破产和解、破产清算制度的不足，帮助债务人摆脱财务困境、恢复营业能力，在最大限度保障债权人利益、防范大公司破产带来的社会问题方面，具有不可替代的作用。

现代破产法不仅解决债务人不能清偿到期债务时的清偿问题，更考虑如何通过破产程序赋予债务人重生的机会。我国破产法从尽力挽救市场主体的角度出发，科学地设置了破产重整制度。重整的直接目的是挽救财务状况恶劣或已暂停营业及有停业危险的公司，因其有继续经营的价值、重整的可能和必要，从而予以重整使其免予解体或破产，使濒临破产或已达到破产界限的债务人起死回生。若债务人重整成功，债务人的债权人将有效避免因其进入破产清算所导致的债权清偿比例过低造成的损失。债务人重整的间接目的是保护债权人以及社会公众的利益，如若债务人重整成功，职工将免予失业，进而维护社会安定与促进经济发展。

2. 价值引领

破产重整制度的出现，体现了破产法立法追求的巨大转变：从债权人至上主义，发展到兼顾债务人利益，再到社会利益平衡。重整制度的出现使破产法由个人本位向社会本位转变，标志着破产制度由清算型向真正意义上的再建型转变。

法科生通过学习，了解我国通过法治建设为改善营商环境所做的努力以及取得的成就。对破产重整制度的功能与价值，有较为全面的认识，获得对理解企业问题、经济问题与法律问题的全新视角。同时，本案中法院依法灵活运用恰当的破产方式，对法科生树立守正创新精神有积极影响。

五、票据法之利益返还请求权

（一）典型案例

1. 案例介绍

2016 年 4 月 8 日，出票人森茂公司出具银行承兑汇票一张，票据号码为301××××3487，收款人为昇茂公司，付款行为交通银行股份有限公司宜兴支行（以下简称"交行宜兴支行"），金额为 10 万元，汇票到期日为 2016 年10 月 8 日。后上述汇票通过背书的形式依序转让给昇茂公司、岳阳市盛森石化有限公司、滁州市绿港商贸有限公司、安徽金禾实业股份有限公司、江苏银珠集团海拜科技股份有限公司、宿迁鹏鸿工贸有限公司、宿迁宏信建设发展有限公司（以下简称"宏信公司"）。2020 年 6 月 16 日，宏信公司委托交行宜兴支行付款被拒付，拒付理由为已超票据权利时效，故其诉至江苏省宜兴市人民法院。宏信公司提出以下诉讼请求：（1）判令被告支付票号为 301××××3487 号银行承兑汇票 10 万元票据利益；（2）本案诉讼费用由被告承担。

交通银行宜兴支行对宏信公司提交的银行承兑汇票、拒绝付款理由书等证据无异议，但认为宏信公司应在 2019 年 10 月 8 日前主张票据利益，宏信公司委托收款时已超过该期限，其拒付符合法律规定，且因此产生的费用应当由宏信公司自行承担。[1]

2. 判决结果

人民法院依照《票据法》第 17 条第 1 款、第 18 条、第 19 条之规定，判决：①交通银行宜兴支行于判决发生法律效力之日起 10 日内向宏信公司返还票据利益 10 万元。②案件受理费 2300 元，减半收取 1150 元，由交通银行宜兴支行负担。

3. 涉案问题

票据利益返还请求权。

---

〔1〕 本案例根据江苏省宜兴市人民法院〔2020〕苏 0282 民初 6926 号判决书整理而成。

4. 案例研析

汇票是出票人签发的，委托付款人在见票时或者在指定日期无条件支付确定的金额给收款人或者持票人的票据。持票人对票据的出票人和承兑人的权利，自票据到期日起两年不行使而消灭。但是，持票人因超过票据权利时效而丧失票据权利的，仍享有民事权利，可以请求出票人或者承兑人返还其与未支付的票据金额相当的利益。案涉承兑汇票到期日为 2016 年 10 月 8 日，相应票据权利的期限至 2018 年 10 月 8 日，持票人宏信公司虽丧失票据权利，但仍享有民事权利即票据利益返还请求权，可以请求承兑人即交行宜兴支行返还其与未支付的票据金额相当的利益。

（二）本案例课程思政元素分析

1. 制度规范

票据法作为调整票据关系以及与票据关系有关的其他社会关系的法律规范，其立法宗旨和功能则是确定票据上的权利和保障票据的流通。作为商法基本原则之一的促进交易简单便捷原则要求交易应尽可能迅速敏捷，缩短交易时间，加快交易速度，从而提高交易效率。为此，票据都被设定为严格的要式证券，并且适用短期的消灭时效来保障票据的流通功能和安全性。在严格的要式性和短期的消灭时效规定之下，持票人稍有疏忽，就有可能丧失票据权利。例如，本案当中权利人因时效消灭而丧失票据权利，债务人则得到额外利益，从而导致不公平结果的发生。票据法为平衡当事人之间的利益，基于公平原则，设票据利益返还请求权制度。

票据利益偿还请求权是指票据权利因票据时效或者保全手续的欠缺而丧失，持票人对于出票人或承兑人于其所受利益限度内请求返还其利益的权利。这是法律为平衡票据关系当事人的利益，对持票人的补救。持票人因超过票据权利时效而丧失票据权利的，仍享有民事权利，可以请求出票人或者承兑人返还其与未支付的票据金额相当的利益。票据利益返还请求权系法律规定的权利，虽然超过票据权利时效是持票人的责任，但出票人或承兑人仍应返还票据利益。当前，部分作为承兑人的银行对超过权利时效的票据不走内部审批流程，均要通过诉讼程序，这也造成了诉讼资源的浪费和不必要的讼累。

2. 价值引领

票据短期时效虽然有利于商事交易效率，但在时效期间经过后可能产生豁免出票人或承兑人债务的"不公正""利益不平衡"的状态，故票据利益返还请求权制度基于"利益平衡"的理论基础应运而生。因此，票据权利时效制度与票据利益返还请求权制度具有在价值功能上互补、运行机制上前后衔接的协作关系。

通过本案例的学习，使法科生能够准确理解和运用我国票据利益返还请求权制度，更好地完善法科生的专业知识体系。同时，通过对该制度的研析，使法科生体会蕴含在其中制度价值——公平，自觉践行社会主义核心价值观，诚实守信、追求公平和正义。

六、虚假陈述[1]

(一) 典型案例

1. 案例介绍

上海普天邮通科技股份有限公司（以下简称"普天公司"）系于1993年10月至2019年5月期间在上海证券交易所上市交易的公司，于2019年5月23日被摘牌，股票终止上市。2017年1月19日，普天公司发布公告称收到中国证券业监督管理委员会立案调查通知书。2018年1月10日，普天公司发布公告称收到中国证券业监督管理委员会上海监管局（以下简称"上海证监局"）《行政处罚事先告知书》。告知书载明，普天公司为弥补2014年度利润缺口，通过虚假贸易，虚增利润总额占普天公司2014年度合并财务报表利润总额的73.68%，其在2015年3月21日发布的2014年年度报告中虚假披露的行为构成证券虚假陈述行为。许某鑫等投资者于2015年3月21日后买入普天公司股票，其根据《行政处罚决定书》认定的相关事实起诉普天公司，要求其赔偿因信息披露违规行为所造成的损失。

本案审理过程中，上海交通大学中国金融研究院接受上海金融法院委托，于2020年2月19日出具《损失核定意见书》，对投资者因普天公司虚假陈述产生的投资差额损失进行了核定。[2]

2. 判决结果

上海金融法院于2020年4月17日作出［2018］沪74民初1399号民事判

---

〔1〕 杜晋川，四川乡城人，四川民族学院法学院法学助教，法学硕士，主要讲授"债权法"。

〔2〕 本案例根据上海金融法院发布2020年度十大典型案例之一：许某鑫等诉上海普天邮通科技股份有限公司证券虚假陈述责任纠纷案——基于"多因子量化模型"精确核定证券虚假陈述投资者损失案整理而成。

决：普天公司分别向许某鑫、厉某宏、胡某、王某军支付赔偿款 7571.17 元、9406.06 元、10 301.83 元、54 727.19 元。宣判后，普天公司提出上诉。上海市高级人民法院于 2020 年 6 月 11 日作出〔2020〕沪民终 294 号民事判决：驳回上诉，维持原判。

3. 涉案问题

本案的涉案问题有两个：一是如何认定普天公司虚假陈述行为的揭露日；二是如何确定投资者投资差额损失的赔偿金额。

4. 案例研析

关于揭露日的认定问题，最高人民法院《关于审理证券市场因虚假陈述引发的民事赔偿案件的若干规定》（以下简称《虚假陈述司法解释》）第 20 条第 2 款关于揭露日的规定表明在确定揭露日时，除了揭露时间的首次性和揭露主体的权威性之外，还应着重考察揭露能否充分揭示投资风险，进而对投资者起到足够的警示作用，即对证券交易是否产生了实质性的影响。本案中普天公司于 2017 年 1 月 19 日发布公告称收到中国证监会的立案调查通知书后，当日股价跌停、资金流出量显著增加以及其后 10 个交易日股价累计跌幅超过 10%的情况，足以表明其公告已向证券市场释放了充分的警示信号，相关投资者也已据此重新判断普天公司的股票价值，并据此作出新的投资决策。由此认定本案虚假陈述揭露日为 2017 年 1 月 19 日。

关于如何确定投资者损失的赔偿金额，包括采用何种计算方法，以及如何确定证券市场风险因素的影响程度及相应的扣除金额的问题。一审法院在经释明、双方当事人同意后，依职权委托上海交通大学中国金融研究院进行核定。对于专业机构出具的《损失核定意见书》一审法院认为：（1）关于投资差额损失计算方式，《损失核定意见书》中采用第一笔有效买入后的移动加权平均法计算买入均价，即自投资者第一笔有效买入之日起，每次买入证券后，以新买入的证券成本加上原来的持仓成本，除以当前持仓数量。该种计算方法对于持股单价的计算更全面、客观，更能反映投资者真实的投资成本，也为司法实践所认可。（2）关于证券市场系统风险等其他因素导致的损失如何计算，《损失核定意见书》的计算方式为：市场系统风险等其他因素导致的损失＝投资者买入成本×模拟损益比例，即剔除虚假陈述因素，投资者投入相同的成本可以获得的损益金额。《损失核定意见书》采用的上述计算方法全面考量了各种会对股价持续性造成影响的共性因素，不仅包括大盘因素、行业因素，还涵盖了公司规模因素、价值因素、beta 因素、盈利因素、杠杆因素、成长因素、动量因素、波动率因素、流动性因素，以及因普天公司经历 ST、＊ST 和充电桩概念热度而加入的 ST 因素和充电桩因素，相比仅选取一段时间内个股与行业股价波动幅度进行对比的方法，实现了量化计算各种对股价产生影响作用的因素，克服了无法将虚假陈述因素与其他股价变动因素予以有效分离的弊端，更具有科学性和精确性，也更加符合虚假陈述案件中损失计算的立法本义与司法实践需求。故对本案投资者因虚假陈述导致的投资差额损失金额以《损失核定意见书》核定的金额为准。

（二）本案例课程思政元素分析

1. 制度规范

证券市场虚假陈述，泛指证券发行交易过程中不正确或不正当披露信息和陈述事实的行为。具体而言，虚假陈述是指证券市场虚假陈述，也称不实陈述，是指信息披露义务人违反证券法律规定，在证券发行或者交易过程中，对重大事件作出违背事实真相的虚假记载、误导性陈述，或者在披露信息时发生重大遗漏、不正当披露信息的行为，包括虚假记载、误导性陈述、重大遗漏、不正当披露信息四种类型。

虚假陈述是特定义务主体实施的行为。所谓特定义务主体，是指依照信息披露制度承担信息披露义务的机构和个人，包括发行股票或公司债券的公司、负责证券承销业务的证券公司以及为证券发行出具专业文件的中介机构。虚假陈述是一种特殊的行为状态。从字义上讲，虚假陈述仅指行为人采取作为形式或积极方式，作出背离事实真相的陈述和记载，如捏造或虚构某种情形，将并不存在的情形称为客观存在；或如篡改行为，将具有特定性质的行为称为他种性质的行为。在广义上，虚假陈述也包括以不作为方式作出的虚假陈述，如遗漏行为，即对依法应作陈述和记载的事项，未作记载和陈述。

虚假陈述存在于信息披露文件。对与证券发行交易有关的事实，信息披露义务人应及时地按规定的文件和格式向社会公众进行披露。无论是招股说明书或各专业机构出具的专业报告，还是年度报告、中期报告或临时报告，均属于信息披露的法定文件。在该等法定文件中作出虚假记载、误导性陈述或遗漏的，即构成虚假陈述。至于信息披露义务人在其他文件中作出虚假陈述，尚不构成证券法上的虚假陈述，但可能构成其他类型的虚假陈述或欺诈行为。

《证券法》第56条规定禁止任何单位和个人编造、传播虚假信息或者误导性信息，扰乱证券市场。

2. 价值引领

引导法科生充分认识我国社会主义市场经济体制的优越性，增强制度自信、道路自信。结合我国成功应对多次全球性经济危机的事例，展示我国证券法的政策性，引导法科生深入思考政府与市场之间关系，认识我国改革开放的伟大成就，坚定走社会主义道路的信心。我国对虚假陈述的法律规制，体现了我国运用法律手段治理市场违法现象的基本规律，凸显了全面依法治国的重要性。

全面而诚信地履约是公民基本的法治素养，而法律人于此更应严于律己，秉持诚信精神，推动全社会形成守约践诺的法治风尚。结合案例阐释诚信价值的重要意义，引导在生活和工作中，诚信为人，善意从事，并将遵守诚实信用作为自己的价值追求。

第十四章

法律职业伦理课程思政教学案例研究[1]

第一节 法律职业伦理与课程思政

一、法律职业伦理课程思政建设的必要性

2018年3月，教育部发布了《普通高等学校本科专业类教学质量国家标准》，在《法学类教学质量国家标准》中将"法律职业伦理"列为法学专业10门必修的核心课程之一。[2]当年10月，由教育部、中央政法委联合发布的《关于坚持德法兼修实施卓越法治人才教育培养计划2.0的意见》指出："加大学生法律职业伦理培养力度，面向全体法学专业学生开设'法律职业伦理'必修课，实现法律职业伦理教育贯穿法治人才培养全过程。"[3]而在《法学类教学质量国家标准（2021年版）》的"1+10+X"分类设置模式中，"法律职业伦理"是"10"（即10门专业必修课）的组成部分。[4]国家教育

---

[1] 周良勇，四川广安人，四川民族学院法学院副教授，法学硕士，主要讲授"亲属法学""中国法律史"。

[2] 教育部高等教学指导委员会编：《普通高等学校本科专业类教学质量国家标准》（上），高等教育出版社2018年版，第34页。

[3] 教育部、中央政法委《关于坚持德法兼修实施卓越法治人才教育培养计划2.0的意见》（教高〔2018〕6号），载http://www.moe.gov.cn/srcsite/A08/moe_739/s6550/201810/t20181017_351892.html，访问日期：2022年6月19日。

[4] 教育部办公厅《关于推进习近平法治思想纳入高校法治理论教学体系的通知》（教高厅函〔2021〕17号），载http://www.moe.gov.cn/srcsite/A08/s7056/202106/t20210602_535109.html，访问日期：2022年6月25日。

行政部门正式将法律职业伦理这门课程列为法学专业的核心课程，作为卓越法治人才教育培养计划写进了相应文件，从政策层面进行了明确规定。

当前，在教育系统构建"大思政"格局，加强思政课程和课程思政建设的背景之下，法律职业伦理课程作为法学专业的核心课程，开展该门课程的思想政治教育内涵研究和教学改革，增强教学的实效性，显得十分必要。其必要性体现在以下三个方面：

第一，是全面推进依法治国、培养新时代德法兼修高素质法治人才的需要。党的十八届四中全会指出我国全面推进依法治国的总目标是"建设中国特色社会主义法治体系，建设社会主义法治国家"。[1]社会主义法治体系和法治国家的建设有赖于高素质的法治人才队伍。2017年5月3日，习近平总书记在中国政法大学考察时强调，"全面推进依法治国是一项长期而重大的历史任务，要坚持中国特色社会主义法治道路，坚持以马克思主义法学思想和中国特色社会主义法治理论为指导，立德树人，德法兼修，培养大批高素质法治人才。""法学教育要坚持立德树人，不仅要提高学生的法学知识水平，而且要培养学生的思想道德素养。"[2]培养德法兼修的高素质法治人才，是全面推进依法治国系统工程的内在要求，是高校法学专业的人才培养目标。要实现这一目标，需要法学专业解决好"为谁培养人、培养什么样的人、怎样培养人"这一根本问题，体现在人才培养体系的设计上就是要将思想政治工作贯穿法学教育的全过程、全领域，亦即要进行思政课程和课程思政的"大思政"人才培养体系建设。思政课程是高校进行思想政治理论教育的主渠道、主阵地，具有不可替代的地位。但由于它们主要是公共课，无法满足德法兼修法治人才专业化培养的特殊要求，故在法学各专业课进行课程思政教育就显得尤为必要。法律职业伦理课程旨在培养学生"崇尚法律的正义感"和"在未来的法律职业活动中的伦理识别和推理能力。"[3]这门课程主要培养法科生职业伦理素养和职业精神，为他们将来成为合格的法律人甚至高素质的法治人才奠定坚实的政治、思想和伦理基础，因此加强其课程思政建设，是新时代德法兼修高素质法治人才队伍建设的需要。

---

〔1〕 "中共中央关于全面推进依法治国若干重大问题的决定"，载《人民日报》2014年10月29日。

〔2〕 "习近平在中国政法大学考察"，载 http://www.xinhuanet.com/politics/2017-05/03/c_1120913310.htm? isappinstalled=1，访问日期：2022年3月27日。

〔3〕 李本森主编：《法律职业伦理》（第4版），北京大学出版社2021年版，第2页。

第二，是维护法律职业形象、增强法治中国信心的需要。一段时间以来，司法腐败案件层出不穷，给党和人民造成了巨大的损失。司法腐败案件的出现，不仅损害了法律职业在人们心目中的形象和声誉，更是影响了人们对法治中国建设的信心。"司法不公、司法腐败问题时有发生，既有存量、还有增量，党风廉政建设和反腐败斗争任重道远。"[1]通过加强法律职业伦理课程思政建设，强化对未来法律人的理想信念教育，将社会主义核心价值观和社会主义法治理念教育融入课程教学的全过程，"使法律职业人都认识到自己应该担负的法律使命和社会责任，培养其法律职业的荣誉感，从而减少司法腐败，提高司法公信力，重塑法律理想"。[2]有利于塑造法律职业在人们心目中的正义形象，有利于提高人们对法律的信任，有利于提振国民对建设社会主义法治国家的信心。

第三，是摆脱法律职业伦理困境的需要。理论上讲，法律职业伦理这门课程在性质上与思政教育应具有高度的契合性，法律职业伦理课程是法律人的"思想品德课"[3]，法律职业伦理课程是法学专业课程里的思政课。但现实中，由于目前该门课程在教学改革中存在关键性问题，即课程中的"思政"元素较少。[4]法律职业伦理对作为法律人的道德关注不够，变得与道德的差距越来越大，甚至成为与大众道德评价、与个体道德体验毫无关联的执业行为规范。[5]同时，现有的教学改革对法律职业伦理中的内涵挖掘不够，存在着易滑向"对"而非"好"的责任伦理观的风险。[6]因此，加强法律职业伦理课程思政建设，把思想政治建设摆在首位，强化理想信念教育，充分挖掘本门课程的思政元素，将社会主义核心价值观、中国传统文化中的贤德之治、社会良好道德要求等融入教学内容之中，实现法律职业伦理作为专业课程的规范性与道德性的统一。同时，传统法律职业伦理课程还存在着从理论到理论的缺陷，法科生对法律职业伦理的感受不够。通过引入案例教学，并分析

〔1〕 周强："最高人民法院工作报告——2022年3月8日在第十三届全国人民代表大会第五次会议上"，载 https://www.court.gov.cn/zixun-xiangqing-351111.html，访问日期：2022年6月20日。
〔2〕 李红英、韩迎亮主编：《法律职业伦理案例教程》，中国民主法制出版社2021年版，第5页。
〔3〕 许身健："如何上好法律人的思想品德课"，载《检察日报》2019年5月15日。
〔4〕 张慧、谭卜铭："法律职业伦理课程中'大思政'格局的构建"，载《高等教育评论》2020年第2期，第101~102页。
〔5〕 许身健：《法律职业伦理原理与案例》，北京大学出版社2020年版，第11页。
〔6〕 李学尧："非道德性：现代法律职业伦理的困境"，载《中国法学》2010年第1期，第34页。

其中的职业伦理和思政元素，是解决这方面问题的尝试。

二、法律职业伦理课程思政案例教学设计的思路

（一）知识层面：进行两个结合

法律职业伦理课程知识既包括规范性的知识，主要体现为相应的法律法规、司法解释、行政规章、行业规范等明文规定，如《律师法》《法官法》《检察官法》《公证法》《公务员法》《律师执业管理办法》，最高人民法院《关于审判人员在诉讼活动中执行回避制度若干问题的规定》《律师执业行为规范》等，这些知识是对法律人"对"的要求。但也应包括非规范性的知识，主要体现为良好道德要求，尤其没有包含进规范性知识之外的一些良好道德要求，也应是法律职业人员必须遵守的规范，这些知识是对法律人"好"的要求。法律职业伦理课程从知识层面讲应该是"对"的知识与"好"的知识的结合。本教学设计通过案例的引入，在课程思政元素分析中将"对"的知识与"好"的知识结合，提出法律职业的伦理要求。

（二）路径层面：从知识、制度、价值三个角度分析

法律职业伦理课程思政案例研究的路径有很多，我们主要遵循从案例到思政元素的逻辑进行分析，即将案例放在首位，通过对案例的分析引出相应法律职业伦理知识的分析，并进而分析其中的思政元素。而思政元素的分析中，又主要从知识、制度和价值三个角度分析案例中的思政元素。其中知识角度，主要结合国内目前权威教材，分析案例所涉及的法律职业伦理知识。制度角度，既包括法律法规方面的制度，也包括行业层面的制度，还包括广义的政策。价值角度，以社会主义核心价值观为判定标准，主要从"好"与"不好"分析其中的思政元素。

第二节　法律职业伦理课程思政案例研究

一、领导干部违反"三个规定"和司法人员遵守"三个规定"案例

（一）典型案例

1. 案例介绍

2018年6月，某市级检察院法警支队时任政委的陈某给辖区内某基层检

察院检察官王某打电话，询问其正在办理的佟某掩饰、隐瞒犯罪所得案能否判缓刑，王某告知陈某该案会依法办理。2019 年 5 月，陈某又给辖区内某基层检察院检察官郝某、陈某某打电话，询问该院正在办理的柳某刚虚假诉讼、诈骗、寻衅滋事案是否起诉到法院、何时起诉到法院，能否关照一下？郝某、陈某某予以拒绝，并告知陈某不要来说情。2019 年 7 月，陈某再次给辖区内某基层检察院检察官刘某打电话，询问刘某正在办理的陈某华非法持有枪支案能否在陈某华送监前安排其亲人进行会见，刘某予以拒绝。2019 年 8 月，王某、郝某、陈某某、刘某四名检察官，对某市检察院法警支队政委陈某的违规过问、干预案件行为作了记录报告。[1]

2. 处理理由

2019 年 8 月，陈某因违反" 三个规定"及其他违纪问题，被某市人民检察院免去法警支队政委职务，并被开除党籍。2019 年 9 月，某市检察院在召开的"不忘初心、牢记使命"主题教育动员部署大会上，对该市辖区内基层检察院王某等四名检察官自觉抵制打探案情、违规过问干预案件办理等行为，并主动记录报告进行了充分肯定。

3. 涉案问题

领导干部打探案情并请办案人员照顾涉案人员是否违规？办案人员对这种情况应如何处理？

4. 案例研析

为维护司法公正，保证司法机关依法独立行使职权，防止行政权力错误干预司法和办人情案，近年来，国家出台了相应规定来细化法律中的相关要求。2015 年中共中央办公厅、国务院办公厅印发了《领导干部干预司法活动、插手具体案件处理的记录、通报和责任追究规定》，中央政法委印发了《司法机关内部人员过问案件的记录和责任追究规定》，最高人民法院、最高人民检察院、公安部、国家安全部、司法部联合印发了《关于进一步规范司法人员与当事人、律师、特殊关系人、中介组织接触交往行为的若干规定》（这三个规定以下简称"三个规定"）。这"三个规定"给那些企图利用权力和关系干预司法的人员划出了"红线"。其中《领导干部干预司法活动、插手具体案件处理的记录、通报和责任追究规定》第 2 条规定："……任何领导干部都不

---

[1] "检察人员违反'三个规定'典型案例"，载《检察日报》2020 年 5 月 7 日。

得要求司法机关违反法定职责或法定程序处理案件，都不得要求司法机关做有碍司法公正的事情。"第 5 条第 1 款规定："对领导干部干预司法活动、插手具体案件处理的情况，司法人员应当全面、如实记录，做到全程留痕，有据可查。"第 6 条规定："司法人员如实记录领导干部干预司法活动、插手具体案件处理情况的行为，受法律和组织保护。……"领导干部违反这些规定，将被给予相应处分，并在必要时向社会公开；司法工作人员不如实记录的，将被给予纪律处分。因此，领导干部打探案情并请办案人员照顾涉案人员的行为违反了"三个规定"要求，司法工作人员应如实记录这种行为，否则将受到相应处分。

（二）本案例课程思政元素分析

从知识角度看，本案涉及到法律职业伦理的基本准则，亦即法律职业的一般伦理要求。通过本案，我们可以引导法科生掌握法律伦理基本准则。综合《律师法》《法官法》《检察官法》及相关法律职业行为规范，法律职业伦理的基本准则主要有：①忠于党、忠于国家、忠于人民；②忠于法律，维护社会公平正义；③恪守职业纪律，保守秘密；④忠于职守、勤勉尽责，互相尊重、互相配合；⑤清正廉洁，遵纪守法；⑥遵守社会道德。这些基本准则知识，不管是哪个法律职业，都应不打折扣地遵守。本案中，陈某的行为违反了"忠于法律，维护社会公平正义"和"恪守职业纪律，保守秘密"这两项基本准则要求。

从制度层面看。"三个规定"是对领导干部和司法机关内部人员的职业伦理要求，是对法律职业伦理基本准则"维护公平正义""恪守职业纪律"的细化。本案中陈某被处分是因为违反"三个规定"，而王某、郝某、陈某某、刘某四名基层检察官被肯定是因为严格按"三个规定"行事。

从价值层面看，人民群众期望我们的干部和司法人员是遵纪守法的模范，牢固树立社会主义核心价值观，积极引领社会，守护司法公正，起好榜样带头作用，维护好法律职业和人民公仆的良好形象。陈某的行为，不仅达不到人民群众的期望，还违反了职业纪律、党员义务规定，违反了社会主义核心价值观中的"公正"要求，受到相应党纪政纪处分，表明了党和政府对这种行为的坚决态度。王某等四名基层检察官，恪守职业纪律，保守办案秘密，忠于职守，忠于法律，严格遵守"三个规定"等纪律要求，勇敢地顶住压力，对陈某的违规过问、干预案件行为予以拒绝并如实作了记录报告，是严格遵守法律职业伦理的代表，受到肯定。从本案一正一反的事例中，我们可以引导法科生，作为未来的法律人，一个好的法律人，应该既是法律法规、行业纪律等制度的遵守者，还应是一个敢于为维护法治而与违法力量作斗争的德法兼修人员。

二、律师违法为当事人传递信息并引诱证人作伪证被判刑

（一）典型案例

1. 案例简介

朱某甲系山东某某律师事务所专职律师。2014年6月28日接受卓某的委托，担任曲阜市息陬镇财政所原所长步某甲涉嫌贪污、受贿一案的辩护人。卓某系步某甲的妻子。朱某甲接受委托后，于2014年7月3日在曲阜市看守所第一次会见了已被采取强制措施的犯罪嫌疑人步某甲。第一次会见后，朱某甲向卓某表示可以写一些内容与案情无关的纸条捎带给步某甲看。2014年9月17日上午，朱某甲在曲阜市人民检察院复印了步某甲案件的卷宗材料准备到邹城市看守所会见步某甲时，卓某将事先写好的涉及案件内容的纸条交予朱某甲。朱某甲阅览后利用会见之际将该纸条传递给步某甲，经步某甲要求朱某甲又将步某甲在该纸条背面书写的找相关证人按走访、借款作证涉及案情内容的纸条带出羁押场所，经朱某甲审阅后转交给了卓某。朱某甲也将其记录的涉及案件内容的会见笔录复印给了卓某，卓某在朱某甲会见步某甲时，将朱某甲留在车内的步某甲案卷材料中的证人证言部分进行了复印。

期间，朱某甲与卓某就证人徐某乙、王某证言对步某甲案件的利弊进行分析，朱某甲告知卓某如要证明步某甲与王某有借款关系，借款要有凭证或有证人，这事就好办了；证人徐某乙的证言漏洞、疑点很大，需要核实真伪，如徐某乙能够按走访作证，其将重新取证。后卓某按照步某甲书写纸条和朱某甲对证人证言的分析建议，找到证人徐某乙，并将朱某甲带出的步某甲所写的含有检举揭发相威胁内容的纸条出示给徐某乙看，质问徐某乙在检察机关怎么作的证，要求徐某乙按单位走访冲账作证，后徐某乙以回忆起来了存在这种情况为由同意按走访作证，卓某遂将徐某乙同意按走访作证之事告知朱某甲并要求朱某甲尽快调取、固定徐某乙的证言，朱某甲遂向曲阜市人民检察院提出重新调取徐某乙证言的申请，徐某乙在曲阜市人民检察院向其复核证言时将卓某找其作证之事告知了曲阜市人民检察院办案人员。2014年9

月 24 日曲阜市人民检察院办案人员从卓某住处搜缴了朱某甲为卓某、步某甲捎带传递的纸条、复印的会见笔录及卷宗材料等物品一宗，次日曲阜市公安局对卓某妨害作证一案立案侦查，并对卓某采取了强制措施。2015 年 9 月 29 日，朱某甲利用会见之际将卓某因涉嫌妨害作证被刑事拘留及证人徐某乙同意按单位走访作证之事告知了步某甲。

卓某在步某甲被采取强制措施后，找到证人王某，质问王某在检察机关怎么作的证，质疑王某作伪证，多次给王某打电话、发送手机短信，妨害证人作证。[1]

2. 判决理由

山东省泗水县人民法院审理泗水县人民检察院指控朱某甲、卓某犯辩护人妨害作证罪、妨害作证罪一案，于 2015 年 12 月 28 日作出［2015］泗刑初字第 105 号刑事判决。泗水县人民法院认为，被告人朱某甲作为刑事案件的辩护人，在刑事诉讼活动中意图为其辩护案件的当事人减轻刑罚，为当事人及其家属传递含有威胁、引诱证人违背事实改变证言或者作伪证内容的纸条，并由被告人卓某找到相关证人，意图让证人提供虚假证言，该行为已经侵犯了正常的司法秩序，被告人朱某甲、卓某的行为均已构成犯罪。因刑法规定的辩护人妨害作证罪的犯罪主体是刑事案件的辩护人或诉讼代理人，作为一般主体的被告人卓某不能构成该罪，故应根据被告人朱某甲、卓某各自实施的犯罪行为和作用，分别予以定罪量刑处罚，被告人朱某甲构成辩护人妨害作证罪，被告人卓某构成妨害作证罪，被告人朱某甲在犯罪中情节较轻，可免予刑事处罚。被告人卓某因法律意识淡薄，顾念亲情，最终触犯刑律，依法应判处刑罚，案发后能够认罪悔罪，量刑时可酌情从轻处罚。

泗水县人民法院依照《刑法》第 306 条第 1 款、第 307 条第 1 款、第 37 条、第 72 条第 1 款、第 73 条第 2、3 款之规定，以辩护人妨害作证罪判处朱某甲免予刑事处罚；以妨害作证罪判处卓某有期徒刑 1 年 6 个月，缓刑 2 年。

判决后，朱某甲不服，提出上诉。山东省济宁市中级人民法院依照《刑事诉讼法》第 225 条第 1 款第 1 项之规定，于 2016 年 4 月 15 日作出［2016］鲁 08 刑终 57 号刑事裁定：驳回上诉，维持原判。

---

[1]　本案根据山东省济宁市中级人民法院作出的［2016］鲁 08 刑终 57 号刑事裁定书整理而来。

3. 涉案问题

律师应如何取证才能合法维护当事人的权益？

4. 案例研析

《律师法》第 2 条第 2 款规定："律师应当维护当事人合法权益，维护法律正确实施，维护社会公平和正义。"（该条被学界简称法律对律师定位的"三个维护"）第 35 条规定："受委托的律师根据案情的需要，可以申请人民检察院、人民法院收集、调取证据或者申请人民法院通知证人出庭作证。律师自行调查取证的，凭律师执业证书和律师事务所证明，可以向有关单位或者个人调查与承办法律事务有关的情况。"律师在执业之中，要将"三个维护"贯通起来考虑，否则有可能违背这一制度设立的初衷。维护当事人的合法权益，这是律师的职责所在，但维护当事人的合法权益，应通过合法的手段收集证据并履行正当的法律程序。若律师只为了维护当事人的权益，只为了赢得官司，而不顾法律的实施甚至违反法律，影响司法公平和正义，这将违反我国律师制度设立的初衷。《刑法》第 306 条第 1 款规定："在刑事诉讼中，辩护人、诉讼代理人毁灭、伪造证据，帮助当事人毁灭、伪造证据，威胁、引诱证人违背事实改变证言或者作伪证的，处三年以下有期徒刑或者拘役；情节严重的，处三年以上七年以下有期徒刑。"律师若违法取证，不仅违反律师职业伦理，严重时还将受到刑法制裁。

本案中，朱某甲在维护委托人利益的时候，没有坚持"以事实为根据，以法律为准绳"的司法原则和职业伦理要求，而是向当事人及其家属传递含有威胁、引诱证人违背事实改变证言或者作伪证内容的纸条，意图改变已形成的法律事实和影响司法判决，其行为已经侵犯了正常的司法秩序，当然应受到法律的制裁。

（二）本案例课程思政元素分析

（1）从知识角度看，本案涉及律师职业伦理的基本准则问题。2014 年 5 月 23 日，司法部印发了《关于进一步加强律师职业道德建设的意见》，提出当前和今后一个时期加强律师队伍建设的主要任务是，大力加强以"忠诚、为民、法治、正义、诚信、敬业"为主要内容的律师职业道德建设，教育引导广大律师切实做到坚定信念、服务为民、忠于法律、维护正义、恪守诚信、爱岗敬业。根据该意见，2014 年 6 月 5 日，中华全国律师协会下发了《律师职业道德基本准则》，围绕"忠诚、为民、法治、正义、诚信、敬业"这十二个字的要求，对律师职业道德基本准则的内涵进行了阐述。律师职业道德基本准则也就是律师职业伦理的基本准则。本案中，朱某的行为违反了律师职业伦理基本准则中的"法治"伦理要求。

（2）从制度角度看，律师在维护当事人合法权益时要依法执业在《刑法》《律师法》《律师执业管理办法》《律师执业行为规范（试行）》《律师职业道德基本准则》等法律法规和行业规范中都有规定。如《律师职业道德基本准则》第3条规定："律师应当坚定法治信仰，牢固树立法治意识，模范遵守宪法和法律，切实维护宪法和法律尊严，在执业中坚持以事实为根据，以法律为准绳，严格依法履责，尊重司法权威，遵守诉讼规则和法庭纪律，与司法人员建立良性互动关系，维护法律正确实施，促进司法公正。"而《刑法》第306条对律师违法执业行为也有相应的处罚规定。本案中，朱某甲作为一名专职律师，本应严格遵守《刑法》《律师法》和律师职业伦理基本准则，但却违反职业伦理，且触犯了《刑法》规定，构成辩护人妨害作证罪，故受到法律制裁。

（3）从价值角度看，从本案中我们可以引导法科生：要做一名合格的律师，首先应是一个合法的公民，既要履行与当事人的协议，勤勉尽责，维护好当事人的权益，还要在执业过程中坚定法治信仰，以事实为根据，以法律为准绳，通过合法途径维护当事人的合法权益；切不可为了利益，知法犯法，以身试法，那样的结果将不仅要受到法律制裁和行业处理，还会影响律师职业在人民心中的形象。

三、律师不尽职尽责和律师事务所管理不到位被行业处理

（一）典型案例

1. 案例简介

2020年3月17日，投诉人陶某以蒋某不尽职尽责、L律师事务所不尽管理职责、未开发票、工伤案例风险代理等违规执业为由，向成都市律师协会投诉蒋某及L律师事务所。成都市律师协会于2020年03月27日立案调查。

经查：蒋某系L律师事务所律所负责人。投诉人的岳父叫蒋某1，在绵竹市一个工地从事搅拌机辅助工作，2018年1月10日工作时受伤。2018年1月22日与L律师事务所签订了《委托代理合同》，约定："先收1万元，后期如果得到赔偿金，律师提成10%。"蒋某1支付了1万元代理费，L律师事务所

指派李律师代理该案。通过劳动争议仲裁、一审、二审，一共进行了三次诉讼进行了确认：存在劳动关系、支付二倍工资 14 918 元。

2019 年 4 月初，李律师辞职离开了 L 律师事务所，离开时，与 L 律师事务所进行了案件的交接，并把接手此案的蒋某拉入了微信群，2019 年 4 月 4 日下午 4：30 蒋某进入微信群后，与投诉人等打了招呼。

蒋某接收案件后的 7 个月时间里，投诉人主动催了蒋某 10 次，蒋某在群里的回答是："我现在在外面出差""我问一下助理""我再帮你们问问"等。但是，蒋某没有提供证据证明主动给投诉人联系过。在 2019 年 11 月 28 日下午 3：20，在投诉人第 10 次催问后，才告知投诉人"评不上工伤"，此时，本案申请工伤认定的时效已过。

2020 年 1 月 10 日，投诉人与 L 律师事务所签订解除合同协议，3 月 20 日，L 律师事务所退了投诉人 5000 元律师费。

经过法律援助中心的律师指导，蒋某 1 的妻子王某代表蒋某 1 向成都市人社局提交工伤认定申请书。2020 年 3 月 18 日，成都市人社局作出不予受理的决定书，理由为超过工伤认定申请时效。

另查明，蒋某还亲自操作把本案的全部卷宗予以销毁。[1]

2. 处理理由

成都市律师协会惩戒委员会结合调查到的事实，根据《律师协会会员违规行为处分规则（试行）》《成都市律师协会会员违规行为处分规则》相关规定，认定蒋某在代理中造成当事人丧失了申请工伤的严重后果的不尽责行为已构成违规，且情节严重。

成都市律师协会惩戒委员会结合调查到的事实，根据《律师协会会员违规行为处分规则（试行）》《律师服务收费管理办法》和《成都市律师协会会员违规行为处分规则》相关规定，认定被调查会员 L 律师事务所违规收案、收费，其疏于管理的行为已构成违规，且情节严重。

成都市律师协会惩戒委员会依据《律师协会会员违规行为处分规则（试行）》《成都市律师协会会员违规行为处分规则》的相关规定，决定：①给予蒋某中止会员权利一年的行业处分；②给予四川 L 律师事务所公开谴责的行

---

〔1〕 案件根据成律诉字〔2020〕第 033 号进行了整理，来源：http://www.scslsxh.com/a/hangyezixun/xingyechufen/2020/1231/2176.html，访问日期：2022 年 7 月 4 日。

业处分；③本案查处费用 13 000 元，由蒋某承担 5000 元，四川 L 律师事务所承担 8000 元；④对投诉人的其他投诉请求，不予支持。

3. 涉案问题

律师因未勤勉尽责损害了当事人的合法权益该如何处理？律师事务所未尽到对律师的管理职责是否该担责？

4. 案例研析

维护当事人的合法权益是律师职业存在的社会条件，也是《律师法》对律师"三个维护"定位的重要组成部分。律师没有勤勉尽责甚至敷衍塞责，是违反律师应该执业为民和诚实守信的职业伦理基本准则行为。作为律师协会，对会员违反职业伦理给予行业处罚，也是职责范围内的事务。本案中，蒋某未勤勉尽责，造成当事人的利益受损，故受到行业处罚。

律师事务所作为律师的执业机构，既要做好对律师的教育和监督管理工作，以维护委托人和律师的合法权益，又要按要求做好律师费的规范收取、档案管理等工作。《律师法》第 23 条、《律师执业行为规范（试行）》第 27 条第 5 项规定、《律师服务收费管理办法》第 11 条第 3 项等对此作了规定。本案中，该律师事务所违规收费，对蒋某的执业行为监管不到位，给委托人的利益造成的损失，因此也受到了行业的处罚。

（二）本案例课程思政元素分析

（1）从知识角度看，本案涉及律师职业伦理基本准则中的"为民"和"诚信"要求。《律师职业道德基本准则》第 2 条规定："律师应当始终把执业为民作为根本宗旨，全心全意为人民群众服务，通过执业活动努力维护人民群众的根本利益，维护公民、法人和其他组织的合法权益。……"第 5 条规定："律师当牢固树立诚信意识，自觉遵守职业行为规范，在执业中恪尽职守、诚实守信、勤勉尽责、严格自律。积极履行合同约定义务和法定义务，维护委托人合法权益，……"

（2）从制度角度看，在律师应诚实守信和勤勉尽责方面，《律师法》第 48 条、《律师执业行为规范（试行）》第 7 条和 42 条、《律师协会会员违规行为处分规则（试行）》第四章第二节都有明确规定，违反这一职业伦理要求时，将受到相应的处罚。就律师事务所应履行监管职责而言，《律师法》第 50 条、《律师事务所管理办法》第 50 条、《律师协会会员违规行为处分规则（试行）》第 39 条等都有这方面的要求和违规后的惩戒规定。

（3）从价值角度看，诚实守信古已有之，它既是社会主义核心价值观的重要内容，也是一个人立身之本。根据本案，我们可以引导法科生：人无信不立，要学曾子杀猪言而有信，做一个诚实的好公民；诚实守信是民法的重要条款，我们要将这种精神带到生活和工作之中；尤其是在与当事人之间有协议的情况之下，更要勤勉尽责，按照合法约定服务当事人，只拿钱不办事，不仅会失信于当事人，可能给当事人的利益造成损害，还会给法律职业带来负面影响。

四、律师违规接受同案犯或犯罪有关联案件当事人的委托

（一）典型案例

1. 案例简介

黄某，女，北京市炜衡（福州）律师事务所专职律师。经查明：2015年7月至2019年7月，黄某在北京市盈科（福州）律师事务所执业。2019年1月至2019年7月，黄某被安排从事K某律师的个人助理工作，由主管律师K某确定工作内容，月薪4500元。

2018年6月25日，北京市盈科（福州）律师事务所与犯罪嫌疑人X某亲属签订了《委托协议》，指派K某、黄某两位律师担任X某涉嫌诈骗罪的辩护人，委托协议有效期至一审判决止。2019年1月，犯罪嫌疑人X某被移送至仓山区检察院审查起诉。当月22日，黄某前往福州市仓山区人民检察院阅卷，获取了福州市公安局《起诉意见书》。该《起诉意见书》载明：在同一黑社会性质组织中，X某为参加者，W某为积极参加者。

2018年7月13日，北京市盈科（福州）律师事务所与W某签订了《委托协议》，指派K某担任犯罪嫌疑人W某涉嫌诈骗罪的辩护人，委托协议有效期至一审判决止。2019年1月，犯罪嫌疑人W某被移送至台江区检察院审查起诉。当月22日，K某因病住院，黄某应其要求共同代理该案。北京市盈科（福州）律师事务所遂出具《律师事务所函》，将指派K某、黄某两位律师担任犯罪嫌疑人W某的辩护人等情况函告检察机关。2019年2月11日，黄某至台江区人民检察院阅卷并复制了该案相关材料。

2019年4月24日，检察机关审查发现K某、黄某两位律师存在接受两名同案犯或犯罪有关联同案人委托的问题，遂电话通知了K某。2019年4月25日，北京市盈科（福州）律师事务所与委托人W某签订了《解除委托代理合

同协议》，并全额退还律师费。2019 年 11 月 2 日，福州市人民检察院向福州市律师协会发出《检察建议书》，反映 K 某、黄某两位律师在代理有关案件过程中存在接受两名同案犯或犯罪有关联同案人委托的问题。[1]

2. 处理理由

福州市司法局依据《律师执业管理办法》第 53 条、《律师法》第 47 条之规定，本机关决定给予黄某警告的行政处罚。

3. 涉案问题

律师可否接受两名同案犯或犯罪有关联同案人的委托？

4. 案例研析

利益冲突是律师职业伦理的核心问题，[2]律师在执业中不可避免要处理利益冲突问题。这些利益冲突的类型很多，包括委托人和律师的利益冲突与委托人之间的利益冲突，同时性利益冲突与连续性利益冲突，个人性利益冲突与推认性利益冲突，可以克服的利益冲突与不能克服的利益冲突。[3]律师若接受两名同案犯或犯罪有关联同案人的委托，将很容易出现串供问题，会干扰司法机关正确作出司法裁决，影响司法公正，损害社会公共利益。本案中，黄某先作为 X 某的辩护人，在工作过程中知道了 W 某为同案的另一人，但仍然同意作为 W 某的辩护人，是典型的接受两名同案犯或犯罪有关联同案人委托的行为。当地司法局对黄某这种违反职业伦理的行为给予行政处罚，是对利益冲突伦理规范要求的维护。

（二）案例中的课程思政元素分析

（1）从知识角度看，本案例揭示了律师在与委托人打交道时应该遵守的职业伦理规范。这些规范主要有：一是遵守保密义务，即除委托人正在实施或准备实施犯罪信息外，律师不得泄露个人隐私；二是要规制利益冲突，充分发挥律师事务所的作用，建立起利益冲突审查制度；三是要遵守收费规则，律师不得私自收费，律师事务所收取律师服务费要遵守《律师服务收费管理办法》要求。

（2）从制度角度看，为了确保司法公正，防止律师干扰诉讼程序，《律师

---

[1]　根据榕司罚决〔2021〕4 号文件整理，来源：http://www.fuzhou.gov.cn/zgfzzt/sfzb/xzzfgszl/szgbm/shgk/xzzfjdws/202103/t20210304_4042393.htm，访问日期：2022 年 7 月 9 日。

[2]　许身健：《法律职业伦理原理与案例》，北京大学出版社 2020 年版，第 112 页。

[3]　王进喜：《法律职业伦理》（第 2 版），中国人民大学出版社 2021 年版，第 109~111 页。

法》第 39 条、《刑事诉讼法司法解释》[1] 第 43 条和《律师执业管理办法》第 28 条中都有相似规定，即一名辩护人不得为两名以上的同案被告人，或者未同案处理但犯罪事实存在关联的被告人辩护，否则将承担相应的法律责任。

（3）从价值角度看，要求律师要规制利益冲突，既是为了避免律师的代理行为影响诉讼秩序，维护司法公正，也是实现律师忠诚维护当事人利益的需要。律师不能为了获得更多利益而降低对一方当事人的忠诚和牺牲司法公正而违规代理，否则将承担相应的责任。通过本案，我们可以引导法科生：作为未来的法律人，我们要处理好个人的利益与国家社会利益的关系，不能为了个人利益而违反法律的强制规定和影响司法人员办案。

五、律师违反廉洁执业伦理要求向检察官行贿

（一）典型案例

1. 案例简介

熊某，女，浙江 TG 律师事务所律师。2020 年 11 月 19 日，湖州市司法局对熊某涉嫌向检察官行贿行为作出行政处罚决定书，给予熊某停止执业 10 个月的行政处罚，并处 3 万元罚款。

经查，2018 年 7 月，吴某因开设赌场被德清县公安局刑事拘留，德清县人民检察院政治部时任主任科员的张某向吴某妻子沈某推荐了律师熊某。2018 年 7 月 9 日，浙江 TG 律师事务所律师熊某接受沈某委托，担任吴某辩护人。熊某为了让张某帮忙协调案件，且为了进一步与张某搞好关系，送给张某现金 2 万元，张某予以收受。2018 年 7 月，沈某因包庇被德清县公安局刑事拘留，熊某请张某帮忙向该院侦查监督科工作人员打招呼说情，送给张某现金 1 万元，张某予以收受。2019 年 11 月 29 日，张某因受贿罪被湖州市南浔区人民法院依法判刑，且未上诉，判决已生效。[2]

2. 处理理由

湖州市律师协会依据《律师协会会员违规行为处分规则（试行）》第 17 条第 2 款 "会员被司法行政机关依法给予相应期限的停业整顿或者停止执业

---

〔1〕 指最高人民法院《关于〈中华人民共和国刑事诉讼法〉的司法解释》的简称，下同。

〔2〕 根据湖律协处字〔2020〕第 2 号整理。来源：https://www.0572ls.com/index.php/shows/28/1141.html，访问日期：2022 年 7 月 9 日。

行政处罚的，该会员所在的律师协会应当直接对其作出中止会员权利相应期限的纪律处分决定"的规定，决定如下：

给予熊某中止律师会员权利 10 个月的行业处分。中止会员权利的处分期限相应于停止执业行政处罚期限。

3. 涉案问题

律师向司法人员行贿问题。

4. 案例研析

建立与司法人员的良性互动关系，是每一个律师都要处理的工作。如何与司法人员打交道，找到实现维护当事人的利益与遵守法律法规和行业规定的平衡点，这是每一个律师都要面临的问题。在各地司法行政部门的行政处罚及律师协会的行业处理中，律师因向司法机构行贿而被处理的情形并不鲜见。作为律师，应加强廉政意识建设，按照相关法律法规和行业规定与法官、检察官等司法人员保持正常关系，切不可为了赢得官司向司法人员行贿。本案中，熊某多次向检察官行贿，显然是违反律师与司法人员关系的职业伦理规范。

（二）案例中的课程思政元素分析

（1）从知识角度看，本案涉及的是律师与司法人员关系的伦理规范。律师与司法人员关系的伦理规范主要有：一是律师不得违法会见司法人员；二是律师不得向司法人员行贿；三是律师要尊重办案人员。本案中，熊某多次向检察官张某行贿，并通过张某影响其他办案人员办案，其行为已违反了律师不得向司法人员行贿的伦理要求。

（2）从制度角度看，律师不得向司法人员行贿在相关法律法规及行业规范中都有规定。《律师法》第 44 条规定了律师执业中的八种禁止行为，其中第 5 项规定："向法官、检察官、仲裁员以及其他有关工作人员行贿，介绍贿赂或者指使、诱导当事人行贿，或者以其他不正当方式影响法官、检察官、仲裁员以及其他有关工作人员依法办理案件。"《律师执业管理办法》第 36 条规定，律师"不得违反规定会见法官、检察官、仲裁员以及其他有关工作人员，向其行贿、许诺提供利益、介绍贿赂，指使、诱导当事人行贿"。《律师协会会员违规行为处分规则（试行）》第 33 条规定，律师"向法官、检察官、仲裁员及其他有关工作人员行贿，许诺提供利益、介绍贿赂或者指使、诱导当事人行贿的，给予中止会员权利六个月以上一年以下的纪律处分；情节严重的给予取消会员资格的纪律处分"。熊某向检察官行贿，违反了这一强制规定。律师协会按规定对熊某进行行业处分，是严格执行法律法规、行业纪律和维护司法公正的体现。

（3）从价值角度看，律师与司法人员的关系是否合法合规，直接影响司法公正。律师作为一方当事人的委托人，代表的是原被告利益冲突双方的一方。而司法人员代表的是国家和法律，扮演的是裁判者的角色。一个案件的结果是否公正，影响因素很多，但司法人员保持中立，不偏向任何一方，以事实为根据，以法律为准绳，将能最大限度确保司法公正。这也是为什么法律法规和行业规范要求律师与司法人员要保持正常接触的原因所在。通过本案，我们可以引导法科生，未来的法律人应该：若为律师，不得违规接触司法不员和不得向司法人员行贿；若为司法人员，不得违规与律师接触，不得接受律师等的行贿；要按照社会主义核心价值观的"公正"要求和相关法律法规及行业规范行事。

六、律师多次违反法庭纪律和违规传递在押人员材料被吊销执业证书

（一）典型案例

1. 案例简介

隋某，男，广东某某律师事务所律师。经广东省司法厅经查明：（1）2014年4月8日，在北京市海淀区人民法院审理被告人丁某某、李某聚众扰乱公共场所秩序一案过程中，当事人作为丁某某的辩护人，不服从法庭指挥；不遵守法庭礼仪，使用不文明、攻击性语言10余次，打断发言、插话110余次，拍打桌子2次；不遵守出庭时间，不按时出庭；未经法庭许可，随意走动共计10次；无正当理由执意离庭拒绝辩护。虽经法庭多次提醒和警告、2次正式训诫，当事人仍继续实施扰乱法庭秩序的行为。北京市海淀区人民法院根据《刑事诉讼法》、最高人民法院《关于适用〈中华人民共和国刑事诉讼法〉的解释》的相关规定，认定当事人扰乱法庭秩序，情节严重，作出《北京市海淀区人民法院罚款决定书》（以下简称《罚款决定书》），对当事人罚款人民币1000元，并建议司法行政机关进行查处。当事人于2014年4月11日签收了该《罚款决定书》，并已经缴纳了罚款。对该《罚款决定书》，未有证据证实当事人在法定期限内向上一级人民法院申请复议。（2）2017年1月13日，当事人在四川省新津县看守所会见在押犯罪嫌疑人陈某某时，无视

监所规定，在会见结束后试图将拍摄的照片和陈某某传递的材料带出看守所，被监管值班民警发现并要求其将拍摄的相片删除、交出材料。当事人以法律未作规定为由，采取无理吵闹、纠缠等方式，拒绝配合监管值班民警执行职务。新津县公安局兴义派出所根据《治安管理处罚法》第 50 条第 2 项的规定，认定当事人存在阻碍国家机关工作人员依法执行职务的行为，作出《新津县公安局行政处罚决定书》，对当事人处以警告的行政处罚。当事人当天签收了该《行政处罚决定书》。对该《行政处罚决定书》，未有证据证实当事人在法定期限内申请行政复议或提起行政诉讼。[1]

2. 处理理由

隋某在北京市海淀区人民法院审理被告人丁某某、李某聚众扰乱公共场所秩序一案过程中，存在扰乱法庭秩序的行为且情节严重，北京市海淀区人民法院对此已作出认定，该行为违反了《律师法》第 40 条第 8 项的规定；当事人隋某在四川省新津县看守所阻碍监管值班民警依法执行职务的行为，四川省新津县公安机关对此已作出认定，该行为违反了《律师执业管理办法》第 39 条第 5 项的规定。结合当事人违法行为的事实、性质、情节、社会危害程度和相关证据，依据《律师和律师事务所违法行为处罚办法》第 39 条第 2 项的规定，当事人的违法行为属于《律师法》规定的情节严重。

广东省司法厅根据《律师法》第 40 条第 8 项、第 49 条第 1 款第 6 项，《律师执业管理办法》第 39 条第 5 项、第 53 条第 2 款，《律师和律师事务所违法行为处罚办法》第 39 条第 2 项之规定，作出处罚决定：吊销当事人隋某的律师执业证书。

3. 涉案问题

律师对法庭纪律和诉讼规则的遵守问题。

4. 案例研析

律师的形象代表了中国法治的进步情况。一个律师是否尊重法官和他人，是否遵守法庭纪律和诉讼规则，是否尊重司法权威，不仅是衡量这个律师的法治素养的重要标准，也是衡量一个社会法治文明程度的标志之一。正因为如此，《律师法》《律师执业管理办法》都对律师遵守有关司法规则进行了明

---

〔1〕　根据粤司罚决字〔2018〕1 号整理。来源：http://alk. 12348. gov. cn/Detail? dbID＝43&dbName＝LGSC&sysID＝452，访问日期：2022 年 7 月 9 日。

确的要求。而作为行业职业伦理规范的《律师职业道德基本准则》《律师执业行为规范（试行）》也有这方面的规定。对违反这些规定的，《律师和律师事务所违法行为处罚办法》第 19 条、第 21 条从行政角度，《律师协会会员违规行为处分规则》第 34、35 条则从行业角度明确了相应的处罚措施。本案中，隋某之所以最后被吊销律师资格证，主要是其行为严重违反了这些规定，严重损害了律师的形象，影响了诉讼秩序。

（二）案例中的思政元素分析

（1）从知识角度看，本案涉及律师与司法机关关系的伦理规范。这些伦理规范：一是要坚持真实规则，不得提供虚假证据或者威胁、利诱他人提供虚假证据，妨碍对方当事人合法取得证据；二是调查取证、阅卷、会见嫌疑人或被告人时要遵守保密规定，不得从事违反法律和纪律的行为；三是要尊重司法权威，遵守诉讼规则和法庭纪律；四是法庭外发言要依法、客观、公正、审慎。

（2）从制度角度看，律师与司法机关的伦理规范主要体现在《律师法》第 40 条、《律师执业管理办法》第 36 条至 40 条、《律师职业道德基本准则》第 3 条、《律师执业行为规范（试行）》第 66 条、第 67 条、第 71 条、第 72 条以及《律师协会会员违规行为处分规则（试行）》第 34 条和 35 条等法律法规和行业规范中都有明确规定。就本案而言，隋某的行为主要违反了律师应遵守法庭纪律和律师不得违规"传递物品、文件"的规定。

（3）从价值层看，隋某的行为既违反了有关法律法规，更违反了律师应"忠于法律""维护正义"的伦理要求。律师与司法机关关系的伦理规范，核心是律师要依法办事，尊重司法权威，维护正当程序，不干扰司法机关独立行使司法权。隋某严重扰乱法庭秩序和违规传递物品的行为，是他作为一名律师对法治规则认识不到位的表现。从本案我们可以教育法科生，作为未来的法律人尤其是作为一名律师时，要牢固树立社会主义核心价值观中的"公正""法治"意识，遵守法庭秩序和纪律，尊重法官和对方当事人及其辩护人依法行使法律赋予的权利；要尊重司法机关依法办案，维护司法公正，不得因违规满足自己当事人而影响到国家机关的依法办案工作。

七、律师私自接受委托被行业处分

（一）典型案例

1. 案例简介

被处罚人：李某，男，重庆某某律师事务所专职律师。

经查：2015 年 5 月 20 日，投诉人余某因与重庆众信融资担保有限公司发生担保追偿权纠纷，与李某约定由其作为代理人参加诉讼，但并未与重庆 JD 律师事务所签订法律服务合同。此后，余某向李某出具了授权委托书，李某作为该所主任盖章出具重庆某某律师事务所所函，并作为余某代理人参加了该案的相关诉讼活动。

重庆市渝北区司法局立案后，依法听取了李某的申辩，向其送达了行政处罚事先告知书，告知拟对其作出警告的行政处罚决定，同时，告知了李某依法享有陈述、申辩的权利。李某在规定期限内未向重庆市渝北区司法局提交申辩。[1]

2. 处理理由

李某违反统一接受委托规定，私自接受当事人委托承办法律事务，构成《律师法》第 48 条第 1 项的违法行为。

结合李某违法行为的事实、性质和情节，根据《律师法》第 48 条第 1 项之规定，重庆市渝北区司法局决定：给予重庆 JD 律师事务所律师李某警告的行政处罚。

3. 涉案问题

律师可否私下接受委托？

4. 案例研析

律师承办业务，应该由律师事务所统一接受委托而非由律师本人私下接受委托，这既是《律师法》《律师执业管理办法》《律师执业行为规范（试行）》等法律法规和行业规范要求，也是确保当事人权益和律师权益得到有效保障的制度设计。律师不得私下接受委托，内含着律师不得私自收费，律

---

〔1〕　本案根据渝北司罚决字〔2022〕第 001 号整改。来源：http://www.ybq.gov.cn/bm/qsfj/zwgk_70831/jczwgk1/ggflfw/ywjylyzwgkbzml_132688/xzxkhxzcf/202201/t20220127_10350658.html，访问日期：2022 年 7 月 10 日。

师服务费用由律师事务所收取。这样的制度设计，目的既是增加律师抵抗风险的能力，强化律师事务所对律师的监管责任，也是维护委托人的利益。本案中，李某尽管是律师事务所的主任，但他私自接受委托的行为仍不符合规定，地方司法行政部门对他进行处罚，也是为了警示其他律师。

（二）本案例中的课程思政元素分析

（1）从知识角度看，本案中涉及律师内部关系的伦理规范。这些规范主要有：一是律师之间要相互尊重，相互帮助，共同维护律师行业声誉；二是禁止不正当竞争，律师或律师事务所的业务推广工作要符合法律规范；三是律师不得在多个律师事务所同时执业；四是律师事务所要承担起培训、管理、监督律师执业行为的责任。

（2）从制度角度看，从《律师法》《律师执业管理办法（试行）》《律师和律师事务所违法行为处罚办法》等法律法规层面，再到《律师职业道德基本准则》《律师执业行为规范》《律师协会会员违规行为处分规则》等行业伦理规范层面，对律师与律师以及律师与律师事务所的关系进行了明确，对违反这些规范的行为从行政处罚到行业处分也有较详细的规定。就本案所涉及的律师私下接受委托而言，比如《律师法》第25条第1款规定："律师承办业务，由律师事务所统一接受委托，与委托人签订书面委托合同，按照国家规定统一收取费用并如实入账。"第48条在规定地方司法行政部门可以对律师违法给予行政处罚的行为中，第1款第1项即包括律师私下接受委托。同时，在行业规范中，《律师协会会员违规行为处分规则（试行）》第27条第1款第3项也将律师私下接受委托作为纪律处分的情形之一对待。本案例中，李某私下接受委托，违反了《律师法》第25条第1款、第48条第1款第3项的规定，地方司法行政部门给予其相应行政处罚符合规定。

（3）从价值角度看，对律师私自接受委托进行惩处，是维护律师市场秩序、保障律师行业正常发展、保障委托人合法权益的需要。律师的职业角色不同于法官、检察官等法律职业。法官、检察官代表国家，他们与当事人等的接触不能是为了个人利益和偏袒另一方，而是需要按规定为了司法公正。而律师这种职业，由于其与当事人有直接的利益关系，若无律师事务所的监管教育工作，很可能为了获取更大利益而违法行为，破坏律师市场秩序、损害司法公正甚至当事人的合法权益。同时，由律师事务所接受委托，也有利于更大程度降低律师权利受损时的风险，维护律师的正当合法权益。因此，司法行政机关和各地律师协会必须对律师私自接受委托的行为进行坚决打击，以促进律师行业的正常发展。通过本案，我们可以教育法科生，若未来成为律师，必须严格遵守律师不得私自接受委托这一禁止性规定，维护好律师行业的正常发展。

八、法官受贿被判刑

（一）典型案例

1. 案例简介

被告人陈某，男，系黑龙江省大庆市萨尔图区人民法院民事审判二庭副科级审判员。

经审理查明：2014 年 8 月至 2020 年 6 月期间，被告人陈某利用其担任萨尔图区法院民事审判二庭副科级审判员，负责审理民商事案件的职务便利，接受王某、潘某、汪某、宋某、孙某五人的请托，在几人案件办理过程中给予了照顾，先后收受上述人员所送的钱款共计 119 500 元。案发后，赃款全部退缴。

被告人陈某对指控事实、罪名及量刑建议没有异议且签字具结，在开庭审理过程中亦无异议。其辩护人提出的辩护意见是对指控的事实没有异议，也同意陈某认罪认罚的意见。但认为陈某患有严重的乙型病毒性肝炎，具有传染性，建议法院对其考虑宣告缓刑。[1]

2. 裁判理由

黑龙江省沿江人民法院认为，被告人陈某作为国家工作人员，利用审判员审理案件的职务便利，非法收受他人财物，为他人谋取利益，数额较大，其行为已构成受贿罪。应予依法惩处。公诉机关的指控成立。关于辩护人提出的陈某患有乙型病毒性肝炎，具有传染性，建议缓刑的辩护意见。经查，陈某作为人民法官，受贿行为持续时间较长、次数较多、其中部分单起受贿数额较大，不符合犯罪情节较轻的法律规定条件。且辩护人所述陈某患有的疾病，未提供相关证据证实，亦不是宣告缓刑的理由，对其该辩护意见，不予采纳。陈某到案后能如实供述自己的罪行，愿意接受处罚，对其可以从轻处罚。本案赃款全部退缴，对陈某酌情从轻处罚。陈某在留置期间，主动交代了除收受王某以外的贿赂 39 000 元，与办案机关已掌握的罪行属同种罪行，

---

[1] 本案根据 [2020] 黑 7529 刑初 41 号整理。来源：中国裁判文书网。

虽不构成自首，但可酌情从轻处罚。公诉机关的量刑建议适当。

依照《刑法》第 385 条第 1 款、第 386 条、第 383 条、第 67 条第 3 款、第 52 条、第 53 条、第 64 条；最高人民法院、最高人民检察院《关于办理贪污贿赂刑事案件适用法律若干问题的解释》第 1 条、第 15 条第 1 款、第 19 条；《刑事诉讼法》第 201 条的规定，黑龙江省沿江人民法院判决：①被告人陈某犯受贿罪，判处有期徒刑 1 年，并处罚金人民币 10 万元；②扣押在案的被告人陈某受贿所得赃款人民币 119 500 元予以追缴，上缴国库。

3. 涉案问题

法官的廉洁问题。

4. 案例研析

本案是一起典型的职务犯罪——受贿罪。在法官、检察官违法犯罪的诸多案例中，受贿罪是占比非常高的一种职务犯罪。法官和检察官作为国家工作人员，是正义的代表，因此应该严格遵守廉洁要求，不得收受贿赂，确保司法公正。本案中，陈某利欲熏心，多次收受请托人贿赂，在司法裁决中"照顾"请托人，既违反了法官应确保司法廉洁、保证司法公正、维护司法形象的职业伦理要求，又亵渎了国家法律尊严，社会危害性严重，因此被给予刑事处罚。

（二）本案例中的思政元素分析

（1）从知识角度看，本案涉及法官职业伦理规范问题。根据《法官法》《法官职业道德基本准则》等规定，法官职业伦理的核心是公正、廉洁和为民，基本要求是忠诚司法事业、保证司法公正、确保司法廉洁、坚持司法为民和维护司法形象五个方面。其中司法廉洁伦理义务，要求法官要树立正确的权力观、地位观、利益观，严格遵守廉洁规定，不从事或者参与营利性的经营活动，妥善处理个人和家庭事务。[1]本案中，陈某多次受贿，明显违反了法官的司法廉洁伦理要求。

（2）从制度角度，关于法官的廉洁问题，相关法律法规和行业规范都有规定。《法官法》第 5 条规定："法官应当勤勉尽责，清正廉明，恪守职业道德。"第 46 条第 1 款第 1 项规定："法官有下列行为之一的，应当给予处分；构成犯罪的，依法追究刑事责任：（一）贪污受贿、徇私舞弊、枉法裁判的。"《刑

---

〔1〕 王新清主编：《法律职业伦理》，法律出版社 2021 年版，第 133~134 页。

法》第 385 条第 1 款规定："国家工作人员利用职务上的便利，索取他人财物的，或者非法收受他人财物，为他人谋取利益的，是受贿罪。"而在行业规范中，《法官职业道德基本准则》在第四章列专章"确保司法廉洁"强调司法廉洁问题。最高人民法院、最高人民检察院、司法部印发《关于建立健全禁止法官、检察官与律师不正当接触交往制度机制的意见》（司发通〔2021〕60 号）第 3 条第 1 款第 3 项中明确禁法官"接受律师或者其当事人行贿"。本案中，陈某的行为，既违反了行业关于司法廉洁的职业伦理规定，还触犯了刑法。

（3）从价值角度，法官受贿不仅是对法官队伍形象的破坏，还直接影响司法的公信力。法官作为司法案件的裁决者，是最能直接让当事人和社会感受到司法公正的职业。法官受贿后，多数会将司法裁判的天平向行贿人倾斜，其对司法公正的伤害是巨大的。因此，通过本案我们可以引导学生：作法官，当作邹碧华、周春梅等一样的优秀法官，爱岗敬业，清正廉洁，为民司法；要不断加强个人素养，强化职业伦理，坚决捍卫法律尊严和司法公正。

九、法官离任后违规担任原任职单位办理案件的诉讼代理人被行业处分

（一）典型案例

1. 案例简介

投诉人：HC 市 YZ 区人民法院。

被投诉人马某，男，HS 律师事务所律师。

2021 年 6 月 9 日 HC 市 YZ 区人民法院以涉嫌违反律师执业有关规定为由向 NN 市司法局投诉马某，NN 市司法局将该案转办 NN 市律师协会，该会于 2021 年 6 月 15 日受理该案，于 2021 年 6 月 23 日决定对该案立案调查。

经查：被投诉人马某是 HS 律师事务所专职律师，2021 年 6 月 15 日前是 JK 律师事务所专职律师。1995 年 5 月至 1999 年 3 月在 YZ 市人民法院工作，1999 年 3 月 15 日调离该法院。2019 年 8 月 27 日，被投诉人与被告人覃某签订委托手续，作为其诉讼代理人参加诉讼活动。

被投诉人提供《情况说明》辩称其代理上述案件，委托人与被投诉人有亲属关系，代理该案件，其没有出庭，除了向法庭提交了委托手续外，没有做其他任何诉讼活动。经查没有证据证实委托人与被投诉人有亲属关系近；被投诉人辩称没有出庭也不能否定其代理该案的事实。故调查组认为被投诉人存在离任后违规担任原任职人民法院办理案件的诉讼代理人，违反了律师

执业纪律行为。

经核实，被投诉人也未主动向原单位及行政主管机关反映其违规代理案件情况。[1]

2. 处理理由

关于投诉人要求依法处理被投诉人马某离任后担任原任职人民法院办理案件的诉讼代理人违规从事律师职业行为的问题，结合本案证据，被投诉人的上述行为已经违反了《律师执业管理办法》第28条："曾经担任法官、检察官的律师从人民法院、人民检察院离任后，二年内不得以律师身份担任诉讼代理人或者辩护人；不得担任原任职人民法院、人民检察院办理案件的诉讼代理人或者辩护人，但法律另有规定的除外。"据此，被投诉人违反了该律师执业的规定，确属违规代理。且被投诉人也未主动向原单位及行政主管机关反映其违规代理案件情况。

根据《律师执业管理办法》第28条、《律师协会会员违规行为处分规则（试行）》第18第1、2项、第20条、《广西壮族自治区律师协会投诉查处工作规则（试行）》第72条第1项的相关规定：决定给予被投诉人马某通报批评的行业处分。

3. 涉案问题

法官离任后的从业限制问题。

4. 案例研析

为维护法官队伍形象，确保司法公正，我国规定了法官离任后的从业限制。这样做的主要目的是防止法官成为司法掮客，利用在职时与法院建立的关系，将"打官司"变成"打关系"，影响司法公正。本案中，马某离任后担任原任职人民法院办理案件的诉讼代理人，既违反了法官从业限制的相关规定，也违反了律师职业伦理相关要求。NN市律师协会对马某的行业处分，是对律师职业伦理和法官职业伦理的双重捍卫。

（二）本案例中的思政元素分析

（1）从知识角度看，本案涉及法官离任后的从业限制有关规定。根据最高人民法院、最高人民检察院、司法部印发《关于进一步规范法院、检察院

───────────

[1] 本案根据南律行处字〔2021〕第18号整理。来源：http://www.nnslx.com/info/b1b78810b2fc495aa559fc5048049f3f，访问日期：2022年7月13日。

离任人员从事律师职业的意见》的规定，法官离任后从事律师职业的从业限制主要有：一是离任后两年内，不得以律师身份担任诉讼代理人或者辩护人；二是离任人员终身不得担任原任职人民法院办理案件的诉讼代理人或者辩护人，但是作为当事人的监护人或者近亲属代理诉讼或者进行辩护的除外；三是被开除公职的法官不得在律师事务所从事任何工作；四是辞去公职或者退休的法院领导班子成员或高级法官在离职三年内，其他人员在两年内不得到原任职人民法院管辖地区内的律师事务所从事律师职业或者担任"法律顾问"、行政人员等，不得以律师身份从事与原任职人民法院相关的有偿法律服务活动。

（2）从制度角度看，相关法律法规和行业规定都有关于法官离任后的从来限制规定。《法官法》第 26 条第 2 款规定：法官从人民法院离任后，不得担任原任职法院办理案件的诉讼代理人或者辩护人。最高人民法院、最高人民检察院、司法部印发《关于进一步规范法院、检察院离任人员从事律师职业的意见》则对此作了非常详细的规定。同时，由于法官离任后担任律师工作，又涉及到律师职业伦理建设问题，因此《律师执业管理办法》《律师协会会员违规行为处分规则（试行）》则对违反这些规定的行业惩处措施进行了明确。《律师执业管理办法》第 28 条第 2 款规定："曾经担任法官、检察官的律师从人民法院、人民检察院离任后，二年内不得以律师身份担任诉讼代理人或者辩护人；不得担任原任职人民法院、人民检察院办理案件的诉讼代理人或者辩护人，但法律另有规定的除外。"《律师协会会员违规行为处分规则（试行）》第 20 条第 1 款规定了违反这种从业限制的行业处分内容。

（3）从价值角度看，对法官进行从业限制，是维护司法公正的重要措施。法官应成为维护公平正义的守护者而非利益的直接参与者。对法官离任后进行从业限制，正是防止法官利用曾经担任法官的经历影响法庭作出公正裁决。法官离任后，应自觉遵守这些规定，避免给法官队伍和律师队伍形象造成不好影响。通过本案我们可以引导法科生：对法官的从业限制，是法官职业伦理的重要组成部门，需要法律人严格遵守和监督其运行。

十、全国首起检察官惩戒案例

（一）典型案例

1. 案例简介

2020 年，河南省人民检察院在办理"群众信访件件有回复"案件工作中，收到反映洛阳市某基层检察院在办理张某某寻衅滋事一案中存在违规违法办案问题的举报信件后，经初步审查，发现该案承办检察官李某某涉嫌违反检察职责，遂严格按照检察官惩戒工作程序对该问题线索进行了调查处理。

经查，李某某在原案办理中，为争取办案时间，错误理解和适用退回补充侦查的有关法律规定，在原案指定管辖前已经两次退回补充侦查的情况下，第三次退回公安机关补充侦查，违反刑事诉讼法关于"补充侦查以二次为限"规定，造成办案期限超期，并引发信访问题；且李某某在后期已经意识到此问题的情况下，为掩盖自身错误，在该院检委会研究此案时未如实汇报有关情况，导致该问题未被及时发现和处理。[1]

2. 处理理由

调查组提出"李某某存在违反检察职责行为，属重大过失，应承担相应司法责任"的调查结论。

因李某某明确表示对调查认定的责任事实、证据和结论无异议，河南省检察官惩戒工作办公室依据《河南省检察官惩戒工作实施办法（试行）》规定对司法责任调查材料进行审查后，经省检察院检察长签发并报河南省检察官惩戒委员会主任委员决定，于 6 月 24 日向惩戒委员会委员分别呈送了提请审议公函和调查材料，组织对司法责任调查意见进行了书面审议。

根据惩戒委员会审查意见和《河南省检察官惩戒工作实施办法（试行）》有关规定，决定给予李某某警告处分。

3. 涉案问题

检察官的勤勉尽责问题。

4. 案例研析

本案被称为"全国检察机关首起检察官惩戒案件"[2]。检察官与法官一样，都是国家司法人员，都应以维护司法公正为执业之核心。司法公正的基本要求是以事实为根据，以法律为准绳。对检察官而言，除了要求检察官要有为民服务的情怀外，还应勤勉尽责，认真学习法律知识，正确按法律程序办事。本案中，李某某因重大过失，违反刑事诉讼法关于"补充侦查以二次

---

〔1〕 本案根据《2022 年全国检察机关检察改革典型案例》整理。来源：https://www.12309.gov.cn/12309/gj/zdajxx/202207/t20220714_ spp563893.shtml，访问日期：2022 年 7 月 15 日。

〔2〕《2022 年全国检察机关检察改革典型案例》整理。来源：https://www.12309.gov.cn/12309/gj/zdajxx/202207/t20220714_ spp563893.shtml，访问日期：2022 年 7 月 15 日。

为限"规定，第三次退回公安机关要求补充侦查，造成办案期限超期，影响了司法效率。同时，李某某后期在发现该问题时，又为掩盖错误，未如实汇报有关情况，导致该问题未被及时发现和处理。因此，李某某的这种行为是违反检察官职业伦理规范的，故受到了纪律警告处分。

（二）本案中的思政元素分析

（1）从知识角度看，本案涉及检察官职业伦理规范。检察官的职业伦理，主要体现在《检察官职业道德基本准则》，概括为"忠诚、为民、担当、公正、廉洁"五个方面。其中"担当"要求检察官要掌握过硬本领，严格按法律规定履职尽责、勤勉工作，出了差错后要及时报告及时纠正主动承担责任，将错误的影响降到最低。本案中，李某某既没有掌握过硬的法律知识，出了错误后又不敢主动认错承担责任，以致造成信访和延误办案时间的不利影响和后果。

（2）从制度角度看，我国对检察官的职业伦理规范，主要体现在《检察官法》《检察官职业道德基本准则》《检察人员纪律处分条例》和"三个规定""两个意见"等法律法规、行业规范及各地具体规定之中。比如《检察官法》第4条规定："检察官应当勤勉尽责，清正廉明，恪守职业道德。"第47条规定，检察官"因重大过失导致案件错误并造成严重后果的"将被给予处分；构成犯罪的，依法追究刑事责任。《检察人员纪律处分条例》第90条将因重大过失，不履行或者不正确履行司法办案职责，造成"认定事实、适用法律出现重大错误，或者案件被错误处理的"后果的情形纳入纪律处分范畴，按情节轻重给予相应纪律处分。本案中，李某某的行为违反了《检察官法》《检察人员纪律处分条例》以及河南省管理检察官的相关规定。

（3）从价值角度看，检察官是代表国家公权力行使国家检察权的检察人员，尤其是在刑事公诉案件中更是代表国家扮演原告角色。因此，检察官的队伍整体素质建设意义重大。通过本案，可以引导法科生：一是加强法律知识学习，练就过硬本领；二是在以后工作中出了差错，要敢于主动承担责任，主动纠正错误，切不可掩盖错误甚至错上加错。

十一、公证员因出具失实公证书被判刑

(一) 典型案例

1. 案例简介

被告人陈某，广东省广州市 GZ 公证处原公证员。

广东省广州市越秀区人民检察院指控被告人陈某犯出具证明文件重大失实罪，向广东省广州市越秀区人民法院提起公诉，该院立案后，依法适用普通程序，组成合议庭，公开开庭审理了本案。

经审理查明，2011 年至 2012 年，被告人陈某在广东省广州市 GZ 公证处担任公证员期间，在履行公证职责过程中，对部分当事人提供的材料未尽职责履行审查义务，未能审查发现申请人使用虚假身份材料，在相关材料不真实、不合法的情况下，为当事人出具了 17 份有重大失实的公证书，严重损害了利益相关人的合法权益，造成严重后果。GZ 公证处在发现上述公证书有误后，先后对被告人陈某办理的上述公证书依法作出撤销决定。2016 年 3 月 21 日，被告人陈某因为上述行为被广州市司法局开除公职。公安机关经侦查，于 2017 年 4 月 28 日将被告人陈某抓获归案。

上述事实，被告人陈某在开庭审理过程中亦无异议，并有相关证据证实，足以认定。[1]

2. 判决理由

法院认为，被告人陈某作为公证员，在履行公证职责过程中，严重不负责任，出具的公证书有重大失实，造成严重后果，其行为构成出具证明文件重大失实罪。公诉机关指控被告人陈某犯出具证明文件重大失实罪事实清楚，证据充分，罪名成立，应予支持。被告人陈某能自愿认罪，依法可以从轻处罚。辩护人的相关辩护意见予以采纳。

依照《刑法》第 229 条第 3 款、第 53 条之规定，判决如下：

被告人陈某犯出具证明文件重大失实罪，判处有期徒刑 10 个月，并处罚金 2 万元。

3. 涉案问题

公证员的勤勉尽责问题。

---

[1] 根据 [2017] 粤 0104 刑初 1422 号整理。来源：中国裁判文书网。

4. 案例研析

公证是特定的主体根据当事人的申请，按照法定程序对民事法律行为、有法律意义的事实和文书的真实性、合法性予以证明的活动。公证的核心是公证证明，证明申办事项的真实性、合法性。这就要求公证员在执业过程中勤勉敬业、恪尽职守，杜绝疏忽大意，按照《公证程序规则》要求，对公证的每一个环节、申请人的信息、申请人提交的材料、拟公证的事项等进行全面、细致、认真的审查，并履行告知义务。本案中，陈某由于不负责任，没有尽到全面核实公证事项的义务，出具的公证书与客观事实不符，违背了公证员的职业伦理要求，且因造成严重后果，触犯了刑法，故受到相应刑事处罚。

（二）案例中的思政元素分析

（1）从知识角度看，本案涉及公证员的职业伦理规范问题。《公证员职业道德基本准则》对公证员的职业伦理规范进行了高度概括，主要体现为"忠于法律、尽职履责；爱岗敬业、规范服务；加强修养、提高素质；廉洁自律、尊重同行"这32个字。其中，"爱岗敬业、规范服务"要求公证员要勤勉敬业、恪尽职守、杜绝疏忽大意、敷衍塞责，发现已生效的公证文书存在问题或其他公证员有违法、违规行为，应当及时向有关部门反映。本案中，陈某的主要问题是对工作不负责，本该认真履行审查义务的却未能审查到位，以致为当事人出具了17份有重大失实的公证书，造成了严重后果。

（2）从制度角度看，《公证法》《公证员执业管理办法》《公证程序规则》《公证员职业道德基本准则》《公证执业违规行为惩戒规则（试行）》等法律文件和行业规范对公证员的勤勉尽责提出了明确要求。比如，就公证员勤勉尽责要求，《公证法》第22条规定："公证员应当遵纪守法，恪守职业道德，依法履行公证职责，保守执业秘密。"《公证员执业管理办法》第23条第1款第5项规定："公证员应当依法履行公证职责，不得有下列行为……（五）为不真实、不合法的事项出具公证书……"《公证员职业道德基本准则》在第二部分"二、爱岗敬业　规范服务"中提出了具体要求。《公证执业违规行为惩戒规则（试行）》第31条第3项规定："会员有下列情形的，予以中止会员权利，情节严重的，取消会员资格……（三）因重大过失为不真实、不合法的事项出具公证书，造成重大损失或者造成恶劣社会影响的。"本案中，陈某的行为不仅违反了上述规定，还由于出具的多达17份重大失实的公证书造成了严重后果，严重损害了公证的公信力，已触犯刑法，构成了出具证明文件重大失实罪，故受到刑事制裁。

（3）从价值角度看，合格的公证员应勤勉尽责、审慎行为，按照程序认真审查申请人提交的公证材料，确保出具的公证书真实、合法。通过本案，我们可以引导法科生：无论干什么工作都要兢兢业业、勤勉尽责，否则，若因工作失职，不仅会受到纪律处分，严重时还将承担刑事责任，这其实是所有法律职业的基本伦理要求。

十二、仲裁员违背事实仲裁被判刑

（一）典型案例

1. 案例简介

甘肃省张掖市甘州区人民法院审理张掖市甘州区人民检察院指控的原审被告人王某枉法仲裁一案，张掖市甘州区人民法院于 2016 年 3 月 22 日作出［2015］甘刑初字第 358 号刑事判决。原审被告人王某不服，提出上诉。2016年 4 月 22 日受理后，依法组成合议庭，经阅卷审查，讯问上诉人，听取辩护人意见，认为本案事实清楚，依法决定不开庭审理。

原判认定，2011 年 4 月，甘肃省兰州市爱华水电工程有限责任公司中标高台县黑河干流引水口门合并改造工程站家二标，孙某将该工程委托马某某组织施工，并与马某某签订了施工协议书，马某某又转包给了刘某某。2011年 8 月底，因黑河水位上涨无法施工，民工从工地撤走。为讨要民工工资和所欠工程款，刘某某所干工程的项目负责人杨某向甘州区东街街道法律服务所的法律工作者朱某某咨询，朱某某告诉杨某将工程款计入民生工资，以此加大民工工资数额，向劳动部门投诉。刘某某遂指使其哥刘某以增加民工人数和工作天数的方式造了一份考勤表。杨某根据刘某提供的考勤表和刘某某提供的民工工价，造了一份工资表，并根据工资表写了工资欠款证明。随后朱某某、杨某等人向高台县劳动部门投诉，且民工群体上访，经相关部门多次调解后均失败。2011 年 10 月 26 日，朱某某与杨某将考勤表上所有民工列为申请人且共同委托朱某某为代理人，并伪造了部分签名，向高台人事争议仲裁委员会提交了仲裁申诉书，并同时递交了授权委托书、考勤表、民工工资表、民工身份证复印件及所欠工资证明等相关材料。

2011 年 11 月 24 日，仲裁庭公开审理此案，由被告人王某主审该案，申请方由朱某某特别代理参加庭审，被申请人兰州爱华公司委托代理人因委托手续有问题未出庭，第三方高台水务局参加了庭审。庭审中第三方高台水务局当庭提出对考勤表、工资表和工资证明有异议，且提交了张掖市水务局文件和施工记录，证明该工程曾在7月4日至7月17日停工，证实申请方提供的考勤表等证据有水分，且申请方和被申请方提供的证言存在明显矛盾。被告人王某也意识到证据有水分，但被告人王某仍采信了朱某某提供的虚假考勤表、民工工资等证据，裁决兰州爱华公司支付民工工资576 867元。裁决下达后，朱某某便代理民工向张掖市中级人民法院申请对兰州爱华公司强制执行，张掖市中级人民法院立案后，民工要求按高仲裁字〔2011〕17号裁决书支付其工资。因兰州爱华公司于2011年12月12日向兰州市城关区人民法院提起诉讼，要求依法确认与高仲裁字〔2011〕17号裁决书确认的各申请人没有劳动关系与劳务关系，确认兰州爱华公司没有支付申请人工资的义务。2012年6月26日，兰州市城关区人民法院裁定55名民工与兰州爱华公司不存在劳动关系，高台县劳动争议仲裁委员会仲裁字〔2011〕17号裁决书所裁决的事项不属于劳动争议，起诉应予驳回，遂作出裁定，驳回兰州市爱华水电工程有限责任公司的起诉。后农民工再次闹访政府，相关单位对此事再次协调，决定先由高台黑河干流引水口门合并改造工程建管处从兰州爱华公司工程款中垫付民工工资10万元。

另查明，在仲裁开庭前几天和仲裁裁决后，被告人王某来到甘州区，朱某某、杨某请王某吃饭，饭后请王某去洗了脚，并送了两瓶酒。[1]

2. 判决理由

一审判决认为，在仲裁案件的审查及开庭过程中，对当事人提供的证据经查证属实的，仲裁庭才能将其作为认定事实的依据。被告人王某作为首席仲裁员，在仲裁案件开庭过程中，高台县水务局已经当庭对证据提出异议，并提供了一定的依据证明申请人提供的证据是虚假的，已经意识到申请人提供的证据存在问题，但不依据法律规定进行调查核实，其行为明显违反仲裁员对法律和仲裁规则应尽的基本注意义务，而且接受纠纷一方当事人及其代理人的吃请及礼物，可认定为其行为具有刑法意义上的主观故意，被告人王某采信申请人提供的虚假证据，违背事实作出仲裁裁决，其行为已触犯刑律，

---

〔1〕　根据〔2016〕甘07刑终34号整理。来源：中国裁判文书网。

构成枉法仲裁罪。但被告人王某的犯罪性质及危害后果都较轻，不适用刑罚也可达到教育的目的，对被告人王某可适用免予刑事处罚。

依照《刑法》第 399 条之一，第 37 条之规定，判决：被告人王某犯枉法仲裁罪，免予刑事处罚。

一审判决后，王某不服裁判，提出上诉。

二审经审理后作出裁定：驳回上诉，维持原判。

3. 涉案问题

仲裁员仲裁的依据问题。

4. 案例研析

以事实为根据，以法律为准绳，这是仲裁的基本原则。作为仲裁员，应秉持独立公正、勤勉尽责、保守秘密、廉洁自律的职业伦理，依法对仲裁案件作出裁决。但王某却在仲裁过程中，在第三方已对申请人提供的证据提出了异议后，没有对证据进行核实，且还在仲裁开庭前和作出裁决后参加一方的宴请和接受礼物，违背事实和法律作出仲裁裁决。本案中，王某违反了仲裁员独立公正、廉洁自律的职业伦理要求，且严重扰乱了仲裁秩序、降低了仲裁机构的威信及群众对仲裁活动公正性的信赖，对被申请人的财产权利构成严重威胁，故受到法律制裁。

（二）本案例的思政元素分析

（1）从知识角度看，我国目前在仲裁员的职业伦理规范方面，还没有形成一套完整的体系。根据《仲裁法》规定应成立的中国仲裁协会，目前还在筹建之中，全国行业性的仲裁员职业规范目前还没有制定。有关仲裁职业伦理的内容散见在相关仲裁法及仲裁机构之中，对仲裁员的职业伦理要求大体上有这样一些基本规范：独立公正、勤勉尽责、保守秘密、廉洁自律。其中，独立公正要求仲裁员要公道正派，按要求主动披露有关信息和回避，以事实为根据，以法律为准绳，不受其他机构和个人干涉，不偏袒任何一方，不受个人情绪影响，独立作出仲裁。本案中，王某的行为违反了独立公正的职业伦理要求。

（2）从制度角度看，关于仲裁员的职业伦理，国内目前还没有像对律师职业伦理的规范要求一样形成了从国家法到行政主管部门再到行业规范这样一套完整的体系，目前主要分散在《仲裁法》《劳动争议调解仲裁法》《农村土地承包经营纠纷调解仲裁法》以及各地方和各专业领域仲裁委员会制定的

《仲裁规则》等。比如，就仲裁的依据而言，不管哪个方面的仲裁法律文件都明确规定仲裁要根据事实，依据相应法律法规或公平原则进行。比如《仲裁法》第 7 条规定："仲裁应当根据事实，符合法律规定，公平合理地解决纠纷。"《劳动争议调解仲裁法》第 3 条规定："解决劳动争议，应当根据事实，遵循合法、公正、及时、着重调解的原则，依法保护当事人的合法权益。"《农村土地承包经营纠纷调解仲裁法》第 5 条规定："农村土地承包经营纠纷调解和仲裁，应当公开、公平、公正，便民高效，根据事实，符合法律，尊重社会公德。"就本案而言，第三方已在仲裁庭上对有关证据提出了异议，王某作为首席仲裁员应该尽到足够注意，核实事实的真实性后再确定是否作为仲裁的依据，但其违背基本的职业伦理要求，没有经过核实就使用了这份虚假证据，作出不公正的仲裁。加上其多次参加一方当事人的宴请，且还收受礼物，违背了基本的廉洁要求。王某的行为触犯了《刑法》，构成了枉法仲裁罪，受到刑事制裁。

（3）从价值角度看，仲裁发生的前提是双方当事人愿意仲裁，相信仲裁的公信力，并且达成了仲裁协议。同时，仲裁实行一裁终局原则，不像诉讼一样可以两审，仲裁书一经做出，除被人民法院撤销外，即发生法律效力，进入执行程序。一方若不愿执行裁决书，只能通过诉讼途径解决。这要求仲裁员要公道正派，严格遵循职业伦理，以事实为根据，以法律为准绳，客观公正作出仲裁。若仲裁员不遵守职业伦理规范，不尽到应尽的注意义务，甚至违反廉洁要求，枉法仲裁，损害的不仅是一方的合法权益，更是损害老百姓对仲裁公正性的信赖。通过本案我们可以引导法科生掌握法律职业伦理中关于"以事实为根据，以法律为准绳"的要求，适用于所有法律职业，尤其是站在裁判位置的法官或仲裁员，要把握准确事实的真实性，努力作出公正判决或仲裁。